Histoire Militaire
de
l'Indochine française

TOME I

HANOI–HAIPHONG

IMPRIMERIE D'EXTRÊME-ORIENT

1931

Exposition Coloniale Internationale de Paris de 1931.

Le Général de Division Aubert, Commandant supérieur des Troupes, et son Etat-Major
(Juillet 1930).

Capitaine Quérillac   Capitaine Guyot   Lieutenant Bart   Capitaine Lassauguette

Lieutenant de Bourdoncle   Lieutenant Trocard   Lieutenant Brun
de St Salvy

Chef de bataillon Canton   Capitaine Monbrun   Capitaine Emblanc   Chef de bataillon Carles

Capitaine Morlière

Chef d'escadron Lemonnier   Colonel Noel   Général de division Aubert   Lieutenant-colonel Niollet   Chef de bataillon Trucy
Chef d'état-major   Commandant supérieur   sous-chef d'état-major
des troupes

AVERTISSEMENT

Le présent ouvrage est, dans son ensemble, la reproduction de l'Histoire Militaire de l'Indochine établie en 1921-1922 par des officiers de l'Etat-Major du général PUYPÉROUX, *alors commandant supérieur des troupes.*

Les premiers chapitres ont été toutefois entièrement remaniés. — De nombreux documents publiés au cours de ces dernières années dans le Bulletin des Amis du Vieux Hué, dans le Bulletin de l'Ecole Française d'Extrême-Orient et dans le Bulletin de la Société d'Etudes indochinoises ont permis de préciser le rôle des Français qui vinrent en Cochinchine à la fin du XVIII° *siècle et contribuèrent aux succès de* GIA-LONG. *Cette période, généralement peu connue, de l'histoire de l'Indochine, a reçu un certain développement.*

Les opérations menées par les troupes franco-espagnoles en Annam et en Cochinchine de 1858 à 1863 ont été exposées avec quelques détails tirés des archives des amiraux-gouverneurs, de documents espagnols et annamites.

L'ouvrage a, par ailleurs, été rectifié sur de nombreux points. Il a enfin été complété par l'histoire des années 1922 à 1930.

De nombreux croquis nouveaux y ont été insérés. — La documentation photographique a été entièrement renouvelée.

Nous tenons à remercier spécialement M. BOUDET, *directeur des Archives centrales de l'Indochine, de l'aide précieuse qu'il nous a apportée en nous communiquant divers documents inédits, et la direction de l'Ecole française d'Extrême-Orient, qui a bien voulu nous autoriser à reproduire plusieurs photographies et documents de sa collection.*

Les autres photographies proviennent pour la plupart du service photographique de l'Indochine, auquel nous exprimons ici nos remerciements.

BIBLIOGRAPHIE

UTILISÉE POUR LA REVISION DE LA PREMIERE ÉDITION

Archives centrales de l'Indochine.

Archives de l'Ecole française d'Extrême-Orient.

Archives de l'Etat-Major du général commandant supérieur.

ARMENGAUD. — Lang-son (Chapelot, 1901).

AUBARET. — Histoire et description de la Basse-Cochinchine (Imprimerie impériale, 1863).

BARROW. — Voyage en Cochinchine, trad. Castera (Buisson, 1805).

BENOIST DE LA GRANDIÈRE. — Souvenirs de campagne. — Les ports de l'Extrême-Orient. — Débuts de l'occupation française en Cochinchine (Le Chevalier, 1869).

BERNARD. — Petite guerre coloniale. — Une campagne dans le Haut-Tonkin (Lavauzelle, s. d.).

BONIFACY. — L'emploi des partisans au Tonkin (Fournier, 1913).

BOUILLEVAUX. — Annam et Cambodge. — Voyages et notices historiques (Palmé, 1874).

BOUINAIS et PAULUS. — L'Indochine française contemporaine (Challamel, 1885).

Bulletin de l'Ecole Française d'Extrême-Orient (Hanoi).

Bulletin des Amis du Vieux Hué (Imprimerie d'Extrême-Orient, Hanoi).

Bulletin de la Société des études Indochinoises (Saigon).

CHABROL. — Opérations militaires au Tonkin (Lavauzelle, s. d.).

CHAIGNEAU. — Souvenirs de Hué (Imprimerie impériale, s. d.).

CHALLAN DE BELVAL. — Au Tonkin (Plon, 1904).

CORDIER. — La France et l'Angleterre en Indochine (Brill, Leide, 1903).

CORDIER. — Histoire des relations de la Chine avec les puissances occidentales (Alcan, 1901).

CULTRU. — Histoire de la Cochinchine française, des origines à 1883 (Challamel, 1910).

DICK DE LONLAY. — Au Tonkin. — Récits anecdotiques (Garnier frères, 1886).

DIGUET. — Annam et Indochine française (Challamel, 1908).

DOUMER. — L'Indochine (Vuibert et Nony, 1905).

DUPUIS. — Le Tonkin et l'intervention française (Challamel, 1896).

DUTREB. — L'amiral Dupré et la conquête du Tonkin (Leroux, 1924).

DUTREUIL DE RHINS. — Le royaume d'Annam et les Annamites (Plon-Nourrit, 1889).

FAMIN. — Au Tonkin et sur la Frontière du Quang-Si (Challamel, 1895).

FAURE. — Mgr. Pigneau de Béhaine, évêque d'Adran (Challamel, 1891).

FREY. — Pirates et rebelles au Tonkin — (Hachette, 1892).

GALLIENI. — Trois Colonnes au Tonkin (Chapelot, 1899).

GAUTIER. — Les Français au Tonkin (Challamel, 1887).

GOSSELIN. — L'Empire d'Annam (Ferrin et Compagnie, 1904).

GUILLEMET ET O'KELLY. — En colonne dans le Haut-Laos (Imprimerie d'Extrême-Orient, Hanoi, 1916).

HOCQUARD .— Une campagne au Tonkin (Hachette, 1892).

HUGUET. — En colonne — Souvenirs d'Extrême-Orient (Marpon et Flammarion, s. d.).

HUMBERT. — Historique succinct de l'artillerie au Tonkin pendant les années 1883 et 1884 (Lavauzelle, 1886).

LA BISSACHÈRE (de). — Etat actuel du Tonkin, de la Cochinchine et des Royaumes de Cambodge, Laos et Lac-tho (Galignani, 1812).

LANESSAN (de). — L'Indochine française — (Alcan, 1889).

LAUMONIER. — En colonne (Schneider, Hanoi, 1906).

LECOMTE. — Marche de Lang-son à Tuyên-quang (Berger-Levrault, 1888).

—   La vie militaire au Tonkin (Berger-Levrault, 1890).

—   Lang-son, combats, retraite et négociations (Lavauzelle, 1895).

LOIR. — L'escadre de l'amiral Courbet (Berger-Levrault, 1892).

LOUVET. — Mgr d'Adran (Saigon, imprimerie de la Mission, 1896).

LYAUTEY. — Lettres du Tonkin et de Madagascar (A. Colin, 1921).

MACARTNEY. — Voyage à l'intérieur de la Chine et en Tartarie, trad. Castera (Buisson, 1804).

MASSON (J). — Souvenirs de l'Annam et du Tonkin (Lavauzelle, s. d.).

MASSON (P.). — Hanoi pendant la période Héroïque (Geuthner, 1929).

MAYBON. — Histoire moderne du pays d'Annam (Plon, s. d.).

NOGUES. — De la tranchée de Reims à la brousse Tonkinoise (Lavauzelle, 1924).

PALANCA GUTTIEREZ. — Récit historique de l'expédition de Cochinchine (Liberato Montells, Carthagène, 1869).

PALLEGOIX. — Description du Royaume thai ou Siam (Paris, 1854).

PALLU. — Histoire de l'expédition de Cochinchine — (Hachette, 1864).

PASQUIER (P.). — L'Annam d'autrefois (Challamel, 1907).

POURVOURVILLE (de). — L'Annam sanglant (Michaud, 1912).

RENOUARD DE SAINTE-CROIX. — Voyage Commercial et politique aux Indes orientales, aux Iles Philippines, à la Chine (Clament 1810).

Revue de l'Histoire des colonies françaises.

Revue indochinoise (Imprimerie d'Extrême-Orient, Hanoi).

ROLLET DE L'ISLE. — Au Tonkin et dans les mers de Chine (Plon-Nourrit, 1886).

ROMANET DU CAILLAUD. — Histoire de l'intervention française au Tonkin de 1872 à 1874 (Challamel, 1880).

ROUYER. — Histoire militaire et politique de l'Annam et du Tonkin (Lavauzelle, 1898).

SCHREINER. — Abrégé de l'Histoire d'Annam (Saigon, s. é.).

SCOTT (J.-G.). — France and Tongking (Fisher Unwin, London, 1885).

SEPTANS. — Les commencements de l'Indochine française (Challamel, 1887).

TRUONG-VINH-KY. — Cours d'histoire de l'Annam (Saigon, Imprimerie du Gouvernement, 1879).

TURPIN. — History of the kingdom of Siam (Bangkok, 1908).

VIAL. — Les premières années de la Cochinchine française (Challamel, 1874).

Nos premières années au Tonkin (Baratier et Mollaret-Voiron, 1889).

Les ouvrages pour lesquels le lieu d'édition n'est pas indiqué ont été publiés à Paris.

HISTOIRE MILITAIRE

de l'Indochine française

DES DÉBUTS A NOS JOURS (JUILLET 1930)

HISTOIRE MILITAIRE

DE L'INDOCHINE FRANÇAISE

DES DÉBUTS A NOS JOURS (JUILLET 1930)

Établie par des officiers de l'État-Major du Général de Division AUBERT,

Commandant Supérieur des Troupes du Groupe de l'Indochine,

Monsieur PIERRE PASQUIER, étant Gouverneur Général de l'Indochine.

2ᵉ ÉDITION, REVUE ET COMPLÉTÉE

TOME I

HANOI HAIPHONG

IMPRIMERIE D'EXTREME-ORIENT

—

1930

GÉOGRAPHIE DE L'INDOCHINE

Le terrain.

SITUATION. — La péninsule indochinoise est située en entier dans la partie nord de la zone tropicale. Elle sépare la mer de Chine des golfes du Pégou et du Bengale.

MASSIFS MONTAGNEUX. — Les montagnes de la péninsule constituent un faisceau divergent de chaînes partant du sud-est de la grande masse tibétaine. Ces chaînes changent d'aspect suivant les régions. A l'origine du faisceau, ce sont de hautes murailles à fortes pentes, avec des cols très élevés, séparées par des vallées étroites et encaissées. Plus loin, les chaînes s'abaissent, les crêtes s'élargissent et forment de vastes plateaux. Ailleurs la muraille se forme, les contreforts s'enchevêtrent d'une manière chaotique. Par endroits on rencontre des massifs calcaires plus ou moins étendus, formant un assemblage incohérent de rochers en forme de pain de sucre, limités par des falaises. Au voisinage de la mer les chaînes s'abaissent encore, formant des mouvements de terrain de peu d'étendue, à sommets arrondis, boisés ou dénudés. Les vallées s'élargissent et deviennent de vastes plaines alluvionnaires, souvent inondées, en partie marécageuses, que l'on appelle des deltas.

La chaîne principale est connue sous le nom de chaîne annamitique. Elle traverse la péninsule du nordouest au sud-ouest. Elle est coupée en son milieu par le col d'Ai-Lao, point de passage entre l'Annam et le Laos.

Dans ses parties centrale et méridionale, la chaîne annamitique longe la mer de Chine en ne laissant qu'une étroite bande de terrain qui constitue l'Annam.

La chaîne annamitique présente des épanouissements successifs dont les principaux sont les plateaux de Tran-Ninh, des Bolovens et du Lang-Bian.

Le plateau du Yunnan détache dans la péninsule indochinoise des chaînes sensiblement parallèles entre elles, sauf dans les parties qui séparent notre colonie de la Chine, où leur orientation est variable.

Les principales sont :

Les chaînes des Sip-Song-Chau-Thai, qui séparent le bassin du Fleuve Rouge du bassin du Mékong. Elles se rattachent à la chaîne annamitique par le plateau du Tran-Ninh ;

Les chaînes de Fan-Si-Pan et de Sa-Phin, terminées par le massif isolé du Mont Bavi ;

Les massifs de Pia-Boc et du Tam-Dao, et plus au nord le Mau-Son.

Dans la partie méridionale de la péninsule, la haute plaine siamoise est séparée de la basse plaine cambodgienne par la chaîne des Phnom-Dangreck, séparés de la chaîne des Phnom-Pan par la trouée de Wadhana.

Les massifs calcaires se rencontrent un peu partout ; les plus grands sont situés dans la haute région du Tonkin et dans le centre Annam.

PRINCIPAUX FLEUVES. — La péninsule indochinoise est divisée par la chaîne annamitique en deux grands bassins, le bassin du Mékong et le bassin du Fleuve Rouge.

Le Mékong est le plus important des deux. Sa longueur dépasse 4.200 kilomètres et son bassin couvre un million de kilomètres carrés. Il prend sa source dans le Tibet, à 3.000 mètres d'altitude.

Dans sa partie supérieure, ce fleuve est très encaissé et coupé de nombreux rapides. En aval de Vientiane, il est partagé en biefs inégaux séparés par des rapides plus ou moins faciles à franchir, sauf les cataractes de Khône qui forment un barrage infranchissable, de 7 kilomètres de largeur.

Le Mékong est soumis à un régime de hautes et basses eaux ; il subit une crue annuelle supérieure à 12 mètres.

Ses principaux affluents sont :

Sur la rive gauche (laotienne), le Nam-Ou et la Sé-Kong ;
Sur la rive droite (siamoise), la Sé-Moun grossie du Nam-Si.

Le Fleuve Rouge, appelé aussi Song-Coi, doit son nom aux alluvions qu'il transporte. Il prend sa source dans le nord-ouest du Yunnan, à 2.000 mètres d'altitude. Il s'étend sur une longueur de 1.300 kilomètres dont la moitié dans le territoire du Tonkin.

D'abord torrentueux, il ne devient navigable qu'un peu avant son entrée au Tonkin, mais la navigation est rendue dangereuse par les nombreux rapides qui coupent son cours.

En abordant les régions basses de son delta, le Fleuve Rouge se ramifie comme le Mékong, et se jette par de nombreuses bouches dans le golfe du Tonkin.

Ses principaux affluents sont :

Sur la rive droite, la Rivière Noire ; sur la rive gauche, la Rivière Claire, grossie du Song-Chay et du Song-Gam.

Comme autres fleuves de la péninsule, nous pouvons encore citer :

Au Tonkin :

Le Thai-Binh formé du Song-Cau, du Song-Thuong et du Luc-Nam ; ce fleuve est relié au Fleuve Rouge par le Canal des Rapides.

En Annam :

Le Song Chu, le Song Ma, le Song Ca, le Song Giang, les rivières de Dong-Hoi, Quang-Tri, Hué, Tourane, le Song Ba et le Song Cai, fleuves côtiers généralement courts et qui ont formé des deltas d'une grande fertilité.

En Cochinchine :

Le Donnaï et le Vaïco, qui prolongent de leurs deltas le grand delta du Mékong.

Côtes. — Le littoral de la péninsule a un développement supérieur à 3.700 kilomètres.

Il a la forme générale d'un S dont la boucle supérieure forme le golfe du Tonkin et dont la boucle inférieure entoure l'Annam, la Cochinchine et le Cambodge.

Les côtes sont plates et marécageuses dans les régions deltaïques, découpées et rocheuses dans les régions voisines des montagnes. Elles présentent des rades naturelles très abritées.

Les îles sont nombreuses en Baie d'Along, dans le golfe du Tonkin, plus rares sur le reste du littoral. Les plus importantes sont : les îles de la Table et de la Cat-Ba en Baie d'Along, Poulo-Canton et Poulo-Condore dans la mer de Chine, l'île de Phu-Quoc dans le golfe du Siam.

Grandes régions de l'Indochine. — L'Indochine française est divisée en cinq grandes régions : le Tonkin, l'Annam, la Cochinchine, le Cambodge et le Laos.

Tonkin. — Le Tonkin se trouve au nord de la péninsule. Il comprend deux parties bien distinctes : une partie plate et basse constituée par les deltas du Fleuve Rouge et du Thai-Binh, et une partie montagneuse qui couvre le nord et l'est.

(*Cliché du Gouvernement général*)

LA RIZIÈRE (COCHINCHINE)

(*Cliché du Gouvernement général*)

LA MONTAGNE (HAUTE-RÉGION TONKINOISE)

(Cliché Aéronautique)

LE CAP SAINT-JACQUES (VU DU SUD-EST)

(Cliché Aéronautique)

SAIGON — L'ARROYO CHINOIS

Le delta est une région très fertile, où la culture est très intense, en particulier celle du riz. Il est habité par une population nombreuse et laborieuse. La partie montagneuse est moins peuplée, les cultures y sont rares. Les mouvements de terrain sont tantôt couverts de forêts, tantôt dénudés et envahis par les broussailles et les hautes herbes.

Au Tonkin, comme d'ailleurs dans toute l'Indochine, les cours d'eau sont nombreux ; les deux principaux sont le Fleuve Rouge et le Thai-Binh.

Le Fleuve Rouge est une voie commerciale de premier ordre, qui donne au Tonkin toute son importance. Il peut aux hautes eaux être remonté par les chaloupes jusqu'à Laokay. Ses deux principaux affluents, la Rivière Noire et la Rivière Claire, sont respectivement accessibles aux chaloupes, jusqu'à Cho-Bo et jusqu'à Tuyên-Quang. Il en est de même du Thai-Binh dans toute sa partie deltaïque.

Au delà des limites indiquées, ces cours d'eau sont accessibles aux sampans et aux pirogues.

ANNAM. — L'Annam est constitué par une étroite bande de terrain entre la mer de Chine et la chaîne annamitique. Il s'étend du nord au sud, sur une longueur qui dépasse 1.000 kilomètres entre le Tonkin et la Cochinchine. Les contreforts détachés vers la mer par la chaîne annamitique, divisent ce pays en compartiments dont chacun constitue un bassin côtier. Des cols peu élevés permettent le passage d'un compartiment dans l'autre.

On trouve en Annam des parties basses d'origine alluviale, fertiles et très peuplées, et des parties montagneuses couvertes d'une végétation ligneuse très variée, entremêlée d'une épaisse végétation herbacée, habitées par une population très clairsemée et à peu près sauvage.

Les cours d'eau de l'Annam ont peu de développement, ce qui limite la navigation à vapeur, mais la navigation en sampan et en pirogue est poussée assez loin à l'intérieur. La région deltaïque du Song Ma est seule desservie par les chaloupes.

COCHINCHINE. — La presque totalité de la Cochinchine est constituée par le delta du Mékong, augmenté des deltas du Donaï et des deux Vaïco. Les nombreuses boucles du Mékong sont réunies par des canaux naturels ou artificiels dont quelques-uns aboutissent au golfe du Siam.

Le pays d'origine alluviale est plat et souvent marécageux ; il se prête admirablement à la culture du riz.

La population est très dense et très laborieuse.

La navigation fluviale est très intense ; les bras du Mékong et les canaux sont sillonnés par plus de 200 chaloupes à vapeur et plus de 100.000 jonques.

CAMBODGE. — Le Cambodge comprend trois grandes zones géographiques, très différentes.

La première zone s'étend des Grands Lacs jusqu'à la mer, vers le sud-ouest. C'est une région montagneuse, boisée, qui rappelle les régions analogues du Tonkin et de l'Annam.

La deuxième zone est située au Nord des Grands Lacs, et s'étend jusqu'à la chaîne des Dang-Kech. C'est un pays plat, boisé, sillonné de nombreux sentiers. On y rencontre quelques hauteurs isolées.

La troisième zone comprend la région des Grands Lacs et la vallée du Mékong jusqu'à la limite de l'Annam. C'est une plaine basse, inondée périodiquement par le Mékong. Elle est couverte d'une végétation ligneuse, clairsemée, s'étendant à perte de vue, qu'on appelle forêt clairière.

Le Cambodge est traversé du nord au sud par le Mékong, qui se bifurque aux Quatre Bras, près de Phnom-Penh. Les Grands Lacs constituent un immense réservoir naturel pour le trop plein des eaux du Mékong, au moment des grandes crues. A peu près vides aux basses eaux, leur niveau s'élève d'une dizaine de mètres, et persiste de juillet à janvier : ils deviennent alors accessibles aux gros bateaux.

La navigation fluviale est très intense au Cambodge.

LAOS. — Nous trouvons au Laos trois régions géographiques distinctes.

La première région comprend le Laos septentrional, pays montagneux couvert d'une végétation ligneuse plus puissante encore qu'au Tonkin et en Annam. On y rencontre de vastes plaines élevées comme les plaines de Xieng-Kouang, Ban-Ban et Muong-Sing. Dans certaines parties se trouvent de grands massifs calcaires. Les communications y sont généralement difficiles ; la navigation en pirogue est assez restreinte à cause des rapides.

La deuxième région est celle du Laos méridional, qui rappelle le Cambodge. On y trouve de vastes plaines légèrement ondulées, soumises aux inondations périodiques et couvertes de forêt clairière.

La troisième région est constituée par la suite des plateaux de Tran-Ninh, Kam-Kheut, Cammon et des Bolovens. Ces plateaux sont des vastes plaines surélevées, uniformément plates, sillonnées de profondes failles au fond desquelles se trouvent les villages et les rivières. Le plateau lui-même est couvert d'une herbe courte ; on y trouve aussi quelques bouquets de pins disséminés.

Le Mékong est encore la seule voie de pénétration commerciale du Laos. Les localités riveraines situées entre les cataractes de Khong et Vientiane, sont desservies par des chaloupes à vapeur. Aux hautes eaux, le service peut être poussé jusqu'à Luang-Prabang ; aux basses eaux le passage des rapides se fait par transbordement.

TERRITOIRE DE KOUANG-TCHÉOU-WAN. — Il faut rattacher à notre colonie d'Indochine le territoire de Kouang-Tchéou-Wan, cédé à bail, par la Chine, pour 99 ans.

Ce territoire se trouve à l'est de la presqu'île de Louitchéou. Il s'étend autour d'une baie formée par les estuaires des rizières de Mat-Ché et de Lei-Tchéou. La baie est fermée par deux îles qui ne laissent entre elles que deux passes pour y pénétrer. Elle possède deux ports parfaitement abrités.

Le pays est plat ; le terrain est argilo-sablonneux et cultivé sur la plus grande partie du territoire.

La population, de race chinoise, est très dense et très laborieuse.

GÉOGRAPHIE POLITIQUE. — L'Union indochinoise comprend :

1° La colonie de Cochinchine ;

2° Les protectorats des royaumes d'Annam (et Tonkin), du Cambodge et du Laos ;

3° Le territoire de Kouang-Tchéou-Wan.

Elle est soumise à la haute autorité d'un Gouverneur général, assisté d'un Conseil de Gouvernement. (Le décret du 4 novembre 1928 a créé le Grand Conseil des Intérêts économiques et financiers, en partie élu).

Le Tonkin, l'Annam, le Cambodge et le Laos sont administrés par des Résidents supérieurs, la Cochinchine par un Gouverneur, et le territoire de Kouang-Tchéou-Wan par un administrateur en chef.

Ces grandes régions sont divisées en provinces ayant chacune à leur tête un administrateur résident, qui, au Laos, prend le nom de commissaire du Gouvernement.

La superficie totale de l'Indochine française est voisine de 740.000 kilomètres carrés ; sa population globale est de 22 millions d'habitants appartenant aux races annamites, cambodgienne, malaise, cham, thai, chinoise, etc...

Les plus grosses agglomérations se trouvent dans les parties deltaïques du Tonkin, de l'Annam et de la Cochinchine, qui sont les plus fertiles et les plus riches.

AGRICULTURE. — La principale culture est celle du riz pratiquée dans les deltas, où elle trouve l'énorme quantité d'eau dont elle a besoin. Viennent ensuite le maïs, la canne à sucre, le thé, le cocotier, le café, etc... La culture de l'hévéa, introduite en Cochinchine vers 1900, s'est considérablement développée. Les immenses forêts indochinoises donnent des bois d'essences très diverses, des plantes tinctoriales et médicinales.

VILLES PRINCIPALES. — Hanoi, ville de 100.000 habitants, est à la fois la capitale du groupe de colonies et du Tonkin. Elle est située sur le Fleuve Rouge, à 100 kilomètres de la mer. Saigon, capitale de la Cochinchine, le plus grand port de l'Indochine, ne forme avec l'agglomération chinoise de Cholon qu'une seule ville de 300.000 habitants.

Sur le Mékong se trouve Phnom-Penh, ville de 80.000 habitants, capitale du Cambodge. La capitale de l'Annam est Hué, et celle du Laos, Vientiane. Le territoire de Kouang-Tchéou-Wan a pour chef-lieu Fort-Bayard.

Les principaux ports de l'Indochine sont, après Saigon, Haiphong, avec 100.000 habitants et Tourane Port-Courbet et Qui-Nhon sont des ports appelés à se développer dans l'avenir. Un port d'escale doit être créé sur la côte de l'Annam, dans la baie de Cam-Ranh ou à Port-Dayot.

MINES. — L'Indochine est très riche en mines, mais la nature du pays rend les recherches difficiles ; de nombreuses demandes de concessions sont néanmoins déposées chaque année.

On trouve de la houille au Tonkin, en Annam et au Laos. La principale exploitation est celle de Hongay, qui se fait à ciel ouvert.

Il existe du zinc autour de Tuyên-Quang, de Thai-Nguyên, Lang-Son et An-Chau, pour le Tonkin ; en Annam dans le Thanh-Hoa et le Quang-Nam.

L'étain se trouve dans les régions de Nguyen-Binh et du Pia-Ouac, dans le Nord du Tonkin.

On trouve du cuivre dans les régions de la rivière Noire, de Quang-Yên et d'An-Chau, pour le Tonkin ; en Annam dans le Quang-Nam, et au Laos vers Luang-Prabang, le Tran-Ninh, Cammon et Attopeu.

Le plomb, l'or, le mercure et l'antimoine se trouvent dans certaines des régions précitées.

CARRIÈRES. — Les calcaires du Tonkin donnent du ciment, la région de Hué fournit de la chaux hydraulique, et l'on fabrique des chaux grasses en Cochinchine et au Cambodge.

INDUSTRIE. — Les entreprises industrielles en Indochine française sont en plein développement. Il existe des rizeries, des distilleries, des filatures de coton, des huileries, des fabriques de bougies et de savon, et des papeteries.

Nous trouvons à Nam-Dinh et Qui-Nhon des filatures de soie, à Haiphong des usines métallurgiques, des tanneries, une cimenterie et des ateliers de céramique.

Hanoi possède une manufecture de tabac, une tannerie, une fabrique de boutons de nacre et de nombreuses ateliers de construction mécanique. Il faut encore citer les usines des chemins de fer, des tramways, les usines électriques des grands centres ; les imprimeries, brasseries, etc...

VOIES DE COMMUNICATION. — Les voies de communication sont encore insuffisantes en Indochine, et cette insuffisance est un obstacle à l'exploitation des richesses du pays ; mais un effort énorme a été fait au cours de ces dernières années.

En dehors des voies fluviales dont nous avons parlé, le réseau routier actuel comprend plus de 30.000 kilomètres de routes coloniales, provinciales ou locales, dont 15.000 kilomètres empierrées. Un grand nombre de ponts ont été construits.

L'Indochine française dispose actuellement de 2.400 kilomètres de voies ferrées, dont 1841 kilomètres pour le réseau nord et la ligne du Yunnan, et 556 kilomètres pour le réseau sud. De nombreuses lignes nouvelles sont en construction (près de 1.000 kilomètres) en particulier la ligne de Tourane à Nha-Trang qui achèvera le transindochinois, reliant Hanoi à Saigon par la côte d'Annam ; la ligne de Tanap à Thakhek qui ouvrira un accès vers le Laos ; la ligne de Phnom-Penh à Battambang.

Nous ajouterons pour mémoire des tramways électriques pour Hanoi et Saigon, et surtout de nombreuses lignes de transport par automobiles, au Tonkin, en Annam, en Cochinchine et au Cambodge. La circulation automobile s'est particulièrement développée depuis 1923.

FRONTIÈRES. — Les frontières terrestres de l'Indochine française sont en partie conventionnelles. Entre le Tonkin et la Chine, la frontière, entièrement située en pays de montagnes, ne suit jamais la ligne de partage des eaux. Le Laos est séparé de la Birmanie par une partie du cours du Mékong. Dans sa partie nord, la frontière siamoise suit un moment le cours du Mékong, puis la chaîne du Doi-Phi et du Phu-Khao-Mieng, qu'elle quitte pour rejoindre le coude du Mékong en aval de Pak-Lay. A partir de ce dernier point, elle suit le Mékong jusqu'au confluent de la Sémoun. Elle prend alors la chaîne des Dang-Rech, traverse la trouée de Wadhana, rejoint la chaîne des monts des Cardamomes, pour aboutir finalement à la côte du golfe du Siam.

D'une manière générale, il n'existe pas de grandes voies de communication au-delà des frontières de l'Indochine, à l'exception de la voie ferrée qui relie le Yunnan au Tonkin, où elle pénètre par Lao-Kay.

En territoire chinois, les cours d'eau ne sont guère navigables à cause des rapides, et les routes se réduisent à des sentiers pour piétons et à quelques grandes pistes muletières, chemins ordinaires des caravanes. Il en est encore de même en Birmanie et au Siam ; ce dernier pays développe toutefois son réseau ferré.

Les grandes routes de pénétration sont :

La route de Long-Tchéou, Lang-Son ;

Les vallées supérieures du Song Ky-Kong et du Song Bang-Giang ;

La haute vallée de la Rivière Claire ;

Le Fleuve Rouge ;

La vallée de Phong-Tho ;

La haute vallée de la Rivière Noire ;

La vallée du Nam-Ou ;

La vallée du Mékong ;

La trouée de Wadhana entre Siam et Cambodge.

Lorsque le réseau routier actuellement prévu sera réalisé, de bonnes routes permettront d'aboutir sans obstacles à tous les points de passage de la frontière ; mais il est probable qu'elles s'arrêteront là, et que leur prolongement en territoire étranger restera encore longtemps dans l'état actuel (sauf au Siam où une voie devant relier Bangkok à la frontière cambodgienne a été construite).

✱✱

Service géographique de l'Indochine. — Ce service, créé le 1ᵉʳ janvier 1900, est placé depuis 1926 sous l'autorité directe du Gouverneur général de l'Indochine.

Ses attributions générales sont les suivantes :

1° Travaux de toute nature se rapportant au levé des cartes régulières ou provisoires, rédaction et publication de ces cartes ;

2° Etudes topographiques spéciales intéressant les services publics de l'Indochine.

Le service géographique comporte des sections de géodésie, de cartographie, de photographie aérienne (La prise de photographies pour le compte du service géographique est devenue une des plus importantes missions de l'aéronautique en Indochine). Placé sous la direction d'un officier supérieur, il comprend un personnel militaire (hors cadres) et un personnel civil contractuel.

Les dépenses du service géographique sont inscrites au Budget général de l'Indochine.

Depuis sa fondation, le service géographique a édité :

1° A l'échelle du 100.000ᵉ (régulier) : la presque totalité du Tonkin, la côte d'Annam, le Laos central, la majeure partie de la Cochinchine, les régions cambodgiennes comprises entre Phnom-Penh et Battambang, le territoire de Kouang-Tchéou-Wan ;

2° A l'échelle du 100.000ᵉ (provisoire) : quelques feuilles du Tonkin-ouest, du sud-Annam et du sud de la Cochinchine ;

3° Au 25.000ᵉ : les deltas du Tonkin et de la Cochinchine, la côte d'Annam ;

4° Des cartes diverses (scolaires, économiques, agricoles, routières, etc...) ;

5° Des plans à grande échelle des villes principales.

Il a été tiré, des cartes ci-dessus et d'autres documents.

a) Une carte de l'Indochine au 1.000.000ᵉ ;

b) Une carte de l'Indochine au 500.000ᵉ (cette carte a été reliée en atlas) ;

c) Des plans reliefs au 2.000.000ᵉ.

PREMIÈRE PARTIE

Du début au traité de Tiên-Tsin (Juin 1885)

PREMIÈRE PARTIE

Du début au traité de Tiên-Tsin (Juin 1885)

I. — *Les pionniers de notre influence en Indochine* — *Les missionnaires et les commerçants*
Mgr. PIGNEAU DE BÉHAINE, évêque d'Adran. — L'unité annamite est réalisée grâce au concours des Français.

Les premiers Français qui se rendirent en Indochine furent ou des missionnaires ou des commerçants. — Le Père Georges DE LAMOTHE, dominicain, parut au Cambodge en 1585. Le jésuite français ALEXANDRE DE RHODES vint en Cochinchine en 1624, séjourna au Tonkin un peu plus tard. Il fut un des premiers à faire usage de caractères romains pour transcrire des sons annamites (quoc-ngu).

La société des Missions étrangères, créée en 1658, envoya en Indochine quelques-uns de ses missionnaires. François PALLU réussit à nouer des liens entre la Cour de Siam et la Cour de France.

Un aventurier Grec, Constance PHAULKON, qui avait gagné la faveur du roi de Siam PHRA-NARAI, chercha à développer l'influence française dans le pays. Le roi de Siam envoya une ambassade à LOUIS XIV et lui demanda des troupes françaises. Le maréchal de camp DES FARGES vint avec cinq vaisseaux et un régiment de 12 compagnies (1687). Les Français occupèrent Bangkok et Mergui ; quelques-uns furent chargés d'organiser et d'instruire des troupes siamoises. Mais cette entreprise n'eut qu'un succès éphémère ; l'année suivante, la mort du roi de Siam entraîna la chute et l'exécution de Constance PHAULKON, et nos troupes durent évacuer les deux villes.

PALLU avait envoyé des missionnaires en Annam et au Tonkin.

La Compagnie des Indes Orientales, créée en 1664, avait pour objet la propagation de la foi autant que le commerce ; ses comptoirs étaient des bases pour les missions ; souvent les missionnaires débarquaient déguisés en marchands et se livraient à quelques transactions. La première expédition de caractère purement commercial fut celle de CHAPPELAIN, qui ouvrit un comptoir au Tonkin en 1680.

Les marchands portugais venaient trafiquer à Faifo depuis le début du XVII° siècle, les Hollandais et les Anglais allaient surtout au Tonkin. Ils se montraient généralement hostiles aux projets d'établissement des autres Européens. La factorerie française du Tonkin disparut en 1682.

En 1737, DUMAS Gouverneur français des Indes, présenta à la Compagnie des Indes Orientales un nouveau projet d'établissement au Tonkin.

DUPLEIX chercha, sans y réussir, à conclure une alliance avec le roi du Pégou (pays au nord-ouest de l'Indochine, faisant partie de la Basse-Birmanie) dans le but de nous assurer la possession des bouches de l'Iraouaddy. Il fit aussi une tentative pour entrer en rapports avec la Cochinchine ; la guerre contre l'Angleterre l'en empêcha.

Pierre POIVRE (plus tard intendant des îles de France et Bourbon) chargé de mission par le ministre de la Marine, arriva à Tourane en 1749. Il fut bien reçu à la Cour de Hué, mais ne réussit pas à fonder un comptoir.

En 1769, la Compagnie des Indes Orientales cessa d'exister ; la France ne fut plus représentée en Indochine que par ses missionnaires. Mais la situation politique allait bientôt lui donner l'occasion d'une intervention militaire.

La dynastie des LÊ, qui avait réussi à libérer le pays du joug des Chinois au XV° siècle, régnait encore sur l'Annam. Mais elle n'avait plus aucun pouvoir réel. Deux familles rivales, les TRINH et les NGUYÊN, se partageaient le pays.

Au nord, la famille des TRINH, résidant à Hanoi auprès des LÊ dont elle avait usurpé toutes les prérogatives royales, régnait sur le Tonkin et le Nord-Annam.

Au sud, la famille des NGUYÊN avait fini par se constituer un royaume indépendant (auquel on donnait alors le nom de Cochinchine, mais qui s'étendait du Centre-Annam à la Cochinchine actuelle, et avait sa capitale à Hué).

Au XVII° siècle, des guerres acharnées eurent lieu entre les deux états. Les Cochinchinois reçurent quelques secours des Portugais, qui leur fournissaient des armes et des munitions, et aussi des ingénieurs et des instructeurs. Finalement la frontière se fixa à hauteur de Dong-Hoi, où les NGUYÊN firent construire un mur fortifié.

La mort du roi de Cochinchine VO-VUONG (1765) plongea le pays dans l'anarchie. Une révolte éclata, dirigée par trois frères, NGUYÊN-VAN-NHAC, NGUYÊN-VAN-LU, NGUYÊN-VAN-HUÊ, qu'on appela les TAY-SON (du nom de leur lieu d'origine, village du canton d'An-Khé).

L'aîné, qui avait rassemblé une bande de gens tarés, déserteurs et contrebandiers, réussit à s'emparer de Qui-Nhon et s'y établit solidement. Profitant des troubles, les TRINH attaquèrent la Cochinchine et s'emparèrent de Hué. Les NGUYÊN, qui s'étaient réfugiés à Saigon, en furent chassés par les TAY-SON ; la famille royale fut massacrée ; seul échappa un petit-fils de VO-VUONG, connu sous le nom de NGUYÊN-ANH, le futur empereur GIA-LONG.

Le missionnaire français Pierre PIGNEAU (né en 1741 à Béhaine, dans l'Aisne), évêque d'Adran et vicaire apostolique de la Cochinchine, résidait alors dans la province de Ha-Tien, où il avait fondé un collège. Il eut l'occasion de secourir NGUYÊN-ANH fugitif. Fin 1777, celui-ci put rentrer en campagne, battre les TAY-SON et leur reprendre Saigon.

En 1778, il commença à exercer le pouvoir (il avait alors 16 ans). Aidé par les conseils de l'évêque d'Adran, qui l'avait rejoint à Saigon, il organisa les provinces soumises à son autorité, éleva des fortifications, se constitua une flotte où servirent des marins français.

Les NGUYÊN s'étaient toujours montrés plus favorables aux missionnaires que leurs rivaux, et Mgr. PIGNEAU DE BÉHAINE avait jugé que leur rétablissement était utile à son œuvre. Il donna donc à NGUYÊN-ANH tout l'appui qu'il put lui fournir.

De son côté, le prince voua à l'évêque une reconnaissance profonde. L'amitié qui unit ces deux hommes pendant vingt ans fut l'origine de l'intervention de la France en Indochine.

Les TAY-SON, qui régnaient toujours à Qui-Nhon, ne pouvaient pas laisser se développer en Basse-Cochinchine un ennemi aussi dangereux que l'état de NGUYÊN-ANH.

En mars 1782, ils vinrent l'attaquer par mer. La flotte Cochinchinoise fut écrasée au Cap Saint-Jacques, malgré l'héroïsme d'un matelot breton, connu sous le nom de MANUEL. Celui-ci, après voir lutté seul pendant plusieurs heures contre de nombreux ennemis, finit par mettre le feu aux poudres et périt avec son bâtiment (1).

Les TAY-SON rentrèrent à Saigon. PIGNEAU dut se réfugier au Cambodge. NGUYÊN-ANH continua à lutter, mais, battu de nouveau en 1783, il dut s'enfuir avec une poignée de fidèles. Traqué par ses ennemis jusque dans les îles du golfe du Siam, il fut bientôt réduit au dénuement le plus complet. L'évêque d'Adran, qui essayait de se rendre à Pondichéry, rencontra la petite troupe, réduite alors à six ou sept cents hommes, et lui donna une partie de ses provisions (Janvier 1784). Il se retira à l'île de Poulo-Way, pendant que NGUYÊN-ANH tentait encore une fois le sort des armes, avec l'appui des Siamois. Cette tentative ayant échoué, le roi se rendit compte qu'il ne pouvait plus rétablir ses affaires qu'avec l'aide d'une puissance européenne,

---

(1) Sa tablette funéraire fut placée dans le temple de l'Illustre Fidélité (Pagode des Mares) construit en 1804 par Gia-Long pour honorer la mémoire des mandarins morts à son service.

Cette pagode fut malheureusement brûlée au cours des opérations de 1860.

(Cliché Aéronautique)

HATIEN

(Cliché Aéronautique)

HUÉ — RIVIÈRE DES PARFUMS

PLANCHE LXXXVI. — M⁇ʳ Pigneau de Béhaine, Évêque d'Adran.
(Portrait de Maupérin, conservé au Séminaire des Missions Étrangères de Paris).

PORTRAIT DE MONSEIGNEUR PIGNEAU DE BÉHAINE

(Extrait du *Bulletin des Amis du Vieux Hué*, 1922).

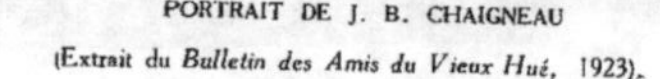

PORTRAIT DE J. B. CHAIGNEAU

(Extrait du *Bulletin des Amis du Vieux Hué*, 1923).

comme l'évêque le lui avait déjà conseillé. En décembre 1784, il alla trouver PIGNEAU, venu à Poulo-Panjang, et le chargea d'aller demander le secours en France. Il lui donna pleins pouvoirs pour traiter, lui remit son sceau royal, et lui confia son fils unique, le prince CANH, âgé de 5 ans.

L'évêque d'Adran se rendit d'abord à Pondichéry, espérant obtenir des autorités françaises les secours dont NGUYÊN-ANH avait besoin. Dans l'Inde française, on était bien au courant des événements de Cochinchine. Dans une lettre au Gouverneur, écrite en 1776, CHEVALIER, commandant de Chandernagor, avait déjà esquissé un projet d'intervention. Beaucoup de Français partageaient les vues de l'évêque d'Adran. Mais le Gouverneur ne voulut pas agir sans ordre du roi de France. PIGNEAU DE BÉHAINE partit pour la France avec le prince CANH en juillet 1786, à bord du *Malabar*. Il arriva à Lorient en février 1787 et se rendit aussitôt à Paris. Le jeune âge et les malheurs du prince CANH suscitèrent un intérêt passager. PIGNEAU fut reçu par le roi et plaida avec chaleur la cause de NGUYÊN-ANH; il s'attacha à montrer la facilité du succès de l'expédition et les avantages qui devaient en résulter pour le commerce français. Il écrivit une série de notes et de mémoires dans lesquels il examinait toutes les modalités de l'intervention.

Il conseillait d'envoyer en Cochinchine environ 1.200 hommes d'infanterie avec de l'artillerie légère (pièces de 4, pièces à la Rostaing et à la Suédoise) et quelques obusiers. Il indiquait les vivres nécessaires, les outils, les coffres de pharmacie à emporter.

Son plan d'opérations était de se rendre directement à Qui-Nhon, centre de la puissance des TAY-SON.

Les troupes françaises, appuyées par le feu des navires, exécuteraient un débarquement de vive force. Le succès, qui paraissait probable, mettrait fin à la guerre du premier coup.

Le 28 novembre 1787, l'évêque d'Adran signait à Versailles au nom du roi de Cochinchine, avec DE MONTMORIN, ministre des affaires étrangères de LOUIS XVI, un traité d'alliance offensive et défensive en dix articles. Le roi de France s'engageait à envoyer en Cochinchine quatre frégates et un corps de troupes de 1.200 hommes, 200 hommes d'artillerie et 250 Cafres, avec du matériel. Comme prix de son intervention, la France devait recevoir le port de Tourane et l'île de Poulo-Condore, avec le monopole du commerce européen en Cochinchine.

Le 27 décembre 1787, PIGNEAU DE BÉHAINE et le prince CANH s'embarquaient à Lorient sur la frégate *la Dryade*, qui était accompagnée de *la Méduse*. Le 18 mai 1788, ils étaient de retour à Pondichéry.

Le Commandant des troupes de l'Inde française était alors le Comte de CONWAY, officier d'origine irlandaise connu pour son caractère difficile, et que LOUIS XVI avait envoyé là pour s'en débarrasser. Il était chargé de prendre le commandement de l'expédition de Cochinchine; mais il avait reçu, à l'insu de l'évêque d'ADRAN, des instructions DE MONTMORIN qui lui abandonnait « le pouvoir de procéder à l'exécution de ses ordres ». Une autre lettre le laissait même « maître de ne point entreprendre l'expédition ou de la retarder », vu l'état d'épuisement des finances.

CONWAY avait la volonté bien arrêtée de ne pas agir. Se basant sur ses instructions, il opposa la force d'inertie la plus complète aux objurgations de l'évêque d'Adran.

Il envoya à Versailles des rapports défavorables à l'intervention. De son côté, PIGNEAU se plaignit au ministre de la mauvaise volonté de CONWAY. Enfin, renonçant à faire exécuter le traité de Versailles, l'évêque d'Adran s'embarqua sur *la Méduse* avec le prince CANH. Le 28 juillet 1789, il débarquait au Cap Saint-Jacques. Il avait résolu d'agir seul, avec les ressources dont il disposait.

A son passage à l'île de France et au cours de son séjour à Pondichéry, PIGNEAU avait su intéresser à son entreprise un certain nombre de négociants français. Ceux-ci lui fournirent deux navires, des armes et des munitions. D'autre part, l'évêque d'ADRAN avait réussi à gagner le concours d'un certain nombre de volontaires français, pour la plupart ayant servi dans la marine de guerre. Quelques-uns passèrent dès 1788 au service de NGUYÊN-ANH; c'est ainsi qu'OLIVIER DE PUYMANEL, volontaire de la marine, débarqua à Poulo-Condore dès le 19 septembre 1788, avec une quarantaine de matelots de *la Dryade*. D'autres arrivèrent en 1789, en même temps que l'évêque d'ADRAN. Quelques-uns, provenant surtout de navires de commerce, vinrent plus tard.

Leur nombre fut au total de 250 à 300, dont 2 officiers du cadre colonial de la marine : Jean-Marie DAYOT et MAGON DE MÉDINE. Beaucoup faisaient partie du cadre des volontaires de la marine, élèves-officiers analogues aux anciens cadets de l'armée de terre. Il y eut aussi de nombreux matelots spécialistes, surtout des canonniers. Mais une petite partie d'entre eux seulement resta en Cochinchine; les autres, souffrant du climat et mal payés, quittèrent bientôt le pays.

Pendant le voyage en France de PIGNEAU DE BÉHAINE, la situation de NGUYÊN-ANH s'était améliorée. Les TAY-SON avaient conquis le Tonkin sur les TRINH, mais la discorde s'était mise parmi eux. NGUYÊN-ANH, qui s'était d'abord réfugié à la Cour de Siam, était revenu en Cochinchine, avait rassemblé ses partisans et s'était emparé de Saigon après un siège de dix mois (7 septembre 1788).

Son premier soin fut de consolider sa situation. Il réorganisa le pays, s'occupa de former une armée et une flotte, avec l'aide de PIGNEAU DE BÉHAINE et des auxiliaires français. Il y consacra plusieurs années.

OLIVIER DE PUYMANEL joua le rôle de chef d'Etat-Major général et de grand-maître de l'artillerie. Il dirigea à Saigon une école militaire destinée à l'instruction des officiers cochinchinois, fit fondre des canons de campagne et fabriquer de la poudre, dressa des plans de villes fortifiées. En 1790, il fortifia Saigon ; (1) il devait fortifier plus tard Nha-Trang. Malgré son jeune âge (il avait 20 ans lorsqu'il arriva en Cochinchine) il fit preuve d'un talent d'organisation et d'une puissance de travail admirables.

DAYOT organisait la marine, dont il avait le commandement en chef. Il devait, au cours des années suivantes, lever des cartes hydrographiques des côtes de Cochinchine, qu'il envoya plus tard à Paris.

GIRARD DE L'ISLE-SELLÉ et VANNIER commandaient les vaisseaux *Prince de Cochinchine* et *Dong-Nai*. BARISY, curieux personnage, vrai type d'aventurier, dont la vie pourrait tenter la plume d'un romancier, s'occupa du ravitaillement en armes et munitions.

Mais ce fut Mgr PIGNEAU DE BÉHAINE en personne qui apporta au roi l'aide la plus efficace. Les autres Français n'agirent que sous son impulsion et sous sa direction. Il décida la création d'un corps de troupes, peu nombreux, mais bien armé et discipliné, sorte de garde destinée à former le noyau de l'armée cochinchinoise. Il traduisit en annamite des ouvrages français d'art militaire et de fortification, à l'aide desquels le roi étudia les méthodes européennes. (Il est curieux de constater que l'éducation militaire de GIA-LONG fut faite par les mêmes auteurs, et à la même époque, que celle de NAPOLÉON).

Enfin PIGNEAU DE BÉHAINE devait prendre part en personne à diverses opérations militaires. Son rôle auprès du roi de Cochinchine est tout à fait comparable à celui de RICHELIEU auprès de LOUIS XIII.

Les TAY-SON avaient été fortement impressionnés par ces préparatifs, dont le bruit leur était parvenu. Il était question de vaisseaux de cuivre, de ballons (2) ; le roi de Cochinchine faisait exercer une vive propagande en Annam. En 1792, NHAC prépara une expédition contre NGUYÊN-ANH. Il fit construire à Qui-Nhon un grand nombre de bateaux. Au mois de juillet, sur les instances de l'évêque d'ADRAN, la flotte cochinchinoise alla les attaquer. L'audace de DAYOT, qui se lança avec un seul vaisseau au milieu de la flotte ennemie, décida de la victoire. Un grand nombre de navires furent incendiés. Des troupes de débarquement mises à terre s'emparèrent des forts et les détruisirent. Puis l'armée navale rentra au port de Can-Tru.

L'année suivante commencèrent les expéditions annuelles, dites campagnes de saison (giac mùa).

Elles comportaient des opérations combinées des armées de terre et de mer, dont la première idée était due à PIGNEAU. Au mois de juin, une fois la mousson établie, la flotte cochinchinoise partait de Saigon. L'armée de terre la rejoignait en un point déterminé du littoral. On attaquait quelques places, on fortifiait les points occupés et on y laissait une garnison. A la mauvaise saison, la flotte et l'armée retournaient vers le sud.

C'est ainsi qu'en 1793, le roi de Cochinchine se porta sur Qui-Nhon. DAYOT et VANNIER participaient à l'expédition maritime, OLIVIER marchait avec l'armée de terre, à la tête du régiment des Thân-Sach (artillerie

---

(1) La citadelle de Saigon, construite par OLIVIER et LE BRUN avait une forme octogonale. Elle fut rasée en 1834, à la suite d'une insurrection en Basse-Cochinchine.
(2) Une montgolfière avait été lancée à Saigon.

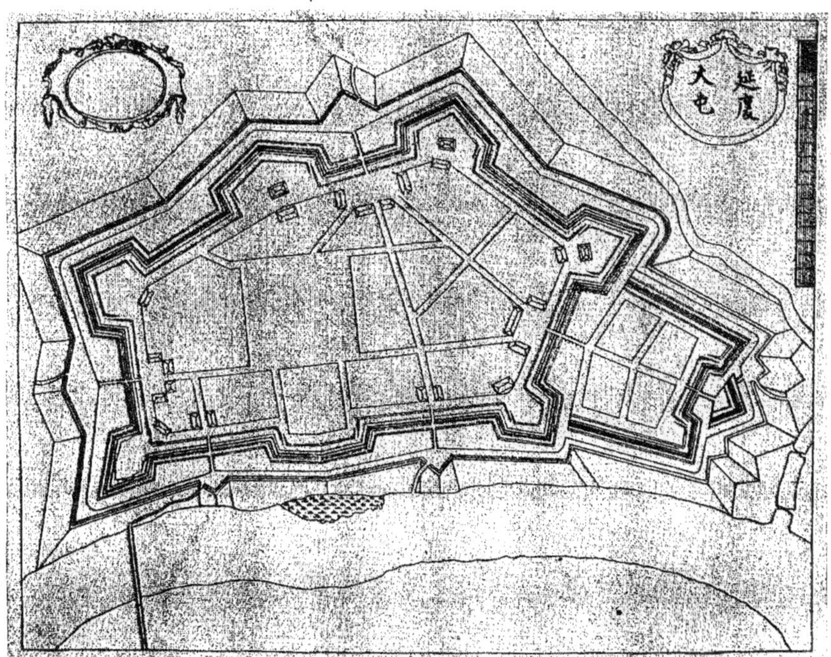

PLAN DE LA CITADELLE DE DIEN-KHANH (NHATRANG)

(Extrait du *Bulletin des Amis du Vieux Hué*, 1926).

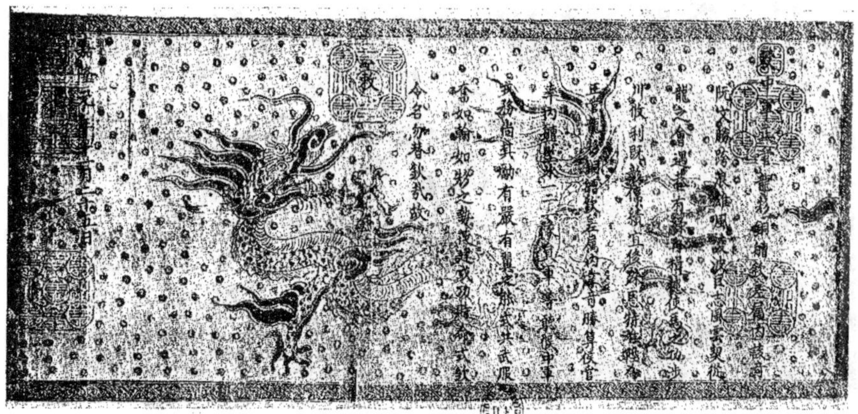

BREVET DE CHUONG-CO, DÉCERNÉ A CHAIGNEAU PAR L'EMPEREUR GIA-LONG

(Extrait du *Bulletin des Amis du Vieux Hué*, 1922).

BAIE DE NHATRANG.

PORT DE QUINHON

et génie). Le Binh-Thuan et le Phu-Yên furent conquis. Les forts qui défendaient les abords de Qui-Nhon tombèrent aux mains des troupes de NGUYÊN-ANH. Mais la ville résista. Il fut question d'employer un ballon pour y jeter des matières incendiaires ; le roi s'y opposa, par égard pour la population civile qui se trouvait encore dans la ville.

Il fallut lever le siège. Afin de garantir les provinces nouvellement conquises, OLIVIER fut chargé de fortifier Nha-Trang, dont il fit une place solide.

Fin 1793, le prince CANH, nommé commandant de la place de Nha-Trang, y vint avec l'évêque d'ADRAN. Au mois de mai 1794, la forteresse fut assiégée par des forces importantes. Après 24 jours de siège, au cours desquels la place reçut 900 boulets, les TAY-SON durent se retirer. Ils avaient subi des pertes considérables par le feu des canons de campagne employés par OLI-VIER au cours de trois sorties de la garnison.

Fin 1794, la place fut de nouveau assiégée. Elle fut débloquée en août 1795.

DAYOT, qui avait eu à se plaindre de mauvais procédés des mandarins à son égard, quitta la Cochinchine vers cette époque (1). Mais Jean-Baptiste CHAIGNEAU, volontaire de la marine qui avait dû quitter son navire la *Flavie*, désarmé à Macao en 1794, était entré au service de NGUYÊN-ANH.

Une grande expédition eut lieu en 1797. Le roi disposait de 40.000 hommes et de plus de quarante vaisseaux. Le prince CANH, accompagné et sans doute guidé par l'évêque d'ADRAN, avait le commandement de l'armée de terre. Il avança rapidement vers le nord. Le roi, avec la flotte, se porta sur Tourane, qu'OLI-VIER attaqua avec des brûlots. L'armée de terre devait pousser de l'avant pour le rejoindre, en masquant simplement les postes ennemis qu'elle dépassait.

Ce beau plan fut bien près de réussir ; mais un retard dans l'arrivée des approvisionnements contraignit les troupes cochinchinoises à la retraite, qui s'effectua sans difficulté.

Une opération de grande envergure fut préparée pour 1799. Qui-Nhon devait être attaquée simultanément par terre et par mer. Les détails du plan de campagne furent élaborés à Nha-Trang par Mgr PIGNEAU. (OLIVIER, malade, était allé mourir à Malacca).

En juin 1799, des troupes de débarquement enlevaient de vive force le port de Qui-Nhon ; d'autres troupes attaquaient les forts du front de terre ; un corps d'observation, sous les ordres de LÊ-VAN-DUYÊT, couvrait les opérations de siège. Les dispositions arrêtées sur les conseils de PIGNEAU précipitèrent la chute de la place, qui capitula le 2 novembre.

Mais l'évêque d'ADRAN ne devait pas voir le triomphe du roi de Cochinchine.

Tombé gravement malade au cours du siège, il était mort le 9 octobre.

NGUYÊN-ANH fit transporter à Saigon les restes de son fidèle conseiller et ami. Les funérailles eurent lieu le 16 décembre, avec une pompe inaccoutumée. La famille royale conduisait le deuil ; 12.000 hommes en armes rendaient les honneurs. Plus de 40.000 personnes suivaient le cortège.

Les restes de PIGNEAU DE BÉHAINE furent ensevelis dans une propriété que l'évêque possédait près de Saigon. Le roi fit lui-même l'éloge du « Grand-Maître » et lui fit élever l'année suivante un tombeau superbe (2).

---

(1) Il devait trouver la mort dans un naufrage sur les côtes d'Annam en 1809.
(2) Ce tombeau existe toujours. Il a été déclaré propriété nationale par décret du 3 août 1861.

C'est à l'influence morale de l'évêque d'ADRAN que le roi devait les qualités de constance et de ténacité dont il fit preuve au cours de ces longues campagnes et qui finirent par lui donner le succès.

Au début de 1800, les TAY-SON vinrent assiéger Qui-Nhon, défendue par VO-TANH, un des élèves d'OLIVIER. Leur flotte en occupa le port (Thi-Nai) qu'ils fortifièrent. Le roi de Cochinchine partit en campagne pour secourir la place. Il disposait de 80.000 hommes, plus de 40 vaisseaux et 100 galères. Sa flotte comprenait entre autres 4 vaisseaux européens :

le *Phénix*, commandé par VANNIER ; le *Dragon*, commandé par CHAIGNEAU ; l'*Aigle*, commandé par DE FORÇANT ; la *Perle*, commandé par le roi en personne.

Malgré des succès partiels et une diversion des Laotiens sur le Nghê-An, la place de Qui-Nhon ne put être secourue. La campagne continua pendant la mauvaise saison.

Les TAY-SON avaient concentré la meilleure partie de leurs troupes devant Qui-Nhon.

NGUYÊN-ANH décida d'abandonner la place à son sort et de se porter sur Hué, la capitale ennemie. Ce projet, analogue à celui que PIGNEAU DE BÉHAINE avait exposé en 1787 à Versailles avait sans doute été inspiré au roi par l'évêque d'ADRAN, au cours des années précédentes. C'était de la pure stratégie napoléonienne.

Il fallait d'abord se débarrasser de la flotte ennemie qui, de Thi-Nai, aurait été dangereuse pour les communications.

Dans la nuit du 27 au 28 février 1801, NGUYÊN-ANH, à la tête d'une escadre légère, s'approchait du port de Qui-Nhon, faisait débarquer 1.200 hommes sur la plage de sable pour attaquer les batteries ennemies. et lançait ses canonnières à l'abordage.

Les troupes de débarquement, bien appuyées par le feu des galères, s'emparèrent rapidement des ouvrages ennemis et en retournèrent les canons vers la rade. Pendant ce temps, la flotte royale pénétrait dans le port et attaquait la flotte TAY-SON. Après un sanglant combat qui se prolongea pendant une partie de la journée suivante, et au cours duquel DE FORÇANT se distingua particulièrement, tous les navires ennemis furent incendiés. Les TAY-SON perdirent 50.000 hommes, 150 vaisseaux ou galères.

Le roi de Cochinchine avait perdu 4.000 hommes. Cette magnifique victoire lui donnait la maîtrise de la mer.

Son armée (1) avait aussi remporté des succès sur terre, mais sans pouvoir débloquer Qui-Nhon.

La flotte se concentra à Tourane, où le roi réunit aussi des troupes de débarquement. Le 11 juin, l'armée navale venait mouiller à l'entrée de la rivière de Hué. Les vaisseaux et 30 canonnières bloquaient la bouche ouest (Cua-huu). Le roi (ayant BARISY comme capitaine de pavillon) attaquait la bouche est (Cua-ong) avec 45 galères, 300 chaloupes canonnières et 15.000 hommes de troupes de terre.

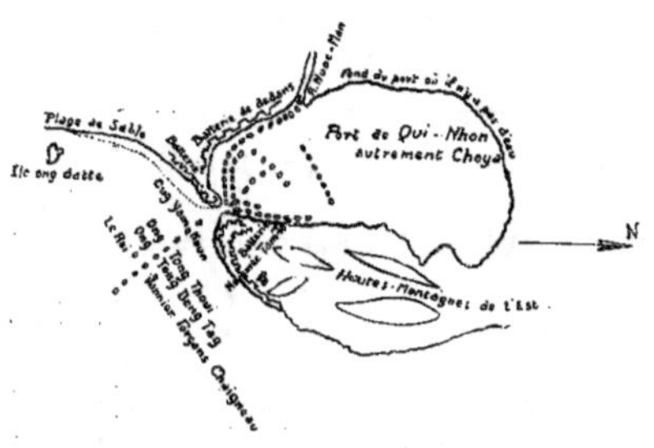

Carte du Port de Qui-Nhon
d'après le dessin de Barisy.
(Bulletin de l'École française d'Extrême-Orient _ 1912)

---

(1) D'après BARISY, les forces du roi de Cochinchine comprenaient alors :

24 escadrons de cavalerie (à dos de buffles)	6.000 hommes
16 bataillons d'éléphants (200 bêtes)	2.000 —
30 bataillons d'artillerie	15.000 —
25 régiments de 1.200 hommes armés à l'européenne	30.000 —
Infanterie armée de sabres et de fusils à mèche	42.000 —
Garde (troupes exercées à la tactique européenne)	12.000 —
Total des forces de terre	113.000 hommes

La marine, avec ses divers services, employait 26.800 hommes.

Le 12, à 5 heures, cette division se porta vers la côte mais fut arrêtée par des hauts-fonds et des estacades. Les troupes de débarquement se jetèrent à l'eau et gagnèrent la plage, soutenues par le feu des canonnières. La Garde se forma en bataille sur le rivage, malgré un feu meurtrier. L'ennemi (10.000 hommes) crut le moment favorable pour contre-attaquer. Il sortit de ses retranchements et se porta au devant des troupes cochinchinoises qui débarquaient. Mais LÊ-VAN-DUYÊT lança toute la garde en avant dans une vigoureuse charge à la baïonnette, pendant que les autres troupes, attaquant l'ennemi sur les deux flancs et en queue, réalisaient un double enveloppement. Ce fut une véritable bataille de Cannes ; les troupes cochinchinoises se montrèrent dignes de leurs instructeurs français. L'armée ennemie fut anéantie. Dans l'après-midi, les canonnières cochinchinoises remontèrent la rivière, capturant les quelques bateaux qui essayaient encore de résister.

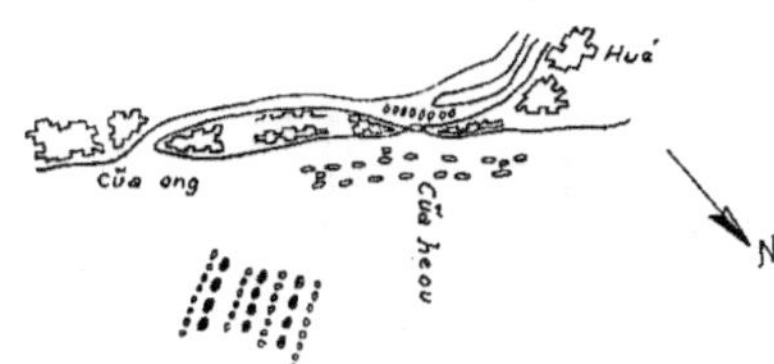

Carte de l'embouchure de la Rivière de Hué, d'après le dessin de Barisy.

(Bulletin de l'Ecole française d'Extrême-Orient. 1912)

Le 15 juin 1801, NGUYÊN-ANH fit son entrée dans la capitale de ses ancêtres, qu'il avait dû quitter 26 ans auparavant.

Peu après, les TAY-SON qui assiégeaient Qui-Nhon finirent par s'emparer de la place. VO-TANH se fit sauter. Mais l'année suivante, la garnison tay-son laissée à Qui-Nhon, se sentant isolée, abandonna la place et se retira par le Laos. Le pavillon jaune des NGUYÊN remplaçait partout l'étendard rouge des TAY-SON.

NGUYÊN-ANH pensait à la conquête du Tonkin que ses ennemis occupaient encore. Le 3 février 1802, ceux-ci vinrent attaquer le mur de Dong-Hoi, mais, pris à revers par la flotte cochinchinoise, ils durent se replier. NGUYÊN-ANH envahit alors le Tonkin sans rencontrer grande résistance. Le 20 juillet 1802, il entrait à Hanoi.

Son triomphe était complet. Non seulement il avait reconquis l'ancien apanage des NGUYÊN, mais il y avait ajouté le domaine des TRINH, leurs rivaux d'autrefois. Le Cambodge se reconnaissait comme vassal, et le Laos offrait un tribut. Après avoir demandé son investiture à la Chine, NGUYÊN-ANH se proclama empereur sous le nom de Gia-Long (1806).

Grâce aux Français, il avait fondé l'unité annamite, ce que n'avait pu réaliser aucune des dynasties précédentes.

Les Français survivants, VANNIER, CHAIGNEAU, DE FORÇANT (1), reçurent en décembre 1802 des brevets de chuong co (2° classe du 2° degré de la hiérarchie des mandarins militaires). Ils restèrent à Hué auprès de l'empereur, ainsi que le docteur DESPIAU, qui avait rempli les fonctions de médecin des armées.

DE FORÇANT mourut en 1811. CHAIGNEAU et VANNIER conservèrent une certaine influence jusqu'à la mort de GIA-LONG (1820). Ils en firent profiter quelques commerçants français qui vinrent trafiquer en Cochinchine sous la Restauration. CHAIGNEAU, étant allé en voyage en France (1819-1821) en revint avec le titre de consul, chargé de conclure un traité de commerce avec la Cochinchine. Mais le successeur de GIA-LONG, l'empereur MINH-MANG (2), se montra moins bien disposé que son père envers les étrangers.

Il fit bientôt sentir à VANNIER et à CHAIGNEAU que leur présence était devenue indésirable. Fin 1824, ils quittaient le pays définitivement. Les services qu'ils avaient rendus furent vite oubliés.

Le passage des Français laissait pourtant des traces visibles : les forteresses élevées en Cochinchine sur les plans d'OLIVIER (3), au Tonkin sous la direction de ses élèves annamites. Ces derniers construisirent, entre autres, la citadelle de Son-Tay en 1822, celle de Hanoi en 1835, celle de Tuyên-Quang en 1844.

Ces citadelles allaient jouer un rôle important au cours de la conquête de l'Indochine par les Français

---

(1) BARISY était mort en 1802.

(2) Le prince CANH était mort en 1801. Ses fils furent écartés du trône.

(3) La citadelle de Hué fut construite de 1805 à 1820 sous la direction des autres officiers français restés au service de GIA-LONG.

II. — *Interventions en Annam.*

MINH-MANG, élevé au milieu de mandarins et de lettrés hostiles aux étrangers, redoutait l'influence française. Il voulut éviter toutes relations avec l'Europe, persécuta les chrétiens et chercha à expulser les missionnaires. Le Commandant COURSON DE LA VILLE-HÉLIO, venu sur la Frégate *La Cléopâtre* en 1822, le capitaine de vaisseau DE BOUGAINVILLE, commandant la *Thétis* en 1825, le capitaine de frégate *Laplace*, commandant la *Favorite* en 1831, ne purent l'approcher pour lui faire des représentations de la part de la France. MINH-MANG envoya cependant une ambassade en France (1840) LOUIS-PHILIPPE refusa de la recevoir.

THIÊU-TRI succéda à son père en 1841 ; il persista dans la même voie, ce qui provoqua à plusieurs reprises l'intervention française.

Le 25 février 1843, le capitaine de frégate FAVIN-LÉVÊQUE, commandant l'*Héroine*, vint à Tourane réclamer cinq missionnaires détenus à Hué depuis deux ans. Après des difficultés et des temporisations toutes asiatiques, ces missionnaires furent relâchés.

En 1845, la corvette l'*Alcmène*, commandée par le capitaine de frégate FORNIER-DUPLAN, vint à Tourane réclamer Mgr LEFEBVRE, vicaire apostolique de Basse-Cochinchine, retenu prisonnier à Hué — THIÊU-TRI dut obéir à cette injonction.

En 1847 mouillèrent dans la baie de Tourane deux vaisseaux français, la *Gloire* (capitaine de vaisseau LAPIERRE) et la *Victorieuse* (capitaine de vaisseau RIGAULT DE GENOUILLY).

Ils venaient demander, au nom du Gouvernement français, la sécurité de nos nationaux et la liberté religieuse pour les chrétiens d'Annam. THIÊU-TRI, indigné de cette ingérence, résolut d'en finir par un coup d'éclat. Son plan était d'inviter les officiers français à un banquet, de les faire massacrer, puis de brûler et de couler les navires. Mais le commandant LAPIERRE se tint sur ses gardes et refusa l'invitation. Les mandarins, voyant la première partie de leur programme manquée, passèrent à la seconde ; ils attaquèrent. Mal leur en prit ; au bout de deux heures de combat, il ne restait de la flotte annamite (cinq navires à l'européenne et une centaine de jonques) que des débris flottant à la dérive (15 avril 1847).

THIÊU-TRI mourut le 4 novembre 1847. Son fils lui succéda sous le nom de TU-DUC. Les persécutions redoublèrent.

Le 16 septembre 1856, le capitaine de vaisseau LELIEUR DE VILLE-SUR-ARCE, commandant le *Catinat*, menacé par les mandarins, canonna les forts de Tourane. Descendant ensuite à terre avec une compagnie de débarquement, il alla enclouer une soixantaine de canons et brûler leurs affûts.

M. DE MONTIGNY, plénipotentiaire envoyé par NAPOLÉON III pour conclure un traité de commerce, arriva à Tourane le 23 janvier 1857. Il ne put obtenir d'être reçu à Hué.

En septembre 1857, le *Catinat* fut de nouveau envoyé sur les côtes d'Annam, pour recueillir des missionnaires.

Les persécutions, les tortures et les massacres dont étaient l'objet les chrétiens et les missionnaires français et espagnols avaient vivement ému l'opinion publique en France et en Espagne. Les demandes et les réclamations des deux gouvernements étaient restées sans effet. Les deux puissances européennes s'entendirent pour obtenir ensemble par les armes les réparations qu'elles étaient en droit d'exiger du Gouvernement de l'Empereur TU-DUC. (Il n'y eut pas cependant de traité d'alliance explicite).

Le contre-amiral RIGAULT DE GENOUILLY, commandant l'escadre des mers de Chine, reçut l'ordre de faire une vigoureuse démonstration en Annam. La paix ayant été signée en Chine (traité de Tiên-Tsin, 27 juin

(Cliché du Gouvernement général)

LES REMPARTS DE HUÉ, PRIS DU CAVALIER DU ROI

(Cliché Aéronautique)

CITADELLE DE DONG-HOI

(Cliché du Gouvernement général)

STATUE DE MONSEIGNEUR PIGNEAU DE BÉHAINE (SAIGON)

(Cliché du Gouvernement général)

STATUE DE L'AMIRAL RIGAULT DE GENOUILLY (SAIGON)

1858), il donna ses ordres pour la concentration du corps expéditionnaire à Yun-Lin-Hiang, petit port de la côte sud de Hainan. Le 30 août, la division navale, composée de la frégate amirale *la Némésis*, des corvettes à vapeur *le Phlégéton, le Primauguet* et *le Laplace*, de cinq canonnières (*Dragonne, Fusée, Alarme, Mitraille* et *Avalanche*), de l'Aviso *le Régent*, de deux bateaux à vapeur loués au commerce, de trois transports (*Saône, Gironde* et *Meurthe*), enfin du petit aviso à vapeur espagnol, *El Cano*, quittait le port et se dirigeait sur Tourane. Les troupes françaises comprenaient deux bataillons d'infanterie de marine (à 5 Compagnies de 112 hommes) et deux compagnies supplémentaires, une batterie d'artillerie de marine et quelques sapeurs, au total 1.500 hommes.

Les transports *Durance* et *Dordogne* étaient allés à Manille pour y prendre le contingent espagnol (850 Tagals, commandés par le colonel LANZAROTE).

Le 31 août à la tombée de la nuit, la division navale venait mouiller à l'entrée de la baie de Tourane. Le lendemain au point du jour les navires de guerre vinrent s'embosser en face des quatre forts annamites de la côte orientale. RIGAULT DE GENOUILLY somma les mandarins de lui remettre les forts dans un délai de deux heures. N'ayant reçu aucune réponse, il fit ouvrir le feu. Les Annamites abandonnèrent presque immédiatement les forts, qui furent occupés par les compagnies de débarquement. Seules les troupes du fort de l'observatoire ne purent se retirer; elles furent tuées sur place ou prises.

Deux canonnières et l'aviso espagnol allèrent mouiller à l'entrée de la rivière de Da-Nang pour tirer sur les forts de l'Est et de l'Ouest. Ceux-ci furent bientôt évacués par leurs garnisons.

A 10 heures arriva le transport la *Durance*, amenant une partie du contingent espagnol. Dès le soir, on débarqua toutes les troupes avec leur matériel. Elles allèrent occuper l'isthme de la presqu'île de Tiên-Cha, qui se trouva toute entière au pouvoir des alliés.

Les jours suivants se passèrent en installation sur les différents points à occuper et en reconnaissances. Les Annamites faisaient le vide devant le corps expéditionnaire. Il fut impossible d'entrer en rapport avec une autorité quelconque.

RIGAULT DE GENOUILLY, promu vice-amiral, songea à marcher sur Hué. Mais il ne disposait pas de forces suffisantes pour une telle opération. Après cinq mois d'occupation des forts de Tourane, et de travaux pénibles qui éprouvèrent gravement les troupes, il résolut de se porter sur Saigon, le grenier du riz de l'Annam.

Plan de la Baie de Tourane (Cochinchine 1860)

Laissant à Tourane un petit détachement sous les ordres du capitaine de vaisseau TOYON, il partit le 2 février 1859 avec une escadre composée de deux corvettes à vapeur (*Phlégéton* et *Primauguet*), de trois canonnières, de l'aviso espagnol, et de trois transports sur lesquels étaient embarqués 2176 officiers et soldats. Le 9 février l'escadre arrivait au Cap Saint-Jacques dont elle forçait l'entrée, et remontait le Dong-Nai. Elle détruisait successivement une douzaine de forts et trois estacades qui défendaient l'entrée des rivières. Les deux forts les plus rapprochés de Saigon furent attaqués les 15 et 16 février. Leur feu, assez gênant pour les canonnières qu'ils prenaient d'écharpe, fut assez vite éteint par les canons de la flotte.

Une reconnaissance sous les ordres du capitaine de frégate JAURÉGUIBERRY, accompagné du chef de bataillon du génie DUPRÉ-DÉROULÈDE et du capitaine d'artillerie LACOUR alla reconnaître les alentours de la place.

La citadelle de Saigon, datant de 1837, était un grand fort carré de 450 mètres de côté, bastionné, en pierres de taille. Des arbres la masquaient du côté de la rivière.

Le 17, à la pointe du jour, les troupes débarquèrent et se formèrent en colonnes d'assaut, sous les ordres du chef de bataillon MARTIN DES PALLIÈRES. Elles se composaient des sapeurs du génie, de deux compagnies d'infanterie de marine, des compagnies de débarquement du *Phlégéton,* du *Primauguet* et d'*El-Cano* Un bataillon d'infanterie de marine (lieutenant-colonel REYBAUD), le corps espagnol du colonel LAZAROTE et un demi-bataillon de marins avec des obusiers restèrent en réserve.

Les canonnières tirèrent au jugé sur la citadelle. A 10 heures, les troupes escaladaient le bastion sud-est avec de grandes échelles de bambou. Les défenseurs s'étaient enfuis. Un millier d'Annamites qui se portaient en avant à l'est de la citadelle furent repoussés par le colonel LANZAROTE.

On trouva dans la place 200 bouches à feu, 85.000 kgs de poudre et 130.000 francs en monnaie du pays.

RIGAULT DE GENOUILLY fit sauter la citadelle (8 mars) et ne conserva que le fort voisin de la rivière, dont il confia la garde à un détachement (1) sous les ordres du capitaine de frégate JAURÉGUIBERRY. Puis il regagna Tourane avec le gros de ses forces.

Pendant ce temps, NGUYÊN-TRI-PHUONG, qui venait de prendre le Commandement des troupes annamites devant Tourane, avait fait multiplier les travaux d'approche. Les 6 et 7 février, il avait essayé de rejeter à la mer le petit détachement du capitaine de vaisseau TOYON. Dès son retour de Saigon le 20 avril, le commandant en chef du corps expéditionnaire décida d'attaquer les lignes ennemies pour se donner de l'air. Le 8 mai 1859 l'attaque eut lieu contre les retranchements annamites après un violent bombardement. Trois colonnes montèrent à l'assaut, sous les ordres du capitaine de vaisseau REYNAUD (deux compagnies du 2° régiment d'infanterie de marine, une compagnie du 4° régiment d'infanterie de marine, les compagnies de débarquement, un détachement d'infanterie espagnole, etc...), du capitaine de frégate FAUCON (trois compagnies d'infanterie de marine, des détachements d'infanterie espagnole, et d'encloueurs de la flotte) et du colonel espagnol LANZAROTE (deux compagnies d'infanterie de marine, divers détachements). Les troupes du corps expéditionnaire enlevèrent les ouvrages fortifiés de l'ennemi, malgré les défenses accessoires dont ils étaient hérissés, et les Annamites se retirèrent en désordre dans la direction de Hué sur une seconde ligne d'ouvrages, nous abandonnant 20 forts et redoutes armés de 54 canons. Nos pertes étaient insignifiantes.

Mais les troupes étaient éprouvées par le climat, par les privations, par les mauvaises conditions d'installation. L'amiral chercha à négocier. De nombreuses conférences se succédèrent en juin, juillet et août; elles eurent pour seul résultat la conclusion d'un armistice de 24 jours. A la fin de cet armistice, le 15 septembre, RIGAULT DE GENOUILLY, qui avait reçu des renforts (8 compagnies d'infanterie de marine), se résolut à attaquer les lignes de Cam-Lê, derrière lesquelles l'ennemi avait cherché un refuge au moment de sa retraite.

Ces lignes, d'une étendue de 1.500 mètres, se composaient de bastions puissamment armés, reliés entre eux par des courtines précédées de fossés profonds, couronnés de pointes de bambous; les forts étaient garnis de nombreux canons, et les courtines d'un grand nombre de pierriers.

Le 15 septembre 1859, les troupes du corps expéditionnaire étaient formées en trois colonnes : colonne de droite sous les ordres du lieutenant-colonel REYBAUD, composées de 4 compagnies du 2° régiment d'infanterie de marine, de 3 compagnies du 3° régiment d'infanterie de marine et de détachements d'artillerie de marine et du génie ; colonne du centre sous les ordres du colonel espagnol LANZAROTE ; colonne de gauche sous les ordres du capitaine de vaisseau REYNAUD comprenant les compagnies de débarquement, une compagnie d'infanterie de marine, des artilleurs et des sapeurs du génie. La réserve générale sous les ordres du chef de bataillon BRESCHIN comprenait 3 compagnies d'infanterie de marine et de l'artillerie.

Ces troupes abordèrent avec fougue les lignes ennemies, qu'elles enlevèrent, mettant leurs défenseurs en fuite. Nous avions 10 tués et 40 blessés.

---

(1) Une compagnie d'infanterie de marine et 2 compagnies de chasseurs espagnols.

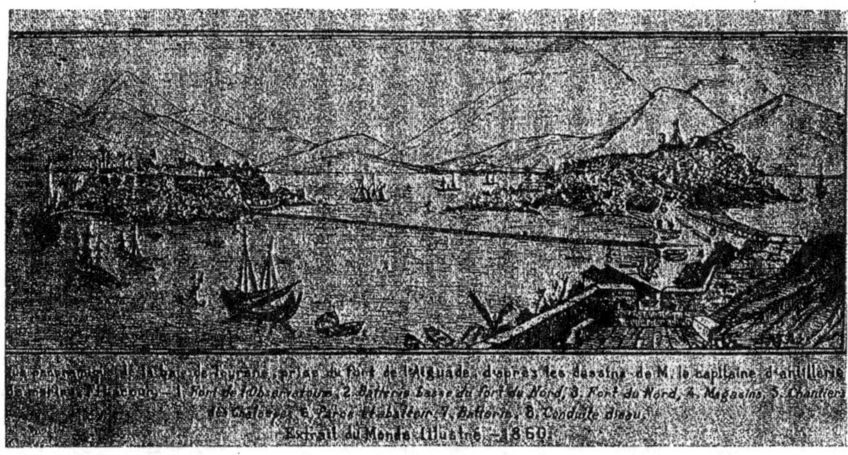

LA BAIE DE TOURANE EN 1860
(Extrait du *Bulletin des Amis du Vieux Hué*, 1928).

(Cliché Aéronautique)

BAIE DE TOURANE

LE CAP-SAINT-JACQUES — ENTRÉE DE LA RIVIÈRE

SAIGON — UN ARROYO

Le contre-amiral PAGE, successeur du vice-amiral RIGAULT DE GENOUILLY rapatrié, arriva à Tourane le 19 octobre 1859. Vu les complications du côté de la Chine, il avait l'ordre de signer un traité avec l'Annam et de ne conserver que la rivière de Saigon.

Il essaya de négocier ; le Gouvernement annamite consentit bien à envoyer des plénipotentiaires mais ceux-ci trainèrent en longueur les négociations. Les opérations reprirent. Le 18 novembre, le nouveau commandant en chef se porta sur les forts de Kiên-Chang, situés au nord de la baie de Tourane et qui barraient la route de Hué. Après un bombardement violent nos troupes occupèrent tous les retranchements. L'armée annamite s'enfuit dans une déroute complète. Nous perdîmes dans cette affaire le lieutenant-colonel du génie DUPRÉ-DÉROULÈDE, tué par un boulet sur le pont de la *Némésis*.

Mais la guerre avec la Chine recommençait. Le contre-amiral PAGE reçut l'ordre d'évacuer Tourane et de rejoindre Canton, où le corps expéditionnaire qui devait agir contre la Chine se concentrait sous les ordres du vice-amiral CHARNER.

Le 23 mars 1860, nous abandonnions Tourane. Cette évacuation produisit sur les Annamites le plus mauvais effet et, par une proclamation injurieuse pour nos troupes, TU-DUC s'empressa de la porter à la connaissance de tous ses sujets.

III. — *Conquête de la Cochinchine.*

Le petit détachement laissé à Saigon sous les ordres du capitaine de frégate Jauréguiberry avait dû, à la suite d'un combat malheureux le 21 avril 1859, se retirer dans le fort du sud (sur la rive droite de la rivière de Saigon, à 450 mètres de l'arroyo Chinois). Les Annamites avaient établi leurs lignes en avant de Chi-Hoa.

Le contre-amiral Page, venu à Saigon au mois de décembre, fit occuper Cay-Mai et le Camp des lettrés, et fit construire l'Ouvrage Neuf. Au moment de partir pour la Chine, il envoya quelques renforts à Saigon.

Le capitaine de vaisseau d'Ariès prit le commandement de la place. Il disposait d'infanterie de marine (4° régiment), des Tagals du capitaine Fajardo (1) et d'une flottille composée de 3 corvettes à vapeur, de 4 avisos et de lorchas (jonques armées en guerre) qui surveillaient les rivières. La population annamite et chinoise fournissait des partisans, qui étaient employés au service des patrouilles et des avant-postes.

Le colonel espagnol Palanga Guttierez vint prendre le commandement du détachement espagnol le 10 mai 1860. Il n'était pas sous les ordres du commandant français de la place, mais la bonne entente qui ne cessa de régner entre eux compensa les inconvénients de cette situation.

L'administration française fournissait des vivres aux Espagnols; elle leur avança même les fonds nécessaires à la solde des troupes.

Les Annamites, sous les ordres de Ton-that-Hiêp, poussaient leurs lignes en avant et menaçaient de nous couper de Cay-Mai. Ils espéraient arriver à « rejeter à la mer les barbares » (Le corps d'occupation ne comptait alors à terre que 555 hommes, dont 223 espagnols. L'armée ennemie comprenait 10.000 à 12.000 hommes). Les deux commandants en chef firent occuper la pagode dite « des mares » le 21 juin, afin de couvrir la ligne de communication de Saigon à Cay-Mai. Le 25 juin, ils firent également occuper la pagode « des Clochetons » par une garnison commandée par le capitaine espagnol Fernandez y Fernandez et composée de 100 soldats espagnols et 25 marins ou soldats français, sous les ordres de l'enseigne de vaisseau Narac.

Cette pagode, située à 250 mètres des postes avancés de l'ennemi, n'était protégée que par une clôture de bambous. On commença à la fortifier, malgré le feu de l'ennemi. Dans la nuit du 3 au 4 juillet, elle fut attaquée par Danh-binh-Tam, à la tête de 2.000 ou 3.000 hommes. La garnison, qui avait été renforcée la veille par une trentaine d'hommes sous les ordres de l'enseigne de vaisseau Gervais, résista vigoureusement. Un feu de peloton à bout portant maîtrisa le premier élan de l'ennemi. Danh-binh-Tam, qui avait réussi à pénétrer dans l'enceinte de la pagode avec une quarantaine d'hommes, fut tué par un obusier de montagne tirant à mitraille. Sa mort jeta le désordre parmi les assaillants, qui se retirèrent après une heure de fusillade et de canonnade. Ils avaient une centaine de tués; nous n'avions que quatre blessés légers.

Le jour suivant, la pagode fut mise en état de défense par 600 coolies réquisitionnés; deux pièces de 30 y furent établies. Dès lors notre ligne, couvrant la ville chinoise, se trouva consolidée et à l'abri de toute surprise.

La résistance énergique de la petite garnison avait sauvé Saigon : la perte de la Pagode « des Clochetons » eût amené la rupture de notre ligne en son centre. En dehors des faibles garnisons qui occupaient les forts isolés, il ne restait alors en réserve que 150 hommes disponibles, force insuffisante pour rétablir la situation en cas d'irruption des masses ennemies.

---

(1) La plus grande partie du contingent espagnol avait regagné Manille.

Quelques jours plus tard, le lieutenant de vaisseau LESPÈS, pénétrant avec une flottille dans l'arroyo de la Poste, détruisit des barrages qui empêchaient la circulation des jonques entre Cholon et les provinces de l'ouest et exécuta un coup de main sur le village de Cho-Mai.

NGUYÊN-TRI-PHUONG, qui était venu prendre le commandement de l'armée annamite, n'osa pas reprendre l'offensive. Il se contenta de renforcer les défenses de Chi-Hoa, qu'il transforma en un formidable camp retranché.

Le corps expéditionnaire reçut quelques renforts : le 14 août, 150 soldats d'infanterie de marine venus de Canton ; en septembre, une centaine de fusiliers marins de la *Weser* ; le 9 octobre, deux compagnies de tirailleurs. Mais les pertes et les évacuations dues aux fatigues et aux maladies étaient telles que l'effectif total fut à peine augmenté.

Le 16 octobre le commandant d'ARIÈS fit une reconnaissance avec deux embarcations légères dans l'arroyo de l'*Avalanche*. L'enseigne de vaisseau HARMAND y fut blessé.

La disproportion numérique des forces en présence limitait l'activité de nos troupes. Nos lignes n'étant pas continues, de petits groupes ennemis les traversaient à la faveur des couverts, attaquant les isolés, provoquant des alertes perpétuelles. Ils pénétraient la nuit jusqu'au cœur même de Saigon, et y allumaient des incendies. Les têtes des européens étaient mises à prix. Le capitaine d'infanterie de marine BARBÉ, parti à cheval pour faire une ronde, tomba dans une embuscade près de la pagode des mares, fut tué à coups de lance et décapité. On donna son nom à la pagode de Khai-Tuong, point d'appui de notre droite.

En décembre, le danger devint pressant de ce côté de nos lignes, l'ennemi ayant exécuté de nouveaux ouvrages de campagne à l'embouchure de l'arroyo de l'Avalanche.

Le 1er janvier 1861, une brillante sortie fut exécutée par le détachement du capitaine JENTA, sous la protection du feu d'une batterie de trois pièces établie à la pagode Barbé. Cette sortie permit de détruire les ouvrages du mirador et d'enrayer momentanément toute tentative ennemie de ce côté.

Le même jour, les annamites attaquèrent le *Primauguet*, mouillé dans le Don-Nai. Ils furent repoussés par le lieutenant de vaisseau RODELEC, qui les poursuivit à terre avec sa compagnie de débarquement.

⁂

La paix avec la Chine ayant été signée à Pékin le 25 octobre 1860, le vice-amiral CHARNER reçut l'ordre de prendre le commandement d'un corps expéditionnaire pour venir en Cochinchine au secours de Saigon. Il avait pleins pouvoirs pour faire la guerre ou la paix avec l'Annam. Arrivé à Woo-Sung, devant Shanghai, le 10 décembre, il procéda aux préparatifs de l'expédition, de concert avec le général COUSIN-MONTAUBAN, qui avait son quartier général à Shanghai. Les troupes, placées sous le commandement du général de brigade de VASSOIGNE, comprenaient 800 hommes des 2e, 3e et 4e régiments d'infanterie de marine, le 2e bataillon de chasseurs à pied, une batterie et demie du 14e régiment d'artillerie, des détachements de chasseurs d'Afrique et du génie, des éléments des services ; au total 2.200 officiers et soldats français, plus 600 coolies chinois recrutés à Canton pour le transport des vivres, des munitions et des bagages.

L'escadre se composait de deux frégates, l'*Impératrice Eugénie*, battant pavillon de l'amiral commandant en chef, et la *Renommée* celui du contre-amiral PAGE, de quatre corvettes, de seize avisos, de dix-sept transports, d'un vaisseau hôpital, de frégates à voiles et de lorchas.

Le corps expéditionnaire arriva à Saigon le 7 février 1861. On le renforça aussitôt d'un bataillon de marins débarqués, sous les ordres du capitaine de vaisseau de LAPELIN. Ce bataillon comptait 900 hommes formant 9 compagnies dont une dite de marins abordeurs qui devait faire l'office du génie.

En outre la garnison de Saigon comptait environ 800 hommes. Malgré les demandes répétées du colonel PALANCA-GUTTIEREZ, puis du vice-amiral CHARNER, au capitaine général des Philippines, le contingent espagnol n'avait pas été renforcé.

L'amiral alla reconnaître la plaine de Chi-Hoa et les défenses ennemies. Les lignes annamites, situées à une distance des nôtres variant de 1.000 à 1.800 mètres, avaient un développement de 12 kilomètres environ.

Le retranchement principal, de forme quadrangulaire, avait 3 kilomètres de long et 1 kilomètre de large ; il comprenait cinq compartiments séparés les uns des autres par des traverses.

L'enceinte était un épaulement en terre de 3 m. 50 de haut, de 2 m. d'épaisseur, percé de meurtrières. Les défenses accessoires étaient accumulées sur toutes les faces, mais principalement sur le front et le derrière de l'ouvrage. Elles comprenaient des palissades en bambou, des fossés remplis d'eau, des trous de loup, des chevaux de frise.

Vers l'Ouest, le terrain était ferme et praticable pour l'artillerie ; le commandant en chef résolut d'attaquer par la gauche et de manœuvrer pour prendre l'ennemi à revers, en le fixant de front par le feu de l'artillerie établie sur la ligne des pagodes.

« D'un côté la flottille, remontant le Don-Nai, culbutera les obstacles accumulés par l'ennemi, détruira les barrages, réduira les forts et dominera le cours supérieur du fleuve. Venant ensuite et regardant le front et le flanc droit de l'ennemi, la ligne des pagodes, munie d'une puissante artillerie, appuyée sur l'Ouvrage Neuf et sur une ceinture de navires de guerre mouillés devant Saigon, maintiendra l'ennemi dans l'impuissance. Enfin le corps expéditionnaire, partant de Cay-Mai, qui devient sa base d'opérations, rompra en un premier point les lignes annamites et continuera sa route hors de portée de l'artillerie ennemie, viendra prendre à revers l'ouvrage entier de Chi-Hoa, et se rapprochant du Don-Nai et de l'action de la flottille, fermera presque complètement l'étau qui doit écraser l'ennemi.

Alors l'armée annamite, séparée de son magasin de Tong-Kéou, enserrée dans un cercle de fer, n'aura d'autre alternative, dans une lutte décisive, que de repousser le choc ou d'être en un seul coup écrasée et dispersée ».

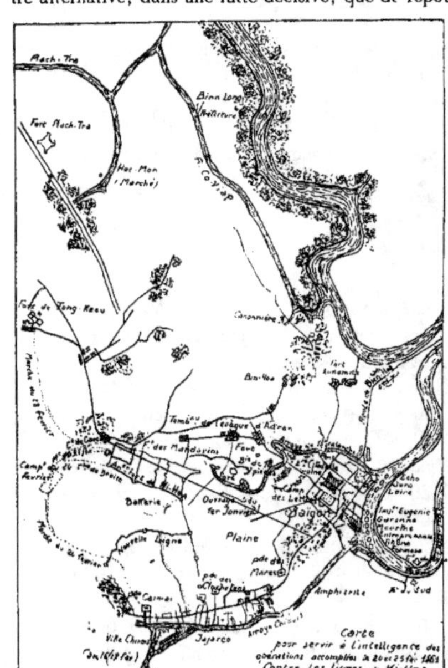

Le contre-amiral PAGE reçut le commandement de la flottille qui devait remonter le Don-Nai et mettre l'ennemi dans l'impossibilité de se rejeter directement sur Bien-Hoa.

Les pagodes reçurent des canons de la flotte pour renforcer leur armement. Les troupes furent rassemblées dans la ville chinoise, en arrière de Cay-Mai.

Le 16 février, le vice-amiral commandant en chef quitta la frégate l'*Impératrice-Eugénie* et transporta son Quartier-Général à l'Ouvrage Neuf. Le capitaine de vaisseau d'ARIÈS gardait le commandement des forces laissées sur l'ancien front en avant de Saigon.

Le 19 février, des fusées furent lancées de la pagode Barbé, à une distance approximative de 5 kilomètres, sur le camp de l'ennemi, pour le troubler et l'inquiéter.

Le 21 et le 22, on constitua à la Pagode de Cay-Mai un dépôt de munitions d'infanterie et d'artillerie. Tout étant prêt, le commandant en chef ordonna que l'attaque des premières lignes aurait lieu dans la matinée du 24 février.

Le jour fixé, à 5 heures, les troupes étaient prêtes à déboucher de Cay-Mai. En tête marchaient l'amiral et le général de VASSOIGNE, avec une escorte de chasseurs d'Afrique. Puis venait l'infanterie espagnole, deux compagnies de chasseurs à pied, l'artillerie (6 obusiers de montagne, les fusées, 3 canons de 4 rayés, 4 canons de 12 rayés), le reste des chasseurs à pied, le génie et les marins abordeurs (munis d'échelles), les marins débarqués, l'infanterie de marine ; enfin les trains (ambulance et convoi).

Les pagodes Barbé, des Clochetons, de Cay-Mai avaient déjà ouvert le feu, et l'ennemi ripostait. La colonne se porta en avant et son artillerie se déploya à mille mètres de l'ennemi. Les pièces de 12 tiraient sur le fort de la Redoute, les pièces de 4 et de montagne et les fusées sur les redans voisins. Puis les pièces de montagne, se portant en avant, vinrent s'établir à 500 mètres de l'ennemi. Les pièces de 4, les fusées, les pièces de 12, les suivirent successivement. L'Infanterie, en arrivant sur cette nouvelle ligne, forma deux colonnes d'assaut : celle de droite (chef de bataillon du génie ALLIZÉ de MATIGNICOURT) comprenait du génie, des chasseurs à peid, l'infanterie espagnole, l'infanterie de marine ; celle de gauche (capitaine de frégate DESVAUX) se composait de marins débarqués.

Le feu de l'ennemi commençait à être efficace. Le général de VASSOIGNE et le colonel PALANCA GUTTIEREZ étaient grièvement blessés. L'amiral, prenant le commandement direct des troupes donna le signal de l'assaut. Les sapeurs du génie et les marins abordeurs, marchant en tête des colonnes, se frayèrent un passage à travers les défenses accessoires, malgré un feu violent. Les Annamites se retirèrent sans attendre le corps à corps.

Cette première affaire nous coûtait 6 tués et 30 blessés. Vers 9 heures, nos troupes s'installaient dans les anciennes cases des soldats annamites.

A 15 heures, l'armée se remettait en marche, laissant comme garnison au fort de la redoute une compagnie d'infanterie de marine et un obusier de montagne.

L'artillerie était au centre, en colonne par batteries ; deux colonnes d'infanterie l'encadraient. Vers 16 heures, l'ennemi parut sur la droite, mais se replia aux premiers coups de canon.

A 18 heures, l'armée arriva à l'endroit prévu pour le campement et s'établit au bivouac en face du saillant ouest du camp retranché.

Le 25 février, à 5 heures, les troupes se remirent en marche et se formèrent face à l'est ; deux colonnes d'infanterie encadraient l'artillerie. La colonne de gauche se composait du génie, de l'infanterie de marine et des chasseurs ; la colonne de droite se composait de l'infanterie espagnole et des marins débarqués.

Le soleil, encore bas sur l'horizon, gênait considérablement le tir de l'artillerie française. Le lieutenant-colonel CROUZAT, qui la commandait, porta ses pièces en avant à 500 mètres, puis à 200 mètres des lignes ennemies, et fit tirer à mitraille sur le haut des épaulements.

L'amiral ordonna aux colonnes d'infanterie de s'avancer. La colonne de droite (capitaine de vaisseau de LAPELIN) arriva la première au parapet de l'ouvrage ennemi, malgré les trous de loup, les fossés et les chevaux de frise. Elle en chassa les défenseurs à coups de grenades et pratiqua des brèches dans l'escarpe à l'aide de grappins. Elle pénétra dans le fort, mais celui-ci était partagé intérieurement en deux compartiments par un rempart perpendiculaire à la muraille extérieure. Le compartiment de droite, où avait pénétré la colonne d'assaut, était battu par le feu du compartiment de gauche. Les Espagnols et les marins débarqués se trouvèrent en butte à un feu meurtrier. Complètement à découvert, ils subirent d'assez fortes pertes. Mais ils se jetèrent sur une porte qui faisait communiquer les deux compartiments, et l'enfoncèrent à coups de hache. En même temps, la colonne qui attaquait le compartiment de gauche réussit à y pénétrer. Les réserves (infanterie de marine et une compagne indigène) débordaient la ligne ennemie par la gauche. Les défenseurs furent massacrés ou prirent la fuite.

Nous avions 12 tués, dont le lieutenant-colonel TESTARD, de l'infanterie de marine, et 225 blessés.

L'armée ennemie qui comptait 21.000 réguliers et 10.000 miliciens, avait perdu un millier d'hommes. NGUYEN-TRI-PHUONG était blessé au bras. On trouva dans le camp 150 canons de divers calibres et 2.000 fusils à pierre de Saint-Etienne.

Le contre-amiral PAGE avait enlevé le même jour tous les forts qui défendaient le cours supérieur du Don-Nai.

Les Annamites s'étaient repliés par le fort de l'Avalanche et Tong-Kéou, à travers des marais où les Européens ne pouvaient les suivre.

Le 28 février, à 6 heures et demie, l'armée se mit en marche vers Tong-Kéou. L'artillerie était au centre ; elle avait à droite les chasseurs à pied et l'infanterie espagnole ; à gauche l'infanterie de marine. Les marins formaient la réserve.

L'amiral avait décidé que l'artillerie aurait, dans cette journée, le principal rôle. Elle se porta en avant par batterie, au trot, s'arrêtant pour tirer à 800, 600 puis 200 mètres — Son feu prit rapidement une supériorité marquée ; au bout de 150 coups de canon, l'ennemi (environ 800 hommes) évacua Tong-Kéou — On y trouva 20 grosses pièces en fonte et 1.400 tonnes de riz.

Le soir à 17 heures, les troupes entraient dans le fort de Tay-Theuye abandonné.

Le lendemain les soumissions arrivèrent en foule. La province de Gia-Dinh était conquise. Le pays fut fouillé à l'ouest, à l'est, au nord, par des colonnes mobiles et par des bâtiments de flottille. Le contre-amiral PAGE tenait le Don-Nai et bloquait Bien-Hoa. Le capitaine de frégate BOURDAIS surveillait les deux Vaico, et observait l'arroyo de la poste.

La forteresse de Tay-Ninh, sur les frontières du Cambodge, fut réparée et armée. Le lieutenant de vaisseau GUYS, commandant de la place, fut chargé d'établir des relations avec le Cambodge.

Le 10 mars 1861, les troupes rentrèrent à Saigon. Une colonne mobile, avec deux obusiers de montagne,

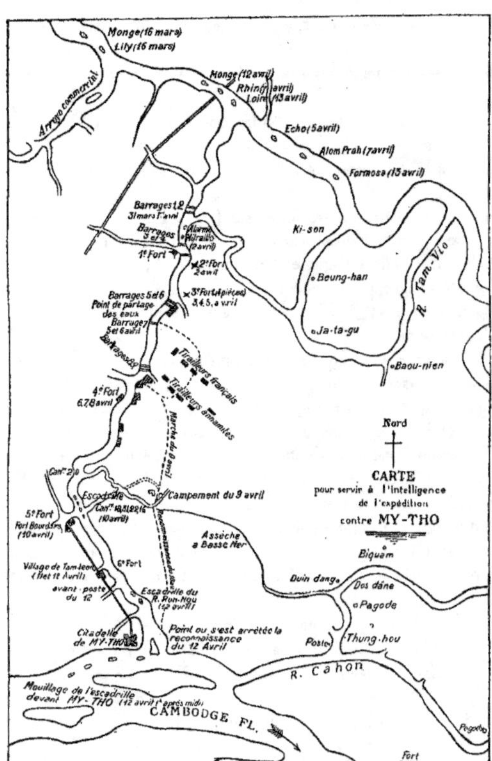

était laissée à Tong-Kéou ; une compagnie d'infanterie de marine et une compagnie annamite à Tay-Theuye, une compagnie d'infanterie de marine à Chi-Hoa. La plus grande partie des ouvrages annamites avaient été rasés.

Il restait à s'emparer encore de deux points : Bien-Hoa, où les Annamites avaient construit une forte citadelle afin de nous interdire la route de Hué, et My-Tho, qui nous donnerait accès dans le Delta fertile du Mékong. Le vice-amiral CHARNER, ne pouvant attaquer sur les deux points à la fois, se décida à s'emparer d'abord de My-Tho et chargea le capitaine de frégate BOURDAIS (commandant du Monge) avec une petite flottille de canonnières de s'avancer le 26 mars vers My-Tho par l'arroyo Bao-Dinh-Ha (ou de la poste). C'était la route fluviale la plus profonde, et la seule où les canonnières en fer puissent s'engager. Les tentatives faites pour passer par l'arroyo commercial avaient échoué.

Il fallait déblayer l'arroyo de la Poste en réduisant les forts et en détruisant les barrages un à un.

Deux premiers forts, canonnés le 1er avril, furent occupés le 2. Il fallut détruire des estacades de pieux, de bambous, de troncs de palmiers ; ce travail pénible éprouva fortement les troupes et fut l'origine d'une épidémie de choléra.

Le 3 avril, un troisième fort tombait. Le 4, un renfort fut formé et envoyé de Saigon par l'aviso l'Echo. Il comprenait 200 chasseurs, 100 marins, 2 compagnies d'infanterie de marine, 2 pièces de 4 rayées, 2 obusiers de montagne. L'expédition, devenue plus importante qu'il n'avait été prévu tout d'abord, était placée sous le commandement du capitaine de vaisseau LE COURIAULT DU QUILIO. D'autres renforts furent envoyés le 6 avril, sous les ordres du capitaine de frégate DESVAUX. Le rôle des troupes devait être de protéger la marche des canonnières et de les éclairer par des reconnaissances. Les jours précédents, l'infanterie, trop peu nombreuse, n'avait pu remplir cette tâche. Cependant le commandant BOURDAIS avait encore avancé le 5 avril, détruisant trois nouveaux barrages.

(*Cliché du Gouvernement général*)

CHOLON — LA PLAINE DES TOMBEAUX

(*Cliché Aéronautique*)

CHOLON

MYTHO

(Cliché Aéronautique)

BARIA

(Cliché Aéronautique)

Le 6, les troupes débarquées sur la rive gauche (chasseurs à pied, infanterie de marine, marins, infanterie espagnole) se heurtèrent à l'ennemi déployé en bataille sur une ligne d'un kilomètre et le mirent en fuite par leurs feux de peloton; elles occupèrent un fort abandonné. Mais les canonnières étaient arrêtées par un barrage de jonques remplies de vase et coulées dans l'arroyo. Il fallut travailler dans l'eau et la boue toute la journée du 7; les cas de choléra se multiplièrent. Enfin le passage fut ouvert, et le 8 avril au soir les canonnières rejoignirent l'infanterie.

Le 9, les troupes repartirent pour trouver un fort que l'on croyait rencontrer sur la rive gauche; elles s'écartèrent de la rivière. Le soir, les Annamites lancèrent des brûlots contre les canonnières; mais on put les saisir et les écarter de la flottille.

Le 10 avril une reconnaissance arrivait devant My-Tho, puis revenait après avoir échangé quelques coups de feu avec la garnison. Le commandant BOURDAIS reçut l'ordre d'attaquer la place. La flottille se mit en mouvement, remorquant des chaloupes où on avait embarqué les troupes. Le commandant BOURDAIS, qui était en tête sur la canonnière 18, arriva à un détour de l'arroyo, à 400 mètres d'un fort resté invisible jusqu'à là. La canonnade s'engagea et le fort fut bientôt évacué par ses défenseurs; le commandant BOURDAIS avait été tué par un des premiers boulets. Le capitaine de frégate DESVAUX prit le commandement des canonnières.

Le 11 avril, les troupes marchèrent sur la rive droite, une reconnaissance poussa jusqu'à 200 mètres de My-Tho. Dans la nuit, de nouveaux renforts arrivaient de Saigon, portant le petit corps expéditionnaire à 900 hommes et 18 bouches à feu dont 6 mortiers.

Le 12, ces forces prenaient leurs dispositions pour attaquer la place. Mais le même jour, l'escadrille du contre-amiral PAGE s'était présentée devant My-Tho et la ville avait été occupée sans coup férir.

Le 8 avril en effet, le vice amiral commandant en chef avait donné l'ordre au contre-amiral PAGE d'attaquer My-Tho par mer.

Celui-ci, avec la *Fusée*, le *Lily*, le *Sham-Rock* et la *Dragonne*, avait remonté le Cambodge (Mékong) le 11 avril; le 12, l'escadre mouillait à 200 mètres de la citadelle évacuée; elle en prenait possession à 14 heures. L'armée n'y entra que le 14 avril.

Le corps expéditionnaire revint à Saigon, laissant à My-Tho une garnison de 400 hommes et des pièces de marine. La saison des pluies vint interrompre les opérations militaires.

Un bataillon du 101° de ligne étant arrivé en renfort, tout le territoire entre le Mékong et la rivière de Saigon fut occupé; une série de postes furent installés à Cai-Bé, Cho-Gao et Go-Cong. Le vice-amiral CHARNER s'occupa de l'organisation administrative du pays. Il conserva l'organisation municipale existante, mais remplaça les représentants du pouvoir de Hué par des officiers (directeurs d'affaires indigènes) qui furent ses délégués directs auprès des populations annamites.

Des négociations s'ouvrirent avec le mandarin annamite NGUYEN-BA-NGHI qui avait succédé à NGUYEN-TRI-PHUONG, mais aucune suite ne fut donnée à ces pourparlers. Par arrêté du 23 avril, le vice-amiral CHARNER interdit le trafic du riz vers le nord, menaçant ainsi d'affamer l'Annam.

La tranquillité ne revenait pas; la piraterie à l'état endémique en Annam, la disparition des autorités indigènes, la dispersion des soldats, l'intervention cachée des mandarins aboutirent bientôt à une guerre de partisans. Des agents secrets parcouraient les provinces, prêchant le pillage, enrôlant des jeunes gens et levant l'impôt au nom du roi d'Annam. A Saigon, où une population louche s'était déversée, des désordres se commettaient, en même temps qu'on y faisait de la contrebande d'armes et de munitions. Le vice-amiral CHARNER décida, le 19 mai 1861, afin de soumettre le pays à une juridiction militaire, de déclarer le territoire conquis en état de siège, malgré les protestations du représentant espagnol. Les actes de piraterie furent vigoureusement réprimés.

Go-Cong fut attaqué le 22 juin par 600 Annamites conduits par le tri-huyen TOAI, qui avait autrefois administré l'arrondissement. L'enseigne de vaisseau VIAL qui commandait le poste sortit au devant des assaillants avec dix fusiliers marins; quoique grièvement blessé, il mit en fuite les Annamites, qui avaient perdu leur chef.

Un autre agitateur, le quan DINH, lutta pendant le reste de l'hivernage, quoique traqué par nos petits détachements et nos embarcations.

C'est au vice-amiral CHARNER que nous devons la formation régulière des premières troupes indigènes.

Dès 1859, le vice-amiral RIGAULT DE GENOUILLY avait organisé à Tourane deux compagnies de tirailleurs indigènes avec des déserteurs et des réfugiés chrétiens du Tonkin encadrés par des gradés français. Une de ces compagnies prit part à l'attaque des lignes de Chi-Hoa, avec des unités des 3ᵉ et 4ᵉ régiments d'infanterie de marine.

Par arrêté du 24 mars 1861, le vice-amiral CHARNER forma quatre compagnies indigènes, deux dans le Gia-Dinh et deux dans la province de My-Tho, afin de remplacer dans ces provinces les Don-Dien, colons militaires, sorte de partisans armés qui se livraient au brigandage et dont il prescrivit la dissolution (arrêté du 22 août 1861).

La cavalerie appartenant aux diverses troupes à cheval à ce moment en Cochinchine, fut réunie avec les cavaliers Tagals en un seul corps appelé « escadron de Spahis de Cochinchine » (décembre 1861) formé sur les données de l'ordonnance du 21 juillet 1845 concernant la cavalerie indigène en Algérie.

Plus tard, le contre-amiral BONARD devait créer trois bataillons indigènes à la date du 1ᵉʳ mars 1862. Par arrêté du 29 février 1862, il réglementait le rôle des partisans.

****

Les insurgés s'étaient rassemblés dans les provinces de Bien-Hoa et de Vinh-Long. Le contre-amiral BONARD, qui avait remplacé le 30 novembre 1861 le vice-amiral CHARNER, décida d'agir contre ces centres.

Il y avait de formidables défenses sur toutes les routes conduisant à Bien-Hoa. Un camp retranché avait

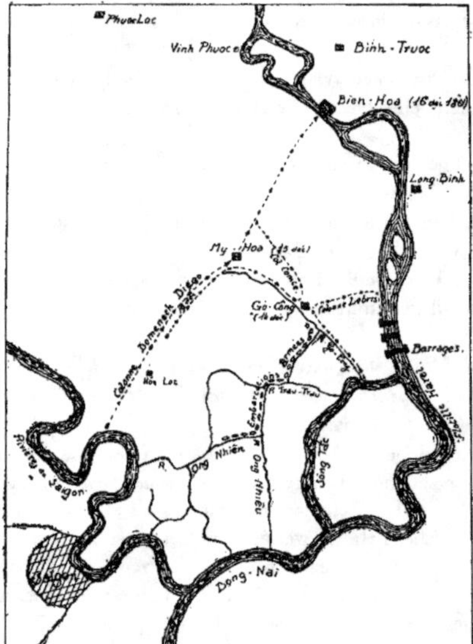

été construit à My-Hoa, à 8 kilomètres de Bien-Hoa, sur la route directe de Saigon. Il était tenu par 3.000 Annamites. Le Donnai était obstrué, en aval de Bien-Hoa, par 9 solides barrages en bois et une estacade en pierres. Tous ces barrages étaient gardés par des forts et des batteries. L'amiral décida d'aborder ces défenses au centre, en les attaquant simultanément par voie fluviale et par voie de terre.

Le 13 décembre, il adressa un ultimatum à NGUYÊN-BA-NGHI. La réponse n'ayant pas été jugée satisfaisante, les troupes furent mises en mouvement.

Le 13 au soir, une première colonne (chef de bataillon COMTE) composée des chasseurs à pied, de 100 fantassins espagnols, de 50 cavaliers et de 4 obusiers, était venue bivouaquer à Hon-Loc, face à My-Hoa. Une seconde colonne (lieutenant-colonel DOMENECH-DIEGO), composée de 100 Espagnols, d'un bataillon du 3ᵉ régiment d'infanterie de marine et de deux canons de 4 rayés, vint le lendemain relever la première qui marcha sur Go-Cong (1), (sud-est de My-Hoa). En même temps, le capitaine de vaisseau LEBRIS, avec deux compagnies de débarquement, venait par le Don-Nai et remontait l'arroyo de Gô-Công. Des embarcations armées se portaient sur le même point par un autre arroyo.

La place de Gô-Công fut enlevée à 7 heures 30. Le commandant LEBRIS, avec les compagnies de débarquement et une partie de la colonne COMTE, se porta aussitôt sur le Don-Nai, prenant à revers les batteries de la rive droite, pendant qu'une flottille, sous les ordres du lieutenant de vaisseau HAREL, les canonnait vive-

---

(1) Ne pas confondre avec la ville de Gocong, située à 40 kilomètres au Sud de Saigon.

ment. Aussitôt que les batteries furent menacées d'une attaque par terre, leurs défenseurs les évacuèrent précipitamment. Les forts furent enlevés; l'un d'eux sauta. Les marins travaillèrent toute la nuit et toute la journée du lendemain à se frayer un passage jusqu'à Bien-Hoa en coupant les barrages.

Le 15, la colonne COMTE se portait sur le camp de My-Hoa, devant lequel la colonne DOMENECH-DIEGO s'était tenue en observation. A 8 heures, l'infanterie de marine, ayant les Espagnols à sa gauche, abordait le centre de l'ennemi dissimulé dans des fourrés, pendant que les chasseurs arrivant de Go-Cong essayaient de lui couper la retraite à droite et que la cavalerie tentait, par un long détour, de la lui couper à gauche. Les Annamites s'enfuirent en désordre et passèrent sur la rive gauche du Don-Nai.

Le lendemain 16 décembre, les troupes du contre-amiral BONARD passaient le fleuve et occupaient la citadelle. L'ennemi l'avait abandonnée, après avoir massacré ou brûlé un certain nombre de chrétiens prisonniers; 48 canons et 15 jonques royales tombaient aux mains des assaillants.

Le lieutenant-colonel DOMENECH-DIEGO fut nommé commandant de la province de Bien-Hoa. L'amiral fit poursuivre les Annamites jusqu'à la citadelle de Baria, dont il s'empara le 7 janvier 1862.

L'ennemi, évacuant complètement la province de Bien-Hoa, se retira dans le Binh-Thuan.

L'île de Poulo-Condore avait été occupée le 9 décembre 1861 par le lieutenant de vaisseau LESPÈS.

Les défaites de l'armée annamite n'eurent aucun effet sur l'état insurrectionnel du territoire occupé. Quelques jours avant la prise de Bien-Hoa, le 10 décembre, un Annamite NGUYEN-TRUNG-TRUC, avait réussi à incendier la petite canonnière l'*Espérance* dans le Vai-Co oriental; 17 marins y périrent. Après l'enlèvement des lignes de My-Hoa, ce fut du côté de My-Tho que les insurgés inquiétèrent les postes. Une reconnaissance du lieutenant de vaisseau RIEUNIER (6 janvier) fut assez heureuse pour s'emparer du principal chef, le phu CAU.

Dans le même mois, nos détachements sur la route mandarine de Saigon à Bien-Hoa furent attaqués, tandis que du 17 février au 1er mars, au sud-ouest de Cholon, nos postes repoussaient des tentatives ennemies. Le 10 mars 1862, la chaloupe canonnière 25 fit explosion au moment de quitter My-Tho; 52 soldats furent tués ou blessés; il fut établi que cet accident était dû à la malveillance.

[*]

Le contre-amiral BONARD, partisan de l'administration indirecte, avait remplacé les directeurs d'affaires indigènes, établis par son prédécesseur, par des phus et des huyens annamites, placés sous la surveillance de quelques officiers qui portaient le titre d'inspecteur des affaires indigènes.

Mais les nouveaux fonctionnaires, pour la plupart ignorants et sans autorité, ne rendirent que très peu de services.

Les troubles s'aggravèrent; Tan-An et Go-Cong, évacués par les Français, furent occupés par les rebelles. Le quan DINH vint même s'établir dans cette dernière ville, qu'il fortifia solidement.

L'amiral, attribuant l'agitation aux mandarins qui occupaient encore la province de Vinh-Long, résolut de s'emparer de cette ville. Le 20 mars 1862, il se présenta devant la place, avec une flottille de 11 canonnières et avisos portant près d'un millier d'hommes.

Il fit débarquer les troupes, sous les ordres du lieutenant-colonel REBOUL, à Dinh-Kao, au sud-est de la citadelle. Le 22, ces troupes, franchissant deux arroyos sous le feu, parvinrent en vue des batteries ennemies, qui avaient engagé un violent combat d'artillerie avec les canonnières. A la nuit, après un combat de sept heures, toutes ces batteries étaient occupées. Le 23 au matin, on entra dans la citadelle; on y trouva un matériel considérable, dont 68 canons.

Les insurgés avaient établi à My-Cui (20 kilomètres ouest de My-Tho) un centre fortifié qui leur servait de point d'appui. L'amiral chargea le capitaine de vaisseau DESVAUX et le colonel PALANCA-GUTTIEREZ de s'en emparer.

Le colonel PALANCA-GUTTIEREZ partit de My-Tho, avec une colonne de 200 Espagnols, une compagnie de tirailleurs algériens et une section d'artillerie. Le commandant DESVAUX venant de Vinh-Long, se porta sur Cai-Lay avec deux compagnies de tirailleurs algériens et un détachement prélevé sur la garnison de Vinh-Long. Les deux colonnes attaquèrent simultanément My-Cui qu'elles enlevèrent.

Le lieutenant de vaisseau VERGNES, avec un détachement de fusiliers marins, surveillait des arroyos de commerce et de la Poste, afin d'arrêter les bandes échappées aux deux colonnes. Beaucoup d'insurgés furent tués ; on prit un grand nombre d'armes.

La colonne PALANCA-GUTTIEREZ rentra ensuite à Saigon par la route de My-Tho.

Le 6 avril, une bande de pirates était venue attaquer et incendier une cinquantaine de maisons à Cholon. Le contre-amiral BONARD fit exécuter une série de colonnes au nord de Gia-Dinh, vers Phuoc-Loc et Vinh-Phuoc, principaux centres de piraterie.

Le premier échec des Annamites, au moment de la prise de Tourane et de Saigon en 1858 et 1859, coïncidait avec le soulèvement général des Tonkinois sous la pression de la famille des Lê. Ceux-ci voyaient dans les Français des libérateurs et des alliés naturels, puisqu'ils faisaient la guerre à leurs oppresseurs de l'Annam. A plusieurs reprises, le chef de la révolte, le catholique Pierre LÊ-BAO-PHUNG — qui se disait descendant de l'ancienne dynastie des Lê — vint demander avec insistance, au vice-amiral RIGAULT de GENOUILLY, puis au contre-amiral BONARD, le concours d'une seule canonnière et de quelques hommes. Il offrait en échange d'accepter le protectorat de la France. Les autorités françaises n'ayant point d'ordre, refusèrent d'intervenir. La révolte cependant triomphait, et LE-PHUNG comptait plus de quinze victoires.

Les succès de ce dernier sur l'armée annamite commandée par NGUYEN-DINH-TAN, beau-père de TU-DUC, la disette qui commençait à se faire sentir en Annam à la suite du blocus du riz, l'état des esprits à Hué même, constituant de sérieux motifs pour croire une paix possible, le contre-amiral BONARD envoya, le 5 mai 1862, le capitaine de frégate SIMON commandant *le Forbin*, croiser dans les eaux de la rivière de Hué, avec mission de faire ou de recevoir des propositions de paix de la part de l'Empereur d'Annam. Des pourparlers s'engagèrent et, après être retourné à Saigon prendre les ordres du contre-amiral, le capitaine de frégate SIMON remit à la Cour un ultimatum demandant l'envoi immédiat d'ambassadeurs munis de pleins pouvoirs. La Cour accepta, et le 26 mai arrivèrent à Saigon les hauts mandarins PHAN-THANH-GIANG et LAM-DUY-HIÊP.

Le traité fut signé à Saigon le 5 juin 1862 et promulgué en France par un décret du 15 juillet 1863. Par ce traité, la France et l'Espagne recevaient ensemble une indemnité de vingt millions de francs environ ; les ports de Tourane, Ba-Lac et Quang-An étaient ouverts au commerce de leurs nationaux. La France conservait les trois provinces de Saigon, Bien-Hoa et My-Tho, ainsi que Poulo-Condore.

Malgré la signature de ce traité, que la Cour de Hué ne ratifiait pas encore, les pirates et les insurgés ne désarmaient pas, et parmi les attaques dont nos troupes étaient l'objet les plus importantes eurent lieu le 17 décembre 1862 au Fort de Rach-Tra — où la garnison assaillie par surprise ne dut son salut qu'au dévouement du capitaine d'infanterie de marine THOUROUDE et du marsouin VIDAL, qui s'y firent bravement tuer — et le 18 décembre au poste de Thuoc-Nhiêu, entre la pagode de Cay-Mai et My-Tho — où le détachement de 50 hommes commandé par le capitaine d'infanterie de marine TABOULE eut à lutter contre plus de 1.200 rebelles et les repoussa.

Devant ces attentats chaque jour plus nombreux, le contre-amiral BONNARD demanda des renforts au contre-amiral JAURÈS en Chine qui vint de Shanghai, avec un demi-bataillon de tirailleurs algériens et un bataillon d'infanterie légère d'Afrique, tandis que les Espagnols envoyaient de Manille, un corps de 800 hommes.

On put de suite dégager Bien-Hoa et faire occuper la route du Ben-Luc. Puis on marcha sur Go-Cong.

A Dong-Son, au nord-ouest de Go-Cong, on attaqua vivement de face et à revers les batteries élevées par les insurgés ; une marche rapide exécutée par le commandement PIÉTRI avec les turcos décida du succès de ce premier mouvement ; à l'est, la corvette espagnole La *Circé* bloquait le confluent du Lang-Lop avec le Soirap ; à l'ouest et dans le sud, on tenait l'ennemi par le poste de Cho-Gao, par des colonnes venues de My-Tho sous les ordres du commandant D'ARIÈS. L'*Alarme* devait remonter l'arroyo directement et seconder le mouvement principal dirigé par terre par le général CHAUMONT et le colonel PALANCA GUTTIEREZ.

Des préparatifs considérables avaient été faits pour franchir les marais et les rizières ou pour passer les cours d'eau ; trente bateaux blindés à l'avant pouvant porter chacun 6 hommes marchaient avec les colonnes.

L'aviso le *Forbin* bloquait le Vaïco à l'entrée du Rach-La, l'*Avalanche*, la *Dragonne* et une canonnière bloquaient le bras nord du Mékong ; des canonnières et des barques complétaient le blocus à l'ouest.

(Cliché du Gouvernement général)

GOCONG — LE CANAL

(Cliché du Gouvernement général)

LA PLAINE DES JONCS

PHNOM-PENH — LE TONLÉ-SAP

PHNOM-PENH — DANS LA VILLE INDIGÈNE

(Cliché du Gouvernement général)

GOCONG — LE CANAL

(Cliché du Gouvernement général)

LA PLAINE DES JONCS

(Cliché du Gouvernement général)

PHNOM-PENH — LE TONLÉ-SAP

(Cliché du Gouvernement général)

PHNOM-PENH — DANS LA VILLE INDIGÈNE

Le 25 février 1863, au petit jour, l'attaque fut déclenchée. L'ennemi s'enfuit dans toutes les directions, abandonnant ses canons, jetant ses armes et ses uniformes. Les assaillants eurent peu de pertes par le feu, mais beaucoup de malades à la suite des marches forcées dans les marais sous un soleil dévorant.

Le général CHAUMONT, traversant le Tan-Hoa, prit possession du dernier retranchement des rebelles à Trai-Ca. Tous les obstacles accumulés pendant six mois par le quan DINH étaient tombés en une seule journée.

Ces opérations eurent un grand retentissement et permirent au contre-amiral BONARD d'exiger de la Cour de Hué la ratification immédiate du traité. Les troupes venues de Shanghai y retournèrent ; tout le contingent espagnol quitta Saigon le 31 mars pour rentrer à Manille.

Au mois d'avril 1863, le contre-amiral BONARD et le colonel PALANCA GUTTIEREZ, plénipotentiaire espagnol, se rendirent à Hué pour procéder à l'échange des ratifications du traité du 5 juin 1862. De grandes fêtes furent données à la cour à cette occasion.

La paix signée, TU-DUC put diriger toutes ses forces contre les Tonkinois victorieux, qui furent battus. LÊ-PHUNG, capturé par lui, fut mis à mort dans la plus cruelle des tortures. A partir de ce moment, les tonkinois sont pressurés par les Annamites qui étouffent la rébellion par la violence et TU-DUC, dans un édit royal de juillet 1864, reconnaît lui-même que « les mandarins « ruinent et oppriment le peuple, ne songeant qu'à s'engraisser de ses dépouilles... ».

*
* *

A côté des opérations militaires, les amiraux gouverneurs continuaient à s'occuper de l'administration de la nouvelle colonie.

Le port de Saigon avait été ouvert au commerce le 22 février 1860. Il fallut construire de tous côtés, organiser les provinces, réglementer les impôts, créer des administrateurs, élaborer un code adapté aux mœurs du pays.

Avec une clarté de vues et une précision d'idées auxquelles il est juste de rendre hommage, nos amiraux se montrèrent à la hauteur de cette tâche.

Un arrêté du 25 avril 1862 régla le fonctionnement des pouvoirs politiques, civils et militaires.

Le contre-amiral DE LA GRANDIÈRE, qui succéda en 1863 au contre-amiral BONARD, réorganisa la direction de l'intérieur et créa des milices chargées de la police des villages. Les tarifs d'impôts furent fixés, les patentes revisées.

*
* *

PHAN-TAN-GIANG, gouverneur des trois provinces occidentales de la Cochinchine laissées à l'Annam, était rentré à Vinh-Long le 25 avril 1863. Doué d'une finesse et d'une capacité rares, il avait compris la supériorité matérielle et intellectuelle des Français, et cherchait à maintenir l'accord avec eux.

Le roi TU-DUC et ses ministres désiraient rentrer en possession des trois provinces qu'ils nous avaient cédées. Ils pensèrent d'abord à les racheter. Ils envoyèrent en France une ambassade composée de PHAN-TAN-GIANG, de deux autres grands mandarins et d'une suite nombreuse.

La nouvelle conquête était impopulaire en France, et la métropole était prête à la sacrifier. Malgré le ministre de la Marine. M. DE CHASSELOUP-LAUBAT, le Gouvernement impérial chargea le lieutenant de vaisseau AUBARET de se rendre à Hué pour négocier un nouveau traité. La France ne devait garder que Saigon, My-Tho, Thu-Dau-Mot, avec une bande de terrain de 4 ou 5 kilomètres sur les rives des fleuves entre ces localités et la mer ; l'Annam devait racheter le reste moyennant une indemnité de 100 millions, payable en cinquante annuités de 2 millions.

Ce projet de traité, communiqué à l'amiral DE LA GRANDIÈRE, avait soulevé de sa part des objections très fortes ; il démontrait qu'il serait aussi coûteux et difficile de maintenir l'occupation restreinte que de conserver les trois provinces. Dans un rapport remis en novembre 1864, M. DE CHASSELOUP-LAUBAT put faire état des résultats politiques et financiers obtenus par l'amiral DE LA GRANDIÈRE ; il critiqua le système de l'occupation restreinte et proposa fermement de s'en tenir au traité de 1862. En janvier 1865, le Gouvernement français arrêta dans ce sens sa décision ; le sort de la colonie se trouvait désormais fixé.

La position singulière des provinces annexées, entre l'Annam proprement dit et les provinces occidentales laissées à Tu-Duc, était fort dangereuse. Les mandarins des trois provinces de l'ouest (Vinh-Long, Chau-Doc et Ha-Tien) excitaient sans cesse des révoltes partielles sur la rive gauche du Mékong et au Cambodge devenu notre protégé par le traité du 11 août 1863. Les rebelles dispersés par nos troupes se réfugiaient dans les contrées encore soumises à Tu-Duc.

Le quan Dinh, qui était resté dans les environs de Go-Cong, fut surpris et tué le 20 août 1864. Mais de nombreux rebelles s'étaient installés dans la Plaine des Joncs (nord-ouest de My-Tho). Ils y avaient élevé des forts au milieu des marais ; des armes et des munitions leur arrivaient par Chau-Doc, Ha-Tien et le Rach-Gia.

En mars 1865, ils lançaient des proclamations, faisaient des levées d'hommes dans les villages voisins, réclamaient le paiement des impôts.

Il fallut faire une expédition dans cette région malsaine et dangereuse. Trois colonnes, réunissant en tout 100 Français et 260 miliciens annamites furent lancées par trois routes différentes sur le centre de Thap-Muoi. Malgré la chaleur, les émanations pestilentielles des marais, les moustiques et les sangsues, l'objectif fut atteint ; le capitaine Gally-Passebosc enleva le 16 avril le fort de Dôn-Ta, qui contenait 40 pièces d'artillerie et 350 défenseurs ; les insurgés s'enfuirent en désordre.

Les protestations faites auprès des autorités annamites des provinces de l'ouest n'avaient aucun effet appréciable. L'amiral Rigault de Genouilly venait de prendre le portefeuille de la Marine. Le Gouverneur de la Cochinchine fut autorisé à prendre possession de ces provinces. Il résolut d'agir pendant la saison des pluies : l'expédition devant avoir lieu par voie fluviale, il n'en résultait aucun inconvénient pour la marche des troupes.

Le 18 juin 1867, 1.200 hommes étaient réunis à My-Tho, prêts à entrer en campagne. Le 20 au petit jour, la flottille mouillait devant Vinh-Long et plusieurs compagnies d'infanterie de marine étaient mises à terre.

Les chefs annamites se rendirent compte que toute résistance était inutile. Phan-Tan-Giang, kinh-luoc des provinces occidentales, remit la citadelle. Il écrivit aux gouverneurs de Chau-Doc et Ha-Tien pour leur conseiller de se soumettre. Le colonel Reboul, commandant supérieur des troupes, fut chargé du commandement des trois provinces et s'établit à Vinh-Long.

Le 21, le capitaine de frégate Galey se porta sur Chau-Doc avec la flottille, en remontant le Mékong. Chau-Doc avait toujours été le centre de toutes les machinations contre la France ; on pouvait s'attendre à quelque résistance. Mais le Gouverneur de la place, voyant les navires français prêts à ouvrir le feu, recevant, d'autre part, les instructions de Phan-Tan-Giang, consentit à la reddition. A minuit, le commandant Galey prit possession de la citadelle. L'amiral arriva à Chau-Doc le lendemain. Le 23 à midi, le commandant Galey, avec une canonnière, une chaloupe et des jonques chargées de soldats et de miliciens, s'engageait dans le canal étroit qui conduit de Chau-Doc à Ha-Tien. 24 heures plus tard, il arrivait devant la place, qui fut occupée sans difficulté.

L'amiral-gouverneur informa immédiatement le Gouvernement annamite des événements qui venaient de s'accomplir. Il fit remettre aux représentants de Hué les canons, les armes et les munitions qui se trouvaient dans les places occupées.

L'organisation des provinces conquises, préparée d'avance, fut vite mise sur pied.

Phan-Tan-Giang, n'ayant pu conserver à son souverain les provinces que celui-ci lui avait confiées, s'empoisonna avec de l'opium.

*
* *

Les nouvelles provinces furent le théâtre de quelques mouvements insurrectionnels sans grande envergure.

Le 5 août, le capitaine Berteaux-Levillain, avec 35 miliciens mit en fuite une centaine de pirates au sud de Soc-Trang.

Le 2 septembre, le capitaine Robin débarquant à l'entrée de l'arroyo de Cau-Ngang avec 25 soldats et 60 miliciens, reçut pendant deux heures l'attaque de masses profondes de rebelles, qui finirent par se disperser.

Les fils de Phan-tan-Giang suscitèrent une révolte dans le sud de la province de Vinh-Long. Un détachement de 150 soldats d'infanterie de marine et de 200 miliciens occupa Huong-Diêm le 12 novembre. Le capitaine de frégate Ansart, commandant la colonne, poursuivit les rebelles sur le territoire du village de Ba-Tri. Dans la nuit du 15 au 16 novembre, le bivouac fut attaqué par plusieurs centaines d'insurgés, qui disparurent au petit jour, en laissant de nombreux cadavres sur le terrain.

Quelques troubles eurent lieu à la même époque autour de Chau-Doc ; la répression fut rapide.

Le 1er mai 1868, à 3 heures, des pirates, profitant de l'obscurité, escaladèrent les murs de la citadelle de My-Tho. Ils furent rapidement mis en fuite par la garnison.

Mais le 16 juin à 4 heures, le poste du Rach-Gia fut enlevé et sa garnison (30 hommes) massacrée. Le commandant Ansart, venu de Vinh-Long, reprit le fort le 21 juin. Les rebelles étaient dirigés par l'Annamite Nguyen-trung-Truc, qui, en 1861, avait réussi à incendier la lorcha l'*Espérance*. Au nombre de plus de 300, ils gagnèrent l'île de Phu-Quôc, ou nos miliciens les poursuivirent. Nguyen-trung-Truc fut pris et exécuté.

Ces désordres sporadiques, n'étant pas encouragées et entretenues de l'extérieur, cessèrent bientôt. La guerre de 1870 n'eut aucune influence sur la situation intérieure de la colonie. Le Gouverneur (contre-amiral Cornulier-Lucinière) prit des mesures pour parer à toute éventualité. Il déclara la colonie en état de siège et fit relever les forts qui défendaient le Soirap. Mais nulle attaque ne se produisit par mer.

Quant au gouvernement annamite, il était réduit à l'impuissance par une nouvelle insurrection au Tonkin.

La période de conquête et d'occupation militaire avait duré dix ans. Pour des raisons de police et de défense, les officiers français avaient dû descendre dans tous les détails de l'administration. Les circonstances les obligèrent à faire de l'administration directe, et cet état de choses devint définitif. Le Gouvernement conserva jusqu'à la fin des troubles le caractère militaire. C'est seulement en 1869 (décret du 21 février) que l'on créa le conseil privé, purement consultatif.

La justice civile avait été établie par décret du 25 juillet 1864 ; des tribunaux français étaient institués. Les Asiatiques continuaient à relever des tribunaux indigènes. On conserva les coutumes annamites pour la levée des impôts, les milices, les corvées. On créa des routes, des canaux, des hôpitaux, des écoles.

La prospérité matérielle se développa rapidement. Le recrutement régulier des cadres administratifs fut assuré par le collège des stagiaires (organisé en 1873). Réunissant les pouvoirs administratifs, financiers et militaires, les administrateurs firent face à un labeur considérable ; la valeur des hommes assura le rendement de l'institution.

Ce régime dura jusqu'en mai 1879, date à laquelle l'amiral Lafont fut remplacé par un gouverneur civil, M. le Myre de Villers. Le système militaire prenait fin, il avait assuré la pacification de la colonie, en avait permis l'organisation et la mise en valeur.

Les troupes indigènes, réduites à une compagnie, avaient été licenciées en 1876. Les milices, qui constituaient une force d'environ 4.500 hommes, placée sous les ordres directs des administrateurs, suffisaient au maintien de l'ordre.

Lorsque les officiers eurent été remplacés par des administrateurs civils, on estima que ceux-ci ne sauraient pas conduire des opérations militaires. On créa des troupes indigènes régulières pour remplir les missions qui dépassaient les attributions normales de la police.

Un décret du 2 décembre 1879 constitua, sous le nom de « Tirailleurs annamites », un corps d'infanterie constitué d'abord de deux, plus tard de trois bataillons.

Les tirailleurs étaient des soldats de métier et accomplissaient normalement 15 ans de service.

La création des tirailleurs annamites fut donc la conséquence de la réforme de l'administration et de l'institution du pouvoir civil.

IV. — *Les Français au Cambodge.* — *Etablissement du protectorat.*

L'insurrection de Pu-Combo. — *La pacification.*

La première partie du XIX⁰ siècle vit peu de voyageurs européens au Cambodge. Ce pays n'offrait pas de sécurité aux étrangers, étant devenu le champ de bataille des Annamites et des Siamois.

Quelques missionnaires cependant parvinrent à y pénétrer. C'est ainsi qu'en 1849, les Jésuites SYLVESTRE et CORDIER (plus tard évêque du Cambodge) débarquent à Kampot. Le Roi du Cambodge ANG-DUONG, frère cadet d'ANG-CHAU (Roi du Cambodge de 1796 à 1834), envoie des mandarins au devant d'eux pour les saluer, les fait amener à la Cour et leur donne toute facilité pour l'accomplissement de leur mission.

Vers cette époque, le souverain du Cambodge, non seulement payait tribut à ses dangereux voisins, le Siam et l'Annam, mais encore ne pouvait arrêter les envahissements de l'un qu'en sollicitant l'appui de l'autre. En fin de compte, l'assaillant s'appropriait une province par droit de conquête et le protecteur en occupait une autre en dédommagement de ses services. Le Roi ANG-DUONG, afin de pouvoir résister à ses deux ennemis, résolut de s'adresser à l'étranger.

La France était à ce moment la nation européenne qui jouissait en Extrême-Orient du prestige le plus effectif, en raison de l'aide de nos nationaux pour le rétablissement de l'Empereur d'Annam GIA-LONG. Le Roi ANG-DUONG songea à s'adresser à elle et envoya à Singapore une ambassade chargée de solliciter du Gouverneur français les secours nécessaires. Ce dernier assura les envoyés du souverain du Cambodge de son appui auprès de son gouvernement.

La réponse à sa demande ne venant pas, ANG-DUONG s'adressa en 1850 à l'Angleterre. Entre temps, NAPOLÉON III envoya M. DE MONTIGNY à Phnom-Penh pour discuter avec le Roi du Cambodge des termes d'un traité. Ce diplomate en passant à Bang-Kok aurait commis l'erreur de faire part de ses intentions à la Cour du Siam. Immédiatement un message fut envoyé ANG-DUONG, menaçant ce dernier de la colère siamoise s'il accédait aux désirs de M. DE MONTIGNY et, lorsque notre envoyé arriva dans la capitale du Cambodge, en mai 1855, ANG-DUONG ne le reçut pas.

Le Roi ANG-DUONG mourut en 1859; il fut remplacé sur le trône par son fils, qui régna sous le nom de NORODOM 1ᵉʳ. C'est à lui que le 24 mars 1861, le vice-amiral CHARNER envoya le lieutenant de vaisseau LESPÈS, pour lui notifier l'intention que nous avions d'un établissement durable en Cochinchine et lui exprimer notre désir d'entretenir avec le Cambodge de bonnes relations. NORODOM 1ᵉʳ adressa de suite en retour une ambassade en Cochinchine, qui arriva à Saigon le lendemain de la prise de My-Tho (14 avril 1861).

Une révolte fomentée par son frère ANG-PHIN obligea NORODOM à se réfugier au Siam dans les derniers mois de 1861 et à demander à ce pays une armée de secours. Mgr. MICHE, vicaire apostolique du Cambodge, en avisa immédiatement les autorités françaises et demanda au Consul de France à Bangkok d'intercéder en faveur de NORODOM auprès du Gouvernement siamois, pour que celui-ci le remette en possession de son trône. L'armée siamoise châtia les révoltés et installa NORODOM à Ou-Dong qui devait rester jusqu'en 1866 la capitale du royaume.

ANG-PHIN vint se réfugier à Saigon. Il fut réclamé par le Siam, mais le contre-amiral BONARD refusa de remettre le fugitif, non seulement parce que réfugié politique, mais encore afin de montrer que nous ne voulions point tolérer d'ingérence de la part du Siam dans les affaires du Cambodge.

En septembre 1862, le contre-amiral BONNARD alla faire une visite à NORODOM à Ou-Dong; il y fut très bien reçu.

Le 18 avril 1863, le marquis DE CHASSELOUP-LAUBAT, ministre de la Marine et des Colonies, donna au contre-amiral DE LA GRANDIÈRE, gouverneur *p. i.* pendant le voyage à Hué du contre-amiral BONARD,

(Cliché du Gouvernement général)

PHNOM-PENH — LES QUATRE BRAS

(Cliché du Gouvernement général)

PHNOM-PENH — LE PHNOM

LE MÉKONG A VIEN-TIAN

RAPIDES A LUANG-PRABANG

des instructions au sujet de nos relations avec le Cambodge. Quelques jours avant d'avoir reçu le câble du ministre, le contre-amiral DE LA GRANDIÈRE avait envoyé le chirurgien de 2° classe HENNECART soigner le Roi et sa famille malades. Le praticien les ayant guéris. NORODOM lui en garda une grande reconnaissance et fut très disposé à écouter — malgré les avis contraires du résident siamois PONHA RACH — les conseils du lieutenant de vaisseau DOUDART DE LAGRÉE, envoyé par le Gouverneur de la Cochinchine à la réception des instructions ministérielles.

Sur l'initiative de DOUDART DE LAGRÉE, le contre-amiral DE LA GRANDIÈRE, qui le 1ᵉʳ mai 1863 avait remplacé définitivement le contre-amiral BONARD au commandant du corps expéditionnaire, vint le 9 août rendre visite au Roi du Cambodge à Ou-Dong. Ayant Mgr. MICHE comme interprète, il lui démontra que ses intérêts étaient intimement liés à l'amitié de la France, soucieuse de son indépendance et la sauvegardant. NORODOM 1ᵉʳ se montra sensible à cette démonstration et le 11 août signa une convention que le contre-amiral DE LA GRANDIÈRE lui avait proposée, plaçant le Cambodge sous le protectorat de la France.

Le traité fut envoyé à Paris, mais le ministre siamois, appuyé par le Gouvernement anglais protesta, arguant de son droit de suzeraineté et déniant à NORODOM celui de traiter directement avec nous. Le ministère des Affaires étrangères, peu au courant des intrigues orientales, retarda la ratification par l'Empereur NAPOLÉON III. Le traité ne revint ratifié que le 8 avril 1864.

Pendant ce temps, NORODOM, doutant de la protection française si longue à venir, fit des excuses au Siam et le résident siamois profita de ses dispositions pour lui faire signer, le 1ᵉʳ décembre 1863, un traité dans lequel il se reconnaissait le vassal du Roi de Siam et n'avait plus que le titre de « vice-roi du Cambodge », en échange d'habits royaux que le Gouvernement siamois possédait et des honneurs d'un couronnement, à Bangkok.

Malgré les avis du lieutenant de vaisseau DOUDART DE LAGRÉE, le Roi NORODOM se décida à quitter Ou-Dong le 3 mars 1864, avec une nombreuse suite et une garde siamoise, allant se faire couronner dans la capitale du Siam. Dès son départ, DOUDART DE LAGRÉE fit occuper militairement le Palais royal et hisser le drapeau tricolore sur tous les édifices publics. Le 6 mars, deux canonnières et 70 soldats d'infanterie de marine arrivaient en renforts ; le lendemain, une autre canonnière et 30 autres soldats d'infanterie de marine les rejoignaient.

NORODOM, qui se trouvait déjà à plusieurs lieux de la capitale, informé des décisions énergiques du lieutenant de vaisseau DOUDART DE LAGRÉE, s'arrêta. Puis, après avoir hésité et malgré les instances du résident siamois qui l'accompagnait, craignant de se voir fermer, à son retour, son royaume, il revient en hâte le 17 mars 1863.

Le traité du 11 août 1863, revenant ratifié par l'empereur NAPOLÉON III, l'échange solennel des ratifications eut lieu, au milieu de fêtes, du 12 au 17 avril 1864. La France ayant obtenu du roi de Siam l'envoi de Bang-Kok des insignes royaux, le roi NORODOM reçut la couronne des mains du chef d'Etat-major du Gouverneur de Cochinchine. Le 16 juin 1864, il ne restait plus à titre officiel, un Siamois dans le royaume du Cambodge.

En octobre de la même année, le Roi NORODOM alla à Saïgon rendre visite au contre-amiral DE LA GRANDIÈRE. Pendant que le Roi du Cambodge se trouvait en Cochinchine, une révolte fomentée par le cambodgien A-SOUA ou A-XOA, agissant au nom de ANG-PHIN, frère de NORODOM, avorta grâce à l'influence du lieutenant de vaisseau DOUDART DE LAGRÉE.

*
* *

Le roi NORODOM nous était complètement acquis, mais les prétendants au trône étaient nombreux. Un bonze cambodgien, PUCOMBO, un frère puîné du roi, PHRA-KEO-PHA, revendiquaient le trône. 2.000 Cambodgiens, hostiles à NORODOM et réfugiés sur notre territoire au nord de Tay-Ninh, envoyaient quelques secours à PU-COMBO. En mai 1866, celui-ci parcourait le pays, essayant de recruter des partisans pour attaquer le Cambodge.

Le 7 juin, un rassemblement de plus de 2.000 individus, Cambodgiens, Chams et Annamites, s'avança vers le fort de Tay-Ninh. Le capitaine DE LARCLAUZE, avec une escorte de vingt hommes, alla à la rencontre de cette foule. Immédiatement attaqué, il tomba mortellement frappé d'une balle. Le sous-lieutenant LESAGE fut tué avec plusieurs des hommes d'escorte. Les autres Français purent se dégager. La garnison de Tay-Ninh peu nombreuse, dut se borner à défendre les approches du fort.

Le lieutenant-colonel MARCHAISSE fut chargé de poursuivre les opérations militaires contre les rebelles. Le 14 juin, il sortit de Tay-Ninh avec 150 hommes et deux pièces d'artillerie. Dans l'après-midi, après une marche pénible, il rencontra l'ennemi sur les bords d'un ruisseau marécageux, le rach Vinh. Nos troupes engagèrent une lutte disproportionnée contre des forces écrasantes ; le lieutenant-colonel MARCHAISSE tomba mortellement frappé avec dix de ses hommes, et la colonne française dut se replier sur le fort.

Le chef de bataillon ALLEYRON fut chargé du commandement de Tay-Ninh ; la garnison fut portée à 500 hommes.

Quelques-uns des chefs des insurgés annamites rejoignirent PU-COMBO. Les rebelles n'osèrent attaquer ni Saigon ni Cholon, mais, le 24 juin à 4 heures, ils s'introduisirent dans le fort de Tong-Kéou, dont la garnison comprenait 50 tirailleurs et 16 cavaliers. Les officiers réussirent à grouper leurs hommes dans un angle du fort. Au jour, une charge à la baïonnette refoula les assaillants ; les spahis du lieutenant HAILLOT, montant à cheval, achevèrent de disperser l'ennemi. La garnison eut deux tués et sept blessés.

Les bandes annamites qui avaient assailli Tong-Kéou s'étaient formées dans le canton de Câu-An-Ha, vaste triangle coupé de marécages, qui s'étend depuis Tram-Bang jusqu'au Ben-Luc et à l'arroyo chinois, sur la rive gauche du Vaï-Co oriental. Le 27 juin, le chef d'escadron d'artillerie de marine ROCHES, parti de Tong-Kéou avec une colonne de 200 Français, 100 miliciens et deux pièces de campagne, prit possession de la chaussée qui traverse le marais. En même temps, une colonne de 50 marins commandés par le lieutenant de vaisseau REMIOT-LEREBOURS débarquait sur la rive gauche du Vaï-Co et s'avançait à travers le Câu-An-Ha. Elle dispersait les rebelles et leur prenait une pièce d'artillerie.

Les bandes remontèrent vers le nord pour se joindre aux Cambodgiens insurgés.

Le 2 juillet, le commandant ALLEYRON se trouvait aux prises avec les bandes de PU-COMBO près de Tra-Vang. Le prétendant essaya de surprendre nos troupes en plein midi, au moment où elles venaient de faire halte. Reçues par un feu meurtrier, puis chargées par le peloton de cavalerie du lieutenant BECHADE, les bandes cambodgiennes furent balayées et disparurent dans les bois, laissant sur le terrain 60 cadavres. Nous avions 4 blessés.

Le 3 juillet, la colonne rentrant à Tay-Ninh tomba sur une bande de 300 Annamites qu'elle mit en déroute.

Le 13, le commandant ALLEYRON attaquait les Cambodgiens retranchés à Bavang ; il les délogea de leurs retranchements et les dispersa de nouveau.

Les hostilités s'étendirent bientôt au Cambodge même, où PU-COMBO cherchait à recruter des partisans. Un autre prétendant, A-XOA, fils d'un Chinois et d'une Cambodgienne, nous fut livré par les autorités annamites. Son arrestation laissait le champ libre à PU-COMBO, désormais débarrassé d'un rival. Les troupes de NORODOM furent mises en fuite le 18 août. Il fallut faire intervenir des troupes françaises au Cambodge. Une colonne, sous les ordres du chef de bataillon ALLEYRON, se rendit à Go-Xoai, en face de Tram-Bang, pour appuyer les partisans du roi. Mais ceux-ci, s'aventurant trop loin de leur soutien, furent de nouveau battus le 25 octobre.

PU-COMBO, entouré de quelques centaines de Cambodgiens, d'Annamites, et de quelques Tagals déserteurs (restés dans le pays après le départ du contingent espagnol) s'établissait dans les villages les plus importants, levait des contingents, les armait, les conduisait au pillage du pays. Il évitait de livrer combat en rase campagne aux troupes françaises ; celles-ci se fatiguaient inutilement en poursuivant sous un ciel brûlant des ennemis insaisissables.

NORODOM craignait peu PU-COMBO, qu'il considérait comme un simple aventurier, mais il se défiait de son frère PHRA-KEO-PHA, très populaire au Cambodge, et qui avait offert son concours pour chasser les rebelles, moyennant un apanage.

Fin 1866, PU-COMBO menaçait Phnom-Penh. L'amiral y envoya 250 hommes sous le commandement du chef de bataillon BRIÈRE DE L'ISLE. Le 1ᵉʳ décembre, PU-COMBO attaqua Oudong, ou venait de s'installer une garnison française ; il fut repoussé et laissa une cinquantaine de morts sur le champ de bataille.

Plusieurs engagements eurent lieu entre Oudong et Phnom-Penh. Le commandant DANOS, poursuivait l'ennemi du côté de la montagne de Bap-Nhum, l'atteignit à Prechnum, le 7 janvier 1867 et le mit en pleine déroute. Traqué par le colonel REBOUL et le chef de bataillon DOMANGE, le prétendant perdit beaucoup de monde dans une série de rencontres. Il se rejeta vers le sud et descendit entre les deux Vaï-Co jusqu'à la hauteur de Trambang. Plusieurs canonnières furent envoyées sur le Vaï-Co oriental pour en interdire le passage.

A cette époque l'occupation de Chau-Doc et de Ha-Tiên par les troupes françaises enleva aux insurgés cambodgiens tout espoir de secours et de ravitaillement. Pour en finir avec eux, le Gouverneur décida d'utiliser PHRA-KEO-PHA. Celui-ci reçut des armes et des munitions; à la tête de ses partisans, il entra en campagne sur les bords du Vaï-Co, au nom du roi son frère. Il put rassembler 4.000 hommes à Precomg. Le 17 juillet, il remporta un grand succès sur PUCOMBO qui s'enfuit au Laos. Les insurgés se dispersèrent.

Fin novembre, le prétendant tenta un dernier effort; avec une centaine d'hommes, il pénétra dans la province de Kompong-Soai. Mais, attaqué par les habitants, il fut blessé et fait prisonnier; il mourut de ses blessures le 3 décembre 1867. La tranquillité revint dans le pays.

Le 18 juillet 1867, le Siam avait reconnu notre protectorat sur le Cambodge; mais les Siamois gardaient les provinces de Siem-Réap, Sisophon et Battambang, qu'ils avaient occupées en 1813 (1).

*
* *

Quelques troubles se produisirent dans les provinces orientales en 1876; ils furent facilement réprimés.

En 1885 éclata une insurrection plus importante, dirigée cette fois directement contre le protectorat français. Le gouverneur de la Cochinchine, M. THOMSON, avait fait signer entre le gouvernement français et le Cambodge une série de conventions (notamment celle du 14 juin 1884) qui réduisaient fortement le pouvoir des autorités cambodgiennes. Le prétendant SI-VATTHA se mit à la tête des mécontents et souleva une partie du pays. Le 8 janvier 1885, il attaquait le poste français de Sambor dont le chef, le lieutenant BELLANGER, fut tué. Grâce au sang-froid de l'enseigne de vaisseau GOURHOUEN, la petite garnison put se réfugier sur des jonques. Le 15 janvier, le poste était réoccupé.

Deux colonnes de 140 hommes chacune (colonel MIRAMOND et capitaine DAVID) parcoururent le pays. Le lieutenant de vaisseau BOUTARD, sur l'*Alouette,* surveillait le fleuve.

Le 19 janvier, 400 Cambodgiens vinrent attaquer Kompong-Cham; ils furent repoussés par nos troupes. Le 21, le colonel MIRAMOND surprenait le camp de SI-VATTHA, et celui-ci ne s'échappait qu'avec peine.

Le gouverneur de Cochinchine ayant renforcé Tay-Ninh, la garnison de Saigon se trouvait réduite à moins de 300 hommes; les rebelles pensèrent à l'attaquer, mais ils n'osèrent pas mettre leur projet à exécution.

Du 29 avril au 3 mai, le poste de Pursat, défendu par 50 tirailleurs sous les ordres du lieutenant GARNIER, fut assiégé par 700 rebelles. La garnison repoussa six attaques; elle fut dégagée par le détachement du lieutenant PÉROUSSE.

Le 23 mai à Prey-Pring, le 24 au nord de Kompong-Tul, nos troupes se heurtèrent à de grosses bandes d'insurgés et les dispersèrent. Les opérations, interrompues par la saison des pluies, reprirent en novembre. Le 9 décembre, une petite colonne échouait devant le fort palissadé de Karoka. Mais le commandant KLIPFEL s'emparait le 30 décembre du fortin de Prek-Mysar.

Les bandes rebelles se dispersent devant les troupes françaises, se reforment après leur passage.

Jusqu'en juin 1886, ce ne sont que fortins pris et repris, poursuites pénibles et vaines.

Les troupes sont fortement éprouvées par les fatigues et les maladies.

Fin 1886, SI-VATTHA était abandonné par presque tous ses partisans. Il erra pendant plusieurs années dans les forêts cambodgiennes; il finit par faire sa soumission en 1892.

---

(1) Ces provinces furent restituées au Cambodge en 1907.

V. — *Le Fleuve Rouge est ouvert au commerce des
nations ayant des traités avec l'Empire d'Annam.*

L'EXPÉDITION DU LIEUTENANT DE VAISSEAU FRANCIS GARNIER AU TONKIN. — SES CAUSES. — SES RAISONS. — SON RÉSULTAT. — LES TRAITÉS DES 15 MARS ET 31 AOUT 1874 AVEC L'ANNAM

En 1866, le capitaine de frégate DOUDART DE LAGRÉE, ayant sous ses ordres les lieutenants de vaisseau Francis GARNIER et DELAPORTE, les médecins de la marine JOUBÉRT et THOREL, et M. DE CARNE, attaché au ministère des Affaires étrangères, fut chargé d'une mission ayant pour but de reconnaître le cours du Mékong, déjà vaguement exploré par l'explorateur Henri MOUHOT.

La mission partit de Saigon le 5 juin 1866. Elle arriva le 16 octobre 1876 à la frontière chinoise, mais, comme l'écrivit son chef le 6 janvier 1868 au contre-amiral DE LA GRANDIÈRE, elle avait été obligée d'abandonner le Mékong, «... à la vérité, disait DOUDART DE LAGRÉE, la question de navigabilité n'est plus en cause, « car dès le 20ᵉ degré (bien avant la frontière chinoise), les difficultés sont déjà trop nombreuses et trop fré- « quentes... ».

DOUDART DE LAGRÉE quitta le Mékong et s'avança par voie de terre dans le Yunnan chinois ; puis il chargea le lieutenant de vaisseau Francis GARNIER de l'exploration de la vallée du Song Nhi-Hà ou Song Coi (Fleuve Rouge). Le mauvais vouloir des populations empêcha celui-ci d'atteindre, sur le territoire du Yunnan, le marché de Man-Hao, « à partir duquel, disait-on, le fleuve était navigable jusqu'à la mer ». En passant à Han-Kéou, sur le Ban-Kiang à son confluent avec le Yang-Tse-Kiang, Francis GARNIER s'était entretenu de l'objet de sa mission avec un commerçant français, Jean DUPUIS, qu'il y rencontra et qui avait eu la même idée que lui, à savoir que le Tonkin devait être la voie de communication la plus rapide entre le Yunnan et la mer.

DOUDART DE LAGRÉE mourut pendant la mission, le 12 mars 1868, à la Mission française de Tong-Tchuan-Fou. Françis GARNIER en prit la direction, se rendit au prix de difficultés nombreuses jusqu'à Ta-Li-Fou (230 kilomètres O.-N.-O. de Yunnanfou) et, par le Yang-Tse-Kiang, qu'il atteignit le 26 avril, rejoignit Shanghai. Il débarqua le 29 juin 1868 à Saigon.

A la suite de cette mission, la voie du Mékong était définitivement écartée, mais le projet d'établir une route du Yunnan à la mer n'était point abandonné. Jean DUPUIS, en 1861, avait remonté le Yang-Tse-Kiang avec l'expédition anglaise chargée d'ouvrir au commerce étranger les trois ports du fleuve désignés par le traité avec la Chine ; arrivé le 11 mars 1861 à Han-Kéou, il s'y était établi. Le 18 septembre 1868, il se rend à Yunnanfou, dans le but d'obtenir des hauts fonctionnaires des commandes d'armes et rentre le 21 mai 1869 à Han-Kéou.

En 1870, il réussit à descendre le Song Nhi-Hà (Fleuve Rouge) jusqu'à la frontière annamite et expose aux autorités du Yunnan ses projets commerciaux ; ceux-ci y souscrivent ; mais il y avait lieu tout d'abord de rétablir la tranquillité dans cette province, dont le sud-est était en révolte.

Le maréchal MA, qui dirigeait la répression, chargea DUPUIS d'aller en Europe acheter des munitions et des armes dont le transport serait effectué par le Fleuve Rouge, et il le pourvut d'une commission écrite qu'il présenterait à la Cour d'Annam, pour obtenir d'elle l'autorisation d'emprunter la voie fluviale du Tonkin.

Le maréchal annamite NGUYEN-TRI-PHUONG, qui avait été chargé de pacifier le Tonkin révolté par LÊ-BAO-PHUNG, l'avait quitté en 1866 tout à fait tranquille ; mais des bandes de Chinois, dits « Pavillons Noirs », sous le commandement de LUU-VINH-PHUOC et « Pavillons Jaunes » sous les ordres de HOANG-ANH, vinrent ravager le pays. Le Gouvernement chinois, sollicité par l'empereur TU-DUC, intervint et envoya des troupes régulières que les Annamites devaient entretenir.

La situation en était là, quand en janvier 1872, le contre-amiral DUPRÉ, gouverneur de la Cochinchine, eut son attention attirée par l'exploration du Fleuve Rouge et la mission dont était investi Jean DUPUIS par les autorités du Yunnan. A la veille de prendre un congé, il ne voulut pas partir sans être renseigné ; il envoya dans la baie d'Along le capitaine de frégate SENEZ avec l'aviso *le Bourayne*.

Jean DUPUIS, sans passer par la Cour de Hué, se rendit à Paris au commencement de 1872 et retourna quelque temps plus tard avec les armes et les munitions pour le maréchal MA.

L'état d'anarchie du Tonkin, l'insécurité des mers de Chine livrées à la piraterie et d'autre part, une demande que lui fait Jean DUPUIS en passant à Saigon, décident le Général D'ARBAUD, Gouverneur *p. i.* de la Cochinchine, à envoyer, à nouveau, le *Bourayne* à Tourane et dans le Golfe du Tonkin. Le Capitaine de frégate SENEZ quitte Saigon le 5 octobre 1872 et, après avoir livré les 21, 27 et 28 octobre quelques combats à des jonques pirates, où l'équipage de l'aviso a quelques blessés, le *Bourayne* arrive au Cua-Cam le 30 octobre et y mouille.

Le capitaine de frégate SENEZ, M. LEGRAND DE LA LIRAYE, administrateur des Affaires indigènes, quelques officiers du bord et 20 marins armés de « chassepots », tous montés sur deux baleinières et une jonque chinoise, vont visiter du 2 au 15 novembre Hai-Duong, Ke-So et Bac-Ninh. La petite troupe n'avait rencontré nulle part d'opposition à son passage. Le 16 novembre, le Capitaine de frégate SENEZ quitte à nouveau le bord et visite Quang-Yên.

Le 26 octobre 1872, Jean DUPUIS partait de Hong-Kong avec deux canonnières, une chaloupe à vapeur et une jonque chinoise, montées par 175 hommes armés, dont 25 Européens. Dans les eaux tonkinoises, il rencontre le 19 novembre l'aviso le *Bourayne* ; le capitaine de frégate SENEZ lui réserve une entrevue avec le commissaire impérial annamite LÊ-THUAN venu lui rendre visite. Celui-ci promet à DUPUIS d'appuyer sa requête (autorisation de remonter le Fleuve-Rouge), auprès de la Cour de Hué, mais n'en fait rien. L'énergique Français part et en dépit d'obstacles de toutes sortes parvient à Man-Hao. De retour à Hanoi, le 30 avril 1873, il entre en lutte armée avec les autorités annamites, principalement avec le maréchal NGUYÊN-TRI-PHUONG, notre ancien adversaire à Chi-Hoa, revenu à Hanoi au commencement de 1873.

D'abord en avril, puis en mai 1873, le contre-amiral DUPRÉ, dans des dépêches au ministère de la Marine au sujet de l'expédition de Jean DUPUIS, qui venait de remonter à deux reprises le Fleuve-Rouge — proclamant par ce fait même l'existence et l'ouverture de cette nouvelle voie — exprimait en substance que, si l'autorité de la Cour de Hué sur ces contrées venait à disparaître sous l'effort d'une nouvelle révolution, il était à craindre qu'une autre puissance vint nous devancer au Tonkin ; c'était une question de vie ou de mort pour l'avenir de la domination française dans l'Extrême-Orient. Pour parer à ce danger, le contre-amiral DUPRÉ concluait qu'il fallait prendre pied dans le pays « comme alliés de TU-DUC, pour y établir son autorité et l'y faire respecter ».

Plus tard, son avis s'étant modifié sur ce dernier point, par une lettre au ministre de la Marine du 5 juin 1873, au retour d'une croisière du capitaine de frégate SENEZ, il demandait qu'on l'autorisât « malgré « les difficultés de l'heure présente, à s'établir par la force dans le delta du Song Nhi-Ha (Fleuve-Rouge), « pour l'occuper définitivement si la Cour de Hué s'obstinait à faire traîner en longueur la conclusion du traité « qui devait être fait depuis des années ».

En effet, à la suite d'événements survenus en Cochinchine, le contre-amiral DE LA GRANDIÈRE avait pris possession en 1867 des provinces de Vinh-Long, Chau-Doc et Ha-Tiên en Cochinchine. Cet acte nécessaire d'énergie nous remettait de fait en état de guerre avec l'Annam et annulait, en principe, l'ancien traité. Il en fallait un autre et depuis ce moment « les gouverneurs de la Cochinchine n'avaient cessé de faire tous « leurs efforts pour amener le Roi d'Annam à cette conclusion, mais en vain ; car celui-ci conservait toujours « le secret espoir que l'occupation de la Cochinchine ne serait que passagère et que les Français finiraient, « sinon par se retirer complètement, au moins par faire quelques concessions importantes. Le plan de la Cour « de Hué, était la lutte à outrance et par tous les moyens contre l'influence française ».

Les événements allaient être favorables à nos desseins. Par plusieurs lettres, de janvier à juin 1873, TU-DUC demanda au commandant des forces françaises de Cochinchine d'intervenir dans le conflit qui s'était élevé entre Jean DUPUIS et le maréchal NGUYÊN-TRI-PHUONG. Le contre-amiral DUPRÉ, comme il le disait lui-même dans une lettre de juillet 1873, « considérait comme un devoir de saisir toutes les occasions de faire « entendre la voix de la raison à ces vieux enfants obstinés, en s'armant toutefois de patience, jusqu'à ce que « le Gouvernement français jugeât que sa dignité lui commandait de mettre un terme à des efforts si souvent « répétés ».

Il se saisit de cette demande de Tu-Duc, qui lui offrait le meilleur des prétextes pour intervenir dans les affaires du Tonkin, voulant « en faire sortir l'occasion si longtemps attendue » de forcer les Annamites à signer le traité désiré.

Toutefois, se méfiant des arrière-pensées de la Cour de Hué, le contre-amiral Dupré voulut savoir exactement ce dont il s'agissait ; à cet effet, il écrivit au ministre des Relations extérieures à Hué, une lettre en date du 23 juin 1873. N'ayant pas reçu de réponse, il la renouvelle le 7 juillet. Ces lettres restent sans résultat ; mais le 31 août arrivait à Saigon une ambassade annamite se rendant, soi-disant en France demander du secours contre Jean Dupuis. Le contre-amiral la fit prévenir qu'il était inutile qu'elle poussât plus loin et qu'il avait tous les pouvoirs nécessaires. Le vrai but de cette ambassade était de demander l'appui d'une nation étrangère. Tournée et retournée, elle avoua que la Cour de Hué était impuissante contre Jean Dupuis, et demanda l'aide du contre-amiral ; c'est là où ce dernier voulait l'amener. Il la persuada de la nécessité qu'il y avait pour lui de se renseigner et d'envoyer un officier avec quelques hommes, pour régler sur place le différend. Les ambassadeurs rentrèrent à Hué et, le 22 septembre 1873, la Cour d'Annam, adoptant cette suggestion, demandait l'envoi promis.

Le 11 octobre 1873, le lieutenant de vaisseau Francis Garnier partait pour Hanoi, mais en même temps le contre-amiral Dupré faisait savoir à la Cour de Hué, que cet officier devait y demeurer « jusqu'à ce que l'affaire de la navigation du Song Nhi-Ha (Fleuve-Rouge) soit réglée » et la priait « d'insister auprès des autorités locales, pour qu'en même temps le port de Hanoi soit librement ouvert à notre commerce, qui attend et demande depuis tant d'années le libre accès des ports du Tonkin ».

Avec lui Francis Garnier amenait 56 hommes d'équipage, dont 9 Asiatiques, et 30 hommes d'Infanterie de marine sous le commandement du sous-lieutenant Edgar de Trentinian, l'enseigne de vaisseau Esmez, commandant en second, le médecin de la marine Chedan et le secrétaire particulier Lasserre. L'expédition s'embarqua sur l'aviso d'*Estrées* et sur la canonnière l'*Arc* (cette dernière coula par suite de la faiblesse de sa coque, avant d'arriver à Tourane).

Le 3 novembre Francis Garnier arrive à Hanoi, et s'installe dans le voisinage de la citadelle, au Camp des Lettrés. Le 11 novembre, un second aviso, le *Decrès*, et une petite canonnière l'*Espingole* sont signalés à l'embouchure du fleuve. Le 11 novembre la canonnière le *Scorpion* arrive aussi de Hong-Kong pour remplacer l'*Arc*.

A bord de l'*Espingole* se trouvaient 28 hommes commandés par l'enseigne de vaisseau Balny d'Avricourt, avec le médecin de la marine Harmand et l'Ingénieur hydrographe Bouillet. Sur le *Decrès*, l'enseigne de vaisseau Bain de la Coquerie, les aspirants de marine Hautefeuille, Perrin et Bouxin, l'aide-major Dubut, 60 marins et une pièce de 4. Sur le *Scorpion* une quinzaine de marins.

En allant au Tonkin, Francis Garnier avait fait escale à Tourane. Le contre-amiral Dupré l'avait en effet chargé d'essayer de conclure avec la Cour de Hué un traité ouvrant le Tonkin au commerce et plaçant cette partie du royaume d'Annam sous la protection de la France. Les négociations n'avaient pas abouti. La Cour de Hué demandait qu'on chassât Jean Dupuis et rien autre.

Francis Garnier était parti de Tourane le 20 octobre. Arrivé à Hanoi, il s'y installe et commence à discuter ; mais le maréchal Nguyên-tri-Phuong ne veut que l'expulsion de Jean Dupuis et ne reconnaît même pas le pouvoir des deux ambassadeurs annamites que Francis Garnier s'était fait adjoindre par la Cour de Hué. D'ailleurs, leur appui était douteux, et il semble plutôt qu'ils lui avaient été donnés pour l'espionner et porter au maréchal les ordres de Hué. Dès l'arrivée de Francis Garnier, le maréchal annamite lui envoie un ultimatum insolent : « ... vous êtes au Tonkin, disait-il entre autres, pour expulser Jean Dupuis. Emmenez-le et partez avec lui... ». Peu de jours après, le 10 novembre, le vice-roi fait afficher dans Hanoi une proclamation contre les Français, insultante pour Francis Garnier.

(Cliché du Gouvernement général)

HANOI — LE MIRADOR

(Cliché du Gouvernement général)

STATUE DE FRANCIS GARNIER A SAIGON

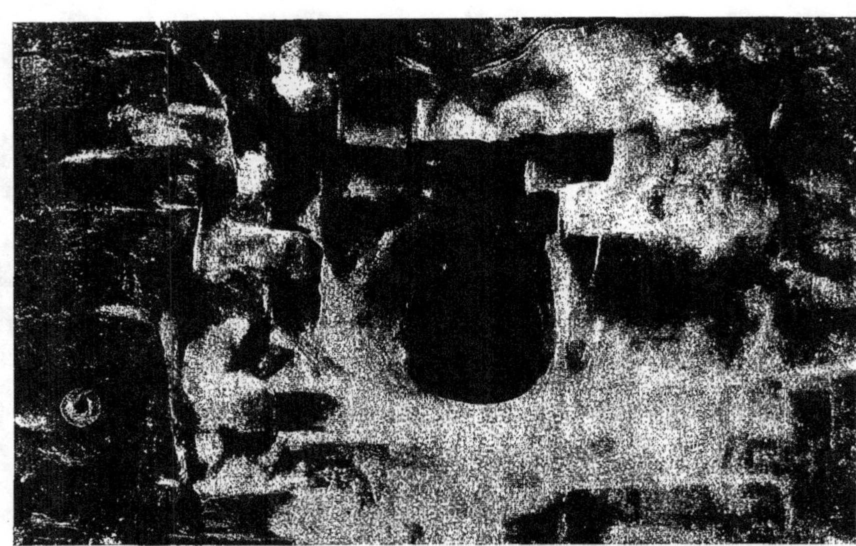

CITADELLE DE HANOI — TRACES DU BOMBARDEMENT DE 1882

UN VESTIGE DE L'ANCIENNE CITADELLE DE HANOI

Le lendemain 11 novembre, Mgr PUGINIER, vicaire apostolique du Tonkin, arrive à Hanoï ; il a une entrevue avec Francis GARNIER. Tout porte à croire que c'est sur ses conseils que fut écarté le projet, élaboré jadis par le capitaine de frégate SENEZ, de rétablir l'ancienne dynastie des LÊ.

Devant l'hostilité croissante du vice-roi et les moyens dilatoires employés pour ne pas retirer les proclamations affichées dans la ville, Francis GARNIER adresse le 9 novembre 1873 un ultimatum, avec un délai de deux jours, au maréchal NGUYÊN-TRI-PHUONG, pour qu'il lui livre la citadelle de Hanoï. Le même jour le *Manhao*, prêté par Jean DUPUIS, descend dans la baie d'Along pour y chercher les troupes de débarquement du *Decrès*. Le 12 novembre, le commandant en chef de l'expédition renouvelle l'ultimatum et en fixe le délai au 18 novembre. Ce jour-là, Francis GARNIER, par une proclamation aux habitants, annonce l'ouverture du Fleuve Rouge « au commerce des nations ayant des traités avec l'Annam » (France, Espagne, Chine). Le 19 novembre, nouvelle lettre au maréchal annamite, lui demandant le désarmement immédiat de la citadelle avec demande de réponse pour le soir 6 heures.

N'ayant rien reçu de NGUYÊN-TRI-PHUONG, Francis GARNIER se décide à prendre de vive force la Citadelle. Le 20 novembre 1873, à 6 heures du matin, le commandant en chef de l'expédition divise sa troupe en deux colonnes ; la première, sous les ordres de l'enseigne de vaisseau BAIN DE LA COQUERIE avec les aspirants HAUTEFEUILLE et PERRIN, attaque la porte sud-ouest, tandis que l'autre colonne qu'il commande avec le sous-lieutenant DE TRENTINIAN et l'enseigne de vaisseau ESMEZ monte à l'assaut de la porte sud-est. Les canonnières *Espingole* et *Scorpion* sous le commandement de l'enseigne de vaisseau BALNY D'AVRICOURT ouvrent le feu sur la citadelle. Jean DUPUIS et ses hommes participent à l'attaque en occupant la ville marchande. En un moment la citadelle est prise.

Le maréchal NGUYÊN-TRI-PHUONG était gravement blessé d'une balle au ventre. Le fils du maréchal, marié à la fille unique de TU-DUC, était tué à la porte est. Du côté des assaillants, un mort et deux blessés. Chez les assaillis, 80 morts et 300 blessés environ.

Dans l'après-midi du même jour, Francis GARNIER envoie l'enseigne de vaisseau BAIN DE LA CONQUERIE, 65 hommes et une pièce de 4, s'emparer de Phu-Hoai, sur la route de Son-Tây.

A la suite de raids militaires, diverses villes du delta font leur soumission ; le 26 novembre, l'enseigne de vaisseau BALNY D'AVRICOURT prend Phu-Ly, tandis que l'enseigne de vaisseau ESMEZ s'empare de Phu-Thuong, puis de Phu-Binh et Hoai-Yên. Le 28 novembre les gouverneurs des provinces de Hung-Yên, Bac-Ninh et Thai-Nguyên déclarent reconnaître l'autorité française.

La citadelle de Phu-Ly est laissée entre les mains de troupes auxiliaires (1) sous le commandement du mandarin LÊ-VAN-BA, acquis à notre cause ; le 2 décembre l'*Espingole* se met en route sur Hai-Duong, chef-lieu de province sur le Thai-Binh, qui cède après un vigoureux assaut de nos troupes sous le commandement du sous-lieutenant d'infanterie de marine DE TRENTINIAN et de l'enseigne de vaisseau BALNY D'AVRICOURT, le 5 décembre seulement.

Le 14 décembre, Francis GARNIER prescrit à l'enseigne de vaisseau BALNY D'AVRICOURT de le rejoindre sous les murs de Nam-Dinh, tandis que le sous-lieutenant DE TRENTINIAN reste avec 15 hommes d'infanterie de marine à Hai-Duong pour organiser la province d'après les instructions que le commandant de l'expédition lui adresse le 17 décembre.

Pendant ce temps l'aspirant HAUTEFEUILLE avec 7 soldats d'infanterie de marine et la canonnière le *Scorpion* prend la citadelle de Ninh-Binh de haute main. Francis GARNIER l'y rejoint le 9 décembre et le maintient à la tête de la province. « Les nominations de préfets et de sous-préfets qu'il fit le 12 décembre portaient le drapeau français jusqu'aux frontières du Laos ».

Après avoir quitté l'aspirant HAUTEFEUILLE à Ninh-Binh, Francis GARNIER se proposait d'aller enlever la citadelle de Nam-Dinh. Il avait embarqué à bord du *Scorpion*, en plus de ses 40 hommes d'équipage, toute

---

(1) Pour augmenter sa petite troupe, FRANCIS GARNIER avait songé à recruter des hommes dans le pays, et c'est de ce moment que compte l'organisation encore embryonnaire des contingents indigènes au Tonkin, à l'exemple des unités formées en Cochinchine. On ne les employait jamais seuls, mais avec quelques soldats d'infanterie de Marine et ces essais furent heureux. (*Le livre d'Or de l'Infanterie coloniale*, par le capitaine NICOLAS).

l'infanterie de marine qui restait à Hanoi et 56 matelots du *Decrès* et du *Fleurus,* mais dès que ces troupes se furent éloignées de Hanoi, les troupes des « Pavillons Noirs » de Son-Tây s'enhardirent et vinrent camper à Phu-Hoai, à six kilomètres de la ville. L'enseigne de vaisseau BAIN DE LA CONQUERIE, qui restait avec 30 marins seulement pour défendre la place, envoya prévenir Francis GARNIER, qui débarqua en cours de route le détachement d'infanterie de marine, et le renvoya à Hanoi, continuant sa route pour aller prendre Nam-Dinh.

Le 12 décembre, il arrive devant la ville, salué à son arrivée par une bordée de coups des batteries annamites, fait débarquer l'aspirant BOUXIN avec 15 hommes et une pièce de 4 pour simuler une attaque sur la porte sud, tandis que l'ingénieur hydrographe BOUILLET, avec une autre colonne, pénètre dans la ville marchande et que lui-même se porte à l'assaut de la porte est avec le reste de la troupe. Quelques instants après la citadelle était entre nos mains et le drapeau français hissé sur le mirador.

Mais les ambassadeurs annamites annoncés de Hué pour conclure un arrangement sont signalés arrivant. Francis GARNIER laisse l'administration de la province de Nam-Dinh au médecin de la marine HARMAND appelé de Hai-Duong et le 16 décembre il remonte à Hanoi.

Les ambassadeurs arrivent le 20 décembre à Hanoi, après être allés voir à Son-Tây le Prince HOANG. Le lendemain, 21 décembre Francis GARNIER se concertait avec eux quand on lui annonce des bandes de Pavillons Noirs se rapprochant de la ville. Le chef de la courageuse expédition donne l'ordre de les repousser et, prenant lui-même le commandement d'un détachement, entraîné par son fougueux tempérament, les poursuit après les avoir délogés des positions dont ils s'étaient emparés. Mais ceux-ci, embusqués derrière une digue, le tuent par surprise, ainsi qu'un sergent-fourrier. Le même sort est fait à l'enseigne de vaisseau BALNY D'AVRI-COURT et à un matelot qui l'accompagne. On réussit à avoir leurs corps, que les « Pavillons Noirs » avaient déjà mutilés.

Par une étrange coïncidence, le maréchal NGUYÊN-TRI-PHUONG mourait le lendemain de la blessure qu'il avait reçue le jour de la prise de la Citadelle de Hanoi.

⁎
⁎⁎

Pendant que l'héroïque petite troupe soumettait par son courage le Delta du Fleuve Rouge, le lieutenant de vaisseau PHILASTRE était désigné par le contre-amiral DUPRÉ pour arriver à décider la Cour de Hué à signer un traité avec la France.

Il s'embarquait le 10 décembre sur l'*Antilope* pour Hué, tandis que le lendemain 11 décembre quittait Saigon sur le *Decrès* un administrateur des Affaires indigènes, M. MOTY, portant des fusils pour armer les troupes auxiliaires indigènes de Francis GARNIER, avec 30.000 cartouches et 120 hommes d'infanterie de marine, commandés par le lieutenant de vaisseau GOUDART, aide de camp de l'amiral-gouverneur, et l'enseigne de vaisseau RULLIER.

L'*Antilope* et le *Decrès* se rejoignirent à Tourane, où le lieutenant de vaisseau PHILASTRE, après avoir écouté les doléances de la Cour de Hué sans avoir obtenu autre chose qu'un ambassadeur annamite pour l'accompagner, monta au Tonkin où il arriva le 25 décembre.

A Hanoi, l'enseigne de vaisseau ESMEZ avait pris le commandement de l'expédition, tandis que l'enseigne de vaisseau BAIN DE LA CONQUERIE, quoique plus ancien, gardait seulement le commandement militaire.

La situation à Nam-Dinh du médecin de la marine HARMAND était des plus difficiles. Le 21 décembre il avait repoussé une forte attaque de Pavillons Noirs, avait poursuivi les agresseurs jusqu'à Bao-Long, avec 11 soldats européens et 300 soldats auxiliaires tonkinois recrutés sur place, et leur avait infligé une sanglante défaite. De notre côté nous avions 3 tués et 5 blessés. Mais, malgré ce succès, les munitions manquant, il était obligé d'envisager l'évacuation de la Citadelle, lorsque le 28 décembre l'*Espingole* arriva lui apportant des vivres et des munitions ; le 31 décembre, une nouvelle attaque de l'ennemi étant signalée, l'enseigne de vaisseau RULLIER qui avait rejoint, mit en déroute l'ennemi qui entourait de près la ville. A Ninh-Binh, l'aspirant HAUTEFEUILLE repoussa de même plusieurs attaques.

Pendant ce temps l'enseigne de vaisseau ESMEZ entamait des négociations avec les ambassadeurs de Hué et un traité honorable se discutait, quand le capitaine de frégate TESTART DE COSQUER, commandant le *Decrès*, lui annonça l'arrivée du lieutenant de vaisseau PHILASTRE, « entre les mains de qui, disait-il, les pouvoirs politiques vont sans doute tomber... », et celle d'un nouveau plénipotentiaire annamite dont les pouvoirs annulaient ceux des précédents.

En effet, le lieutenant de vaisseau PHILASTRE monte à Hanoi, prend le commandement de l'expédition et donne les ordres d'évacuation de Hai-Duong (2 janvier), de Ninh-Binh (8 janvier) et de Nam-Dinh (10 janvier), à la suite d'une convention qu'il passe avec le nouvel ambassadeur pour l'évacuation complète du Delta ; les troupes de Hanoi quittent cette ville pour Hai-Duong. Il ne devait plus rester à Hanoi que 40 hommes d'infanterie de marine avec le capitaine d'infanterie de marine RHEINART comme consul. Le commerçant français Jean DUPUIS était expulsé du Tonkin et son matériel séquestré à Haiphong.

Le 16 février, la citadelle de Hanoi était remise aux Annamites et l'*Espingole* emportait tout ce qui restait, à l'exception de la garde du consulat. Le 4 mars 1874, le lieutenant de vaisseau PHILASTRE rentrait à Saigon et y préparait le traité dont il avait jeté les bases.

*
* *

Le 15 mars 1874, le contre-amiral DUPRÉ signe avec les ambassadeurs du Roi d'Annam, LÊ-THUAN et NGUYÊN-VAN-THUONG, un traité de paix et d'alliance entre la France et le Royaume d'Annam. A l'article 4, il est dit que « S. E. le Président de la République française s'engage à faire don gratuit à Sa Majesté le Roi d'Annam de :

. « 1° Cinq bâtiments à vapeur, d'une force réunie de 500 chevaux, en parfait état, ainsi que leurs chaudières et machines, armés et équipés, conformément aux prescriptions du règlement d'armement.

« 2° Cent canons de 7 et 16 centimètres de diamètre, approvisionnés à deux cents coups par pièce.

« 3° Mille fusils à tabatière et 500.000 cartouches..., etc. »

Il promet en outre, « de mettre à la disposition du Roi d'Annam des instructeurs militaires et marins, en « nombre suffisant pour reconstituer son armée et sa flotte... de fournir au Roi d'Annam les bâtiments de « guerre, les armes et les munitions que Sa Majesté jugera nécessaire à son service... »

En échange, « Sa Majesté le Roi d'Annam s'engage à conformer sa politique extérieure à celle de la « France et à ne rien changer à ses relations diplomatiques actuelles... », et à l'article 5 il reconnaît « la pleine « et entière souveraineté de la France, sur tout le territoire actuellement occupé par elle... », enfin la religion « catholique est autorisée.

Le contre-amiral DUPRÉ rentrait en France le lendemain de la signature du traité et était remplacé par le contre-amiral KRANTZ. Ce dernier signait le 31 août de la même année, comme complément au traité de Paix du 15 mars 1874, un traité de Commerce. Un article additionnel admettait un consul français, avec escorte à Hanoi, à Haiphong et à Qui-Nhon.

Le 13 avril 1875, le commandant BROSSARD DE CORBIGNY, à la tête d'une mission française, échangeait à Hué les ratifications du traité du 15 mars 1874, au milieu de grandes fêtes. Le traité de Commerce fut ratifié seulement par les Chambres le 6 juillet 1875 ; la cérémonie de l'échange des ratifications eut lieu le 26 août 1875 et la date de l'ouverture des ports du Tonkin fut fixée au 15 septembre de la même année.

VI. — *La sauvegarde de nos droits et la sécurité de nos nationaux nous obligent à une nouvelle intervention au Tonkin.*

NOTRE SITUATION AU TONKIN APRÈS LE TRAITÉ DE 1874. — L'EXPÉDITION DU CAPITAINE DE FRÉGATE HENRI-RIVIÈRE. — LE COMBAT DE CAU-GIAY OU DU PONT DE PAPIER

Les traités de 1874 (15 mars et 31 août) étant ratifiés, le petit détachement constituant l'escorte de notre consul à Hanoi, le capitaine d'infanterie de marine RHEINART, reçut l'ordre de s'installer définitivement le 28 août 1875, à l'emplacement qui lui était réservé à la concession du Camp des Lettrés. Des constructions furent élevées pour le consul de France (les deux pavillons d'aile de l'Hôtel du général commandant supérieur) et pour les troupes (bâtiment de l'Etat-Major).

Au commandement des détachements de Hanoi et de Haiphong, se succédèrent, les chefs de bataillon d'infanterie de marine DEWATRE, DUJARDIN (juillet 1874 à juillet 1875), CHAPETOT (juillet 1875 à mai 1876), MAURAUD (mai 1876 à février 1879). Leurs relations avec les autorités annamites, sans être cordiales, ne furent point hostiles ; c'est ainsi que le 2 février 1875, le Quan-an de Hai-Duong, délégué par le Gouverneur de la province, le mandarin PHAM, ancien ministre annamite, vinrent offrir au chef de bataillon DUJARDIN, des cadeaux à l'occasion du nouvel an annamite et lui remettre 50 médailles d'argent de la part du Roi TU-DUC, destinées aux militaires et marins qui se trouvaient embarqués sur l'*Espingole*, le 14 octobre précédent, lorsque ce navire surprit, battit et captura quatorze jonques de rebelles dans le Sông Van, à hauteur du port de Kinh-Man.

De même à Hué, NGUYÊN-VAN-THUONG, ministre des Relations extérieures, fait parvenir, le 12 mai 1876, à notre représentant un papier de remise, disant qu'il était fait don d'un terrain élevé situé au lieu dit Thuy-Truong, destiné à l'établissement de la Légation. Ce terrain est celui de la Résidence actuelle. (Avant cette date le consul habitait une maison annamite).

A la même époque, l'ambassadeur chinois, le marquis TS'ENG, fait connaître officiellement au ministre des Affaires étrangères, le duc DECAZES, que la Chine ne peut donner son adhésion au traité de 1884, qui fait disparaître sa suzeraineté sur l'Annam et fixe des clauses avantageuses au commerce français.

Il lui fut répondu par une fin de non-recevoir ; mais quand notre ministre à Pékin, M. BRENIER DE MONTMORAND, demanda le 18 juillet 1876, de la part du contre-amiral DUPERRÉ, des passeports pour le lieutenant de vaisseau DE KERGARADEC, notre consul à Hanoi depuis le 16 mai 1875, chargé d'une mission dans le Song Coi et le Yunnan méridional, la Chine refusa. Ce ne fut que devant l'insistance de M. BRENIER DE MONTMORAND qu'elle finit par les accorder. Notre consul, accompagné de 12 soldats d'infanterie de marine, se mit en route le 23 novembre 1876 et retourna à Hanoi, le 18 avril 1877, après être remonté jusqu'à Man-Hao.

Malgré ses démonstrations et l'esprit des Traités, l'Annam se considérait toujours comme vassal de la Chine. Le 18 septembre 1877, une mission annamite alla porter le « tribut ordinaire » à la Cour de Pékin. Notre représentant à Hué, le capitaine RHEINART, le faisant remarquer à la Cour annamite, il lui est répondu que c'était là « une habitude ».

Plus tard, fin septembre 1878, le général chinois LI-YANG-TS'AI, mécontent, lève des troupes et envahit l'Annam avec quelques milliers d'hommes. L'Annam demande l'intervention de la Chine pour supprimer la rébellion. Notre représentant proteste à nouveau et fait remarquer que, d'après le traité de 1874, l'Annam doit s'adresser à la France.

Les avantages commerciaux que l'on pouvait retirer d'un établissement en Indochine, n'échappaient pas aux puissances étrangères. L'Angleterre, puis, en août 1878, le chargé d'affaires d'Allemagne à Paris, faisaient part au Gouvernement français de leur intention d'accréditer leurs agents auprès des autorités annamites au Tonkin, à Haiphong notamment. De même l'Espagne envoya une mission dirigée par le colonel ORDONNEZ avec un attaché du ministère des Affaires étrangères espagnol, M. ETESNOSA et deux officiers de marine sur l'aviso espagnol *Parques del Diero*, pour ouvrir des négociations et signer un traité entre l'Annam et l'Espagne (27 janvier 1880). L'échange des ratifications eut lieu en septembre 1880. Un peu plus tard, le 9 juillet 1881, l'Espagne envoyait à Saigon Don TIBURCIO RODRIGUEZ comme ministre plénipotentiaire en Chine, Siam et Annam. Sur la demande du Gouvernement français, cette dernière désignation fut retirée.

Il n'était pas douteux que, si nous ne voulions point nous laisser devancer, il fallait nous occuper de donner à la Cochinchine une organisation administrative et étudier la méthode nécessaire pour faciliter notre influence au Tonkin. Le Gouvernement français pensa arriver à ce but en désignant un Gouverneur civil de Cochinchine, avec autorité sur nos représentants en Annam et au Tonkin. Le 13 mai 1879, un décret nommait M. LE MYRE DE VILERS, enseigne de vaisseau démissionnaire. Il débarquait à Saigon le 5 juillet 1879.

*
* *

A ce moment, notre situation au Tonkin était loin d'être précise. Le vice-roi ne rendait pas la visite d'arrivée que lui faisait notre consul à Haiphong, M. DE CHAMPEAUX (27 mai 1880) ; et, autour de nos représentants, c'était comme une « conspiration du silence ».

Le Chef des « Pavillons Noirs » LUU-VINH-PHUOC, qui, après notre évacuation du Tonkin à la suite du traité de 1874, avait été élevé au plus haut grade de mandarinat, par la Cour de Hué, se rend en Chine pour procéder à des enrôlements avec l'argent remis par le prince HOANG-KÊ-VIÊN. Fin 1881, il retourne en Chine, « salué sur son passage comme chef d'armée, emportant des sommes considérables pour recruter de « nouveaux soldats. En même temps des saisies opérées par les douanes ont prouvées qu'il se faisait un appro-« visionnement important d'armes à tir rapide et de munitions de guerre » (Lettre de M. LE MYRE DE VILERS du 17 janvier 1882 au capitaine de frégate HENRI-RIVIÈRE, commandant la Station navale de Cochinchine).

D'autre part, le lieutenant de vaisseau GROS-DEVAUX, commandant la Marine au Tonkin, dans une visite qu'il fait le 30 octobre au Gouverneur général annamite et au Gouverneur de Hanoi, à la Citadelle, remarque de nombreux travaux de défense nouvellement exécutés tels que tranchées, courtines. etc., et à la même époque, violant l'article 9 du traité du 15 mars 1874, la Cour de Hué commande aux mandarins des circonscriptions des vicariats apostoliques espagnols de procéder au dénombrement des chrétiens. Sur la demande des missionnaires, nos canonnières se rendent sur les points où l'effervescence est la plus grande contre eux.

Enfin, le 8 octobre 1881, deux commerçants français, MM. COURTIN et VILLEROI, sont attaqués aux environs de Lao-Kay par les « Pavillons Noirs ». Le capitaine d'infanterie de marine RHEINART demande à la Cour de Hué ce qu'elle compte faire des « Pavillons Noirs » au Tonkin, de la part de M. LE MYRE DE. VILERS qui lui écrivait «... Vous inviterez, de ma part, la Cour de Hué à licencier ces bandes et à rétablir la liberté de navigation du Song Coi ; vous préviendrez également le thuong-bac que conformément à l'article 2 du traité, je mettrai à sa disposition les forces nécessaires, si mon concours est réclamé. Dans le cas où cette juste demande n'aurait pas reçu satisfaction avant le 1ᵉʳ janvier prochain, je me réserverai le droit de prendre telles mesures que je croirai convenables pour sauvegarder nos droits et assurer la sécurité de nos nationaux ».

Des explications vagues, confuses, inintelligibles, furent données sans qu'aucun résultat n'intervint. (Lettre de M. RHEINART du 31 décembre 1881 au Gouverneur de la Cochinchine).

Devant cette mauvaise foi et ce peu d'empressement à exécuter les engagements du traité, M. LE MYRE DE VILERS écrit au capitaine de frégate Henri RIVIÈRE, le 17 janvier 1882, qu'il est décidé à doubler la garnison de Hanoi, et lui demande de présider à cette opération. Il lui rappelle que les vues du Gouvernement français ne sont pas de faire une guerre de conquête, « c'est politiquement, pacifiquement, administrativement que nous devons étendre et affermir notre influence au Tonkin et en Annam. Vous ne devrez donc avoir recours à la force qu'en cas d'absolue nécessité ».

Le capitaine de frégate Henri RIVIÈRE quitte Saigon le 25 mars 1882, en qualité de commandant supérieur, avec deux compagnies d'infanterie de marine sous le commandement du chef de bataillon CHANU,

15 tirailleurs annamites, le capitaine du génie DUPOMMIER, 30 marins du *Tilsitt* sous les ordres du lieutenant de vaisseau THESMAR, 20 artilleurs de la marine et le médecin de la marine MAGET, tout ce personnel embarqué sur le *Drac* et le *Primauguet*. Ils arrivent le 3 avril 1882 à Hanoi, où se trouve le chef de bataillon BERTHE DE VILLERS avec deux compagnies d'infanterie de marine et trois canons.

Dès son arrivée, le commandant Henri RIVIÈRE sent l'animosité qui règne autour de lui. Malgré les assurances toutes pacifiques qu'il donne aux mandarins de Hanoi, ceux-ci commencent aussitôt à mettre la citadelle en état de défense et en interdisent l'entrée aux officiers, sauf pour les visites officielles, qui doivent être chaque fois l'objet d'un accord spécial. Tous les soldats en congé ont été rappelés ; d'autres arrivent des provinces voisines et on ordonne partout de nouvelles levées ; « excepté l'appel aux Chinois, qui serait une provocation trop directe à notre endroit, les autorités de Hanoi rassemblent toutes les forces à leur disposition... ». (Lettre de M. DE KERGADAREC, consul à Hanoi, à M. LE MYRE DE VILERS, du 16 avril 1882).

Le danger pouvait devenir très grand pour la petite troupe française. Après des observations restées sans effet à Hué et à Hanoi, Henri RIVIÈRE adresse le 25 avril, à 5 heures du matin, un ultimatum au tông-dôc (gouverneur provincial) de Hanoi, lui demandant pour le jour même, avant 8 heures du matin, la reddition de la citadelle de Hanoi.

Le tông-dôc n'ayant pas répondu, le jour même à 8 heures précises, la citadelle est bombardée par les canonnières la *Fanfare*, la *Massue* et la *Carabine*, et à 10 heures 45 l'assaut est donné. Une demi-heure plus tard, la citadelle est dans nos mains. Le tông-dôc s'était pendu. On releva 40 morts et 20 blessés annamites. Nous avions seulement quatre blessés.

Les mesures prises par le capitaine de frégate Henri RIVIÈRE furent pleinement approuvées. Les ordres furent de profiter « du terrain acquis par notre acte de vigueur, pour asseoir d'une manière plus complète notre autorité et notre influence dans le bassin du Song Coi, sans avoir recours à l'occupation effective du pays ». (Lettre du ministre de la Marine et des Colonies, le vice-amiral JAURÉGUIBERRY, à M. LE MYRE DE VILERS, du 20 juin 1882).

Après le coup de force de Hanoi, il semble que la Cour de Hué s'assagit ; mais tout d'un coup un revirement se produit dans l'esprit des conseillers de TU-DUC, probablement sous l'influence des nouvelles de Chine (on faisait courir le bruit qu'un contingent de l'armée chinoise avait débarqué à Pack-Hoi et qu'un vice-roi hostile était nommé à Canton). Il fallait absolument mettre un terme à la situation qui nous était faite au Tonkin ; aussi M. DUCLERC, ministre des Affaires Etrangères, écrivait-il, le 14 novembre 1882, à l'amiral JAURÉGUIBERRY (1), lui proposant une double démonstration militaire qui appuierait à Hué et même au « Tonkin les démarches de notre représentant.... Je suis prêt à me joindre à vous, disait-il, à l'effet de demander « aux Chambres les crédits nécessaires pour subvenir aux frais d'expédition et d'occupation... ».

« Il ne faut pas regretter la prise de la citadelle et surtout ne pas rappeler le commandant RIVIÈRE, écri-« vait le capitaine de frégate BEAUMONT, commandant le croiseur le *Kersaint* au Gouverneur de la Cochin-« chine, le 28 juillet 1882, ce qui serait interprété comme un désaveu et comme une preuve de faiblesse de « notre part.... Il faut surveiller la Chine, bien qu'une intervention de sa part paraisse peu probable... A la « Cour de Hué, il y a deux partis : un parti qui pense que la solution est de s'adresser à la Chine, protectrice « séculaire, et un parti qui est découragé et prévoit la fin de l'empire annamite.... Il faudra occuper militai-« rement la citadelle de Hanoi, qui menacera toujours la Concession ».

D'autre part, le marquis TS'ENG, ambassadeur de Chine à Paris, demande le rappel de nos troupes du Tonkin (6 mai 1882). M. DE FREYCINET écrit à notre représentant à Pékin, pour qu'il avertisse le TSONG-LI-YAMEN, que le Gouvernement français ne continuera pas une conversation sur le ton pris par le marquis TS'ENG, et, en tout cas, ne permettra point à la Chine de s'ingérer dans la politique que nous suivons au Tonkin.

Le 30 juin 1882, le Gouverneur du Yunnan déclare que l'armée chinoise va passer sur le territoire tonkinois, afin « d'y poursuivre les bandes de Pavillons Noirs ». Mais, sur une intervention de notre ministre à Pékin, « le gouvernement chinois consent à rappeler ses troupes du Tonkin ». L'ordre de retraite a été expédié par

---

(1) Ministre de la Marine et des Colonies.

courrier rapide au « Kouang-Si et au Yunnan..... » (Lettre au ministre des Affaires Etrangères du 5 décembre 1882). Dès l'annonce de cette nouvelle, M. LE MYRE DE VILERS envoie des instructions à Henri RIVIÈRE, lui recommandant de donner des ordres afin que, à moins d'une attaque à repousser, on n'engage, au Tonkin, aucune action contre les troupes chinoises.

La situation paraissait donc s'améliorer, quand, à la suite d'une mauvaise interprétation des textes et d'une initiative malheureuse, notre ministre à Pékin, M. BOURÉE, qui avait trouvé un terrain d'entente, est rappelé par le gouvernement français. Toutefois, avant de quitter son poste, M. BOURÉE avise par une lettre en date du 18 mai 1883, le ministre des Affaires Etrangères, M. CHALLEMEL-LACOUR, que « le général chinois LIEOU est nommé commandant de l'armée chinoise... qu'une grande activité règne dans les arse-« naux avoisinant Tiên-Tsin... que les heures de travail y ont été doublées et que les travaux ne sont jamais « suspendus, même les jours de fête... Que l'intention de la Chine est de nous tenir en échec pendant trois « ans, comme nous l'avons été au Mexique, et qu'elle attendrait patiemment que les Allemands nous tombent « sur le dos... ». Il rapporte aussi que l'impression générale est que « la guerre avec la Chine est inévi-« table ».

Le sort des chrétientés françaises et espagnoles dans ce conflit était très difficile ; en février 1883, le vice-roi du Yunnan adressait aux « Pavillons Noirs » une proclamation où il était dit en substance : « Nous « ne pouvons espérer vaincre les Français, tant qu'il y aura des chrétiens au Tonkin. C'est par eux et par « leurs prêtres que l'ennemi est renseigné sur le pays, qu'il connaît toutes les dispositions que nous sommes « obligés de prendre ouvertement pour lutter, et, lorsque nous sommes prêts à agir, nous nous apercevons que « tous nos plans sont découverts. Il faut donc commencer à exterminer les chrétiens et nous aurons facilement « raison des Français ».

La petite troupe française pouvait donc avoir à assurer la protection des sujets français et espagnols, en plus de la défense de nos droits ; des renforts sont demandés d'urgence à Saigon et à Paris. Fin février 1883, on reçoit de la Cochinchine 750 hommes.

Apprenant qu'une compagnie chinoise de Canton, agissant au nom d'une compagnie anglaise, allait être concessionnaire des mines de Hongay, le commandant RIVIÈRE en prend possession et installe un poste à l'entrée de la baie de ce nom le 12 mars. D'après lui cette position est très importante, car étant donné sa situation dans la baie d'Along, seul endroit praticable aux grands navires « toute puissance, qui ne l'a pas, est en vas-« salité vis-à-vis de celle qui l'a ». Quelques jours après, le capitaine de frégate MOREL-BEAULIEU, commandant le *Parseval*, s'installe à Quang-Yên.

Mais l'inaction de l'expédition française est mal interprétée par les Annamites. Le gouverneur de Nam-Dinh « arme le plus qu'il le peut sa citadelle de soldats annamites, de mercenaires chinois et de défenses de toutes sortes ». Il essaie de faire des barrages sur le fleuve et oblige l'envoi, le 5 mars, de deux canonnières, la *Fanfare* et la *Hache*, qui font échouer la tentative. « Malgré cela l'attitude reste la même. Les portes de « la citadelle se ferment à notre approche, même en petit nombre et sans armes ; il y a des mandarins qui crient « dans des porte-voix qu'il y a trente barres d'argent pour qui rapportera la tête d'un Français. Cela est sans « importance ; ce qui en a, c'est qu'il faut que nos communications avec la mer par le Canal de Nam-Dinh, « comme partout ailleurs et plus encore de ce côté, restent libres. Il peut se produire quelques incidents à « Nam-Dinh ». (Lettre au Gouverneur de la Cochinchine du 17 mars 1883).

Le capitaine de frégate Henri RIVIÈRE, devant les mouvements de révolte, est dans l'alternative, ou d'immobiliser la *Hache* et la *Fanfare* en face de l'hostilité croissante du gouverneur de Nam-Dinh, ou de les retirer et nous exposer alors à ce que des barrages nous interdisent l'accès « de Nam-Dinh et de la mer » ; il se décide à attaquer la citadelle de Nam-Dinh. Il compte ensuite préparer l'attaque de Son-Tay.

Le 24 mars, laissant le commandement de la citadelle de Hanoi au chef de bataillon BERTHE DE VILLERS, Henri RIVIÈRE part pour Nam-Dinh, avec la *Hache*, le *Yatagan*, la *Carabine* et les bâtiments de commerce le *Tonkin*, le *Kiang-Nam* et le *Wampoa*, sur lesquels étaient embarqués les 21ᵉ et 22ᵉ compagnies et un peloton de la 23ᵉ du 3ᵉ régiment d'infanterie de marine, les 27ᵉ et 30ᵉ du 4ᵉ régiment d'infanterie de marine.

En arrivant devant Nam-Dinh, le 26 mars, il adresse au gouverneur un ultimatum demandant la reddition de la citadelle. Celui-ci reste sans réponse. Le lendemain 27 mars, après un bombardement violent des canonnières, l'assaut est donné. Les Annamites se voyant en mauvaise posture lâchent pied et s'enfuient, abandonnant la place à nos troupes. Nous avions quelques blessés, dont le lieutenant-colonel CARREAU qui dut être amputé d'un pied (1).

Dans la citadelle nos troupes trouvent 98 canons de grand et de petit calibre, des munitions et beaucoup de matériel. Les canons de gros calibre « Ruelle » et « Nevers », sont ceux que, par le traité de 1874, nous avions cédés à l'Annam.

Le même jour, compte-rendu est fait au gouverneur de la Cochinchine de la prise de Nam-Dinh, qui nous donne avec Hanoi, « la possession du Delta ». Les autres citadelles, Ninh-Binh, Hai-Duong et Hung-yên « n'ayant qu'une importance secondaire, sont toutes prêtes à se rendre, dès que nous jugerons à propos « de nous en emparer, mais il ne convient pas, si nous voulons être sérieusement forts où nous sommes, de « nous fractionner en trop d'endroits ». « Il reste à savoir si nous voulons faire du Tonkin une colonie de do-« mination ou d'assimilation. L'avis est que nous devons en faire, pour plus ou moins longtemps, une colonie « de domination en nous servant pour l'administration des mandarins annamites et au besoin des mandarins « tonkinois ; trois mille hommes suffisent pour ce système, en occupant les points principaux du Tonkin ». (Lettre au gouverneur de la Cochinchine du 27 mars 1883).

⁎⁎

En mai 1883, la situation au Tonkin était donc la suivante : depuis l'échec de Francis GARNIER, la Chine, encouragée par nos hésitations et poussée d'autre part par des influences étrangères, espérait capter à son profit la nouvelle voie commerciale ouverte par le Song Coi vers le Yunnan. Elle cherchait une base à ses prétentions et croyait l'avoir trouvée dans la revendication de son droit de suzeraineté sur l'Empereur d'Annam ; droit caduc qu'elle avait elle-même laissé tomber en désuétude, et que depuis longtemps elle n'exerçait plus que sous la forme fictive d'un tribut honorifique triennal.

Comme nous l'avons déjà vu, la Chine n'avait pas reconnu le traité de 1874 ; elle affectait d'ignorer nos droits, traitait l'Annam en vassal imprudent, incitait la Cour de Hué à fermer le transit sur le Song Coi à notre commerce et se préparait ouvertement à la guerre.

De notre côté, nous ne revendiquions que la totalité des droits que nous reconnaissaient les traités et nos représentants avaient la charge de les faire respecter par les mandarins du Tonkin et de la Chine.

Pressé par ces deux influences contraires qui se disputaient les dépouilles de son autorité impuissante, Tu-Duc, conseillé par sa mère, était assez disposé à accepter notre aide, qui ne menaçait pas sa dynastie, pour rétablir l'ordre. Mais, à sa Cour même, une « camarilla » de hauts mandarins et, au Tonkin, les lettrés trop intéressés au maintien du désordre administratif, nous étaient hostiles. Ils préféraient s'appuyer sur la Chine, dont les mœurs mandarinales identiques et la tutelle débonnaire menaçaient moins leur omnipotence.

Ce parti avait fini par l'emporter. Tout en sauvegardant les apparences, Tu-Duc était entré, dès 1881, en pourparlers avec LUU-VINH-PHUOC ; il le faisait prévenir de se tenir en garde contre notre intervention. Aussitôt averti de la prise de la citadelle de Hanoi, il avait envoyé un express porteur de son sceau royal au général prince HOANG-KÊ-VIÊN, son beau-frère, commandant l'armée de Son-Tay, pour lui prescrire de lever des bandes chinoises et d'agir de concert avec LUU-VINH-PHUOC.

⁎⁎

Le 2 avril 1883, le capitaine de frégate Henri RIVIÈRE revint de Nam-Dinh. La prise de cette ville, son occupation ainsi que celle des fortins de Haiphong par le bataillon du commandant DE BADENS, assurait les communications de la garnison de Hanoi avec la division navale et la mer.

---

(1) Il mourut des suites de sa blessure.

A Hanoï, Henri RIVIÈRE trouvait la situation, un instant compromise pendant son absence, momentanément rétablie par la brillante affaire de Gia-Lâm (27 mars), où le chef de bataillon BERTHE DE VILLERS avait dispersé, avec pertes, les rassemblements ennemis venus de Bac-Ninh et brûlé leur camp.

Aussi pouvait-il aviser, par lettre du 14 avril, le gouverneur de Saigon qu'il ne comptait pas, « pour le moment, aller plus loin » et que « la position, excellente comme elle est, ne pourrait sans inconvénient être poussée plus avant sans renforts ».

C'était une exacte et prudente appréciation des circonstances. Se consolider à Hanoï et se maintenir avec fermeté sur les positions diplomatiquement et militairement acquises, tel était le plan où se limitait alors sagement le commandant supérieur des troupes françaises.

Mais les évènements n'allaient pas tarder à le déborder. Dès le 5 avril avait eu lieu la rupture officielle avec la Cour d'Annam. Notre consul, le commandant RHEINART, avait été obligé de quitter Hué où sa vie était menacée.

A Hanoï, les effets du nouvel état de choses n'avaient pas tardé à se faire sentir. Dès les premiers jours de mai, des bruits d'attaque couraient parmi la population qui commença à abandonner la ville.

Le 9 mai, le commandant RIVIÈRE écrivait au gouverneur de la Cochinchine que ces bruits devenaient une réalité. Les groupements de « Pavillons Noirs » et d'Annamites de Son-Tay et de Bac-Ninh qui, depuis la sortie du 27 mars, s'étaient prudemment tenus à l'écart à 8 ou 10 kilomètres de la ville, s'en rapprochaient. Des coups de canons et de fusils étaient tirés de la rive gauche du fleuve sur la concession : des coureurs ennemis venaient jusque dans la ville indigène piller les maisons, enlever les femmes et les enfants. La mission avait même subi une attaque de nuit repoussée par les fidèles du R. P. LANDAIS et 5 marins de la *Fanfare*.

Les canonnières *Léopard* et *Carabine* envoyées en reconnaissance vers Son-Tay avaient été assaillies, à leur retour, à la hauteur de Giay (12 milles en amont de Hanoï) par le feu des fusils et des canons de 6 à 700 Annamites appartenant à l'armée du prince HOANG-KÊ-VIÊN.

Dans ces conjonctures, le commandant supérieur des troupes ne laissait pas d'être inquiet et ne trouvait plus sa position excellente ; avec ses 400 hommes répartis entre la citadelle (100 hommes) et la concession (300 hommes) il pouvait à peine tenir ses promesses de protection des indigènes de la ville ralliés à notre cause et se trouvait réduit à un rôle humiliant de défensive qui diminuait singulièrement notre prestige.

Aussi, bien résolu à « sauver la face », demandait-il, dès le 9 mai, au contre-amiral MEYER, commandant la division navale de Chine, le renfort des compagnies de débarquement que ce dernier était autorisé à lui fournir.

Il y avait alors 13 mois que l'expédition RIVIÈRE était partie de Saigon, — sinon avec le consentement officiel de l'Empereur d'Annam, du moins après notification protocolaire à la Cour de Hué et son acceptation tacite, — avec mission de disperser les bandes de « Pavillons Noirs » qui infestaient le pays, et de pacifier et administrer le Tonkin au nom de l'Annam.

A présent la situation était toute autre, nous avions rompu avec l'Annam et la guerre était de fait déclarée ; c'est pourquoi l'armée annamite régulière avait ouvert le feu contre nos canonnières et de nombreux rassemblements se rapprochaient de Hanoï, à l'est du côté de Gia-Lâm, à l'ouest vers Phu Hoai-Duc, enserrant la ville.

Enfin, le 10 mai, LUU-VINH-PHUOC faisait afficher par ses agents, dans Hanoï même, un placard injurieux contre les Français, les provoquant au combat dans les plaines de Phu-Hoai.

Les instructions renouvelées et précisées au commandant RIVIÈRE après la prise de Nam-Dinh lui prescrivaient d'éviter de disséminer ses forces « qui deviendraient inefficaces et les exposeraient à des échecs de détail qui ruineraient notre prestige » et de « ne rien entreprendre sauf le cas de nécessité absolue pour sa sécurité ».

L'occupation de Nam-Dinh avait, à la vérité, absorbé une partie des forces, mais elle était indispensable pour la sécurité des communications avec la mer.

Après l'arrivée, le 14 mai, des compagnies de débarquement du *Villars* et de la *Victorieuse*, les ressources immédiates dont disposait le commandant supérieur, étaient les suivantes : ·

3 compagnies d'infanterie de marine (capitaine JACQUIN, CABOUREAU, RETROUVÉ) ; 1 section de tirailleurs annamites (lieutenant DAIN), 1 section de 4 d'artillerie de marine (sous-lieutenant FOISSAC) ; 3 compagnies de débarquement de l'*Hamelin*, du *Villars*, et de la *Victorieuse* avec 2 pièces de 65 millimètres et 1 Hotchkiss, soit globalement 400 soldats et 350 marins pour un service de garnison comportant la garde de la concession et de la citadelle et les opérations extérieures. Ces troupes étaient armées de fusils 1874 et du fusil Kropatschek de marine à répétition.

Les renseignements fort imprécis sur l'ennemi portaient l'ensemble des bandes de « Pavillons Noirs » et des troupes annamites, au milieu desquelles venaient servir de nombreux réguliers chinois, à 15.000 hommes environ, armés en partie de fusils à tir rapide Remington, Winchester et Sniders.

Les attaques et les insultes quotidiennes de ces groupes contre la ville rendaient la situation humiliante et intenable, et le commandant RIVIÈRE se trouvait dès lors justifié à envisager les moyens « d'assurer sa sécurité ».

Il voulut profiter sans tarder du précieux renfort des compagnies de débarquement, pour tenter de rompre, ou au moins d'élargir le cercle des pirates enserrant la ville, en un mot de donner « de l'air à la garnison ».

Dans ce but il entreprit, avec les forces mobiles dont il disposait, une suite de sorties, véritables coups de boutoir, pour refouler l'ennemi à distance utile, en attendant les renforts qui lui étaient promis.

La première sortie eut lieu le 15 mai. La compagnie RETROUVEY et quelques marins de la *Fanfare* et du *Pluvier* brûlèrent vers Yên-Phu-Phuong des hameaux servant d'abri aux tireurs ennemis. Le 16, un détachement plus important, sous le commandement du chef de bataillon BERTHE DE VILLERS, refoula victorieusement les bandes de Bac-Ninh jusqu'au Canal des Rapides, leur prit 4 canons et leur tua une centaine d'hommes.

Cependant le commandant RIVIÈRE se rendait compte que ces opérations ne pouvaient avoir qu'un résultat partiel et temporaire. Le gros de l'ennemi était vers Son-Tay, c'est là qu'il eut fallu pouvoir le frapper. Sans renforts, il estimait très justement la chose impossible. Mais tout au moins, se résolut-il à ne pas laisser sans réponse le cartel de LUU-VINH-PHUOC, lu et commenté par toute la ville, et à le porter lui-même dans les plaines de phu Hoai-Duc.

✶✶

Combat du Pont de Papier (1). — L'ordre d'opération fut donné le 18 mai à 8 heures du soir comme il suit (texte officiel) :

1° Des bandes ennemies installées, depuis quelques jours, au phu Hoai-Duc répandent la terreur dans Hanoi et menacent la concession et la citadelle.

2° Demain une colonne mobile se portera à la rencontre de l'ennemi pour l'attaquer.

3° Cette colonne composée des compagnies de débarquement du *Villars* et de la *Victorieuse*, des compagnies JACQUIN et CABOUREAU de l'infanterie de marine, des 2 pièces de débarquement de la *Victorieuse* et du Hotschkiss du *Léopard*, quittera la concession à 5 heures sous les ordres du chef de bataillon BERTHE DE VILLERS et dans l'ordre suivant :

Avant-garde : 1 compagnie sous les ordres du lieutenant de vaisseau DE SENTIS composée d'un peloton d'infanterie de marine, de la compagnie JACQUIN (lieutenant BERTIN), d'un détachement de la *Victorieuse* (23 marins) et d'un détachement du *Villars* (25 marins).

Gros : le 2° peloton (lieutenant MARCHAND) de la compagnie d'infanterie de marine JACQUIN, les 2 pièces de 65 (lieutenant de vaisseau PISSERRE), l'équipe du Hotchkiss (enseigne LE BRIS), 3 sections de la *Victorieuse* (lieutenant de vaisseau LE PELLETIER DE RAVINIÈRES), 3 sections du *Villars* (lieutenant de vaisseau DUBOC), 3 sections de la compagnie d'infanterie de marine CABOUREAU.

---

(1) Ainsi appelé parce que l'arroyo, qu'il franchit, le Sông-tô-lich, vient des villages fabriquant du papier.

Train de combat : groupe de coolies du génie (capitaine d'artillerie de marine GUENOT) avec les outils et un approvisionnement de fulmi-coton. L'ambulance (médecin-major de 2° classe HAMON) et une escouade de tirailleurs annamites brancardiers.

Arrière-garde : la section CANIVET de la compagnie CABOUREAU.

Les troupes emporteront le repas du matin.

4° Le chef de bataillon BERTHE DE VILLERS marchera en tête du gros. Le commandant supérieur des troupes l'accompagnera assisté du lieutenant de vaisseau DE MAROLLES et de l'enseigne CLER.

Le sous-lieutenant d'HÉREL DE BRISIS accompagnera la colonne pour faire le croquis des positions enlevées à l'ennemi.

5° La compagnie d'infanterie de marine RETROUVEY, les marins de l'*Hamelin* aux ordres de l'enseigne de vaisseau DRIESEN, la section d'artillerie de marine du sous-lieutenant FOISSAC, le reste du détachement de tirailleurs annamites (lieutenant DAIN) assureront la garde de la concession.

Signé : RIVIÈRE

Le capitaine PENTHER avec une centaine d'hommes occupait la pagode royale, assurant la garde de la citadelle.

Les renseignements sur l'ennemi étaient à peu près nuls ; LUU-VINH-PHUOC avait été averti de la sortie projetée par l'interprète du commandant supérieur, NGUYÊN-VAN-LOC, annamite de Saigon.

La colonne part de la concession dans l'ordre de marche indiqué et franchit, vers 5 heures et demie du matin, la porte de Son-Tay. Le lieutenant BERTIN, en tête de l'avant-garde, le commandant RIVIÈRE, en calèche, en tête du gros ; deux flancs-gardes sont détachés ; à droite l'adjudant GESLIN, avec une section, sur Lieu-Giay et Cong-Vi, à gauche le lieutenant de vaisseau DE SENTIS avec ses marins, par la digue communale sur Giang-Vu.

A peine les éclaireurs d'extrême pointe parviennent-ils au croisement de la digue, que le caporal LE-COURTOIS aperçoit les « Pavillons Noirs » sur la rive opposée du Song Tô-Lich.

Le commandant RIVIÈRE donne l'ordre de continuer la marche.

La pointe quitte alors l'abri de la digue et s'engage au pas gymnastique sur le tablier du pont. Mais là une terrible décharge partant de la petite pagode de gauche, presque à bout portant (30 mètres) s'abat sur la troupe. En même temps les lisières du village d'Hai-Yên-Ké s'embuent des flocons de fumée de la fusillade.

Le combat était engagé, mais de façon malheureuse. La tête d'avant-garde, puis le gros viennent rapidement se déployer sur la digue et répondent vigoureusement aux tirailleurs ennemis. Cette intervention sauve les restes de la pointe d'avant-garde.

Le gros de la colonne était à 300 mètres en arrière.

Le peloton MARCHAND (2° de la compagnie JACQUIN), envoyé en renfort de l'avant-garde, entre en ligne à l'aile gauche face aux lisières de Hai-Yên-Ké Les 3 pièces d'artillerie s'installent sur la digue et ouvrent le feu. Quelques obus lancés sur la pagode réduisent bientôt au silence le feu de l'ennemi. Les « Pavillons Noirs » battent en retraite et toute la ligne de combat s'élance en avant, franchit le pont et se déploie aussitôt à droite et à gauche de la route, dans l'ordre suivant :

A l'extrême-droite, la section BERTIN occupe la pagode isolée ; les deux sections du peloton MARCHAND la prolongent à gauche, le long du talus du sentier reliant cette pagode au hameau de Cau-Giây ; au centre les marins de l'avant-garde sur la route et au hameau de Cau-Giây ; à gauche, la 2° section du peloton BERTIN (adjudant GESLIN) s'installe dans la petite pagode de Hai-Yên-Ké.

L'action était alors dans son développement normal, et un nouveau bond en avant pouvait porter la ligne à sa vraie distance de combat en avant du défilé.

Mais à ce moment débouche sur le Pont de Papier, entraînée par ses officiers, la tête du gros de la colonne. L'artillerie, se voyant dépassée, quitte sa position, attelle ses pièces et suit le mouvement.

Sans même que cette masse fût directement aperçue de la ligne de feu, la pluie de balles dirigée sur la ligne d'avant-garde a vite fait de décimer ce groupement dense, inarticulé.

Le commandant RIVIÈRE se rend compte de la faute commise et de cette situation intenable. Il n'y avait pas de temps à perdre pour ramener à sa vraie position d'abri et d'attente le gros fourvoyé dans le défilé. Aussi ordonne-t-il de se reporter en arrière.

Toutes les troupes repassent le pont sans trop de précipitation et s'établissent; à gauche de la route, la compagnie JACQUIN; à droite derrière la digue, la compagnie CABOUREAU avec une partie du détachement du *Villars*; le reste des marins à cheval sur la route. Le mouvement d'ailleurs ne fut pas achevé. Le commandant RIVIÈRE s'aperçoit que les canons, démontés de leurs attelages, n'ont pas suivi le mouvement de repli, la plupart des servants étant hors de combat.

Le signal de notre recul avait été celui d'une contre-offensive de l'ennemi. Les Chinois, sortant de tous les couverts qui leur avaient servi d'abri, se portent à leur tour en avant, en agitant leurs pavillons, sonnant leurs trompes de guerre et poussant des cris de victoire. C'était pour eux, comme en tout cas pareil, l'exploitation du succès, la curée, mais avec l'appât des primes promises par LUU-VINH-PHUOC pour chaque tête de Français coupée (10, 30, 50 et 80 barres d'argent suivant le grade).

Laisserait-on les Chinois massacrer les blessés ? Cette pensée fut insupportable à tous. « En avant, rassemblement en avant du pont », commande RIVIÈRE, et de nouveau c'est la ruée en avant, mais cette fois sur un ennemi à découvert, surpris à son tour, qui cède le terrain. Mais, dans la direction de Yên-Hoa, aucun élément ne couvre notre flanc droit.

Pour la seconde fois l'attaque est déclenchée, toujours par la même voie fatale et sur un front étroit. Les compagnies se forment au débouché du pont, sous un feu des plus vifs. Là tombèrent BERTHE DE VILLERS, D'HÉREL DE BRISIS, MOULUN, tués ou mortellement atteints; DE SENTIS, GRANIER, CLER, DUBOC, LE BRIS, blessés.

Du côté de l'aile gauche, l'ennemi était complètement battu.

Au centre, la colonne d'attaque, dirigée par le commandant RIVIÈRE, était orientée face à Tiên-Thon d'où partait un feu violent. Vigoureusement entraînée par ses officiers, elle progressait vers son objectif quand une contre-attaque ennemie venant de Yên-Hoa se produit sur son flanc droit découvert; en même temps arrive là nouvelle que le pont est très menacé.

La situation est des plus critiques; pour la seconde fois, le commandant RIVIÈRE donne l'ordre de se replier derrière la digue. Il reste avec le dernier groupe. Blessé à l'épaule, il tombe aux mains de l'ennemi (1).

Nos pertes étaient lourdes et aggravées par ce fait que les tués et les blessés incapables de marcher, avaient été abandonnés sur le terrain, à la merci d'un ennemi cruel et implacable.

Nous avions 33 tués dont 5 officiers (le capitaine de frégate Henri RIVIÈRE, le chef de bataillon BERTHE DE VILLERS, le capitaine JACQUIN, le sous-lieutenant D'HEREL DE BRISIS, l'aspirant de marine MOULUN) et 51 blessés, dont 6 officiers. (Les lieutenants de vaisseau DE SENTIS et DUBOC, le lieutenant MARCHAND, l'enseigne de vaisseau LE BRIS, le commissaire DUCORPS, l'ingénieur hydrographe GARNIER).

L'ennemi d'après les renseignements ultérieurement recueillis, avait perdu 110 hommes, dont le second chef de la fraction engagée. Celle-ci pouvait être évaluée à 1.500 fusils.

*
* *

Dès la nouvelle de la mort du capitaine de frégate RIVIÈRE, le Gouvernement français désigna comme commandant supérieur des forces de terre et de mer réunies au Tonkin, le contre-amiral MEYER, commandant la division navale de Chine. Ce dernier vint séjourner dans la baie d'Along et envoya le capitaine de frégate MOREL-BEAULIEU en qualité de commandant supérieur de Hanoi et de la flottille du Tonkin. Celui-ci garda ce commandement jusqu'au 9 juin 1883.

Les ports de Qui-Nhon et de Hon-Gay furent momentanément évacués et la garnison de Nam-Dinh dut se tenir prête à abandonner la place, afin de renforcer la garnison de Hanoi, mais il n'en fut heureusement rien fait.

---

(1) D'après les témoignages concordants de nombreux indigènes, le commandant RIVIÈRE, amené devant LUU-VINH-PHUOC, fut décapité à Phu-hoai-duc sur l'ordre du chef des Pavillons Noirs.

(Cliché du Gouvernement général)

LE PONT DU PAPIER

(Cliché du Gouvernement général)

TOMBEAU D'HENRI RIVIÈRE

(Collection de l'Ecole Française d'Extrême-Orient)

SOLDATS D'INFANTERIE DE MARINE

(Collection de l'Ecole Française d'Extrême-Orient)

PAVILLONS JAUNES

VII. — *La France décide l'envoi d'un corps expéditionnaire au Tonkin.*

COMBATS DES QUATRE-COLONNES ET DE VONG. — COMBAT DE THUAN-AN. — TRAITÉ AVEC L'ANNAM. — COMBAT DE PHUNG. — LE CONTRE-AMIRAL COURBET PREND LE COMMANDEMENT DU CORPS EXPÉDI-TIONNAIRE. — COMBATS DE SON-TAY. — NOTRE SITUATION AU TONKIN AU COMMENCEMENT DE 1884.

La malheureuse affaire du Pont de Papier (Cau-Giay), le 19 mai 1883, ouvrait brutalement la question du Tonkin. Une solution immédiate s'imposait : évacuer le pays ou l'occuper fortement. Le Gouvernement français, qui commençait à avoir une politique coloniale bien définie et attribuait à la conquête du Tonkin l'importance qu'elle méritait, décida qu'on l'occuperait.

M. HARMAND, consul de France à Bangkok, ancien compagnon de Francis GARNIER et chef de missions importantes au Siam, au Laos et en Annam (1875-1877), fut nommé commissaire général de la République française au Tonkin, où le général BOUET, commandant des troupes de Cochinchine, fut également envoyé pour prendre la direction des opérations militaires.

. Des renforts prélevés sur les quatre régiments d'infanterie de marine et du matériel devaient être expédiés de France par l'*Annamite*, le *My-Tho* et la *Saône*. Enfin, sous le commandement du contre-amiral COURBET, il était constitué une division navale, dite du Tonkin, comprenant l'*Atalante*, le *Bayard*, le *Château-Renault* et le *Kersaint*, avec les deux torpilleurs de 2ᵉ classe porte-mines nᵒˢ 45 et 46 (31 mai 1883).

M. le commissaire général HARMAND paraissait l'homme de la situation ; mais ses fonctions nouvelles, délicates et multiples, étaient assez peu nettement définies dans les instructions officielles qu'il avait reçues le 8 juin 1883. « Le commissaire général civil est un négociateur autant qu'un administrateur... il est le dépositaire « de la pensée du Gouvernement... il a pour mission d'étudier ce qui est possible et de faire ce qui est nécessaire... il est chargé d'empêcher que l'action militaire ne dévie et ne s'étende au delà du cercle tracé... ». (Discours de M. CHALLEMEL-LACOUR, ministre des Affaires étrangères, à la Chambre des députés, le 10 juillet 1883). Le régime « pacifique et régulier » qu'il devait instaurer, au moment où les opérations militaires ne faisaient que commencer, était au moins prématuré.

Les relations de service de M. le commissaire général HARMAND avec le contre-amiral COURBET et le général de division BOUET étaient réglées par des instructions spéciales.

Le contre-amiral COURBET devait « déférer aux réquisitions du commissaire général, à moins qu'il n'ap- « précie que les circonstances dont il est le seul juge, le mettent dans l'impossibilité de le faire ». A lui seul incombait la direction de toute action sur mer.

Au contraire, M. le commissaire général HARMAND, avait autorité sur le corps d'occupation et la flottille du Tonkin (elle comprenait les avisos *Pluvier*, *Parseval*, *Hamelin* ; les canonnières *Surprise*, *Fanfare*, *Léopard* ; les petites canonnières *Eclair*, *Trombe*, *Hache*, *Yatagan*, *Carabine* et *Massue*. Le général BOUET devait faire passer tous ses rapports par le commissaire civil et n'agir qu'avec son autorisation. Cette dépendance devait être la cause de sérieux dissentiments par la suite.

⁎⁎

Débarqué au Tonkin le 7 juin 1883, avec quelques renforts de Cochinchine, le général BOUET, pour avoir légalement les pouvoirs nécessaires (décret du 13 octobre 1863), proclame l'état de siège à Hanoi, Haiphong et Nam-Dinh, le 9 juin.

Il s'efforce de remettre en mains les troupes quelque peu démoralisées et de leur donner de la cohésion. Il tente de créer des troupes indigènes et autorise M. Georges VLAVIANOS, ancien officier de l'expédition

DUPUIS, à lever un bataillon d'auxiliaires annamites et chinois qui prend le nom de « Pavillons Jaunes ». Il organise de même trois sections mixtes du génie, constitue une flottille de chaloupes à vapeur et de jonques pour le transport du personnel, du matériel et des approvisionnements de toute nature. Il transforme la ville de Hanoi et la met à l'abri des attaques des « Pavillons Noirs » en construisant des blockauss de maçonnerie sur chaque saillant de la citadelle et en réparant l'enceinte de la ville joignant la concession à la citadelle. Un poste d'auxiliaires indigènes est installé à la pagode du Grand Bouddha.

Disposant d'environ 3.500 hommes, il les divise en troupes de garnison : 600 hommes à Hanoi, 350 à Nam-Dinh, 350 à Haiphong, et en troupes destinées aux opérations actives : 2.200 hommes.

D'autre part, depuis le 5 avril, notre représentant à Hué, le commandant RHEINART, voyant sa sécurité compromise, avait quitté la capitale de l'Annam, emmenant tout son personnel. Les relations diplomatiques avec la Cour étaient rompues de fait, et l'Empereur TU-DUC, entouré de ses ministres, avait décidé la guerre contre la France.

*
* *

De nombreuses reconnaissances sont faites pendant les mois de juin et de juillet par nos troupes et nos canonnières. Celles-ci rencontrent les « Pavillons Noirs » sur le Day (19 juin), sur le Fleuve Rouge (28 juillet), etc... tandis que par de fréquentes sorties les troupes obligent l'ennemi à rester dans ses retranchements. A signaler, en particulier, celles du commandant DE BADENS, des 26 juin et 19 juillet, qui dégagent les abords de Nam-Dinh des forces des « Pavillons Noirs ».

A la même époque notre ennemi acharné, TU-DUC, mourait (17 juillet). Il n'avait pas d'enfants, mais il avait trois neveux : NGUYEN-UNG-DIEU, âgé de 32 ans ; NGUYEN-UNG-THI, 30 ans ; et NGUYEN-UNG-LICH, 14 ans. THI, fils du frère préféré de TU-DUC, NGUYEN-HONG-HAI, fut choisi par le roi pour être élevé au Palais royal, mais ce n'était pas une véritable adoption, qui permît à THI de prétendre au trône. C'était « une marque de préférence du monarque pour un neveu, qui pouvait néanmoins « faire supposer qu'il eut désiré le voir succéder, mais qui n'engageait en rien son gouvernement s'il fût mort intestat ». (Lettre de M. RHEINART à M. LE MYRE DE VILLERS).

THI fut donc choisi pour succéder à TU-DUC ; il prit le nom de DUC-DUC. Mais ce malheureux prince, père du roi THANH-THAI, fut dépossédé au bout de quelques jours par les intrigues du premier ministre, NGUYEN-VAN-TUONG et remplacé, le 30 juillet, par VAN-LANG, frère cadet utérin de TU-DUC et fils posthume de THIEU-TRI, qui prit le nom de règne de HIEP-HOA.

*
* *

Après quelques petites opérations de détail dans le delta, dont la colonne du lieutenant-colonel BRIONVAL dans les provinces de Hai-Duong et de Quang-Yên, du 13 au 16 août 1883, est la plus importante, de grandes opérations sont étudiées pour essayer de réduire les « Pavillons Noirs ». Dans un conseil de guerre tenu le 30 juillet 1883, à Haiphong, où M. HARMAND réunissait le contre-amiral COURBET et le général de division BOUET, il est décidé que les efforts du corps expéditionnaire se porteront sur Hué et sur la province de Son-Tay. Une action navale est envisagée sur Tourane et les forts de la Rivière de Hué, avec, si possible, la conclusion d'un traité avec l'Annam qui, lui faisant reconnaître notre Protectorat, le mettrait en dehors des opérations.

*
* *

COMBAT DES QUATRE COLONNES ET DE VONG. — Les différents renforts, le matériel, les effets d'habillement, les munitions qu'on attendait de France, étant arrivés à Hanoi dans les derniers jours de juillet et les chevaux vers le 10 août, le général BOUET décide d'aller attaquer les positions occupées par les « Pavillons Noirs » sur les deux rives du Sông Nhuê-Giang, à 8 ou 9 kilomètres à l'ouest de Hanoi.

Ces positions comprenaient 3 lignes successives :

1° Une ligne avancée partant du Pont de Papier et des villages bordant le Song Tô-Lich et allant vers le village de Trem (Dông-Ngac et Thuy-Phuong actuels) en passant par le village de Yên-Thai.

2° Une deuxième ligne allant de Phu-Hoai-Duc au village de Hong (Hoang-Xa) sur le Fleuve Rouge en passant par celui de Noi (Co-Nhué), comprenant entre Trem et Hong, sur le bord du fleuve, deux ou trois batteries contre les canonnières et une série de quatre postes avec barricades.

3° Une troisième ligne était constituée par des retranchements, des villages, des boqueteaux et des pagodes mis en état de défense, et située en arrière de Nhuê-Giang, large de 10 à 12 mètres, assez profonde, formant un arc de cercle dont la convexité était tournée vers l'est, vers Hanoi.

Les ponts accédant à ces villages étaient coupés en partie ; c'était en allant du sud au nord : ceux de Canh, de Riên, de Phu-Riêm, de Phuc-Li et de Tay-Tuu. L'ennemi tenait ainsi les deux routes de Son-Tay et occupait un front de 6 à 8 kilomètres.

Les opérations avaient pour but « d'enlever les lignes successives de défense de l'ennemi, de le prévenir sur ses lignes de « retraite et de le disperser ». A cet effet, trois colonnes d'égale force devaient entourer les positions des « Pavillons Noirs » et des Annamites.

L'ordre de mouvement fut communiqué aux troupes le 14 août 1883 au soir : trois colonnes sont chargées de l'attaque ; colonne de droite (colonel BICHOT) ; colonne du centre (commandant CORONNAT) ; colonne de gauche (lieutenant-colonel REVILLON) ayant toutes les trois une composition identique : 3 compagnies d'infanterie de marine ; 1 compagnie de tirailleurs annmites ; 1 batterie de 4 pièces ; 1 section du génie (soit environ 500 hommes). La flottille devait coopérer à l'attaque avec la colonne de droite. Les « Pavillons Jaunes » marchaient avec la colonne de gauche.

Le général commandant le corps expéditionnaire suivait la colonne de gauche, ayant sous ses ordres exclusifs une réserve de : 1 compagnie d'infanterie de marine ; 1 compagnie de tirailleurs annamites ; 1 section d'artillerie (marchant avec la 3° colonne).

Malgré le mauvais temps persistant — il pleuvait depuis une quinzaine de jours — il fut décidé que la marche vers l'ennemi s'effectuerait la nuit au clair de lune.

Colonne BICHOT. — A 5 h. 10 du matin seulement, les canonnières dont la montée avait été contrariée par un courant violent, ouvrent le feu sur la position ennemie assez nettement dessinée par une ligne de drapeaux noirs. A 7 h. 15, malgré l'insuffisance de la préparation, l'avant-garde de la colonne BICHOT s'empare d'une première barricade. Un mouvement tournant permet peu de temps après d'occuper successivement les deux autres, mais une quatrième située un peu en avant de la Pagode actuelle des Quatre Colonnes, arrête nos efforts à 9 heures. Un mouvement tournant tenté à travers les maisons de Trem par les sapeurs du génie du capitaine DUPOMMIER, suivis par deux sections d'infanterie de marine, échoue par suite d'un coup de fusil tiré par un soldat trop impatient.

Sur ces entrefaites, le sous-lieutenant RONDONY, commandant une section de tirailleurs annamites, avait pu gagner une pagode située dans la plaine, en arrière et à droite de la quatrième barricade, tournant ainsi la position des « Pavillons Noirs ».

Avant de pousser plus avant, la colonne de droite attend des nouvelles des deux colonnes voisines. Elle prend ses dispositions pour passer la nuit sur les positions conquises.

*
* *

Colonne CORONNAT. — Laissant à Yên-Thai une compagnie et une section d'artillerie pour observer Noi, cette colonne se porte à 6 h. 30, sur le fort de Phu-Hoai qu'elle enlève. A 10 h. 30, la compagnie de tirailleurs annamites d'avant-garde, qui devait border la lisière nord du village de Yên, rencontre l'ennemi et engage avec lui une vive fusillade. Cette compagnie est successivement soutenue par les 3 compagnies d'infanterie de marine de la colonne et par l'artillerie placée près de la pagode de Noi.

Il est midi 30, la chaleur est accablante ; les hommes souffrent beaucoup de la réverbération. Le commandant CORONNAT fait reposer ses troupes. Vers 2 h. 30 le combat s'engage contre des troupes marchant contre le flanc droit de la colonne REVILLON ; les Chinois sont repoussés ; il est 4 heures du soir ; le commandant CORONNAT qui ne peut arriver à communiquer avec les deux autres colonnes, décide de passer la nuit autour de la pagode de Noi.

**

Colonne REVILLON. — Retardée par l'artillerie dont les attelages récemment débarqués refusent de traîner, la tête de cette colonne n'arrive devant le fort de Phu-Hoai qu'à 8 h. 15. L'avant-garde, qui suit la route de Son-Tay, signale bientôt l'ennemi sur sa droite et occupe le village de Vong (Mai-Dich) à 10 h. 30.

Une plaine de rizières inondées large de 1.800 mètres nous sépare de la position ennemie. Malgré les difficultés, les unités d'infanterie, les « Pavillons Jaunes » à l'extrême gauche, progressent ; mais vigoureusement contre-attaqués par les « Pavillons Noirs », très supérieurs en nombre, les « Pavillons Jaunes » d'abord, puis les autres compagnies ensuite cèdent et finalement, se replient sur le Pont de Papier, où ils sont à 5 heures du soir.

Il peut à torrent pendant toute la nuit du 15 au 16.

La colonne de droite, à 5 h. 30, trouve la pagode des Quatre Colonnes évacuée. C'est alors que le colonel BICHOT reçoit des nouvelles des autres colonnes. Déjà inquiet de la montée des eaux due à la rupture de la digue en amont des Quatre Colonnes, il remet au lendemain la poursuite de l'ennemi signalé comme battant en retraite de tous côtés.

A 9 heures du soir, il y a un mètre d'eau dans la pagode des Quatre Colonnes. Au matin, la digue ayant crevé à vingt mètres en aval de la pagode, les eaux purent s'écouler et écarter momentanément tout danger.

A la colonne du centre, le commandant CORONNAT n'entendant plus rien à sa droite, ni à sa gauche, voyant l'inondation s'étendre de plus en plus dans la plaine, se retire à 8 h. 30 du matin sur Yên-Thai, puis sur Hanoi.

Les combats des 15 et 16 août ne donnèrent pas le résultat escompté par le général BOUET. La colonne REVILLON avait subi un échec ; la colonne CORONNAT n'avait obtenu aucun résultat sérieux ; seule la colonne BICHOT avait rempli une partie de sa mission. Elle n'osa malheureusement pas exploiter ce succès, liée qu'elle était à la colonne du centre dont elle ne put obtenir le moindre renseignement et *a fortiori* le moindre secours.

La liaison entre les trois colonnes fut plus difficile à réaliser qu'on ne l'avait pensé et c'est là qu'il faut voir la cause principale de l'échec partiel des conceptions du général commandant le corps expéditionnaire.

L'inondation força évidemment les « Pavillons Noirs » et leurs auxiliaires indigènes à se retirer, mais il est probable que la menace de la colonne BICHOT sur les derrières de leurs positions contribua aussi à leur mouvement de recul.

En tout cas, les journées des 15 et 16 août montrèrent qu'on avait affaire à un ennemi bien armé, mieux organisé, plus solide qu'on ne le pensait et n'ayant rien de commun avec les premières bandes annamites que dispersait antérieurement une poignée d'hommes. Aussi, est-ce avec raison que le général BOUET, en l'absence de M. HARMAND parti le 14 août pour la rivière de Hué, terminait ainsi qu'il suit le télégramme par lequel il rendait compte à l'amiral PEYRON, ministre de la Marine et des Colonies, de sa rencontre avec les « Pavillons Noirs » : « Le nombre croissant des ennemis, leur armement, leur valeur incontestable, leurs positions défen-« dues ayant plusieurs kilomètres de front, m'amènent à croire, ainsi que tous les officiers, qu'il faudra pour « la campagne d'octobre, une division complète sur pied de guerre, avec les services et le matériel ; il faut « qu'elle soit ici vers le milieu d'octobre prochain. Envoyez de l'artillerie de siège et de place ».

**

Combat de Thuan-An. — A la suite du Conseil de guerre de Haiphong du 30 juillet 1883, il avait été proposé, comme nous l'avons vu, une opération sur Hué. Le 11 août, le Gouvernement français ayant donné, par câble, son adhésion à ce projet, le contre-amiral COURBET fut avisé d'avoir à prendre les dispositions en conséquence.

Le 16 août, la division navale du Tonkin et les bâtiments reçus de Saigon arrivent devant Tourane. Le commissaire général HARMAND est sur le *Bayard*, assisté du lieutenant de vaisseau PALASNE DE CHAMPEAUX qui, chargé de la légation de Hué pendant un an, devait conduire les négociations qui suivraient immédiatement les opérations militaires.

Sur l'*Annamite* venant de Saigon, sont embarqués 600 hommes des 27ᵉ et 31ᵉ compagnies (capitaines MONNIOT et SORIN), 100 tirailleurs annamites (capitaine RADIGUET, aide de camp du Gouverneur de la Cochinchine), une batterie d'artillerie (capitaine d'artillerie de marine LUCE) et 100 coolies pour le transport des bagages.

DÉFENSE DE THUAN-AN

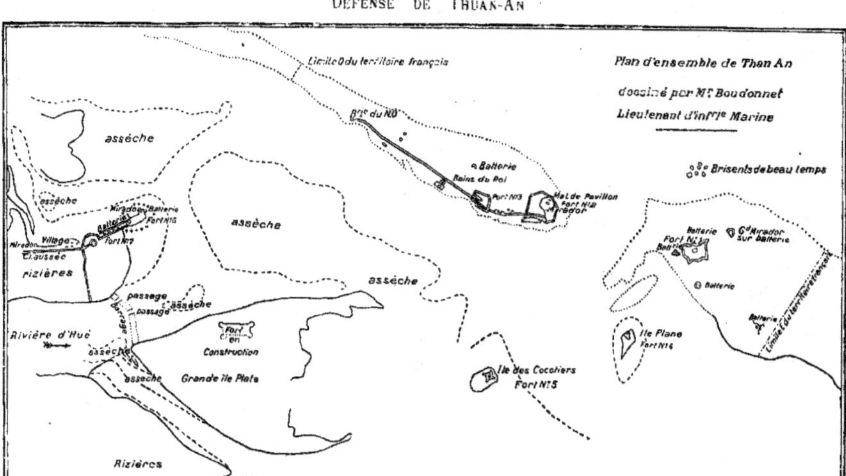

Le 18 août, au matin, l'escadre appareille pour Thuan-An, où elle arrive vers midi et s'embosse. Les Annamites qui l'attendaient, se rendent à bord et demandent la cause de sa présence. Le contre-amiral COURBET, pour toute réponse, leur intime l'ordre de rendre les forts, dans les deux heures, sous peine de bombardement. Ils déclarent ne pouvoir répondre sans consulter la Cour de Hué et quittent le bord. A quatre heures et demie, le bombardement des forts commence et dure jusqu'à 8 heures du soir.

Le surlendemain, 20 août, au petit jour, le feu recommence. A 15 h. 45, les troupes s'embarquent dans des canots. (Elles comprennent 1.050 hommes, dont 600 d'infanterie de marine, la batterie d'artillerie de marine, la compagnie de tirailleurs annamites, les compagnies de débarquement du *Bayard*, de l'*Atalante* et du *Château-Renaud*, plus la batterie de 65. A 6 h. 10, sous la protection du *Lynx* et de la *Vipère*, les soldats et marins se lancent à l'attaque, sous les ordres du capitaine de vaisseau PARRAYON, du *Bayard*. Le lieutenant de vaisseau POIDLOUE, à la tête des marins de l'*Atalante*, enlève le fort Nord. Un détachement d'infanterie de marine et de marins marche à l'assaut du fort principal. Les canons de 65, commandés par M. AMELOT, du *Bayard*, en commencent le bombardement. A 9 h. 05, le fort est pris et le pavillon tricolore est hissé à la place du grand étendard jaune de l'Annam. Vers le soir, le feu de l'ennemi est éteint et dans la nuit les forts sont occupés par nous.

Le 21 août, à 3 heures du matin, le ministre des Relations extérieures de l'Annam vient en parlementaire de la part du régent NGUYEN-VAN-PHUONG, avec un évêque français comme interprète, Mgr. CASPAR. Une suspension d'armes de 48 heures est convenue. L'armistice comprend l'évacuation des douze forts intérieurs, l'enlèvement des barrages sur la rivière de Hué, la destruction des munitions et la restitution des deux derniers navires (le *Scorpion* et le d'*Entrecasteaux*) existant encore, parmi ceux cédés par la France à l'Annam, par le traité de 1874.

Sans attendre la fin de la suspension d'armes, le commissaire civil et M. DE CHAMPEAUX se rendent à Hué et s'installent à la Légation de France. De là, ils envoient un ultimatum à la Cour de Hué, indiquant les nombreux griefs que nous avions à faire valoir et les conditions d'une paix acceptable. Quelques jours après, le 25 août 1883, MM. HARMAND, PALASNE DE CHAMPEAUX, le capitaine DE LA BASTIDE et l'administrateur des Affaires indigènes MASSE, signent avec TRAN-DINH-TUC et NGUYEN-TRONG-HIEP assistés du Conseiller HUYNH-KIEN-THUONG, agissant au nom du Gouvernement annamite, un traité par lequel l'Annam reconnaît et accepte le protectorat de la France et notre installation en Cochinchine. Une force militaire française occupera les forts de la rivière de Hué et le Gouvernement annamite devra retirer les troupes envoyées au Tonkin. Un Résident français, représentant de notre Protectorat, s'installera à Hué sous le contrôle du commissaire général du Gouvernement de la République française..., etc...

M. PALASNE DE CHAMPEAUX est nommé Résident de France à Hué et s'y rend le 1er septembre. Le 18 septembre, tout étant calme, le contre-amiral COURBET quitte Tourane pour la baie d'Along.

*
* *

Combat de Phung. — Pendant que les opérations sur mer étaient couronnées de succès, les « Pavillons Noirs », à la suite des combats des Quatre Colonnes et de Vong, avaient abandonné la ligne du Song Nhuê-Giang pour se retirer vers le Day (Song-Hat).

Le général BOUET décide de les attaquer sur leurs nouvelles positions, pour bien montrer aux populations tonkinoises que les « Pavillons Noirs » s'étaient retirés à la suite des pertes sérieuses subies par eux au cours des précédents combats et non à cause des inondations, ainsi qu'ils en faisaient courir le bruit.

Des reconnaissances faites le 28 août, sur Giay, le 30 sur Ba-Giang, et le 31 par la flottille, déterminent les positions ennemies à Phung, Sau et Ra, sur la rive gauche du Day.

Le 1er septembre à 7 heures du matin, les troupes se mettent en route pour Phung en deux colonnes : l'une, formant flanc-garde de gauche et comprenant la 2e compagnie de tirailleurs annamites et les auxiliaires tonkinois. suit un chemin dans la rizière. L'autre, la principale, marche sur la digue; elle est précédée par une avant-garde, constituée par une compagnie de tirailleurs annamites, une section du génie, deux compagnies d'infanterie de marine et 1 section d'artillerie.

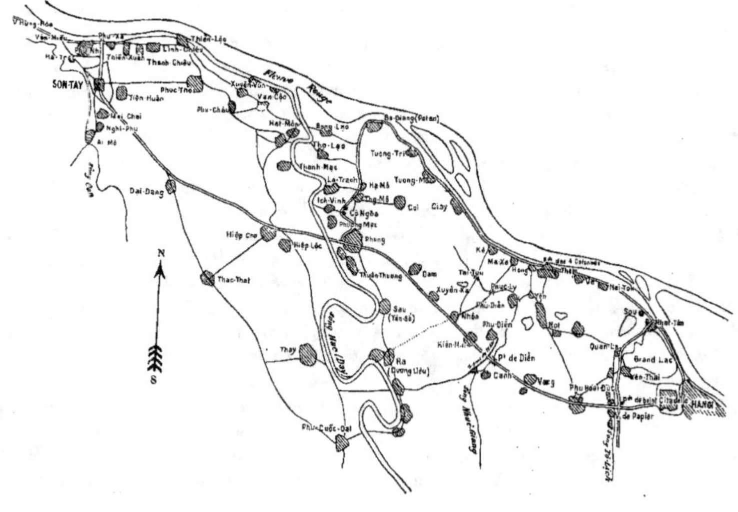

Les troupes comprennent : 2 bataillons mixtes des 2° et 4° régiments d'infanterie de marine; 1° bataillon : 26° et 27° compagnies du 2° régiment et 2 compagnies de tirailleurs annamites, sous le commandement du chef de bataillon BERGER; 2° bataillon : 25°; 26° et 27° compagnies du 4° régiment d'infanterie de marine et une compagnie de tirailleurs annamites sous le commandement du chef de bataillon ROUX; six pièces d'artillerie, une section du génie, une ambulance, soit au total : 3 compagnies indigènes, 5 européennes, 1 batterie d'artillerie, 1.200 hommes et 600 « Pavillons Jaunes ».

Les « Pavillons Noirs » sont signalés vers 8 h. 30; les tirailleurs de l'avant-garde engagent le feu avec eux sur la digue.

La droite ennemie (troupes annamites) occupe les lisières des villages de Sau et de Ra (Duong-Liêu et Yên-So actuels). Le centre est également constitué par la longue lisière du village de Phung et par une ligne avancée formée par une ancienne digue, qui part du village de Thuong-Mo et rejoint la grande digue vers un groupe de pagodes, à la lisière nord de Phung. La gauche est appuyée aux deux villages de Co-Ngoa entourés de bambous, couverts par la digue, et à une pagode dite de « Bouddha » située au nord de la digue, près de Co-Ngoa-Ha et flanquant la base nord de cette digue.

Toujours sur la digue, à hauteur de Co-Ngoa-Thuong, se trouve un parapet crénelé construit en arrière d'un ponceau aujourd'hui disparu. Enfin à hauteur de ce parapet et à une soixantaine de mètres au nord-ouest est un fortin en terre qui fut rasé après le combat. Des batteries établies au centre et à gauche, croisent leurs feux pour empêcher nos troupes

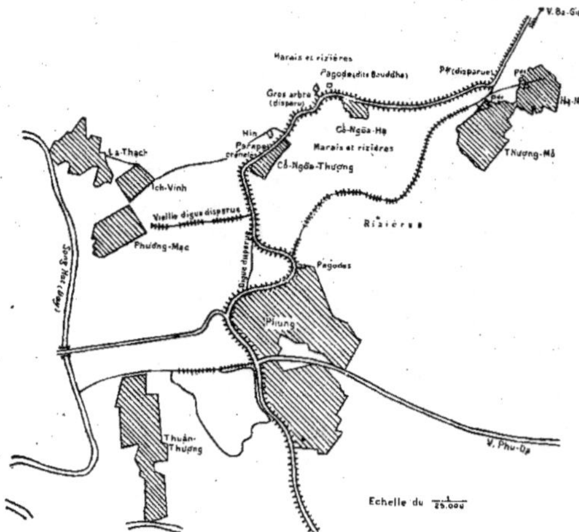

d'utiliser la digue constituant la seule voie d'accès.

En arrière de cette première ligne, qui forme un vaste arc de cercle, s'aperçoivent d'autres points d'appui encore peu distincts : au nord de la digue entre Thuong-Mo et Co-Ngoa-Thuong et au sud, sont des marais et des rizières noyées.

Il est décidé qu'on occupera d'abord l'ennemi au centre et à droite, de façon à permettre le cheminement le long de la digue. A 9 heures la 2° compagnie annamite se porte à la lisière ouest de Thuong-Mo, flanquée à gauche par les « Pavillons Jaunes » et appuyée par la 25° compagnie du 4° régiment d'infanterie de marine.

De son côté, le commandant BERGER reçoit l'ordre de gagner la pagode au centre (pagode aujourd'hui disparue, située sur la grande digue à peu près à la même hauteur que celle de Thuong-Mo) et là, de faire pivoter la 26° compagnie du 2° régiment d'infanterie de marine vers la droite et déployer de manière à enfiler la grande digue. S'il se rend maître de la partie de la grande digue comprise entre Co-Ngoa-Ha et la pagode appelée « Bouddha » le succès de la journée est assuré. La 27° compagnie du 2° régiment d'infanterie de marine, lui était donnée comme soutien.

COMBAT DE PHUNG 1 ET 2 SEPTEMBRE 1883

Emplacement de nos troupes au moment de l'assaut à midi 30.

Devant ce déploiement de forces, les « Pavillons Noirs » commencent à céder sur la vieille digue et se retirent vers les lisières de Phung. Les troupes annamites refoulées par nos « Pavillons Jaunes » soutenus par la 25ᵉ compagnie du 4ᵉ régiment lâchent pied et s'enfuient.

La retraite de l'ennemi se dessine, mais il est impossible d'en profiter à cause de la hauteur des eaux qui, en certains endroits, oblige les hommes à tenir leurs fusils en l'air. La chaleur est accablante. Il est midi.

Le commandant BERGER, se voyant à 150 mètres de la lisière de Co-Ngoa-Ha et désireux d'en finir, demande des renforts. On lui envoie la 26ᵉ compagnie du 4ᵉ régiment d'infanterie de marine que la section d'artillerie accompagne jusqu'au coude de la digue, situé à une centaine de mètres de la lisière à enlever. Les « Pavillons Noirs » résistent bravement et se font tuer sur place. Le village est pris.

Les troupes sont épuisées. On s'installe pour la nuit ; celle-ci s'écoule sous une pluie torrentielle.

Le lendemain 2 septembre on s'aperçoit que l'ennemi s'est retiré. Le succès est bien établi, mais la hauteur des eaux et la chaleur entravent la poursuite, qui est arrêtée par ordre du général BOUET.

Le 3 septembre les troupes s'embarquent à Ba-Giang sur la flottille et rentrent à Hanoi (1). Un poste est laissé à Ba-Giang.

L'ennemi s'était montré très brave, ses positions étaient solidement établies. Il avait le nombre, des armes modernes, des munitions en abondance, mais manquait heureusement de canons. Il était donc logique de supposer qu'on n'en viendrait à bout qu'après de longs et persévérants efforts, avec des effectifs suffisants et des moyens sérieux. C'est pour cette raison que le général BOUET, dans un télégramme qu'il prie le commissaire général de transmettre au ministre, insiste à nouveau sur la nécessité de renforts et l'envoi de matériel de France, demandés déjà à la suite des affaires des 15 et 16 août.

Cet officier général différant complètement de manière de voir au sujet des opérations militaires avec M. HARMAND, demande au Gouvernement français à rentrer en France. Cette demande ayant été accordée, il s'embarque le 22 septembre 1883.

Le colonel BICHOT prend les fonctions de commandant supérieur des troupes le 22 septembre, avec le lieutenant-colonel DE BADENS comme chef d'Etat-Major.

*
* *

Fin septembre 1883, la situation n'était guère brillante au Tonkin. Les mandarins annamites envoyés de Hué pour seconder le commissaire général HARMAND, se montraient peu empressés et opposaient la force d'inertie. Le prince HOANG-KÊ-VIÊN, beau-frère de TU-DUC, général en chef des troupes annamites, établi à Son-Tay avec les « Pavillons Noirs » de LUU-VINH-PHUOC et les réguliers chinois, refusait d'exécuter les ordres de la Cour et de se conformer aux dispositions du traité du 25 août 1883.

La Chine, niant le droit qu'avait l'Annam de traiter directement avec la France, n'avait pas non plus reconnu le traité HARMAND et ses réguliers grossissaient le nombre des bandes à Son-Tay, Bac-Ninh et Hung-Hoa. Toutes celles-ci s'éparpillaient pour voler et vivre, mettent nos garnisons en perpétuelle alerte.

D'autre part, comme il fallait malgré tout marquer nettement notre intention d'occuper effectivement le sol tonkinois, nos canonnières sillonnaient les cours d'eau, réprimant la piraterie fluviale, surveillant Quang-Yên et gardant les magasins de Haiphong.

Nos troupes sous le commandement du lieutenant-colonel DE BADENS s'emparèrent de Ninh-Binh où fut installée une garnison.

Le 27 octobre, sur l'ordre du Gouvernement français, le contre-amiral COURBET, muni de pouvoirs plus nettement définis que ceux de son prédécesseur et correspondant directement avec le ministre, prenait le commandement effectif des troupes du corps d'occupation, proclamait l'état de siège et montait à Hanoi, avec

---

(1) Les « Pavillons Jaunes » furent licenciés à la suite des excès qu'ils commirent contre les habitants de Ha-mo et de Thuong-mo, pendant et après le combat de Phung.

Leur durée avait été éphémère. Quelques-uns de ces Chinois restèrent à Hanoi ; la plupart allèrent grossir les rangs des « Pavillons Noirs », leurs ennemis naguère, et nous devions les retrouver contre nous à Sontay, Hung-hoa et Tuyên-quang.

600 marins des compagnies de débarquement de l'escadre. Il était accompagné de son chef d'Etat-major, le capitaine de frégate DE MAIGRET, et de ses aides de camp, les lieutenants de vaisseau RAVEL et DE JONQUIÈRES.

Comprenant la nécessité absolue d'empêcher la dualité de commandement et apprenant que le commissaire général demandait « à avoir seul à terre, le droit de correspondre avec le ministre », le contre-amiral COURBET télégraphiait, le 1ᵉʳ novembre, à ce dernier, afin d'insister « pour conserver le même droit. J'ai accepté, dit-il, sans hésiter la mission de relever la situation compromise. Je tiens à garder tous les droits de commandant en chef ».

Nous n'avions que les troupes nécessaires pour défendre les places que nous occupions et nous étions dans l'impossibilité de faire cesser les actes de piraterie qui ne cessaient de se produire en dehors de ces centres. Des villages, comme Bo-Do et Thu-Nghoi, près de Haiphong, exigeaient encore le tribut et les contributions ou recrutaient des soldats sous le prétexte de se défendre contre les « Pavillons Noirs », mais en réalité pour piller. Des villages chrétiens, à quelques heures de Haiphong, étaient détruits et les habitants massacrés. Les récoltes de riz ne pouvaient se faire. A Hai-Duong, où un Résident de France venait d'être installé, 30 miliciens envoyés de Nam-Dinh pour s'y mettre à ses ordres, étaient arrêtés par une bande armée de sabres et de lances et massacrés. Enfin, le 13 novembre 3 à 400 Chinois et 2 à 300 Annamites entraient dans Hai-Duong. Les troupes chinoises qui se livraient à ce pillage étaient sous les ordres de HOANG-KÊ-LAM (général chinois de l'aile gauche) et constituaient une avant-garde sous les ordres de LUONG-THUNG-TU (de Bac-Ninh).

La chaloupe n° 7, envoyée de Haiphong à Hai-Duong, pour voir ce qui s'y passe, rencontre à trois quarts d'heure de marche sur les deux rives un millier d'individus armés, portant de nombreux pavillons rouges, qui l'assaillent. Deux jonques armées en guerre lui barrent la route. Le *Kuri-Maru*, commandé par le capitaine PITMANN, transportant des vivres, accompagné de 8 soldats d'infanterie de marine, est arrêté à son tour au même endroit et recueille un missionnaire espagnol, ainsi qu'un grand nombre d'indigènes fuyant, tandis que d'autres sont embarqués sur des sampans ou des radeaux et descendent la rivière.

Enhardis par un pareil succès, le 17 novembre les « Pavillons Noirs », et les réguliers chinois, attaquent à nouveau Hai-Duong de 4 heures du matin à 5 heures du soir, avec 1.500 hommes, tandis qu'une troupe de même force occupe la ville et barricade les rues afin d'empêcher toute communication entre les deux postes du fort et de la citadelle.

La garnison de la citadelle composée d'une section d'infanterie de marine, une section d'auxiliaires tonkinois et une escouade de tirailleurs annamites, soit en tout 82 hommes, sous les ordres de l'adjudant d'infanterie de marine GESGHWIND, se replie dans le réduit. Au jour, sur les remparts, le mirador et l'intérieur de la citadelle, étaient plantés plus de 150 drapeaux noirs, quelques drapeaux rouges et un pavillon blanc avec des caractères chinois.

Le capitaine BERTIN, qui commande le fort, malgré l'appui des canonnières *Carabine* et *Lynx,* a les plus grandes difficultés pour secourir le détachement de la citadelle.

Le 19 novembre des renforts arrivent avec le capitaine de frégate BEAUMONT qui, en même temps, prend le commandement des troupes de la place de Hai-Duong, qui est débloquée.

Dans son attaque de Hai-Duong, l'ennemi s'était servi de fusées à la fois incendiaires et meurtrières. Elles se composaient d'un petit bambou mâle portant à l'une de ses extrémités une flèche en fer empoisonnée et à l'autre un morceau d'étoffe jouant le rôle de régulateur. A l'extrémité et un peu en arrière de la flèche se trouvait la fusée proprement dite. Pour se servir de cet engin, on enroule l'étoffe autour du bambou, on introduit ce dernier dans le canon du fusil à ce destiné, on allume la mèche et on tire. Le morceau d'étoffe se déroule, dirige l'engin pendant que la mèche en brûlant rapidement met le feu aux matières inflammables, puis à la poudre de la fusée et enfin aux objets que l'on se propose d'incendier. Si la flèche blesse quelqu'un, la blessure s'envenime et devient incurable.

Devant les mouvements nombreux de troupes ennemies, le contre-amiral COURBET avise le 22 novembre le commissaire général HARMAND que « les citadelles de Hanoi, Nam-Dinh, Binh-Binh, Hai-Duong et Quang-Yên, ainsi que les postes que nous occupons à Pa-Lan, Battang, aux Bambous et à Haiphong, se trouvant actuellement à moins de cinq journées de marche des places, camps et positions occupés par les « Pavillons Noirs », les troupes chinoises et annamites, il lui paraît nécessaire de les déclarer en état de siège, conformément à l'article 230 du décret du 13 octobre 1863 ». Par cette mesure, il place sous ses ordres les services administratifs (douanes, ports, génie... etc...)

A la cour de Hué, l'hostilité contre nous se fortifiait. Nous avons déjà vu que, suivant le testament de TU-DUC, son neveu et fils adoptif DUC-DUC monta sur le trône. Mais sous prétexte qu'il avait manqué aux rites nationaux ou peut-être à cause de sa mauvaise conduite, une révolution de palais le détrôna. Il fut muré dans une maison située au quartier des Ministères où, pendant quelques temps, on lui apporta à manger par un guichet pratiqué à cet effet; puis on l'oublia un jour et il y mourut de faim. Les instigateurs du complot étaient NGUYÊN-VAN-TUONG et TON-THAT-THUYÊT qui, avec TRAN-THIÊN-THANH, avaient été désignés par TU-DUC mourant comme régents du royaume.

NGUYÊN-VAN-TUONG était âgé de 64 ans; il appartenait à une famille obscure de la province de Quang-Tri. Il s'était élevé peu à peu dans la hiérarchie administrative; étant premier ambassadeur en 1874, il signa le traité et fut nommé à cette occasion grand-officier de la Légion d'Honneur. Un de ses fils ayant épousé, en novembre 1882, la sœur du Prince MEN, il voulait que ce dernier succédât à TU-DUC.

TON-THAT-THUYÊT était âgé de 50 ans. Il était parent éloigné de TU-DUC et très habile aux exercices du corps. Il avait toujours montré la plus grande hostilité contre les Français et les catholiques. Ancien ministre de la Guerre, il avait organisé la défense de Hué après la mort du capitaine de frégate Henri RIVIÈRE et le départ de M. RHEINART. Ce fut lui qui, destitué après la prise de Thuân-An, puis désigné comme deuxième régent de TU-DUC, fit monter au trône HIÊP-HOA, ex-prince de VAN-LANG et fils posthume de THIÊU-TRI. Mais HIÊP-HOA oublia vite les récompenses promises à l'ambitieux THUYÊT et chercha à se défaire des deux ministres qu'il avait vus à l'œuvre lorsqu'ils détrônèrent DUC-DUC. Aux moyens de troupes à lui, il réunit dans les villages voisins des Annamites sûrs qui devaient, au signal donné, se saisir des deux mandarins. Mais THUYÊT et THUONG eurent souvent de ses projets. Ils s'entendirent et convinrent de placer sur le trône le gendre de THUONG. Après avoir pris leurs dispositions pour une révolution de palais, ils y allèrent pendant la nuit et forcèrent le roi HIÊP-HOA à signer sa feuille de déchéance. Armés de cette pièce, ils le firent passer en jugement, l'accusant du complot qu'il avait tramé contre eux et, en considération de sa personne, lui laissèrent choisir le genre de mort en lui faisant présenter les trois plats (lacet, poignard, poison). HIÊP-HOA choisit le dernier. Transporté mourant dans son palais où est la procure actuelle de la Mission française, il y mourut le lendemain (30 novembre 1883).

En même temps qu'ils se débarrassaient de HIÊP-HOA, THUYÊT et TUONG faisaient assassiner TRAN-THIÊN-THANG, le 3° régent, qui s'était toujours opposé à leurs projets et essayaient de faire partir de Hué notre représentant M. DE CHAMPEAUX, qui répondit à cette tentative en faisant venir 100 hommes de la garnison des ports de Thuân-An.

Mais THUYÊT et THUONG restaient tout de même les seuls maîtres à la cour avec MEN, gendre de ce dernier, qu'ils élevèrent sur le trône sous le nom de KIÊN-PHUOC, le 2 décembre 1883. Ce prince était le fils de KIÊU-VUONG, lequel était le fils de THIÊU-TRI.

*
* *

Combats de Phu-Xa et de Son-Tây. — Les renforts annoncés de Paris arrivent enfin. Le 3 décembre un bataillon de fusiliers marins et un régiment de marche du 19° corps (2 bataillons de tirailleurs algériens et 1 bataillon de légion étrangère) débarquent en baie d'Along et viennent se joindre aux 2 compagnies d'infanterie de marine, arrivées quelques jours avant de Cochinchine sous le commandant du chef de bataillon BERTEAUX-LEVILLAIN. Tout en rendant compte de l'arrivée de ces renforts au ministre, le contre-amiral COURBET lui faisait savoir que selon lui, ces effectifs étaient encore insuffisants.

Les forces présentes au Tonkin s'élèvent dès lors à 8.000 hommes. Le contre-amiral COURBET décide de tenter aussitôt une grosse opération contre Son-Tây.

Les renseignements sur Son-Tây et ses abords sont assez incomplets et assez vagues. Les plus précis proviennent de reconnaissances effectuées à différentes reprises par des canonnières. Tous concordent pour indiquer la position comme formidablement organisée, avec de nombreux canons.

On savait que la garnison comptait une dizaine de mille hommes, que les « Pavillons Noirs » de LUU-VINH-PHUOC, soldats aguerris, et les réguliers chinois occupaient l'enceinte extérieure, tandis que les soldats annamites de HOANG-KÊ-VIÊN garnissaient la citadelle.

Enfin, depuis les premiers jours de septembre le bruit courait que des ingénieurs européens avaient organisé la position de Phu-Xa. Après la prise de Son-Tây et l'enquête qui la suivit, ce renseignement fut confirmé.

En fait, la position à enlever comprenait des fortifications permanentes et des fortifications de campagne : D'abord la citadelle actuelle, réduit général, avec sa tour d'observation haute de 18 mètres. Puis, une enceinte extérieure entourant la ville ; son tracé avait la forme d'un pentagone ; les fortifications avaient un relief moyen de 3 mètres 50, avec des fossés pleins d'eau et une haie vive en bambous devant le talus extérieur. Enfin une série d'ouvrages isolés à l'extérieur de la ville ; les « Pavillons Noirs » avaient surtout accumulé les organisations défensives autour de Phu-Xa et sur les digues venant de l'est.

Le contre-amiral COURBET prescrivit la formation de deux colonnes dont la composition était la suivante.

La colonne de gauche (lieutenant colonel BELIN) comprenait : le régiment de marche du 19° corps : 2 bataillons de tirailleurs algériens (commandants JOUNEAU et LE TELLIER) et 1 bataillon de Légion (commandant DONNIER) ; un bataillon du 4° régiment d'infanterie de marine (commandant ROUX) ; une compagnie de tirailleurs annamites et 700 auxiliaires tonkinois (commandant BERTEAUX-LEVILAIN) ; 3 batteries attelées d'artillerie de marine et 2 sections du génie (capitaine DUPOMMIER). Au total : 3.300 hommes, dont les bagages devaient être transportés par la flottille.

La colonne de droite (colonel BICHOT) comprenait : le régiment de marche d'infanterie de marine ; un bataillon du 1er régiment (commandant CHEVALLIER), un bataillon du 2° régiment (commandant DULIEU) et un bataillon du 3° régiment (commandant REYGASSE) ; un bataillon de fusiliers-marins (capitaine de frégate LAGUERRE) ; 3 compagnies de tirailleurs annamites (une par bataillon d'infanterie de marine) ; 2 batteries d'artillerie de marine traînées à bras ; 2 batteries de 65 ; des détachements de génie, de télégraphistes, etc... au total 2.600 hommes, dont 2.500 fantassins.

La colonne de gauche se porte le 11 décembre à 6 heures du matin sur Son-Tây par voie de terre. Le même jour, à 7 heures du matin, la colonne de droite, à laquelle se joignirent l'amiral et son Etat-major, embarque sur une nombreuse flottille de jonques et de remorqueurs. La montée du fleuve s'effectue sans incident et à 3 h. 30 de l'après-midi les troupes commencent à débarquer à 500 mètres en amont du confluent du Day.

L'amiral installe son quartier général au bord du fleuve, restant en relation avec la flottille et le poste optique installé à Bac-Giang.

La colonne arrive sans encombre à Phung et prend ses cantonnements pour la nuit. La journée du 12 décembre est employée à franchir le Day. Le 13, les troupes se resserrent et cantonnent à 5 ou 6 kilomètres des positions avancées de Son-Tây.

Le 14, la colonne de gauche suit la grande digue et la colonne de droite un chemin intermédiaire entre la digue et le fleuve. Le bataillon DULIEU, avant-garde de la colonne de droite, précédé par la compagnie DOUCET, de tirailleurs annamites, s'engage vers 9 h. 30 sur la digue aboutissant à Phu-Xa. Vers 11 heures, il occupe

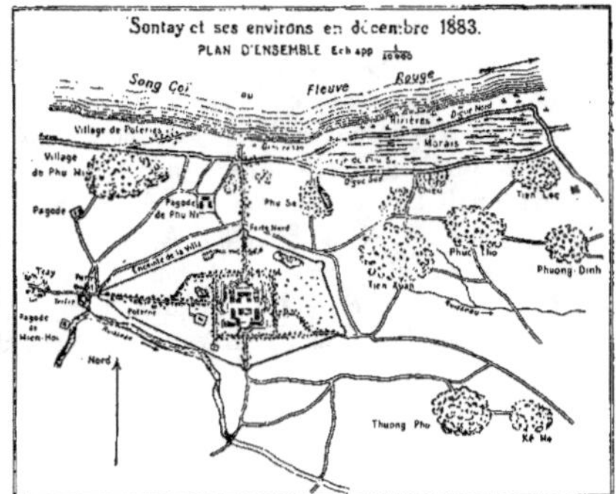

de Thanh-Chiêu. Une de ses compagnies (compagnie BAUCHE) se lance, vers 11 h. 30, prématurément à l'assaut du village de Phu-Xa ; une décharge meurtrièresans grandes difficultés les villages de Linh-Chiêu et tirée à bout portant, suivie d'une contre-attaque vigoureuse, la rejette sur la digue sud où des tranchées sont construites à la hâte.

A la même heure, les bataillons ROUX et CHEVALIER arrivent à la hauteur du bataillon DULIEU, à 4 ou 500 mètres des ouvrages de Phu-Xa et, à 1 heure de l'après-midi, 6 pièces de canons, placées à l'ouest de Linh-Chiêu et sur la digue ouvrent le feu, en même temps que les canonnières, sur les organisations de Phu-Xa et sur les jonques armées accostées à l'embarcadère. Les batteries ennemies sont peu à peu réduites au silence.

Pendant ce temps, une compagnie du bataillon REYGASSE, placée à la hauteur de la compagnie BAUCHE arrêtée sur la digue, progresse jusqu'à hauteur de cette dernière et occupe à 2 heures les deux pagodes de la lisière ouest de Thiêu-Xuân. Les deux autres compagnies du bataillon DULIEU garnissent la lisière ouest de Thiêu-Xuân, à 400 mètres à peine des retranchements ennemis. C'est à ce moment que ces compagnies signalent un mouvement des « Pavillons Noirs » sur l'extrême gauche de notre ligne de combat et sur nos derrières.

Sortis de Son-Tây par la porte est, ils suivent la route de Phuc-Tho. La compagnie BAUCHE, une partie du bataillon REYGASSE et, vers 2 h. 30, le bataillon de Légion étrangère (DONNIER), qui avait suivi les bataillons DULIEU et REYGASSE jusqu'à Linh-Chiêu, appuyés par deux batteries placées sur la digue, leur sont opposées. Le combat se prolonge longtemps de ce côté, tandis que la décision a lieu ailleurs.

A 2 h. 30, le bataillon JOUNEAU vient prendre position entre la branche nord de la digue et le fleuve, à la droite des bataillons CHEVALIER et ROUX. Vers 4 h. 15, le lieutenant colonel BELIN sur la branche nord de la digue et le lieutenant-colonel DE MAUSSION sur la branche sud, se concertent pour donner l'assaut. A 4 h. 30, la charge sonnée ; les « Pavillons Noirs » tirent heureusement trop haut. Malgré les palissades, les petits piquets..., etc... les retranchements sont atteints. Le capitaine DOUCET est tué. Marsouins et turcos arrivent ensemble à la jonction des deux lignes ; les ouvrages de Phu-Xa sont pris, sauf la grande barricade casematée qui sert de réduit. Les compagnies GODINET (bataillon JOUNEAU) et CUNY (bataillon DULIEU) tentent en vain de s'en emparer. La nuit arrive, on s'organise sur les positions conquises.

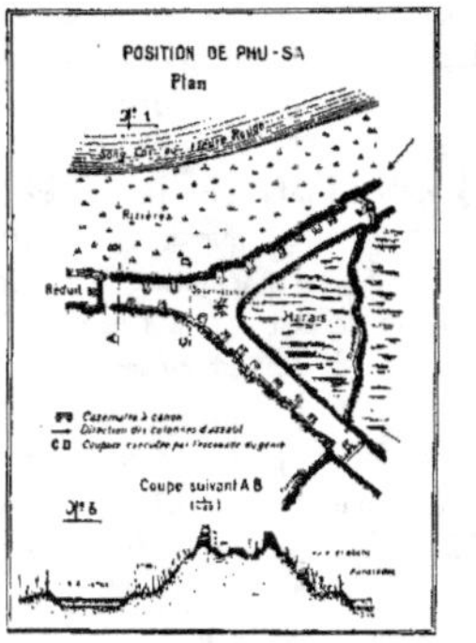

Profitant de l'obscurité, les Chinois harcèlent constamment nos troupes qui ne purent prendre aucun repos ; la fusillade ne cessa pas ; nos marsouins baptisèrent cette nuit « la nuit terrible ».

Les violentes contre-attaques nocturnes des « Pavillons Noirs » ayant échoué, ils évacuent toutes les positions en dehors de l'enceinte extérieure de Son-Tây.

Le 15, dès 7 heures du matin, le capitaine DUPOMMIER, commandant le génie, retourne à notre usage les positions de Phu-Xa. La progression sur Son-Tây reprend, le bataillon de Légion en tête. Retardé par les obstacles de toute nature accumulés, le mouvement dura toute la journée : au soir la situation des troupes est la suivante : à l'extrême gauche dans le fort de Phu-Xa : batailleur REYGASSE, 2 batteries et les auxiliaires tonkinois. A côté, à l'ouest : batailleur CHEVALLIER. En face de la rue dite des « Chinois », conduisant de la porte nord de l'enceinte à l'embarcadère : bataillon des fusiliers marins. Derrière ce dernier, dans le village situé la digue et le fleuve : bataillon ROUX, le reste de l'artillerie et le Quartier général. Plus à l'ouest, sur la digue : bataillon DULIEU et le bataillon LE TELLIER au village de Ngoi, dépendance actuelle de Phu-Nhi. A l'extrême droite : le bataillon de Légion étrangère (commandant DONNIER), sa droite appuyée à un ouvrage coupant la digue au delà du village de Phu-Nhi. Enfin le bataillon JOUNEAU, au village des Poteries. La flottille et le convoi, près du Quartier général.

La nuit du 15 au 16 fut à peu près tranquille.

*
* *

Le 16 au petit jour, le bataillon de Légion nettoie le village de Phu-Nhi. A 6 heures le bataillon LETELLIER fouille Van-Miêu, puis se déploie devant la grande pagode fortifiée de Hoi-Dong. Il est 9 heures ;

BARRICADE DE PHU-XA

LES ABORDS DE SONTAY LE SOIR DE LA PRISE DE LA VILLE

PORTE OUEST DE SONTAY

CITADELLE DE BAC-NINH (VUE DE L'OUEST) AU FOND, LE SON-TRUNG

le combat est engagé. A 10 heures une tentative ennemie sur notre droite est arrêtée par deux compagnies du bataillon JOUNEAU.

Après une reconnaissance faite personnellement par le contre-amiral COURBET, celui-ci décide, vers 11 heures, d'attaquer la porte ouest de la citadelle de Sontay.

Le bataillon CHEVALLIER, appuyé par une batterie et soutenu par le bataillon REYGASSE s'engagera dans la rue des « Chinois » et se portera contre la porte nord. Le bataillon ROUX gardera Phu-Xa. Le bataillon DULIEU, partant de la pagode près de Ha-Tray, continuera sa progression vers la pagode de Hôi-Dông. Le bataillon de Légion dépassera le bataillon LE TELLIER qui ira en réserve. Le bataillon JOUNEAU et le bataillon de fusiliers marins dans la région de Phu-Nhi en deuxième ligne. L'attaque sera préparée et soutenue par toute l'artillerie, y compris celle des canonnières.

La lutte est âpre et violente, la progression très lente ; vers 5 heures du soir seulement les troupes arrivent à bonne distance d'assaut. L'amiral, accompagné des colonels BICHOT, BELIN et REVILLON, est depuis 4 heures à la grande pagode, entourée de grands arbres, entre Ha-Tray et Phu-Nhi.

Tout à coup les clairons réunis autour de l'amiral sonnent la charge. Les légionnaires (2 compagnies et demie) bondissent sur la porte ouest. Les marsouins de la compagnie BAUCHE, les autres légionnaires (1 compagnie et demie) et les fusiliers marins se précipitent, comme une trombe, sur la poterne située à 30 mètres au sud de la porte ouest. Le capitaine MEHL est tué.

La porte est prise, les trois étendards noirs sont descendus et remplacés par un drapeau français. Légionnaires, marsouins et fusiliers marins poursuivent les fuyards à travers les rues de la citadelle. La nuit venue arrête la poursuite dans une ville inconnue et pleine d'embûches. Il faut s'arrêter et s'organiser contre un retour offensif possible.

Les sapeurs du Génie emploient la nuit à déblayer les portes ouest et nord. Le contre-amiral COURBET nomme le capitaine de frégate LAGUERRE commandant de la place, avec le lieutenant-colonel DE MAUSSION comme adjoint.

On trouve le lendemain de gros approvisionnements abandonnés : 6.000 mètres cubes de riz, du sel, 400 kilogrammes de dynamite, de l'argent et enfin la correspondance de LUU-VINH-PHUOC avec les vice-rois du Yunnan et des deux Kouangs, qui établit de façon irréfutable la participation des réguliers chinois aux combats livrés contre nous.

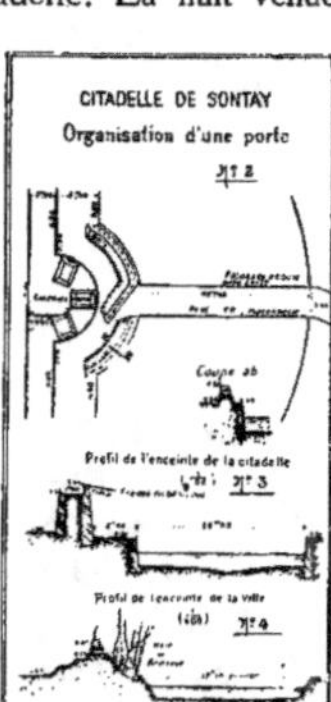

Le contre-amiral COURBET exprime aux chefs de corps et de services son regret de ne pouvoir continuer les opérations sur Hung-Hoa ; le peu de profondeur du Fleuve Rouge ne permettant pas à la flottille, dont il estime la coopération indispensable pour le succès, de remonter jusqu'à cette localité. Il se décide néanmoins à envoyer dans la direction de Hung-Hoa une colonne sous les ordres du commandant DONNIER, de la Légion étrangère.

Cette reconnaissance s'avança jusqu'à Bac-Hat où elle apprit que la retraite des Chinois s'était effectuée en grande partie par le sentier de montagne qui relie Bac-Hat à Hung-Hoa.

Elle constata que la rive droite de la Rivière Noire et du Fleuve Rouge était libre. Elle précisa l'emplacement de Hung-Hoa et surtout fit ressortir l'importance que pourrait jouer, lors des opérations ultérieures contre Hung-Hoa, le sentier difficile, mais toutefois praticable à l'artillerie de montagne, qui de Bac-Hat va à Hung-Hoa en évitant le front fortifié de cette dernière place.

Suivant les renseignements parvenus ultérieurement, l'ennemi avait eu dans les combats de Sontay plus de 900 tués et un millier de blessés. LUU-VINH-PHUOC et son lieutenant étaient blessés.

De notre côté, nous avions eu 83 tués dont 5 officiers (capitaines GODINET, des tirailleurs algériens, DOUCET et CUNY, de l'infanterie de marine. MEHL, de la Légion étrangère ; le lieutenant CLAVET de l'infanterie de marine) et 320 blessés dont 22 officiers.

Le rapport officiel relatait que « si cruelles que soient ces pertes, les journées du 14 et 16 décembre resteront à jamais mémorables. Phu-Xa et Son-Tay ont leur place marquée dans nos plus glorieux souvenirs. Le « corps expéditionnaire du Tonkin, composé d'éléments divers, mais, animés du même souffle, a accompli des « prodiges de valeur ».

Le 17 décembre, le contre-amiral COURBET adresse aux troupes l'ordre du jour suivant :

« Soldats et marins. Les forts de Phu-Xa et la citadelle de Son-Tay sont désormais illustrés par votre vail-« lance. Vous avez combattu, vous avez vaincu un ennemi redoutable.

« Vous avez montré une fois de plus au monde entier que la France peut toujours compter sur ses enfants. « Soyez fiers de vos succès. Ils assurent la pacification du Tonkin ».

Il rentrait le 19 décembre à Hanoi, laissant le commandement des troupes de Son-Tay au colonel BICHOT.

Quelques jours après, le commissaire général HARMAND rentrant en France (24 décembre), M. SILVESTRE. administrateur des Affaires indigènes, prend la direction des affaires civiles sous les ordres du contre-amiral COURBET.

Pendant ce temps, diverses reconnaissances ont été faites par nos canonnières et nos troupes ; par l'enseigne de vaisseau HABERT, du *Lynx* (16 novembre) dans le Sông Cau ; par M. FORTIN, commandant le *Mousqueton*, dans l'arroyo de Phu-Binh (23 novembre) ; par l'enseigne de vaisseau GUICHAMANS, du *Léopard*, au Canal des Rapides (25 novembre), dans le Sông Kinh-Tay (31 décembre) et le Thai-Binh ; par la *Carabine*, avec la 35° compagnie du 3° d'infanterie de marine et 60 tirailleurs, du côté de la Montagne de l'Eléphant. près de Haiphong ; par l'enseigne de vaisseau DE BALINCOURT, commandant du *Lynx*, sur l'arroyo de Kêne (19 décembre) ; par le lieutenant-colonel BRIONVAL avec deux compagnies et deux pièces sur l'*Eclair*, aux environs de Nam-Dinh.

Le 27 décembre le magasin d'artillerie de Hanoï prend feu dans des circonstances mystérieuses. Les hangars sont détruits ainsi que des munitions et du matériel. On est obligé d'en demander d'urgence à Saigon.

*
* *

A la fin de l'année 1883, la répartition des troupes au Tonkin est la suivante :

A Hanoi et Battang (rive gauche) : infanterie de marine : bataillon CHEVALLIER, (25°, 28° et 29° compagnies du 3° de marine) et bataillon ROUX (26° et 27° compagnies du 3° de marine avec la compagnie hors rang) ; tirailleurs annamites (1° et 2° compagnies) ; bataillon de fusiliers marins (4 compagnies) ; 19° corps : 1° bataillon de tirailleurs algériens (4 compagnies), et bataillon de Légion étrangère (4 compagnies) ; artillerie (4 batteries). 500 auxiliaires.

A Son-Tay : infanterie de marine : bataillon DULIEU (4 compagnies) et bataillon REYGASSE (3 compagnies) : tirailleurs algériens (2° bataillon : 4 compagnies), tirailleurs annamites (2 compagnies) ; corps de débarquement (1 batterie) ; artillerie (2 batteries) ; 800 auxiliaires.

A Palan : une compagnie (30° du 4° de marine).

A Nam-Dinh : six compagnies (26°, 27° et 33° du 2° de marine ; 21° du 3° de marine ; 26° et 29° du 4° de marine). 1 section d'artillerie et 200 auxiliaires.

A Haiphong : 4 compagnies (29° et 31° du 2° de marine, 34° du 3° de marine et 31° du 4° de marine).

A Haiduong : 3 compagnies du corps de débarquement.

Soit au total dans le Tonkin : 48 compagnies et 7 batteries.

Le mauvais esprit de la Cour de Hué n'avait pas diminué avec la prise de Son-Tay ; aussi M. TRICOU, ancien ministre de France au Japon, qui était venu remplacer M. BOURÉE à Pékin, fut chargé d'une mission à Hué pour y appuyer notre Résident M. DE CHAMPEAUX et faire accepter définitivement notre traité de protectorat. NGUYEN-VAN-TUONG, vaincu par la fermeté de notre ministre, vint lui remettre en audience solennelle, le 1° janvier 1884, la déclaration suivante revêtue du sceau royal :

« Sa Majesté le Roi d'Annam et son Gouvernement déclarent solennellement par le présent acte donner « leur adhésion pleine et entière au traité du 25 août 1883, s'en remettant au bon vouloir du Gouvernement « de la République quant aux adoucissements qui pourraient y être ultérieurement apportés ».

« Le texte français seul fera foi ».

Comme si rien ne s'était passé au Tonkin et malgré la prise de Son-Tay, le Prince KOUNG, Président du Tsoung-Li-Yamen et une délégation de ses membres firent leur visite de nouvel an à M. DE SEMALLÉ à Pékin comme aux autres représentants étrangers.

✲✲

Les renforts qu'avaient demandés le général BOUET, puis le contre-amiral COURBET sont enfin annoncés partis de France.

Le premier convoi a quitté Toulon le 23 décembre, il comprend le *Vinh-Long*, portant le général de division MILLOT et les généraux de brigade BRIÈRE DE L'ISLE et DE NÉGRIER, 3 officiers supérieurs, le 2ᵉ bataillon d'infanterie légère d'Afrique et un renfort destiné au 1ᵉʳˢ tirailleurs algériens — L'*Européen* avec la 4ᵉ compagnie de Légion étrangère et des renforts pour la Légion et les tirailleurs algériens — Le *Comorin* avec un bataillon de tirailleurs algériens.

Le second convoi est parti le 10 janvier 1884, il comprend l'*Annamite*, le *Saint-Germain* et le *Poitou*, portant 2 bataillons et demi, deux batteries de 80 et du matériel, un détachement de parc, le service de santé, la gendarmerie, l'aérostation..., etc... Sur la *Sarthe* se trouvent un détachement du train des équipages, une compagnie de génie et une section de télégraphistes. Enfin deux autres compagnies et quelques petits détachements sont embarqués sur le *Shamrock*.

Dès la réception du câble ministériel lui annonçant ces renforts, le contre-amiral COURBET demande au ministre de la marine « quelle sera sa situation après l'arrivée du général de division ». Par câble du 12 janvier, le ministre de la marine vice-amiral PEYRON lui répond : « Remettez au général à son arrivée le commandement « de l'expédition et prenez celui de la division navale dans les conditions antérieures. Le courrier vous apportera « des instructions précises. Ne voyez dans cette mesure aucune marque de défaveur. Le Gouvernement approuve « entièrement votre conduite et reconnaît hautement la valeur de vos services ».

✲✲

Au moment où le corps expéditionnaire du général MILLOT va arriver, la situation au Tonkin est la suivante :

Dans la province de Hanoi, la plupart des pirates ou rebelles ont disparu. Aux environs de Haiphong et de Quang-Yen, les craintes qu'on avait eu un moment se sont évanouies ; cependant les provinces ne sont pas encore débarrassées de brigands et de pillards.

A Hai-Duong, la tranquillité est rétablie. Les Chinois et les Annamites ont décidément renoncé à toute nouvelle offensive contre la citadelle. Chassés de Binh-Quan, à la suite de la reconnaissance effectuée le 28 novembre par deux compagnies du corps de débarquement, sous les ordres de M. CAILLARD, appuyées par les canonnières *Lynx* et *Léopard*, ils se sont retirés et fortifiés à Phu-Thuan où il reste encore un parti assez considérable.

Les provinces de Nam-Dinh et de Ninh-Binh viennent d'être battues pendant un mois par des troupes régulières et auxiliaires envoyées à la poursuite du Dê-Dôc rebelle. Ce mandarin avait recruté une véritable armée de 4 à 5.000 hommes. Les lettrés de la province lui prêtaient leur concours ; bon nombre d'habitants, parmi lesquels de riches propriétaires, l'aidaient de tous leurs moyens. Il s'agissait de massacrer tous les partisans de la France, en commençant par les chrétiens, puis de marcher sur Nam-Dinh et Ninh-Binh, d'attaquer les citadelles ; en cas d'insuccès, de brûler tout, en un mot d'organiser la résistance effective la plus sérieuse à l'établissement de notre protectorat. Le Dê-Dôc était investi, au nom de l'Empereur de Chine, par les généralissimes HANK-KÊ-SANG et TRIEN-HUC, de pleins pouvoirs pour lever des hommes et des impôts, enrôler les mandarins annamites, livrer les récalcitrants à la justice des autorités chinoises. En quelques expéditions heureuses, ces troupes furent dispersées après avoir éprouvé des pertes considérables.

L'état de la province de Son-Tay est satisfaisant. Depuis la prise de cette ville, on a multiplié les reconnaissances dans toutes les directions ; jusqu'à la région des montagnes d'un côté et jusqu'aux rivières de l'autre.

Notre action militaire, d'après les instructions ministérielles, ne doit pas s'étendre en dehors du delta. Aussi le contre-amiral COURBET a-t-il dû se contenter d'envoyer seulement des bâtiments de guerre sur les côtes du Thanh-Hoa et du Nghê-An, lors des récents massacres de 4 prêtres et de 23 chrétiens annamites.

Parmi les informations venues dernièrement du Thanh-Hoa, il en est une dont la persistance et l'importance fixent forcément l'attention. Avant la mort et le remplacement de HIEP-HOA, on citait déjà le Thanh-Hoa comme devant être le centre de la résistance organisée par les lettrés contre notre Protectorat. Depuis, les missionnaires avaient prévenu à plusieurs reprises le contre-amiral COURBET que l'on y réunissait des approvisionnements de guerre de toute sorte ; que, ces préparatifs terminés, le régent comptait y transporter le jeune Roi et le soustraire ainsi à la pression exercée à Hué par la France dès le lendemain de la prise de Thuan-An.

1° COMMANDEMENT DU GENERAL DE DIVISION MILLOT

Organisation des troupes a l'arrivée du général Millot. — Occupation de Sept-Pagodes. — Opérations contre Bac-Ninh, Phu-lang-Thuong, la citadelle de Yên-Thê, Yen et Kep, Thai-Nguyen, Hung-Hoa. — Convention Fournier. — Occupation de Thai-Nguyen et de Tuyen-Quang. — Combats de Bac-Le. — Opérations de la Division navale des Mers de Chine. — Le général Millot rentre en France.

En arrivant, le 12 février 1884, le général de division Millot, prend le commandement du corps expéditionnaire, constitué à deux brigades : 1re brigade, général Brière de l'Isle, à Hanoi ; 2e brigade, général de Négrier, à Hai-Duong.

Dès son arrivée, le général Millot très renseigné par le contre-amiral Courbet sur notre situation au Tonkin et les opérations éventuelles, prescrit à la 2e brigade l'occupation de la position dite « des Sept-Pagodes » au confluent du Luc-Nam, du Song Cau, du Canal des Rapides et du Song Khing-Thay.

Le 20 février, le 1er bataillon de Légion étrangère et la batterie d'artillerie de 4 de la marine, sous les ordres du lieutenant-colonel Donnier, occupent cette position avec le concours de la *Carabine*, du *Son-Tay*, du *Wampoa*, de la *Trombe*, du *Léopard* et du *Kuri-Maru*.

En vue d'opérations ultérieures et d'une action militaire sur Bac-Ninh, le lendemain 21 février, le général de Négrier fait à bord de la *Carabine* avec le capitaine de frégate Morel-Beaulieu, commandant de la flottille une reconnaissance, dans le but d'examiner le terrain compris entre le Canal des Rapides, le chaînon du Cau-Trau et la montagne de Neou.

Le 25 février à 3 h. 30 du matin, le poste de Sept-Pagodes est attaqué. L'ennemi, fort de 300 fusils environ et de 700 lances, était arrivé la veille au soir aux villages de Ninh-Hai et Pam-Co (au N.-O. du poste), venant du fort de Vinh-Lang. Les grands-gardes ne se laissent pas décontenancer par cette brusque attaque et ouvrent sur les assaillants un feu bien dirigé qui les arrête net en leur infligeant des pertes sérieuses. Seul, un officier, le capitaine Bergounioux est blessé dans cette affaire. Deux nouvelles fois, le 28 février et le 2 mars, nos troupes sont attaquées sans succès dans cette position par les réguliers chinois.

Le 3 mars, des renforts arrivent sous les ordres du lieutenant-colonel Duchesne.

⁎⁎

Cette occupation de Sept-Pagodes n'était que le prélude d'opérations plus vastes qui allaient nécessiter de gros efforts au corps expéditionnaire du Tonkin. Le général Millot avait prescrit l'étude d'une action militaire sur Bac-Ninh. Il avait été décidé que l'opération se ferait avec deux fortes colonnes qui éviteraient de se servir de la route Mandarine, que l'ennemi avait mise en état de défense. L'une partant de Hanoi (1re brigade) traverserait le Canal des Rapides à la hauteur du marché de Chi et attaquant le massif du Trung-Son, arriverait devant Bac-Ninh par le sud. L'autre (2e brigade), venant de Sept-Pagodes, après s'être emparée des positions de Cam-Tran, du fort de Yên-Dinh et de celui de Do-Cheum, devait se réunir à Chi avec la première colonne, puis faisant mouvement vers le nord, enlever le barrage de Lac-Buoi signalé sur le Song Cau, enfin par Dap-Cau attaquer Bac-Ninh par l'est et le nord-est.

La concentration de la 1re brigade se fit bien, mais celle de la 2° brigade était plus difficile. Le général DE NÉGRIER éprouva en effet de grosses difficultés pour son transport de Hai-Duong à Sept-Pagodes, par suite du manque de jonques et de coolies. « On s'en passera, dit-il, dans une lettre au général MILLOT, pour les officiers et les Etat-majors, qui vivront à la gamelle, mais il en faut pour le transport des blessés, du matériel du génie et de l'artillerie, des munitions, des subsistances, etc... ».

De son côté, le colonel REVILLON, commandant l'artillerie du corps expéditionnaire, avait partagé en quatre groupes distincts les divers éléments de l'artillerie :

1° Le 1er groupe avec la 1re colonne, commandé par le Chef d'escadron DE DOUVRES ; les 1er et 2° batteries d'artillerie de marine (6 pièces de 4 de marine avec avant-trains attelés) ; la 6° batterie d'artillerie de marine (6 pièces de 65, avec avant-trains traînés par des coolies) ; la batterie du corps de débarquement (5 pièces de 65 avec avant-trains traînés par des coolies) ; la 11° batterie du 12° régiment (6 pièces de 80 traînées ou portées par des coolies).

2° Le 2° groupe, avec la deuxième colonne, partant de Hai-Duong, comandé par le chef d'escadron CHAPOTIN, composé de la 3° batterie d'artillerie de marine (6 pièces de 4 de marine avec avant-trains attelés) ; la 4° batterie d'artillerie de marine (6 pièces de 4 de marine avec avant-trains traînés par des coolies) ; 3 pièces de 4 de la batterie du corps de débarquement traînées par des coolies, et la 12° batterie du 12° régiment (6 pièces de 80 traînées ou portées par des coolies).

3° Le 3° groupe, en réserve, commandé par le chef d'escadron LEVRARD, comprenant le matériel de deux batteries de 80 de campagne et celui d'une batterie de 95 servies par 100 hommes des batteries de la guerre.

4° Le 4° groupe comprend le parc, commandé par le chef d'escadron MORTIER, avec tout son matériel sur des jonques.

Malgré toutes les difficultés qu'il rencontre, le général DE NÉGRIER réussit à amener ses troupes ; la concentration de sa brigade se fait sans incident.

Le 6 mars au soir, la situation de la 2° brigade est la suivante :

A Sept-Pagodes : 1er et 2° bataillons de Légion étrangère, 3° batterie-*bis* et 4° batterie-*bis* de l'artillerie de marine.

A Hai-Duong, 5° régiment de marche, troupes de débarquement (3 compagnies) 2° batterie de débarquement (3 pièces), 12° batterie du 12° d'artillerie (80 de marine), ambulance de la 2° brigade, parc d'artillerie, parc du génie, convoi administratif de la 1re et de la 2° brigade, sur jonques.

Sur le Thai-Binh, devant le 2° bac, les canonnières de station l'*Aspic* et le *Lynx*, la canonnière l'*Eclair*, le remorqueur le *Phu-Ly*. Devant le 1er bac, l'aviso le *Pluvier*.

Dans l'arroyo d'Haiphong, la canonnière la *Trombe*, le remorqueur le *Tra-Ly*, la canonnière *Mousqueton* et les remorqueurs *Héron, Henri Rivière, Thai-Binh* et *Song Cau*.

Dans la nuit du 6 au 7 et dans la journée du 7 mars, les embarquements ont lieu comme il a été prescrit. A 11 h. 30 du matin, le 7 mars, les troupes arrivent devant Sept-Pagodes, la section mobile d'ambulance y débarque, les autres troupes restent sur la flottille.

*
* *

Avant d'entrer dans le détail des opérations qui vont suivre, il est nécessaire de jeter un coup d'œil sur le terrain où la 2° brigade allait opérer.

Après le Canal des Rapides, en remontant le Song Cau, le terrain se partage naturellement en deux régions.

D'abord, la région plate dans laquelle le fleuve court entre des berges peu élevées, d'un accès difficile, se prêtant mal aux débarquements. Cette région s'étend jusqu'à un point remarquable situé sur la rive gauche « le mamelon de la pagode des Quatre Colonnes », à environ 4 kilomètres du confluent du Song Cau et du Luc-Nam.

Ensuite la région accidentée. Des mouvements de terrain assez forts, surtout sur la rive gauche, s'élèvent brusquement au-dessus de la plaine marécageuses des rivières. Ceux de la rive droite forment des chaînons isolés séparés par des rizières et des marais ; ceux de la rive gauche sont de dimensions plus grandes ; leur relief est plus fort ; ils sont mieux soudés entre eux.

Si nous nous transportons au sommet de la pagode de Phu-Lang (sur le Song Cau), nous apercevrons les ouvrages chinois ci-après :

1° Sur le Cao-Tran, au-dessus de Yên-Dinh, deux petits ouvrages l'un sur un sommet, l'autre à flanc de coteau, un peu en arrière du premier. Ils sont palissadés, mais paraissent peu solides.

2° Sur les hauteurs de Trung-Son, un ouvrage ayant l'air bien construit. Il semble relié à d'autres ouvrages qu'on ne peut voir.

3° Deux forts sur la rive droite du Song-Cau, au nord-est de Bac-ninh.

4° Un troisième fort, qui paraît construit sur la rive gauche.

★★

Prise de Bac-Ninh. — Le 7 mars 1884, à la tombée de la nuit, une reconnaissance envoyée à Phu-Lang, appuyée par le *Léopard,* constate que ce village n'est pas occupé ; le *Pluvier* et le remorqueur portant la demi-batterie du corps de débarquement poussent jusqu'à ce point et y débarquent leurs troupes. Le Quartier général de la 2ᵉ brigade est le même soir à Phu-Lang.

Le 8 mars, à la pointe du jour, la flottille appareille de Sept-Pagodes, mouille à Phu-Lang et débarque les troupes. Après avoir pris un repas, les troupes de la 2ᵉ brigade se mettent en marche à 9 heures avec, comme point de direction d'attaque, le sommet du Cao-Trau. Le même point avait été donné au lieutenant-colonel DUCHES-NE qui était parti de Sept-Pagodes à 6 heures du matin. Les tirailleurs tonkinois atteignent les crêtes du Cao-Trau. L'ennemi est signalé en assez grand nombre dans les villages de Lui-Bong (sur le bord du fleuve à l'est du fort de Néou et sur la rive droite).

Le mamelon sur lequel se trouve le fort de Néou et un petit ouvrage avancé, portant un mirador, est entièrement séparé de la chaîne de Cao-Trau par une vallée d'environ 800 mètres de large, dont le fond est presque au niveau du fleuve.

Le village de Néou est organisé défensivement ; il se relie aux ouvrages fermés par des tranchées. Il couvre deux ponts à chevalets qui font communiquer les ouvrages de Yên-Dinh et ceux de Néou ; un mouvement de terrain, se rattachant au Cao-Trau par une croupe basse et allongée, porte à son extrémité une redoute carrée.

A 7 h. 30, la flottille ayant ouvert le feu, l'ennemi répond des ouvrages et des batteries de Yen-Dinh. A 11 h. 15, notre adversaire tire des ouvrages de Néou et du village. Il démasque en même temps des troupes qui semblent venir de Do-Son marchant à l'attaque de la croupe où se trouve l'artillerie. Elles paraissent vouloir la déborder. Ce mouvement est immédiatement arrêté par les feux de la compagnie du 111ᵉ de ligne, placée en garde-flancs et en échelons.

La batterie de 80 (capitaine DE SAXCÉ) et la demi-batterie de la marine réunies sous les ordres du commandant CHAPOTIN ouvrent le feu à 1.700 mètres sur le fort de Néou qu'elles prennent à revers, puis sur la lisière du village qui se trouve enfilée par son tir.

Pendant ce temps, l'infanterie se massait (le bataillon du 23ᵉ de ligne et 2 compagnies du 111ᵉ), derrière la croupe de la redoute abandonnée. Il lui était donné comme point d'attaque le saillant sud du village de Néou. A midi, le signal de l'attaque est donné, Néou et les forts sont enlevés.

Cette action a été si brusque, que l'ennemi n'a pas eu le temps d'enlever les planches des deux ponts. Poussé vers l'ouvrage de Yên-Dinh, avec lequel il ne peut communiquer que par un étroit passage, il tombe sous le feu de la mousqueterie des compagnies de débarquement et de la 1re compagnie du 23e, qui s'étaient portées entre le fort et le village. Le feu des canonnières l'accompagne dans sa déroute. Les défenseurs des ouvrages de Yên-Dinh lâchent pied et s'enfuient également à travers les rizières dans la direction de Xuan-Thuy.

A midi seulement, la colonne DUCHESNE, retardée dans sa marche, fait sa jonction avec les troupes de Yên-Dinh.

L'ennemi avait successivement amené des renforts sur un mouvement de terrain assez étendu situé à environ 2.500 mètres au sud-ouest du fort de Néou, entre les ouvrages de Do-Son et le Cao-trau.

Les troupes n'étant pas fatiguées, le général DE NÉGRIER décide de chasser immédiatement l'ennemi de ces hauteurs, de les prendre comme point d'appui et tenter d'enlever les ouvrages de Do-Son en les débordant par le nord. Il se propose de couper à l'ennemi la route de Bac-Ninh et de le jeter dans le Canal des Rapides.

Le bataillon du 3e, déployé sur deux lignes, mène lentement une attaque de front, tandis que l'aile droite du bataillon du 23e vivement poussée en avant, déborde ces hauteurs et en culbute les défenseurs qui se replient sur l'ouvrage de Do-Son.

Toute l'artillerie réunie en un seul groupe est alors menée aussi rapidement que possible à l'extrémité sud-ouest de ce mouvement de terrain. Elle voit les ouvrages de Do-Son à 1.900 mètres. A 2 h. 30, l'ennemi évacue précipitamment toutes les positions le long du Canal des Rapides et se replie sur Bac-Ninh. A 3 h. 15, les troupes enlèvent l'ouvrage de Do-Son. L'ordre est alors donné de s'arrêter et de prendre les cantonnements.

Nos pertes avaient été seulement d'un officier tué (sous-lieutenant DUCHÉ) et de 4 blessés.

Le lendemain l'*Eclair* portant guidon du commandant de la flottille et la *Trombe*, suivis de deux vapeurs qui remorquent du matériel de pontage, s'engagent dans le Canal des Rapides et remontent jusqu'au marché de Chi. A quelque distance avant d'y arriver, ils rencontrent la *Carabine* et le *Yatagan* qui ont passé la nuit dans le Canal. Les notables viennent au devant d'eux et leur apprennent que la veille le marché de Chi a été évacué par les troupes chinoises. Ils prennent leur mouillage en face du marché, sans difficulté.

Après une reconnaissance faite le 10 mars par l'*Eclair*, le général commandant en chef décide que le passage du Canal des Rapides par la 1re brigade se fera à Xam par transbordement et sur le pont que construisent les pontonniers.

La 1re brigade, avait quitté Hanoi le 9 mars. La traversée du Fleuve Rouge avait été une grosse question. La colonne était ensuite arrivée sans incident jusqu'au Canal des Rapides où le passage s'effectua sans difficulté.

Le 11 mars, dans la soirée, les deux brigades se trouvent donc cantonnées à Chi, Do-Son et environs. La situation de l'ennemi est la suivante :

Il a établi une première ligne de défense, dont la droite est appuyée à la hauteur de Trung-Son et la gauche au Sông Cau vers le village de Cung-Kièn. Entre ce dernier village et celui de Lac-Buoi, un barrage ferme le fleuve.

Au sud-ouest de cette ligne, le massif du Trung-Son barre la route de Bac-Ninh à Hai-Duong. Les sommets sont couronnés par quatre forts dont les feux se concentrent sur la route, qui est également commandée par un cinquième fort, situé sur le sommet d'un cône isolé à l'ouest du massif. Au changement de direction de la route se trouve une ligne en crémaillère, la gauche appuyée à une pagode sérieusement fortifiée et en parfait état de défense.

Une troupe débouchant du marché de Chi et prenant position vers le N.-E., se placerait à peu près sur les derrières du système de défense. L'ennemi semblait l'avoir compris, car il avait fortifié en toute hâte les villages à l'est et au pied du massif. C'est dans ces nouvelles lignes qu'ils présentait le plus du monde, lorsque le Général commandant en chef donna l'ordre d'attaquer au Général commandant la 1re brigade.

La 2e brigade quitte Do-Son le 12 mars à 6 heures du matin; sa direction générale de marche est la cathédrale de Kê-Roy A 9 h. 5, l'avant-garde (commandant CHAPUIS) s'engage devant Xuân-Hoa. Sous sa protection, le général DE NÉGRIER manœuvre avec le gros de la colonne par sa gauche. Après un combat assez violent Kê-Roy et Xuân-Hoa sont pris à 10 h. 55. L'ennemi se replie en désordre. Le général DE NÉ-

GRIER décide de jeter toute sa brigade au nord de Xuân Hoa, de franchir l'arroyo qui couvre le fort de Dap-Cau et de prendre ce fort.

La légion étrangère débouche en tête, appuyée par le 143° et suivie par le restant des troupes. Le capitaine de frégate de BEAUMONT de son côté enlève les ouvrages du barrage de la rivière. L'ennemi fuit le long des berges.

Le capitaine de frégate de BEAUMONT reçoit alors l'ordre de s'emparer du pont de l'arroyo. Malgré un feu d'enfilade de l'ennemi, les marins traversent, puis la Légion. La 12° batterie du 12° régiment met en batterie dans la cour d'une pagode près du pont et canonne le fort de Dap-Cau.

Toutes les forces disponibles franchissent le passage. Pour couvrir ce mouvement, le bataillon du 143° se déploie à gauche du pont et se porte droit sur le fort. Pendant ce temps, la compagnie KERDRAIN (4° du 23°) franchit le Sông Cau en sampans et balaye la rive gauche. L'artillerie est portée en avant, elle canonne le fort. La Légion et le 23° ont l'ordre de s'en emparer, mais déjà le capitaine de frégate BEAUMONT et ses troupes escaladent ses pentes et l'enlèvent. Il est 3 h. 55 ; la route de Lang-Son est interdite à l'ennemi.

La Légion se dirige alors sur un second fort situé au sud-ouest de Dap-Câu. Ce fort, ainsi qu'un autre plus rapproché du Bac-Ninh, sont évacués et occupés par elle. Un troisième fort, dit « fort du nord » situé à 1.900 mètres de Bac-Ninh et où l'on voit des groupes de Chinois gravir rapidement les pentes pour le secourir, est attaqué et enlevé par la Légion étrangère. A 5 h. 50 du soir, la route de Thai-Nguyên est occupée.

L'ennemi est en complète déroute. Il est dispersé et ses fuyards se dirigent sur les routes de Hanoi et de Son-Tây. Le 1er bataillon de la Légion (lieutenant-colonel DONNIER), deux compagnies du 111° de ligne et deux compagnies du 143° de ligne sous les ordres du lieutenant colonel DUCHESNE, sont envoyées sans sacs sur Bac-Ninh. L'ennemi ne résiste qu'à l'avancée de la place. La redoute de gauche est enlevée. La citadelle est prise et occupée à 5 h. 50 du soir.

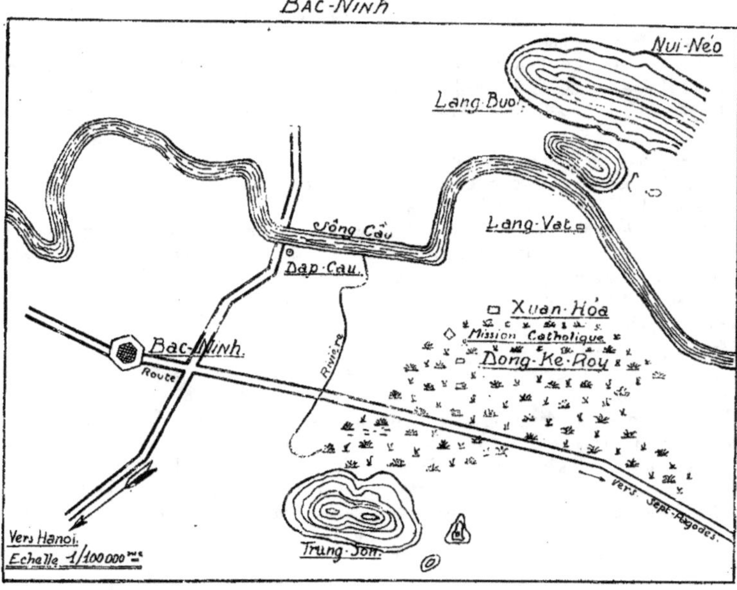

Les pertes de la 2° brigade étaient de 6 tués et de 37 blessés dont le lieutenant de vaisseau POIDLOUE. La flottille, sous le commandement du capitaine de frégate MOREL BEAULIEU, avait constamment lié son action avec l'aile droite de la 2° brigade. A 9 h. 45, devant Buoi, elle est en but à un feu violent. Un peu plus tard, la *Carabine* s'échoue, non loin du barrage. Ce ne sera que le 13, vers midi, qu'un chenal pourra être débarrassé et que la flottille pourra remonter jusqu'à Dap-Cau.

De son côté le général BRIÈRE DE L'ISLE, commandant la 1° brigade, quitte ses cantonnements le 12 mars au matin, passe au marché de Chi et se porte dans la direction du Trung-Son.

A midi 50, l'ordre est donné par le général commandant en chef d'attaquer suivant le plan établi. Les tirailleurs annamites se déploient et couvrent la droite du 2° bataillon de tirailleurs algériens (capitaine GODON), en fouillant les deux villages situés à 12 ou 1.500 mètres à l'est du massif. Les deux batteries de 80 et de 4 de Marine (capitaine PALLE et RÉGIS) prennent position à gauche des tirailleurs algériens. Leur tir est observé par ballon captif (1). Le 2° bataillon du 3° régiment de marche (commandant CORONNAT) se déploie à gauche des batteries et a pour mission d'enlever les deux villages au milieu des rizières, considérés comme points d'appui de droite de l'ennemi.

A 3 heures, les tirailleurs algériens couronnent le Con-Rua d'où ils poursuivent de leurs feux les Chinois en déroute. A la même heure le bataillon d'infanterie de marine arrive au sommet de la colline S.-E. de la position et dirige ses feux sur les derniers fuyards vers la route de Bac-Ninh. La première ligne de crête du massif était entre nos mains sans que nous eussions perdu un homme.

Mais il restait encore une deuxième ligne commandée par le fort de Trung-Son et les forts au N.-E. et au S.-O. de la route de Hai-Duong à Bac-Ninh. Ces deux derniers paraissaient évacués. Sur le Trung-Son se montraient encore de gigantesques drapeaux. Le lieutenant colonel BRIONVAL qui avait conduit avec beaucoup d'entrain et de décision l'attaque de droite, dirige sur l'ordre du général BRIÈRE DE L'ISLE, le bataillon d'infanterie de marine vers le Trung-Son et les tirailleurs algériens sur les deux autres forts. A 4 heures du soir, tout le système défensif du Trung-Son est entre nos mains.

Le lendemain 13 mars, tous les ouvrages sont détruits ; la 1° brigade rejoint la 2° qui s'était installée dans la citadelle de Bac-Ninh.

La prise de cette citadelle eut un grand retentissement en Chine. Le 16 mars, le chargé d'affaires d'Allemagne à Pékin, se rendit au Tsoung-Li-Yamen où il trouva les ministres fort affectés. « Ils dirent que leurs troupes avaient dû combattre, puisqu'elles en avaient l'ordre, mais qu'ils n'avaient encore reçu aucun détail sur cet échec qui ne changeait pas leur ligne de conduite ». (*Histoire des relations de la Chine avec les puissances occidentales*, de Henri CORDIER).

Quelque temps après, le 26 mai, deux officiers chinois, TCH'EN-TE-KOULIE et TANG MINH'IUEN, déclarés responsables de la perte de Bac-Ninh, furent exécutés devant les troupes impériales.

Il s'agissait de profiter de la débandade ; malgré tout le désir qu'il avait laissé quelques jours de repos à ses troupes, le général MILLOT décide que deux colonnes seront immédiatement constituées pour poursuivre l'ennemi dans les deux directions qu'il a ou peut avoir prises : Lang-Son et Thai-Nguyên. Le 15 mars au matin, le général BRIÈRE DE L'ISLE se dirige vers Thai-Nguyên, tandis que le général DE NÉGRIER prenait la route de Lang-Son.

Voyons d'abord la colonne de la 2° brigade. Après s'être rassemblé sur les pentes est de Dap-Câu, le détachement de la 2° brigade passe le Sông Cau sur un pont de bateau préparé par les pontonniers et sous la protection des trois compagnies de débarquement en position à 2.500 mètres du fleuve.

Elle se compose de : une compagnie de tirailleurs tonkinois (lieutenant DURAND), une compagnie de tirailleurs annamites (capitaine BEAUCHESNE), 1° bataillon de Légion étrangère (lieutenant colonel DONNIER), 2° bataillon de Légion étrangère (lieutenant colonel DUCHESNE), le bataillon du 23° de ligne (commandant GODARD), de la 12° batterie du 12° régiment d'artillerie (capitaine de SAXCÉ) et de la 4° batterie-*bis* d'artillerie de marine (capitaine ROBERT) sous le commandement du commandant CHAPOTIN, d'une section de génie (capitaine THOLON), de l'ambulance légère (médecin-major CHALLAN) et du convoi administratif (officier d'administration THOMAS).

---

(1) Section d'aérostiers du lieutenant JULLIEN. Les observations étaient faites à une altitude de 300 mètres environ, et transmises à la voix.

Après le passage du fleuve, la colonne se met en mouvement et arrive au marché du Gai à midi 30. La tête d'avant-garde formée par les tirailleurs tonkinois et les tirailleurs annamites, arrivée sur le bord d'un arroyo (Sông Bac-Cau) qui se jette dans le Sông Thon Giau devant la pagode de Thuong, est accuellie de la rive gauche par un feu vif des réguliers chinois.

L'ennemi occupait une bonne position sur la rive gauche au village de Phu-Lang-Thuong, où se trouvait un fortin. Le fleuve a, à cet endroit, environ 100 mètres de large et est très profond. Les canonnières la *Trombe* et l'*Eclair* qui avaient reçu l'ordre de se trouver à Thuong pour y faire passer les troupes, n'étaient pas arrivées. Elles étaient arrêtées par deux barrages successifs qu'elles avaient dû détruire avec des torpilles pour remonter dans la soirée seulement jusqu'à Phu-lang-Thuong.

L'ennemi avait retiré tous les sampans sur la rive gauche. Le général DE NÉGRIER fait rechercher vainement un passage sur l'arroyo. Cette situation ne peut cependant se prolonger. C'est alors que le Quan-Nhan, des tirailleurs tonkinois, se jette le premier à la nage pour aller chercher les sampans amarrés sur la rive opposée. Son exemple est immédiatement suivi par d'autres tirailleurs. Trois sampans sont ramenés.

Le passage commence et bientôt des tirailleurs annamites et tonkinois, une compagnie de Légion (lieutenant POYMIRO), l'Etat-major de la brigade sont passés. Il est 3 h. 35 du soir. L'ennemi chassé du village abandonne le fortin de Phu-Lang-Thuong, une partie de ses morts et les munitions de deux pièces Krupp.

Les troupes de la 2ᵉ brigade prennent leurs cantonnements dans les villages de Dong-Nian, à cheval sur la route de Lang-Son.

*
* *

Le 16 mars, à 6 h. 45, la colonne reprend son mouvement. L'avant-garde est commandée par le chef de bataillon HULIN, le gros par le lieutenant-colonel DUCHESNE, le convoi par l'officier d'administration THOMAS et l'arrière-garde par le chef de bataillon GODARD du 23ᵉ.

Vers 9 heures, l'avant-garde signale l'ennemi en position sur la hauteur de la pagode qui domine le marché de Yên. Deux compagnies de Légion sont portées en garde-flanc sur une hauteur à droite et en échelon l'une par rapport à l'autre.

Ces dispositions prises, le général DE NÉGRIER donne à l'avant-garde l'ordre de s'engager. L'ennemi replie de suite ses avant-postes sur le village de Yên, puis au moment où la tête de l'avant-garde arrive à la pagode, il prononce un brusque mouvement offensif, à cheval sur la route. La compagnie BOLGERT, de la Légion, jetée au saillant du village, arrête l'ennemi et le chasse (9 h. 35).

Cette attaque donne lieu de penser que les forces de l'ennemi sont sur notre droite; le déploiement de ce côté est ordonné vers 9 h. 45. Les deux compagnies de flanc-garde s'engagent presque aussitôt avec les réguliers chinois qui occupent un gros village. Le convoi de l'ennemi est surpris et enlevé. En même temps le village est cerné par les compagnies de MIRABAL et PETIT-MAIRE, de la Légion; ses défenseurs tués.

De tout côté l'ennemi se débande. Il est 10 h. 30, le feu a cessé sur la route. Les villages des environs sont fouillés. La marche en avant sur Kep est reprise à 12 h. 15.

*
* *

Le village de Kep est situé au pied de mouvements de terrain qui limitent au N.-E. la vallée de Sông Thuong-Gian. A partir de Kep, la route de Bac-Ninh à Lang-Son pénètre dans un long défilé et serpente entre des mamelons élevés, incultes, couverts d'une végétation vierge, d'arbres enchevêtrés, d'herbes serrées plus hautes que l'homme. La route de Tinh-Dao-Xa (citadelle de Yên-Thê) à Lang-Son vient aboutir à une rivière encaissée, Le-leu, affluent de gauche du Sông-Thuong-Gian, a environ 4 kilomètres à l'ouest de Kep. Il résulte de cette disposition que l'ennemi chassé de la citadelle de Yên-Thê, doit passer, soit à Kep pour rejoindre la grande route de Chine, soit à 4 kilomètres à l'ouest de Kep, pour rejoindre plus au nord, la même route.

La 1re brigade (général BRIÈRE DE L'ISLE) devant se trouver le 16 mars devant la citadelle de Yên-Thê, il y a intérêt à tenir Kep. De plus, d'après des renseignements, les Chinois y ont, ainsi que dans les villages les plus voisins, de gros approvisionnements.

L'ennemi est en position en avant de Kep, au marché de Voi. Il n'y fait qu'un semblant de résistance et les troupes arrivent à Kep à 2 heures de l'après-midi. Le fortin a été évacué si précipitamment que deux Chinois vêtus de soie, paraissant être de commerçants, y sont trouvés. Des sentinelles chinoises oubliées en faction sont enlevées. Des groupes ennemis tentent toutefois de se reformer à l'ouest. Ils sont dispersés par quelques obus.

Au village de Xeum, à l'ouest de Kep, nos troupes s'emparent de grands approvisionnements de riz, de poudre et de 4 canons Krupp. La poudre (environ 8.000 kilogrammes) est noyée; les canons sont ramenés à Bac-Ninh. Le riz ne pouvant être enlevé en totalité est distribué aux habitants.

Dans la nuit, une embuscade placée à 4 kilomètres sur la route de la citadelle de Yên-Thê s'empare d'un officier chinois monté, en reconnaissance sur Kep. Cet officier précédait un parti d'environ 400 réguliers qui sont dispersés le lendemain.

Le soir, la colonne cantonnée à Kep et ses environs nettoie le pays par de nombreuses patrouilles. Des prisonniers sont ramenés; comme la veille il est clairement établi qu'on n'avait affaire qu'aux garnisons d'étapes de Bac-Ninh à Lang-Son.

Le lendemain, 17 mars, le général DE NÉGRIER continue à refouler les Chinois. Il envoie un fort détachement sous les ordres du chef de bataillon HUTIN fouiller les villages de Xam, Dong, Ngiat-Liêt et Vi-Liêt. Pendant ce temps le reste de la colonne sous les ordres du général DE NÉGRIER continue sa route sur Lang-Son. Mais, en route, le général commandant de la brigade reçoit l'ordre du général commandant en chef de rentrer avec toute sa colonne à Bac-Ninh, où elle arrive le 20 mars.

*
* *

Prise de Thai-Nguyên. — Conformément aux ordres du général commandant en chef, le général BRIÈRE DE L'ISLE quitte Bac-Ninh le 15 mars 1884, à la tête d'une colonne composée : des 1er et 3e bataillons du 1er régiment de marche, du 2e bataillon du 3e régiment de marche de marine, d'une compagnie de tirailleurs annamites, des 1re et 2e batteries de 4 de marine (capitaine RÉGIS et WINTEMBERGER) et de quelques autres petits détachements (au total 2.800 hommes et 32 officiers), en direction de Thai-Nguyên, en passant par la citadelle de Yên-Thê (Tin-Dao).

La colonne passe le Sông Câu à Ben-Gam, sur des barques réquisitionnées dans les environs. A la nuit elle cantonne dans le village de Vai-Nua (Doan-Bai).

Le général commandant la colonne désirant rejoindre l'ennemi avant qu'il ne se retranche, décide d'organiser un détachement indépendant dont il donne le commandement au lieutenant-colonel BELIN pour marcher sur la citadelle de Yên-Thê.

Le 16 mars à 5 heures du soir, la colonne principale arrivait à la hauteur du village de Duc-Lan, quand le général BRIÈRE DE L'ISLE, entendant des coups de fusils et de canons du côté du détachement du lieutenant-colonel BELIN, laisse le convoi à Duc-Lan et avec deux compagnies de tirailleurs algériens se porte accompagné de son Etat-major, vers la colonne de reconnaissance. En route, il apprend par un cavalier envoyé au devant de lui, que la citadelle de Yên-Thê est prise et que nous l'occupons. Il y passe la nuit avec toute la colonne qui l'a rejoint.

On trouve dans la citadelle 10.000 ligatures, 26 canons dont quelques-uns en fonte, environ 5.000 hectolitres de paddy, 40 hectolitres d'huile de ricin, de la poudre, des munitions Remington et Snider.. etc..

La citadelle de Yên-Thê n'était construite que depuis six ans, dans un intérêt purement militaire, pour remplacer Bac-Ninh, dans le cas de la prise de ce chef-lieu par les troupes françaises. C'est ainsi que les Annamites ont toujours agi contre nous, soit en Basse-Cochinchine, soit au Tonkin. Chaque province est pourvue d'une « nouvelle citadelle » élevée dans une position de difficile accès ; c'est là qu'on évacue au moment du danger une partie du trésor et du matériel de guerre de la place menacée.

Le capitaine Thirion avec une compagnie d'infanterie de marine, renforcée d'un peloton de tirailleurs algériens et d'une section d'artillerie, fut laissé par le général Brière de l'Isle, pour brûler et raser la citadelle, tandis que la colonne quittait la forteresse de Yên-Thé, le 18 mars au matin.

La veille, dans l'après-midi du 17 mars, le général commandant la colonne avait envoyé vers Duc-Lan une petite reconnaissance commandée par le chef de bataillon Hesling, avec 2 compagnies de son bataillon de tirailleurs algériens, une section d'artillerie et le détachement du génie, autant pour réparer la route impraticable que pour éclairer la colonne. Elle trouve le village de Duc-Lan occupé par l'ennemi et livre combat. Elle réussit à disperser les Chinois après une lutte vive. A 4 h. 20, toute la colonne est sur l'autre bord. Elle cantonne à Phu-Binh.

Dans la matinée du 19 mars, la colonne, s'étant allégée de ses malades et éclopés, ainsi que des couvertures des hommes, continue sa route vers Thai-Nguyên. A 10 heures l'avant-garde, sous les ordres du capitaine Camps, de l'Etat-major du général commandant en chef, arrive à 3.000 mètres de la citadelle de Thai-Nguyên. Immédiatement le général Brière de l'Isle donne ses ordres d'attaque.

La route débouche en ligne droite sur la citadelle ; l'artillerie y restera avec le gros de la colonne qu'un pli de terrain dérobe à la vue de l'ennemi. Les tirailleurs annamites à petite distance en avant n'avanceront pas et ne commenceront le feu qu'au commandement de leur chef. Un demi-bataillon de tirailleurs algériens sous les ordres du lieutenant-colonel Le Tellier déboitera à droite de la route et avec mission de se glisser, à la faveur des mouvements de terrain, entre le fleuve et la citadelle. Le chef de bataillon Coronnat avec ses 3 compagnies se portera de même à l'ouest de la citadelle pour couper la retraite à ceux qui voudraient prendre la route de Tuyên-Quang ou de Cao-Bang.

Toutes ces dispositions sont prises ou en exécution, quand de nombreux pavillons de toutes couleurs sortent de l'enceinte extérieure de Thai-Nguyên. Une partie se porte vivement à la rencontre de la colonne, d'autres se prolongent entre elle et le fleuve ; enfin un nombre considérable de pavillons blancs se montrent sur les crêtes, essayant de déborder la gauche de la colonne. L'ennemi fait donc, au moins par ses ailes, un mouvement semblable à celui que le général Brière de l'Isle avait prescrit.

Le combat s'engage violent. La vaillance de nos troupes a raison de la résistance de l'ennemi ; des crêtes qui dominent au sud-ouest, la citadelle de Thai-Nguyên, les Marsouins poursuivent de leurs feux de salve une masse de fuyards couvrant la route de Tuyên-Quang.

D'après les renseignements, la colonne du général Brière de l'Isle avait eu à faire à 2.000 Chinois fuyards de Bac-Ninh, 200 « Pavillons noirs » et 600 Annamites. Ce sont les « Pavillons noirs » et Annamites qui ont supporté toutes les pertes, les Chinois ayant commencé de fuir dès l'annonce de l'arrivée de nos troupes et à leurs premiers coups de canon.

La prise de Thai-Nguyên, en même temps qu'elle mettait entre nos mains une redoutable citadelle, nous donnait en butin ; 39 canons dont 27 en bronze, 20 fusils de rempart, 200 fusils ordinaires de tout modèle, 16 à 18.000 hectolitres de riz, 8 à 10.000 ligatures, des cartouches, du salpêtre, de la poudre, etc.

Nos effectifs encore faibles, ne nous permettaient point encore de disséminer nos troupes. Dans l'esprit du commandement, il semblait aussi que, du moment qu'on avait chassé les Chinois et démantelé la citadelle, ceux-ci n'y reviendraient pas, et il fut décidé que la colonne de la 1re brigade, après avoir fait sauter les portes de la citadelle et noyé ce qui ne pouvait être emporté, rentrerait à Bac-Ninh.

Le 21 mars, le général Brière de l'Isle donne à la colonne l'ordre de départ. Le 24 mars, elle rentre à Bac-Ninh.

*
* *

Pendant que ces deux colonnes poursuivaient les Chinois, les troupes et les canonnières en station ne restaient pas inactives.

Le 17 mars, le lieutenant de vaisseau commandant la *Massue* part de Haiphong avec quelques hommes de la compagnie Dominé pour Lac-Son au pied des collines de Dông-Triêu, châtier une bande de pirates qui s'était emparée du vapeur *Marcel Courtin* transportant 40.000 piastres. Ils trouvent le vapeur incendié, repoussent les pirates dans la montagne et brûlent le village.

D'autres reconnaissances sont faites par le chef de bataillon DUGENNE dans le massif montagneux au N.-E. de Dông-Triêu; par le lieutenant-colonel DUCHESNE, commandant de Son-Tây, sur la rive gauche du Fleuve Rouge; par la compagnie DOMINÉ, entre le Cua-Tray et le Cua-Van, dans la province de Haiphong, etc... Toutes prennent contact avec les bandes, leur infligent des pertes sérieuses et les obligent à se disperser.

⁎⁎

Mais de tous côtés les renseignements des émissaires et les reconnaissances de nos canonnières signalent une concentration importante de troupes chinoises et annamites à l'ouest de Son-tây. L'ennemi est signalé à Hung-Hoa, dont il a fortifié les abords, avec des postes sur les deux rives de la Rivière Noire; il a organisé défensivement plusieurs villages de la rive gauche du Fleuve Rouge en face d'Hung-Hoa.

Le général commandant en chef décide que le corps expéditionnaire marchera sur Hung-Hoa et opèrera en deux colonnes, qui arriveront sur la Rivière Noire le même jour. A cette date les canonnières *l'Eclair* et la *Trombe* devront se porter au confluent du Fleuve Rouge et de la Rivière Noire.

La 1ʳᵉ colonne, général BRIÈRE DE L'ISLE, se portera le 10 avril sur la Rivière Noire, sa droite à la route directe de Son-Tây à Hung-Hoa, sa gauche à Tong-Lanh. Elle prendra ses dispositions pour, lorsque l'ordre en sera donné, franchir la rivière et attaquer par le Sud la citadelle de Hung-Hoa.

La 2ᵉ colonne, général de NÉGRIER, se dirigera le 10 avril sur la Rivière Noire par Son-Tây et la digue du fleuve, à la droite de la 1ʳᵉ colonne; elle prendra ses dispositions pour franchir la rivière et aborder par l'est la citadelle de Hung-Hoa.

La colonne du général BRIÈRE DE L'ISLE, composée de deux bataillons de tirailleurs algériens, deux bataillons d'infanterie de marine, un bataillon de fusiliers marins, deux compagnies de tirailleurs algériens (venant de la garnison de Son-Tây), 600 tirailleurs tonkinois sous le commandement du chef de bataillon BERGER, du 1ᵉʳ groupe d'artillerie sous les ordres du chef d'escadron de DOUVRES et des détachements de gendarmerie, de télégraphie et d'ambulance, cantonne le 5 avril au village de Phong, le 6, elle passe le Day et prend ses cantonnements aux villages de Hoa-Giay et Bac-Loc. Le 7 avril elle est à Phu-Nhi et Son-Tây, le 8 avril à Dong-Cau, Dong-Bo et Phu-Vat. Elle exécute quelques reconnaissances le 9 avril et le 10 débouche sur la Rivière Noire par les deux routes de Hung-Hoa et de la pagode Tong.

La nuit du 10 au 11, se passe dans le plus grand calme. Au matin les Chinois réunis dans les villages de Ha-Bi et de La-Thuong ouvrent un feu violent sur nos avant-postes qui surveillent le cours du fleuve. Quelques coups de 4 de montagne les délogent de ces villages.

La 2ᵉ brigade ayant atteint la Rivière Noire, le général commandant en chef donne l'ordre à la 1ʳᵉ colonne de continuer sa marche. Celle-ci quitte ses cantonnements vers 10 heures du matin, arrive à Bat-Bac à 1 h. 45 et commence le passage de la rivière, avec des moyens de fortune. Le bataillon de tirailleurs algériens qui formait l'arrière-garde ne peut passer que le 12 avril à 6 h. 30 du matin.

La colonne du général DE NÉGRIER était composée de deux bataillons du 1ᵉʳ régiment de marche, deux bataillons de Légion étrangère, deux compagnies d'infanterie de Marine, du 2ᵉ groupe d'artillerie sous les ordres du chef d'escadron MORTIER et du 4ᵉ groupe d'artillerie, du quartier général du général commandant en chef et de détachements de télégraphie et d'aérostiers.

De ce côté, les événements se succèdent comme il avait été prévu et le 12 avril, les renseignements, confirmés par une observation du ballon captif, signalant que les Chinois évacuent la citadelle de Hung-Hoa; l'ordre est immédiatement donné d'aller l'occuper, ce qui fut fait sans combat.

Après quelques jours de repos, une colonne commandée par le général DE NÉGRIER quitte Hung-Hoa afin de poursuivre l'ennemi dans la direction de Phu-lam-Thai. Elle rentre le 17 avril, après en avoir dispersé l'arrière-garde.

Nos troupes reviennent à Hanoi et il ne reste plus à Hung-Hoa, le 19 au soir, sous les ordres du colonel DUCHESNE, qu'un détachement de 50 tirailleurs annamites, deux bataillons de Légion, la batterie de 95 et des détachements du génie, d'ambulance et du service administratif.

Pendant les opérations sur Hung-Hoa, le général DE NÉGRIER avait laissé comme commandant des troupes à Bac-Ninh, le lieutenant-colonel BRIONVAL. De nombreuses bandes circulant dans le huyên de Kinh-An (à Than-Thau, Yach-Loi et Hiên-Luoc), ordre est donné au chef de bataillon REYGASSE de s'y porter avec une compagnie de tirailleurs tonkinois et deux compagnies d'infanterie de marine.

La petite colonne part le 10 avril, traverse le sông Ga-Lô au bac de Bên Do-Lo et s'avance sur Dong-Lai, dont elle s'empare après une vive lutte, y faisant 227 prisonniers. Le lendemain elle se trouve devant Linh-Anh et y séjourne quelques jours, faisant des reconnaissances dans les villages environnants.

Le 14 avril, elle se remet en marche sur Da-Phuc où la rejoint une compagnie de renfort commandée par le capitaine PENTHER, avec une pièce de 4 de montagne qui lui est envoyée par le lieutenant-colonel BRIONVAL. Mais ce dernier prescrit au commandant RÉYGASSE d'avoir à remonter sur Thai-Nguyên après avoir visité Da-Phuc et de redescendre ensuite sur Bac-Ninh par Phu-Binh et Phô-Gam.

Le 15 avril, le commandant REYGASSE quitte Da-Phuc et va cantonner à Cai-Dau, d'où il repart le lendemain et, par Luu-Xa, arrive devant Thai-Nguyên à 1 h. 10 de l'après-midi. Presqu'immédiatement les Chinois qui occupaient à nouveau la ville se montrent. Après un violent assaut, précédé de feux de salve et de quelques obus de 4, la citadelle est occupée par nos troupes (2 h. 20). Le 19 avril 1884, la colonne rentre à Bac-Ninh.

Ce n'est que le 10 mai de la même année, que le lieutenant-colonel DONNIER commandant à Bac-Ninh, recevra l'ordre d'aller occuper définitivement Thai-Nguyên.

*
* *

Deux décrets chinois, l'un relatif à la prise de Son-Tây, l'autre à la prise de Bac-Ninh, parus dans la *Gazette de Pékin* du 12 avril 1884, devaient ouvrir les yeux aux moins crédules. « La mise en accusation du « gouverneur du Yunnan, pour n'avoir pas pu secourir Son-Tây, du gouverneur et du général du Quang-Si pour « n'avoir pas osé défendre Bac-Ninh, l'ordre de mettre à mort les deux infortunés officiers qui ont reculé devant « notre attaque, sont, écrit notre chargé d'affaires à Pékin, un véritable défi jeté à la France. Tout le monde « l'affirme et ceux-là même qui, la veille encore, plaidaient en faveur de la Chine des circonstances atténuan-« tes, qui exprimaient le désir de nous voir renoncer à la totalité ou à une partie de l'indemnité que nous pas-« sions pour avoir réclamée, avouent hautement que désormais nous serions fondés à réclamer frais et dépenses, « dommages et intérêts sans merci ».

« C'est la déclaration officielle que la guerre existe entre la France et la Chine », a télégraphié le ministre de la Russie, à son gouvernement et, « elle vaut pour vous quatre cents millions, si vous voulez les prendre », dit-il à notre chargé d'affaires.

Le ministre de la marine et des colonies ayant posé des questions graves, ayant à la fois un caractère politique et militaire, le général MILLOT, désirant s'entourer de conseils, crée, par ordre général du 26 avril 1884, un conseil de gouvernement, dont il est président et composé du général DE NÉGRIER, du colonel GUERRIER, chef d'Etat-major, de M. SILVESTRE, directeur des Affaires civiles et politiques et du chef des services administratifs. Le chef de bataillon DE LACROIX remplit les fonctions de secrétaire-archiviste.

A la première réunion qui eut lieu le 28 avril, le général commandant en chef ouvre la séance en faisant connaître aux membres du conseil de gouvernement que le ministre de la Marine avait admis sa proposition sur l'occupation du Tonkin, qui pourrait être assurée au moyen d'un corps de 6.000 européens et 12.000 indigènes, et lui donnait pleins pouvoirs pour déterminer les points à tenir, le laissant libre d'engager le budget dans les limites qu'il croira convenable, en vue d'un établissement durable dans le pays.

La première question qui se pose est celle de l'élaboration du plan d'occupation ; que ce plan soit fixé au point de vue d'une occupation pure et simple du Delta, ou au point de vue plus large d'une extension, la solution est la même.

Dans le premier cas, il faut nous créer une position défensive, d'où l'ennemi ne pourra pas nous chasser ; dans le second cas, un point d'appui nous est nécessaire pour étendre plus au loin notre influence, notre civilisation, notre conquête, lorsque le moment sera venu. Il nous faut ce point d'appui où plutôt ce champ d'expérience pour montrer aux indigènes l'honnêteté de notre administration et les amener à nous.

D'un côté comme de l'autre, on est conduit d'une façon inéluctable à la même conclusion ; occuper les points d'où peuvent venir aux indigènes les impressions et les suggestions malsaines du dehors. Ces points sont marqués par les routes, les chemins, les arroyos, les rivières, voies d'invasion et de transaction par où s'opèrent les trafics de quelque nature qu'ils soient.

Que l'on envisage la question au point de vue politique, administratif ou militaire, les postes extrêmes à tenir se trouvent en avant de Bac-Ninh, d'Hung-Hoa ou de Nam-Dinh.

Dans l'état actuel des choses, l'occupation de points plus éloignés n'est pas possible. Elle se fera fatalement par la force même des événements, le jour où nous aurons réorganisé le pays ; le jour où les Tonkinois seront bien convaincus que nous ne les abandonnerons pas, le jour où notre petite armée sera constituée et bien encadrée. Ce jour là Cao-Bang, Lang-Son et Lao-Kay seront occupés.

Le général commandant en chef, ne veut pas détruire les citadelles. A son avis, si nous le faisions, nous pourrions laisser croire que nous voulons nous en aller un jour ou l'autre et jeter ainsi la défiance dans l'esprit des Annamites. Il faut au contraire que les populations du Tonkin soient absolument convaincues que nous sommes dans le pays pour tout de bon, que nous ne le quitterons plus. C'est à ce prix que la confiance renaîtra.

C'est ainsi que, dans le même esprit, le général commandant en chef dit que, lorsque les indigènes nous verront construire, ils deviendront confiants. C'est de la bonne politique d'édifier dans le pays au lieu de détruire.

Au point de vue de la répartition des troupes, il veut la moitié des forces à Hanoi et l'autre moitié dispersée comprenant la plus grande partie des troupes indigènes. Hanoi est très bien placé pour rayonner dans toutes les directions.

*
* *

De même que le général commandant en chef s'occupait du plan d'occupation à adopter, son attention avait été attirée par la solidité que les auxiliaires tonkinois avaient montrée dans les différents combats auxquels ils avaient assisté et qui avait assis leur renommée. Dès lors il pense à les développer et à leur donner une organisation définitive, analogue à celle adoptée en Cochinchine pour le régiment de tirailleurs annamites, créé par décret du 2 décembre 1879.

Sur sa proposition, la formation de deux régiments de tirailleurs tonkinois est ordonnée par décret du 12 mai 1884. Les cadres sont fournis par les troupes de la marine. Chaque régiment comprendra trois bataillons de quatre compagnies plus un petit Etat-major et une section hors rang. Les dispositions relatives à l'organisation et au fonctionnement du corps sont empruntées au régiment de tirailleurs annamites.

Le recrutement des indigènes est régional ; il s'opère par voie d'appels suivant la coutume annamite, chaque commune étant responsable de la présence de son contingent sous les drapeaux.

Le régiment fut formé d'abord à neuf compagnies réparties en deux bataillons. Plus tard on porta le chiffre des bataillons à trois et celui des compagnies à douze, soit quatre compagnies par bataillon. L'effectif de chaque compagnie, basé sur les ressources du recrutement du pays, ne pouvait être moindre de 200 hommes, ni supérieur à 250.

Deux décrets en date du 2 avril et du 28 juin 1885, portèrent le nombre des régiments à trois. Un autre décret du 19 février 1886 crée un quatrième régiment avec des cadres appartenant au département de la guerre : après avoir été supprimé par décret du 21 juin 1890, ce régiment est reconstitué en 1897 (décret du 10 décembre) et rattaché à la marine.

En 1886, il fut créé en Annam quatre bataillons de chasseurs annamites. Ils furent supprimés en 1889.

Les premiers officiers d'infanterie de marine qui furent appelés à l'organisation des tirailleurs tonkinois furent : les lieutenants-colonels DE MAUSSION et BERGER, les chefs de bataillon TONNOT, JORNA DE LACALE, LAFONT, MERLAUD, PELLETIER et PIZON.

*
* *

Pendant ce temps les opérations et les reconnaissances ne chômaient point dans le delta du Tonkin.

Le 27 avril 1884, le capitaine breveté CUVELLIER, commandant la 2ᵉ compagnie du 4ᵉ régiment de marche, part de Phu-Lang-Thuong et va en reconnaissance à Thuan-Phuong avec 100 hommes, à la rencontre d'un groupe pirate qui lui est signalé et le disperse. Il s'empare d'armes et « trouve des drapeaux tricolores à nos couleurs, dont les pirates se servaient pour nous faire détester des populations ».

La capitaine du *Léopard*, en reconnaissance le 30 avril, met en fuite une bande de 700 pirates armés de fusils et de flèches, qui pillaient et rançonnaient les villages du bord du Song Luc-Nam.

Quelques jours après, le 10 mai, le chef de bataillon DUGENNE, commandant la colonne poursuivant les pirates chinois aux environs de Ninh-Trang dans le Dong-Trieu, est avisé que ceux-ci se trouvent dans la montagne de Phat-Cat. Il y part avec une compagnie, mais il est reçu par un feu très violent partant de nombreuses galeries creusées dans le flanc de la montagne. Il est atteint lui-même de trois blessures, à la nuque, à la poitrine et au bras droit et se voit obligé de revenir sur ses positions. Les retranchements ennemis, attaqués de nouveau par le capitaine SERVIÈRES, sont enlevés en partie ; on y prend un canon et de nombreux approvisionnements. Nous avons dans cette affaire, un tué et 6 blessés. La bande de pirates y perd du monde, mais n'est point détruite. Elle s'enfuit vers le nord.

⁂

Occupation de Tuyên-Quang. — Dans la séance du Conseil de Gouvernement du 19 mai 1884, le général commandant en chef fait part au conseil de la décision qu'il a prise d'occuper Tuyên-Quang. Depuis la prise de Hung-Hoa, les Pavillons Noirs retirés dans la haute région de la Rivière Claire, s'y livrent à toutes sortes de déprédations et de sévices. L'expédition s'exécutera par deux colonnes, l'une tirée de la garnison de Hung-Hoa suivant la voie de terre ; l'autre partant par eau de Hanoi jusqu'à Tuyên-Quang. Le colonel DUCHESNE prendra la direction supérieure de l'opération.

Le 31 mai, le colonel DUCHESNE installe le chef de bataillon FRANGER à Tuyên-Quang avec une garnison forte de deux compagnies de Légion, d'une compagnie de tirailleurs et d'une section d'artillerie, et revient à Hung-Hoa le 6 juin. L'occupation de la citadelle s'était faite sans coup férir, les Pavillons Noirs l'ayant évacuée à notre approche.

⁂

Du côté de la Chine, les événements nous paraissaient favorables.

Le 26 mars 1884, le capitaine de frégate FOURNIER, commandant le *Volta*, rencontrait à Hong-Kong, un Allemand, M. DETRING, des douanes chinoises, grand ami de LI-HOUNG-TCHANG, qui rentrait d'Europe. M. DETRING reconnaissait que le marquis TS'ENG avait mal agi vis-à-vis de nous, mais qu'il était poussé par son conseiller anglais qui lui parlait constamment « des grandes forces chinoises et d'une coalition européenne inspirée par l'Allemagne, lui présant que nous serions abandonnés par l'Angleterre ». Dès son premier entretien avec le capitaine de frégate FOURNIER, M. DETRING aborda la question d'un arrangement possible avec LI-HOUNG-TCHANG.

Les choses en étaient restées là, lorsque quelque temps après, le commandant FOURNIER, étant de passage à Shang-Hai, reçut une dépêche de LI-HOUNG-TCHANG, que lui remit MA-KIEN-TSHONG, le priant de se rendre à Tien-Tsin conférer en ami avec lui ; et comme gage de sincérité, il lui annonçait le rappel du marquis TS'ENG. Le contre-amiral LESPÈS commandant l'escadre d'Extrême-Orient autorisa ce déplacement, en informa le Gouvernement français (29 avril) qui l'approuva (30 avril) et lui donna carte blanche pour conduire des négociations officieuses.

Le 10 mai, le Gouvernement français envoyait ses pleins pouvoirs au contre-amiral LESPÈS, qui avait donné, le 8 mai, des pouvoirs provisoires au capitaine de frégate FOURNIER, lequel de son côté avait câblé les lignes générales d'une convention possible.

Le contre-amiral LESPÈS se mit en route sur Tiên-Tsin où il arriva le 17 mai. Mais, pendant ce temps, le commandant FOURNIER, utilisant les pouvoirs provisoires qu'on lui avait remis, s'était rendu, accompagné de notre consul à Tiên-Tsin, M. FRANDIN, et de M. BRIÈRE comme secrétaire, au Yamen du vice-roi de l'CHE-LI et avait signé avec LI-HOUNG-TCHANG, muni de pleins pouvoirs par décret impérial, une « Convention préliminaire d'amitié et de bon voisinage, pour servir de base à un traité définitif entre la « France et la Chine ».

Ce même jour (17 mai), le commandant FOURNIER adressait en langage clair, la dépêche suivante au général MILLOT commandant en chef : « J'ai l'honneur de porter à votre connaissance les mesures suivantes, arrêtées « par les plénipotentiaires, de la convention entre la France et la Chine. *Après un délai de 20 jours, c'est-à-*« *dire le 6 juin,* vous pourrez occuper Lang-Son, Cao-Bang, That-Khê et toutes les places du territoire tonki-« nois adossées aux frontières du Kouang-Toung et du Kouang-Si. Vous pourrez en même temps établir des « stations navales sur tous les points de la côte du Tonkin où vous voudrez. Avisez l'amiral COURBET. *Après* « *un délai de 40 jours, c'est-à-dire le 26 juin,* vous pourrez occuper Lao-Kay et toutes les places du territoire « tonkinois adossées à la frontière du Yunnan. J'ai notifié à LI-HOUNG-TCHANG que ces délais expirés, vous « procéderiez sommairement à l'expulsion de toutes les garnisons chinoises attardées sur le territoire tonkinois. « Après avoir pris ces dispositions, j'ai mis fin à ma mission de plénipotentiaire ».

De même, en Annam, la situation paraissait se modifier résolument en notre faveur.

A la fin du mois d'avril, M. PATENOTRE, qui avait été nommé « Envoyé extraordinaire et ministre plénipotentiaire à Pékin, le 12 septembre 1883, à la place de M. BOURÉE, fut chargé d'une mission à Hué, pour y assurer l'exercice de notre protectorat ; il lui était prescrit, en attendant que la Chine manifestât des dispositions plus pacifiques, d'avoir à régler entre la France et l'Annam les nouveaux rapports créés par les derniers évènements, les choses « venant de prendre en Annam, une nouvelle face. Depuis la prise de Bac-Ninh et de Hung-« Hoa, le delta du Fleuve Rouge se trouve en notre possession, la dispersion des Pavillons Noirs et des contin-« gents chinois a clos la période des opérations militaires proprement dites et notre action sur le Tonkin tout entier « ne rencontrera plus d'obstacles sérieux ». (Instructions de M. Jules FERRY du 25 avril 1884).

En même temps, le Gouvernement français faisait savoir à M. DE SEMAILLÉ à Pékin, que M. PATENOTRE s'embarquait pour Hué « où il va conclure les arrangements nécessaires pour organiser définitivement notre pro-« tectorat. Sa mission n'a pas d'autre objet ».

Après qu'un arrangement serait signé, M. PATENOTRE aurait à procéder à l'installation officielle de la Résidence du gouvernement français avec le lieutenant-colonel RHEINART à la tête.

Comme il arrivait au Cap Saint-Jacques, M. PATENOTRE apprenait la signature de la convention FOURNIER.

Le 6 juin 1884, notre envoyé signait avec NGUYÊN-VAN-THUONG, premier régent et ministre de l'Intérieur, PHAM-THAN-DUAT, ministre des Finances et TON-THAT-PHAN chargé des relations extérieures, un traité auquel une convention entre la France et l'Annam sur le régime des mines de l'Annam et du Tonkin fut ajoutée le 18 février 1885, et qui fut ratifié par le gouvernement français le 2 mars 1886.

Par ce traité, le Binh-Thuân, donné à la Basse-Cochinchine ainsi que le Nghê-An, le Thanh-Hoa et le Ha-Tinh rattachés au Tonkin par le traité HARMAND (août 1883), faisaient retour à l'Annam. Mais notre protectorat était assuré, et la convention FOURNIER (17 mai 1884) ayant réglé les affaires de Chine, la question du Tonkin paraissait heureusement résolue. Le sceau qui avait été envoyé jadis à GIA-LONG par l'Empereur de Chine KIA-K'ING, en signe de vassalité, fut détruit publiquement le 6 juin avant la signature du traité. La Chine ne fit allusion au sceau que le 14 août, sept semaines après l'incident de Bac-Lê, dans une note adressée aux Légations étrangères.

[*]

Affaire de Bac-Lê. — Après avoir reçu la communication du capitaine de frégate FOURNIER, le général MILLOT, commandant en chef, fait préparer par le colonel GUERRIER, son chef d'Etat-major, l'avance des troupes françaises en territoire évacué. Il prescrit que les provinces de Lang-Son, That-Khê et Cao-Bang seront occupées par nos troupes.

A cet effet, une colonne se forme sous le commandement du lieutenant-colonel DUGENNE à Phu-Lang-Thuong ; elle comprend : 8 officiers et 306 hommes d'infanterie de marine ; 300 tirailleurs tonkinois ; une batterie de 4 de marine ; 43 cavaliers du corps expéditionnaire ; des détachements de pontonniers, du génie, de télégraphistes, de gendarmerie, du train des équipages, des services administratifs..., etc... formant un total de 26 officiers et 977 hommes.

La colonne ainsi constituée quitte Phu-Lang-Thuong le 13 juin et cantonne le soir à Phu-Xuyên. Elle arrive le 15 juin à Cao-Son après Kep, et déjà le lieutenant-colonel DUGENNE signale de nombreux éclopés et insolés. Il demande une compagnie de renfort. La compagnie MAILLARD à l'effectif de 80 hommes lui est adressée et rejoint le 20 juin à 10 kilomètres de Cao-Son. Etant donné la chaleur extrême et les nombreux arroyos à passer, le lieutenant-colonel DUGENNE ne compte pas arriver à Lang-Son avant le 26.

Le 22 juin, la colonne campe sur les bords du Song Thuong après avoir laissé à Bac-Lê, sous bonne garde, le convoi de vivres. Le lieutenant-colonel DUGENNE fait savoir au général commandant en chef qu'il compte franchir le lendemain cette rivière, si la nuit se passe sans orage, et lui signale que le pays est infesté de rôdeurs chinois bien armés.

Dans la nuit du 23 au 24 juin, le général MILLOT apprend, par un renseignement bref, que la colonne se trouve dans une situation critique. Il donne immédiatement au général DE NÉGRIER l'ordre de constituer une colonne de secours. Le lendemain dans l'après-midi seulement des renseignements arrivent.

La colonne DUGENNE avait été attaquée le 23 juin au matin après avoir passé le Song Thuong. L'ennemi ayant été repoussé, elle avait repris sa marche, lorsque, à 4 heures du soir, elle subissait une nouvelle attaque plus sérieuse que la précédente ; malgré tous les efforts, l'ennemi n'avait pu être délogé. Le feu de l'ennemi cessa le 24 juin, à 3 heures du matin, mais vers 8 heures les avant-postes furent attaqués de deux côtés à la fois. A 10 heures la fusillade devenait excessivement vive sur les trois faces et, l'ennemi exécutant un mouvement tournant bien accentué pour couper la route de Hanoi, le lieutenant-colonel DUGENNE voyant l'impossibilité qu'il aurait à se dégager, donna l'ordre de se replier à 11 heures.

Comme on procédait à la hâte au chargement du convoi, l'ennemi envoya sur les coolies une telle décharge qu'il en tua dix ; les autres prirent la fuite. La colonne dut abandonner ses vivres et se retira sur Bac-Lê ramenant ses tués et blessés.

Dans le combat du 23, nous avions eu 7 tués et 47 blessés, dont le capitaine d'infanterie de marine JEANNIN, qui mourut des suites de ses blessures et le lieutenant GENIN. Dans celui du 24, 14 tués dont le capitaine CLÉMENCEAU, 24 blessés dont le médecin-major GENTIT et le lieutenant DELMOTTE et 2 disparus. Tout le convoi avec les chevaux et 30 mulets, était resté aux mains de l'ennemi. Les cadavres chinois ramassés étaient vêtus du costume des réguliers chinois.

Ouvrons ici une parenthèse pour voir comment avait débuté l'attaque de nos troupes.

La colonne du lieutenant-colonel DUGENNE venait de passer le Song Thuong, le 25 juin au matin, lorsque son avant-garde entra en contact avec des troupes chinoises. La colonne s'arrêta et des parlementaires chinois vinrent remettre la lettre suivante au commandant de la colonne :

« Au noble commandant des troupes françaises.

« Votre compatriote, M. FOURNIER, a dit, à Tiên-Tsin, au moment où il s'en retournait en France, que, « après vingt (jours), des soldats (français) seraient envoyés pour parcourir le pays et que l'armée de KOUEI « devrait s'en retourner camper dans certains endroits, nous le savons comme vous.

« Vous voulez que nous nous retirions aujourd'hui sur la frontière ; mais il faut absolument pour cela un « avis du TSOUNG-LI-YAMEN. Ce n'est pas que nous voulions violer le traité. Le traité de Tiên-Tsin porte « bien que nos troupes seront retirées sur la frontière. Nous ne voulons pour cela qu'une lettre qui nous fixe sur « les mouvements à faire. On ne doit pas rompre la paix par des combats inutiles. Nous vous prions de bien « vouloir vous-même adresser un télégramme à Pékin, pour demander une lettre du TSOUNG-LI-YAMEN. Il ne « faudra que peu de temps pour la demande et la réponse. Dès que nos troupes auront l'avis du TSOUNG-LI- « YAMEN, elles évacueront le territoire annamite pour retourner aussitôt à la « passe du midi » (TSCHEN-NAN- « KOUAN). Nos deux pays ayant en effet conclu la paix, on ne doit pas faire naître de nouvelles luttes. Tel est « ce que nous avions à vous dire.

« LI, WANG et WEI, chefs du camp chinois.

« Expédié de KOUAN-YIN-KIAO, le 29ᵉ jour de la 5ᵉ lune de la 16ᵉ année KOUANG-SIU (22 juin 1884) à l'heure « yeou » (de 5 heures à 7 heures du soir) pour être remis le même jour.

« Sceau du commandant en chef du « grand camp » de l'armée de TCHEN-NAN-KOUAN, commandant aussi le camp de gauche de l'armée du centre ».

L'interprète de la colonne leur demandant combien de temps ils estimaient nécessaire pour avoir la réponse et retirer leurs troupes, ils demandèrent 5 jours. Cette proposition étant contraire à l'esprit du traité, le lieutenant-colonel DUGENNE, qui pouvait demander des instructions à Hanoi, la refusa sur l'heure.

Le même jour, à deux heures de l'après-midi, le lieutenant-colonel DUGENNE prévenu que le mandarin chinois venu le matin se trouvait aux avant-postes, mais qu'il refusait de dépasser certaine ligne de démarcation qu'il prétendait être la limite entre la province de Lang-Son et celle de Bac-Ninh y envoya le chef de bataillon CRÉTIN, pour l'inviter à venir le trouver. Après beaucoup d'hésitation et de pourparlers, il sembla disposé à suivre cet officier supérieur, mais demanda cependant à aller changer de vêtements et ne reparut plus.

A 3 heures, le lieutenant-colonel DUGENNE faisait parvenir aux Chinois ces quelques mots : « Dans une heure, les troupes françaises continueront leur marche ». Nous avons vu ci-dessus ce qui se passa ensuite.

*
* *

La colonne du lieutenant-colonel DUGENNE s'était retirée près de Bac-Lê sur un monticule dominant la région, car son chef avait remarqué une assez grande circulation de partisans chinois et craignait d'être surpris dans le village. Le 25 juin, il lui semble que les troupes chinoises l'entourent, se portant entre Bac-Lê et Kep. Le lieutenant-colonel DUGENNE, afin de ne pas être coupé du Phu-Lang-Thuong, quitte le monticule de Bac-Lê et se porte à deux kilomètres de ce village sur la route de Kep. Là il prend le contact avec la colonne de secours commandée par le général DE NÉGRIER, qui se trouve au Cao-Son (deux compagnies du 143e de ligne, une compagnie de tirailleurs, deux batteries de 80 et un détachement du génie).

Mais sa situation, comme celle d'ailleurs du général DE NÉGRIER, est mauvaise en raison de l'évacuation des blessés et du ravitaillement. En effet, par suite de la baisse des eaux, les jonques ne peuvent plus dépasser Phu-Lang-Thuong et le tông-dôc de Bac-Ninh ne peut fournir le nombre de coolies nécessaires. Au bout de quelques jours, la situation devient critique par manque de riz, de biscuit et de viande de conserve. Les postes optiques n'ont plus de pétrole. La chaleur de l'été tonkinois se fait cruellement sentir.

Le 28 juin, la colonne DUGENNE commence sa concentration sur Cao-Son.

Par ordre du Gouvernement français et en attendant le résultat des discussions diplomatiques en cours, on renonce à occuper, pour le moment, Lang-Son, That-Khê et Cao-Bang.

Dès que la nouvelle des combats de Bac-Lê lui est annoncée, le gouvernement français fait savoir au général MILLOT que notre ministre à Pékin, M. PATENOTRE va demander réparation « immédiate de la violation du traité de Tien-Tsin et le prévient qu'il a ordonné au vice-amiral COURBET d'y aider sur mer en prenant le commandement en chef de nos forces navales en Chine ».

M. PATENOTRE n'ayant pas encore rejoint son poste, le 28 juin, M. DE SEMALLÉ alla, accompagné de M. COLLIN DE PLANCY, au TSOUNG-LI-YAMEN pour y traiter de l'incident de Bac-Lê. Les membres de cette assemblée lui firent remarquer que, dans le texte chinois de traité de Tiên-Tsin, il n'était pas question de Lang-Son, de Cao-Bang et de Lao-Kay, ni d'une date précise pour l'évacuation du Tonkin, pas plus que des frontières de ce pays et que ces dispositions sont précisément à déterminer par le traité définitif.

M. DE SEMALLÉ insista sur les responsabilités encourues par le gouvernement chinois et remit une note en français, à laquelle il réclama une prompte réponse. Dans cette note il mentionnait la violation du traité et réservait tous les droits acquis par la France à la réparation des pertes et des outrages qui venaient de lui être infligés.

Mais d'autre part, il écrivait le 7 juillet à M. Jules FERRY, que l'erreur capitale, « qui avait donné lieu « au seul malentendu dangereux, provenait de ce que notre article V avait été traduit en chinois de telle « sorte que, depuis le premier jour où le projet d'évacuation avait été présenté à l'impératrice et au Conseil « privé jusqu'au 28 juin inclusivement, tous ceux qui en avaient pris lecture à Pékin, avaient compris que les « articles précédents devaient faire partie des matières à soumettre dans les trois mois à la discussion des plénipotentiaires des deux puissances, et que ce serait seulement à partir du jour à fixer par ceux-ci que l'évacuation « rapide » ou « immédiate » (peu leur importe) du Tonkin par les troupes impériales devait avoir lieu ».

Le 29 juin 1884, le TSOUNG-LI-YAMEN répondait à la note de M. DE SEMALLÉ, s'appuyant sur ce que l'article V de la convention du 11 mai disait qu'après « un délai de trois mois, on élaborera de concert un « traité définitif sur les bases fixées par les articles précédents », que rien de définitif n'avait été fixé et aucune « date spécifiée pour l'évacuation, c'est pourquoi « la Chine a envoyé des instructions écrites aux corps d'ar-« mée du Yunnan et du Kouang-Si, cantonnés au Tonkin, pour qu'ils continuent d'occuper les lieux où ils « se trouvaient, en leur interdisant d'expédier des troupes en avant ou de prendre l'initiative d'une bataille « jusqu'au moment où, le traité définitif ayant été conclu », on pourrait de part et d'autre, retirer ces troupes.

Le 1er juillet, M. PATENOTRE arrivait à Shanghai, il y était rejoint par le vice-amiral COURBET et décidait de ne pas aller à Pékin avant que la Chine ait fait preuve d'intentions conciliantes.

Après un échange de nombreuses notes : (lettre de LI-HOUNG-TCHANG au TSOUNG-LI-YAMEN du 2 juillet — Note du 4 juillet du ministre de Chine à Paris au Gouvernement français. — Note de M. DE SEMALLÉ au TSOUNG-LI-YAMEN du 1er juillet. — Dépêche du même au même des 4 et 6 juillet. — Note de M. DE SEMALLÉ du gouvernement chinois du 6 juillet. — Instructions du gouvernement français à M. PATENOTRE du 7 juillet. — Dépêche du TSOUNG-LI-YAMEN à M. DE SEMALLÉ du 10 juillet), — le 12 juillet conformément aux ordres du gouvernement français, M. DE SEMALLÉ remettait au TSOUNG-LI-YAMEN un ultimatum demandant que les troupes chinoises évacuent le Tonkin sans délai et exigeant une indemnité de 250 millions de francs.

Le même jour (12 juillet), M. PATENOTRE recevait une note du gouvernement chinois dans laquelle il représentait l'affaire de Bac-Lê comme un déplorable malentendu et exprimait ses regrets. Notre ministre répondit qu'il était mal venu de plaider les circonstances atténuantes et que la Cour de Pékin était saisie d'un ultimatum en termes courtois, mais que nous étions désormais résolus, si nous n'obtenions pas satisfaction sur tous les points, à employer la force.

Le lendemain 13 juillet, le TSOUNG-LI-YAMEN faisait savoir à M. DE SEMALLÉ qu'il offrait de donner satisfaction à la partie de nos demandes qui concernaient l'occupation et il se bornait à ajouter que « si nous prenions des garanties, il protesterait auprès « des puissances ».

Quesques jours après, le 16 juillet, un décret impérial nous donnait satisfaction sur la première partie de nos demandes, puisqu'il ordonnait le retrait des troupes chinoises du Tonkin. Il disait : « le délai de trois mois (de « la convention FOURNIER à ce jour) étant prêt d'expirer, « il importe de mettre dès à présent à exécution le pas-« sage de l'article 11 relatif au retrait sur nos frontières « de toutes nos garnisons du Tonkin. Nous ordonnons « en conséquence à TS'ENG-YU-YING et à P'AN-TING-« SING de retirer toutes nos garnisons de Lao-Kay et de « Lang-Son et de les faire rentrer pour y cantonner en « deçà des défilés du Yunnan et du Kouang-Si. Cette « évacuation devra être complètement terminée dans l'es-« pace d'un mois, pour bien montrer notre bonne foi ».

M. PATENOTRE faisait répondre, le 18 juillet par M. DE SEMALLÉ. « Le gouvernement français s'en tient « strictement à ses déclarations récentes et ne peut rien « changer aux termes de la note que la légation de « France a fait remettre à Son Altesse, le 12 de ce mois « avant midi ».

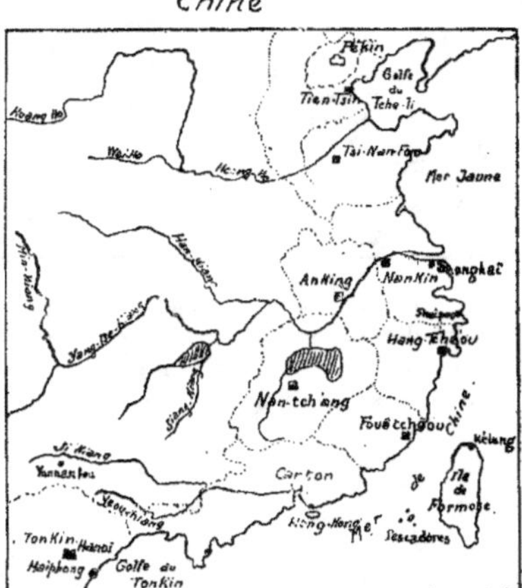

Le lendemain, 19 juillet, un décret impérial désignait « le vice-roi des deux Kiang TS'ENG-KOUO-TS IUAN pour se rendre à Shanghai et y traiter avec M PATE-« NOTRE la question du traité définitif ». On consentit à prolonger le délai de l'ultimatum.

Les conférences s'ouvrirent le 28 juillet avec les délégués chinois TS'ENG-KOUO-TS'IUAN, TSH'EN-PAO-TCH'EN et SIU-KING-TCH'ENG ; on ne put arriver à s'entendre et, le 2 août, M. PATENOTRE avisa les plénipotentiaires que, les délais de l'ultimatum ayant expiré, nous reprenions notre liberté d'action.

Le 19 août, M. DE SEMALLÉ remettait un nouvel ultimatum demandant une réponse dans les quarante-huit heures au sujet de l'indemnité, faute de quoi, le vice-amiral COURBET prendrait immédiatement toutes dispositions utiles pour assurer au Gouvernement français les réparations auxquelles il avait droit.

Le TSOUNG-LI-YAMEN répondit le 20 août, une note très quelconque. Le 21, à midi, comme l'ultimatum expirait, le YAMEN envoyait ses passeports à M. DE SEMALLÉ. Le même jour, ce dernier quittait Pékin et allait trouver à Shanghai M. PATENOTRE.

Les atermoiements du gouvernement chinois avaient lassé notre patience ; malgré les négociations, il n'avait cessé d'envoyer des troupes au Tonkin. Au commencement de juillet, un corps de 7.500 hommes avait reçu l'ordre de passer la frontière pour aller se joindre aux « Pavillons Noirs ». Le 31 juillet, le vice-roi de SE-TCH'OUEN, TIN-PAO-TCHEN, recevait un décret secret relatif à l'envoi dans le Yunnan du général PAO-TCH'AO et de 2.500 réguliers, en vue de se concerter avec le vice-roi de cette province pour empêcher l'occupation de Lao-Kay. Enfin LO-PHOUNG-LO, l'un des familiers de LY-HOUNG-TCHANG, arrivait le 28 juillet à Shanghai, chargé par ce dernier d'un message absolument confidentiel pour M. PATENOTRE. Dans sa conversation avec M. VISSIÈRE, interprète officiel de notre Légation, il se mit à parler du capitaine de frégate FOURNIER, disant que ce dernier s'était rendu aux observations du vice-roi du TCHE-LI dans l'entrevue du 17 mai, au sujet d'une occupation trop hâtive des places frontières du Tonkin par les troupes françaises et avait consenti *à rayer les passages de sa note relative aux dates d'évacuation*, que cette pièce portant ces ratures était entre ses mains et qu'il était prêt à la montrer. Le 10 août, LO-PHOUNG-LO montrait à M. VISSIÈRE un fac-similé de la pièce (parue dans le *North China Herald* du 22 août 1884) avec les ratures au crayon et le lendemain il montrait à M. PATENOTRE le document original. Le capitaine de frégate FOURNIER déclara sur l'honneur qu'il n'était pour rien dans ces ratures ; le document original était de sa main. Une seule date avait été changée, quant à l'occupation de la frontière du Yunnan, portée au 1er juillet au lieu du 26 juin.

Immédiatement, l'ordre est donné au vice-amiral COURBET de détruire l'arsenal de Fou-Tchéou. L'escadre française se trouvait concentrée depuis fin juillet dans la rivière Min, à hauteur de la Pagode, face à face avec la flotte chinoise qu'elle surveillait.

Le 23 août 1884, le consul de France à Fou-Tchéou avisait le vice-roi que le feu allait commencer. A 13 h. 45 l'action s'engageait.

Les torpilleurs 45 et 46 se jetaient sur les cuirassés chinois Fou-Sing et Yang-Ou. A 14 h. 25 la flotte chinoise était anéantie ; les Chinois avaient perdu 22 navires et 2.000 hommes. Nous avions 6 tués et 27 blessés.

Le 24, l'escadre française bombarda l'arsenal. Puis il fallut redescendre la rivière pendant 12 milles, sous le feu des batteries chinoises établies sur les deux rives. Du 25 au 29, l'amiral COURBET procéda à la destruction méthodique de ces ouvrages qu'il prenait successivement à revers. Le 29 août, l'escadre quittait la rivière Min, après avoir démoli jusqu'au dernier canon de la défense.

*
* *

En Annam, NGUYÊN-VAN-THUONG, TON-THAT-THUYÊT et leur parti continuaient à méconnaître complètement la nature de nos rapports consacrés par les traités, alors que la France en voulait l'exécution, non seulement dans la lettre mais aussi dans l'esprit.

Le 1er août, KIÊN-PHUOC, qui avait signé la convention du 6 juin et paraissait vouloir se rapprocher de nous, mourait subitement. Il avait été, dit-on, empoisonné depuis plusieurs semaines par l'ordre des régents ou peut-être étranglé par son beau-père THUONG ; celui-ci régnait en son nom depuis sa mort. Le lendemain, 2 août, la citadelle de Hué était pavoisée, et 19 coups de canon annonçaient à tous que l'Annam avait un nouveau souverain. Celui-ci avait été nommé sans le consentement de la France. Les régents avaient voulu l'introniser comme ses prédécesseurs, sans contrôle, (on sait qu'auparavant la Chine donnait l'investiture au nouveau roi). C'était violer l'esprit de nos traités.

Notre chargé d'affaires ne pouvait l'accepter. Les régents répondant par des raisons évasives aux questions de M. RHEINART, celui-ci avisa le général commandant en chef, qui envoya le colonel GUERRIER, son chef d'Etat-major avec un bataillon du 111ᵉ de ligne et une batterie (capitaine DELESTRAC). Les troupes arrivèrent le 12 août, sur le *Tarn*, et après un ultimatum disant que l'on occuperait la citadelle le 14 au matin, les détails de l'intronisation de UNG-LICH, sous le nom de HAM-NGHI, furent réglés.

La cérémonie du couronnement eut lieu le 17 août au matin. Le colonel GUERRIER, M. RHEINART et le commandant du *Tarn* entrèrent au palais par la porte du milieu (réservée au Roi), tandis que les autres officiers du cortège et des troupes d'escorte passaient par une porte latérale. Le lendemain, les troupes repartaient pour Hanoi.

⁂

Pendant que se discute à Shanghai, à Pékin ou en Annam, la suite à donner à l'incident de Bac-Lê, les troupes du corps expéditionnaire continuent à poursuivre les pirates et les bandes de Chinois et d'Annamites à la solde de LUU-VINH-PHUOC ou de HOANG-KÊ-VIÊN.

Le 2 juillet, la 1ʳᵉ compagnie du 2ᵉ tirailleurs tonkinois part de Hanoi pour Cau-Do (Ha-Dông), passe le Day à Ma-Linh et après avoir traversé le marché du Tu-Châu, arrive devant la citadelle de Phu-Uôc-Hai qu'elle trouve abandonnée ; mais quelques jours après, le 4 juillet, le Phu qui s'était enfui revient et s'installe. Le lendemain, une bande pirate est signalée à Phuong-Cach. Le commandant de la compagnie fait publier une proclamation expliquant notre situation au Tonkin et prévenant que tout village qui lui fermerait ses pertes serait occupé de vice force. Puis il quitte le poste avec une partie de son effectif et 100 auxiliaires indigènes. A 7 heures il se trouve devant le village de Phuong-Cach. Les pirates opposent peu de résistance et après un rapide combat s'enfuient dans toutes les directions.

Le 12 juillet une petite colonne chasse les pirates de VINH-LUOC au nord de Phu-Uôc-Hai. Le 20 juillet, il en est de même au village de Hoan-Xa. Une reconnaissance part de Bac-Ninh sous le commandement du capitaine FAURE du 143ᵉ de ligne, le 12 juillet, et va à Kene. Elle se heurte aux pirates le 14 juillet entre Ro-Than et Ngoc-Tri et rentre le 20 juillet.

Du côté de Son-Tây, l'adjudant AMAR et 50 hommes d'infanterie de marine partent de cette ville en jonques, le 19 juillet, enlèvent un poste de « Pavillons Noirs » à Bui-Xa, s'emparent du chef redouté LÊ-QUAN-CHI et rentrent avec deux blessés.

Nos canonnières ne restent pas non plus inactives. Le 19 juillet, le lieutenant de vaisseau commandant la *Fanfare*, apprenant que le village de Co-Phat, sur la rive droite du Fleuve Rouge est attaqué par des pirates, envoie sa compagnie de débarquement sous les ordres de l'enseigne de vaisseau GUILHON pour le dégager. Quelques jours après, le lieutenant de vaisseau MANCERON commandant la *Hache* fait une reconnaissance offensive en amont du Song Ca-Lo. Elle se heurte à de forts contingents pirates qu'elle bombarde. Le général commandant en chef lui adresse une lettre de félicitations le 29 juillet. Une autre reconnaissance qu'elle fait deux jours après dans la même direction est menée aussi très hardiment.

Du 5 au 9 août, la même canonnière, remorquant une jonque dans laquelle sont embarqués une quarantaine de soldats d'infanterie de marine, reconnaît la rivière du Luc-Nam qu'elle remonte jusqu'à Lâm. Elle retourne dans cette région du 20 au 25 août avec une compagnie de tirailleurs tonkinois faisant partie d'une reconnaissance commandée par le chef d'escadron PALLE, résident de France à Bac-Ninh. Elle atteint Chu et prend part à la prise d'un fortin. Deux jours après, toujours dans le Luc-Nam, elle disperse et poursuit avec son canon-revolver une forte bande de pirates et enlève, le 4 septembre, avec 12 hommes à Lang-Xu, un fortin bien construit et fortement occupé. Ce dernier acte fait citer le lieutenant de vaisseau MANCERON et son équipage à l'ordre du corps expéditionnaire.

Afin d'obliger les pirates à abandonner le delta, de tous côtés des petites colonnes sont organisées. L'idée du général commandant en chef est d'en finir avec ces bandes, afin de pouvoir diriger tous ses efforts sur les troupes régulières chinoises qui sont signalées se retrancher et s'organiser.

Le 3 août, les villages de Van-Cot et de Truong-Dong sont signalés occupés par une bande pirate; la 10ᵉ compagnie du 2ᵉ tirailleurs tonkinois sous le commandement du capitaine BOUCHET, reçoit l'ordre de s'y porter. Aidée de 300 auxiliaires indigènes armés de lances et commandés par des mandarins montés sur des éléphants, la petite colonne attaque les positions ennemies; après un combat de quelques heures, ceux-ci se retirent vers le nord. Pendant que cette colonne opère au nord de Van-Cot, une autre compagnie, la 9ᵉ du 2ᵉ tirailleurs tonkinois (capitaine HOUGNON), se dirige en radeaux par le Song Câu à l'est de ce village, chasse les pirates qui l'occupent, et le brûle.

Des bandes de pirates sont signalées comme ayant traversé le Day et se portant vers Nam-Dinh. Le lieutenant-colonel BRIONVAL prend le commandement d'une colonne de 500 hommes environ, composée de la 27ᵉ compagnie du 2ᵉ de marine (lieutenant DU SAUSSOIS DU JONC et sous-lieutenant BERGELOT), la 1ʳᵉ compagnie du 2ᵉ tirailleurs tonkinois (capitaine AMSTUTZ et lieutenant ROTT), la 2ᵉ compagnie du 2ᵉ tirailleurs tonkinois (capitaine GRIGNE, lieutenants LORETTE et GALLET). La colonne quitte ses cantonnements le 5 août, visite les villages de Yên-Phu, Yên-Bo, Yên-Hoa, Do-Xa, Bên-Do-Moi et Phu-Ki. Le 7 août, elle s'arrête devant Lai-Thong fortement occupé par les pirates. Le lieutenant-colonel BRIONVAL ne possédant pas d'artillerie dans sa colonne, demande l'autorisation de prendre une pièce de 4 à Ninh-Binh. Le lendemain 8 août, la pièce étant arrivée de Phu-Ly, la position est attaquée, mais les pirates l'ont évacuée pendant la nuit et se sont portés sur la montagne Kê-Son.

La 31ᵉ compagnie du 2ᵉ de marine (capitaine DAMIAN) lui étant envoyée en renfort, le lieutenant-colonel BRIONVAL décide d'organiser trois petites colonnes de poursuite. Le 9 août, la 1ʳᵉ colonne opère entre Mon-Chanh et Cam-Giu sur le versant occidental de la chaîne du Kê-Son. La 2ᵉ colonne se dirige sur le versant oriental et agit entre Mon-Chanh et Kem-Nghi. La 3ᵉ entre Mon-Chanh, Cho-Uyên et Non-Bo. Les colonnes pourchassent l'ennemi et lui infligent des pertes sérieuses. Le 10 août, chaque groupe constituant la colonne rentre dans son cantonnement respectif.

Quelques semaines plus tard, une colonne commandée par le colonel DUJARDIN parvient à surprendre les pirates dans Lai-Thong et leur inflige une sérieuse défaite.

⁎
⁎ ⁎

Au commencement de septembre 1884, notre situation au Tonkin, sans être grave, était difficile. Nous avions à lutter non seulement contre les « Pavillons Noirs » et les réguliers chinois, mais encore contre les pirates de l'intérieur.

Fin août, le gouvernement chinois avait nommé au grade de mandarinat égal à celui de général de division, LUU-VINH-PHUOC, le chef des « Pavillons Noirs » et l'invitait à nous faire la guerre. Les têtes des Français étaient mises à prix, depuis 100 « taëls » (le taël de la Douane était estimé 7 francs 13) pour celle d'un simple soldat, jusqu'à 10.000 « taëls » avec un rang officiel et le mandarinat « à plume de martin pêcheur » pour celle d'un général commandant en chef ».

D'autre part, NGUYÊN-HUU-DO, tông-dôc de Hanoi, dégradé d'une classe de mandarinat par la Cour de Hué, parce qu'il s'était compromis à notre service et venait d'être nommé « chevalier de la Légion d'Honneur », fut invité à aller se justifier de son administration à la Cour de Hué. Il ne s'y rendit pas, sous prétexte que sa présence était nécessaire à Hanoi, et reçut en retour l'ordre de s'empoisonner; ce qu'il se garda bien de faire.

Le général de division MILLOT, qui s'était complètement donné à une tâche ardue, fatigué par un long séjour, ne se sentait plus les forces nécessaires pour mener énergiquement les affaires. Il demanda à être relevé, ce qui lui fut accordé; il passa le commandement du corps expéditionnaire au général de brigade BRIÈRE DE L'ISLE, le 8 septembre 1884, et rentra en France.

(Cliché du Gouvernement général)

TIRAILLEURS TONKINOIS

(Cliché du Gouvernement général)

TUYEN-QUANG — LE BLOCKHAUS CHINOIS

(Cliché du Gouvernement général)

BAIE D'ALONG — LA ROCHE PERCÉE

(Cliché du Gouvernement général)

CIMETIÈRE DES MARINS DE COURBET

2° — COMMANDEMENT DU GENERAL BRIERE DE L'ISLE

LA SITUATION DU CORPS EXPÉDITIONNAIRE. — OPÉRATIONS DANS LE DONG-TRIÊU. — COMBATS SUR LE LUC-NAM, DE CHU ET DE KEP. — OPÉRATIONS AUTOUR DE TUYÊN-QUANG. — RÉSUMÉ DU JOURNAL DU SIÈGE DE TUYÊN-QUANG. — COMBATS DE PHON-COTT, DE DONG-SONG, DE BAC-VIAY ET OCCUPATION DE LANG-SON. — COMBAT DE HOA-MUC. — OPÉRATIONS NAVALES. — OPÉRATIONS SUR LA FRONTIÈRE DE CHINE. — COMBATS DE DONG-DANG ET DE BANG-BO. — COMBAT DE LANG-SON ET RETRAITE DE LA COLONNE. — TRAITÉ DU 9 JUIN 1885 AVEC LA CHINE

Prenant le commandement en chef du corps expéditionnaire du Tonkin, le général BRIÈRE DE L'ISLE passe le commandement de la 1ʳᵉ brigade au colonel DUJARDIN, le 8 septembre 1884. Le même jour, le nouveau général commandant en chef adresse aux troupes l'ordre du jour suivant :

« *Officiers, sous-officiers et soldats,*

« Appelé par le gouvernement de la République à l'insigne honneur de prendre le commandement en « chef provisoire du corps expéditionnaire, j'ai la tâche difficile de succéder à M. le général MILLOT.

« Pour aucun de vous, je ne suis un nouveau venu. Je connais votre valeur, vous avez ma confiance entière, « comptez sur moi ».

A ce moment les effectifs du corps expéditionnaire sont :

1ʳᵉ Brigade : 1ᵉʳ régiment de marche (tirailleurs algériens, 75 officiers, 2.450 hommes) ; 2ᵉ régiment de marche (infanterie de marine, 36 officiers, 2.050 hommes) ; 2ᵉ régiment de tirailleurs tonkinois, (39 officiers, 3.500 hommes).

2ᵉ Brigade : 3ᵉ régiment de marche (légion et infanterie légère, 47 officiers, 2.400 hommes) ; 4ᵉ régiment de marche (bataillons de France, 46 officiers, 2.400 hommes) ; 1ᵉʳ régiment de tirailleurs tonkinois, (41 officiers, 3.800 hommes).

Soit au total pour l'infanterie 284 officiers et 16.600 hommes.

L'artillerie de terre, sous les ordres du chef d'escadron DE DOUVRES, comprend : 2 batteries de 80 ; les pontonniers et 3 compagnies d'ouvriers et d'artificiers. L'artillerie de marine est sous les ordres des chefs d'escadron LEVRARD et MORTIER avec 4 batteries de 4, une de 65, une de 95 et le parc.

Il y a, en outre, la 3ᵉ compagnie *bis* du 20ᵉ escadron du train des équipages (capitaine BRESELLES), la 2ᵉ compagnie du 13ᵉ bataillon du 4ᵉ régiment de génie, et des détachements de cavalerie (1/2 escadron du 1ᵉʳ chasseurs d'Afrique), de commis et ouvriers militaires, de gendarmerie, de télégraphie (lieutenants SAILLARD et BAILLY), d'aérostiers.... etc....

La flottille composée de 22 bateaux avec 60 officiers et 1.080 marins est sous les ordres du capitaine de vaisseau GALACHE.

Ce qui donne, comme chiffre total, pour le corps expéditionnaire au Tonkin : 434 officiers et 17.570 hommes, dont 1.800 environ aux hôpitaux ou détachés de leurs corps. Ne sont pas comprises les compagnies (6) du 2ᵉ régiment de marche d'infanterie de Marine, envoyées à Formose, et celles en garnison en Annam.

Le 12 septembre le ministre de la Marine et des Colonies, amiral PEYRON, confirme la désignation du général BRIÈRE DE L'ISLE au commandement du corps expéditionnaire au Tonkin, lui apprend la désignation d'un résident général, M. LEMAIRE, lui annonce le départ de France de renforts et lui renouvelle ses instructions.

« Nos opérations doivent se borner au maintien de l'intégrité et de la sécurité de nos possessions actuelles
« dans le delta. S'il survenait un incident, lui disait-il, vous obligeant à vous départir de cette ligne de con-
« duite, vous prendriez immédiatement mes ordres par le télégraphe.

« Les 2.500 hommes que vous portent les quatre bâtiments affrétés partis de France au commencement d'août
« et les remplacements (400 hommes environ), qui vous sont expédiés par le *Shamrock* et le *My-Tho*, compen-
« seront largement, je l'espère, la diminution d'effectif provenant des maladies et de l'envoi de 1.000 hommes
« à M. le vice-amiral COURBET. Vous vous trouverez donc en mesure de faire face à toute éventualité...

« Le Conseil du Gouvernement, institué par le général MILLOT, va être réorganisé. Ce conseil devant
« être purement administratif, il ne m'a pas paru nécessaire que vous en fassiez partie. Il sera présidé par M. le
« Résident général ou à défaut par le Résident supérieur au Tonkin. Il vous appartient, si vous le jugez conve-
« nable, de composer un conseil de défense.... ».

⁂

Le général BRIÈRE DE L'ISLE ordonne une série de petites opérations en vue de débarrasser le delta des
bandes de pirates chinois et de « Pavillons Noirs » qui le sillonnent encore.

Le lieutenant-colonel DE MAUSSION prend le commandement, le 14 septembre, d'une colonne qui, partant de My-Luong, sur le Song-Buoi, doit ensuite s'emparer du fort de Ke-Son signalé occupé par les Pavillons
Noirs. A la tête de deux compagnies (une de tirailleurs tonkinois, capitaine BIDEGAIN et une du 23° de ligne,
capitaine DE MORINEAU) et d'une pièce de 4, il s'installe à My-Luong. Les canonnières la *Carabine* et le
Yatagan l'avaient rejoint le 24 septembre. La colonne quitte My-Luong, débarque à Dong-Li (environ 4 kilomètres du fort de Ke-Son) et après un bombardement sérieux du fort s'en empare, mettant en fuite les occupants.

Le lendemain, un détachement mixte, formé pour poursuivre les fuyards à Kê-Mong et Bai-Dau, rencontre l'ennemi et tue le Chef QUAN-TU portant pavillon noir avec en caractères « chef de l'artillerie ».
QUAN-TU était chef des pièces de LUU-VINH-PHUOC à l'attaque de la citadelle de Son-Tay. Le 6 octobre, le
lieutenant-colonel DE MAUSSION, apprenant que les Chinois s'étaient rassemblés à Mong-Hoa-Phat, s'y rend
en passant par le col de Kem et Pho-Sat. Mais la marche de la colonne est éventée et, quand elle arrive au
marché de Mong-Hoa-Phat, les Chinois se sont enfuis vers la Rivière Noire.

Le 18 septembre, les 1ʳᵉ et 4ᵉ compagnies du 3ᵉ bataillon du 1ᵉʳ régiment de marche de tirailleurs
algériens et la 3ᵉ compagnie du 2ᵉ bataillon d'infanterie légère d'Afrique sortent du poste de Phu-Lang-
Thuong, sous les ordres du capitaine MERCIER, et se portent au secours du village de Dong-Nam attaqué par
un parti ennemi, fort de 400 hommes environ, venu de la région de Bao-Lac et composé de Chinois et de mon-
tagnards. Le village est cerné et les fuyards obligés de passer sous le feu des fractions en position. L'ennemi
laisse sur le terrain 42 tués et de nombreux blessés.

Le chef de bataillon SERVIÈRES, avec 20 hommes d'une compagnie du 2ᵉ bataillon d'Afrique, s'étant rendu
à Boi-Gian, le 24 septembre, pour s'emparer de deux mandarins signalés se livrant à la piraterie, se trouve en face
d'une forte bande qu'il ne peut disperser. Immédiatement une colonne sous le commandement du chef de bataillon
TONNOT est constituée (1ʳᵉ compagnie du 2ᵉ bataillon d'Afrique capitaine CANIVET et 9ᵉ compagnie du 2ᵉ
tirailleurs tonkinois lieutenant ARNIER), aidée des canonnières *Mousqueton* et *Rafale*. Elle quitte Hai-Duong
le 26 septembre pour Mau-De et Han-Lai, met en fuite les pirates et laisse un poste à Lack-Son. Dans la
nuit du 2 au 3 octobre le poste de Lack-Son est attaqué par des réguliers chinois. Ils sont repoussés avec pertes.

Dans les environs de Son-Tay, du 18 septembre au 2 octobre diverses expéditions sont faites : colonne
du capitaine POLÈRE (18 au 24 septembre), colonne du lieutenant LAGARDE (22 septembre), colonne du
lieutenant GRAVEREAU sur Hoa-Lac, Mau-Son, Tuan-Quan..., etc...

Des reconnaissances des canonnières l'*Arquebuse* (capitaine MARION) et l'*Avalanche* (capitaine DE RO-
MAIN) sur le Fleuve Rouge dispersent quelques « Pavillons Noirs ».

Des renseignements sérieux avaient bien signalé au commandement que l'armée du Yunnan s'organisait pour envahir le Tonkin, mais jusqu'à présent, il semblait que ces bruits étaient fortement grossis.

Dans l'est du Tonkin, il n'en était pas de même ; l'armée du Quang-Si, qui envahissait le Tonkin depuis le mois de mai, s'était avancée vers le delta. Tanh-Moi, Bac-Le, Cau-Son et Kep sur la route de Lang-Son, Dông-Son et Chu, dans la haute vallée du Luc-Nam, étaient occupés par ses troupes. Ces positions se reliaient entre elles par un fort détachement dans les environs de Bao-Loc.

L'armement de ces troupes était constitué d'excellents fusils de fabrication anglaise et allemande (Mauser, Remington, Snider, Winchester,..., etc...). L'artillerie était formée avec des pièces Krupp de 65, des canons Vavasseur de 90, des fusils de rempart de gros calibre et quelques mitrailleuses Nordenfeld.

*
* *

Tandis que les troupes des postes de Dap-Cau et de Phu-Lang-Thuong étaient chargées de reconnaissances vers Kep, les canonnières devaient surveiller les mouvements de l'ennemi dans la vallée du Luc-Nam.

Le 2 octobre vers 9 heures du matin, la *Hache* (capitaine MANCERON) et la *Massue* (capitaine CHALLIER), remontaient cette rivière, quand, en amont du village de Luc-Ngan, elles furent assaillies par une vive fusillade, partant des deux rives. Le commandant de la *Massue* fut fortellement blessé d'une balle à la gorge pendant qu'il pointait une pièce de Hotchkiss ; il mourut dans l'après-midi.

A 10 h. 40, ces deux canonnières furent rejointes par le *Mousqueton* (capitaine FORTIN). Son commandant, entendant le canon dans la direction du N.-E., alors qu'il allait à Phu-Lang-Thuong et se trouvait à 5 milles environ au-dessus de la jonction du Thuong-Giang avec le Luc-Nam, avait fait toute diligence pour rallier la *Hache* et la *Massue* ; mais, attaqué avant de les atteindre, il avait livré un combat d'une heure pour se dégager. Son équipage et un détachement du bataillon d'Afrique qui se trouvait à son bord avaient eu une vingtaine de blessés.

Le lieutenant de vaisseau FORTIN prit le commandement des trois bâtiments ; après deux heures de mouillage, les canonnières redescendirent le Luc-Nam. A 5 heures du soir elles mouillaient devant Sept-Pagodes. Elles avaient 33 blessés.

En rentrant avec les blessés à Dap-Cau, le *Mousqueton* rencontra le convoi de la colonne DONNIER et mit son chef au courant des évènements de la journée.

*
* *

A l'annonce de l'avance de forts contingents chinois vers le delta, le général BRIÈRE DE L'ISLE, pendant que les reconnaissances multipliées surveillaient les mouvements de l'ennemi, avait prescrit d'organiser des colonnes.

Sous les ordres du lieutenant colonel DONNIER fut constituée à Dap-Cau la colonne qui devait se rendre dans la vallée du Luc-Nam. Composée de 2 compagnies du 143° de la ligne (capitaines FRAYSSINAUD et CUVELLIER), de 2 compagnies de Légion étrangère (compagnies BEYNET et BOLGERT), une section d'artillerie de 80 de montagne (lieutenant LARGOUET) et un détachement d'ambulance, elle devait se grossir en passant à Sept-Pagodes d'un détachement de Légion (capitaines BÉRARD et YZOMBART) et d'un peloton de tirailleurs tonkinois (sous-lieutenant BATAILLE).

Une autre colonne sous les ordres directs du général DE NÉGRIER devait opérer dans la vallée du Thuong-Giang. Elle se composait du bataillon GODARD du 23° de ligne (compagnies GIGNOUX, GAILLON et PECOUL), du bataillon CHAPUIS du 111° de ligne (compagnies PLANTE, VENTURINI, MAILHAT et VERDIN), du bataillon FARRET du 143° de ligne (compagnies BARBIER et DAUTELLE), d'une batterie de 4 de montagne (capitaine ROUSSEL) et d'une batterie de 80 de montagne (capitaine DE SAXCÉ), sous les ordres du chef d'escadron DE DOUVRES ; un détachement d'ambulance, une section de télégraphistes et un demi peloton de cavalerie.

Enfin une troisième colonne sous les ordres du commandant DE MIBIELLE, composée des troupes de sortie de la garnison de Phu-Lang-Thuong soit : un peloton de tirailleurs tonkinois (sous-lieutenant ROBARD), un bataillon de tirailleurs algériens (compagnies MARTINEAU, CHIROUZE, POLÈRE et VALET), deux sections de 80 de montagne (capitaine JOURDY), un détachement du génie et d'une ambulance, avait mission d'agir sur Bao-Loc et éventuellement sur Kep.

*
* *

Le général DE NÉGRIER a le commandement supérieur des trois colonnes. Le 5 octobre au soir, les renseignements qu'il a sur l'ennemi font connaître que ce dernier a partagé ses forces en deux groupes principaux, l'un vers Chu, sur le Luc-Nam, fort d'environ 4.800 réguliers chinois, l'autre vers Kep, estimé à environ 3.200 réguliers. Ces deux groupes paraissent reliés par un fort détachement signalé à Bao-Loc. En conséquence, le général DE NÉGRIER se résout :

1° A pousser le lieutenant-colonel DONNIER dans la vallée du Luc-Nam en lui donnant Chu comme objectif ;

2° A le faire appuyer par le chef de bataillon DE MIBIELLE, qui avait l'ordre de se trouver le 6 au soir à Hoa-Phu, de manière à pouvoir le rejoindre en quelques heures si c'était nécessaire. Le commandant DE MIBIELLE devra, en outre, refouler vers Bao-Loc, mais sans les presser, les partis ennemis qui voudraient s'opposer à sa marche ;

3° Avec la colonne sous ses ordres, à chasser l'ennemi de Bao-Loc pour le rejeter d'un côté sur le lieutenant-colonel DONNIER, de l'autre sur Kep. Il eut été en effet imprudent d'attaquer Kep avant de s'être assuré que Bao-Loc était libre, un corps ennemi placé à Bao-Loc pouvant agir sur les derrières d'une colonne opérant contre Kep.

*
* *

La colonne DONNIER, embarquée sur la flottille, quitte le 6 octobre au matin le mouillage de Fong-Linh pour remonter la rivière précédée par les canonnières la *Hache*, la *Massue* et l'*Eclair*.

Un détachement comprenant une compagnie de Légion étrangère (capitaine BEYRET) et un peloton de tirailleurs tonkinois (sous-lieutenant BATAILLE) protège le mouvement de la flottille, en cheminant à terre à sa hauteur sur la route de Fong-Linh à Chu. La colonne arrive à 10 heures du matin à Lam. Le débarquement commence de suite. Vers midi quelques balles et des obus sont tout à coup reçus, venant de 900 mètres en amont. La canonnière l'*Eclair* riposte immédiatement, tandis que la compagnie BOLGERT de la Légion, se portant en avant de 1.000 mètres, prend à revers l'ennemi et l'oblige à abandonner ses positions.

Des groupes ennemis, qui déjà avaient menacé de tourner la gauche de la compagnie BEYNET, tentent d'envelopper par la gauche aussi la position de la compagnie BOLGERT. Le peloton de tirailleurs tonkinois lui est envoyé. Pendant ce temps le débarquement s'achève et vers 2 heures une brillante contre-attaque de la compagnie FRAYSSINAUD du 143° repousse les Chinois, qui montaient résolument à l'assaut de nos positions. A son tour, la compagnie BEYNET se jette baïonnette au canon sur l'ennemi ; celui-ci fait tête avec acharnement et crible la ligne d'un feu meurtrier. Le capitaine BEYNET est tué raide au moment où l'ennemi, devant la vigueur de notre retour offensif, se retire en déroute, laissant le sol jonché de ses cadavres. Nos pertes étaient de 11 tués et de 30 blessés, dont le sous-lieutenant BATAILLE.

L'ennemi battu s'était retiré vers Chu. Le lieutenant-colonel DONNIER, renseigné sur la présence d'un fort contingent dans des camps situés à 5 kilomètres au N.-E., fait appel à la colonne du chef de bataillon DE MIBIELLE, à sa disposition. Renforcé par celui-ci le 8 octobre au soir, il décide d'occuper, le 10 au matin, les hauteurs dominant les défenses extérieures de Chu. L'affaire est brillamment menée par la compagnie de Légion BOLGERT et le détachement du 143° du capitaine FRAYSSINAUD.

Ce dernier officier, blessé grièvement d'une balle à la tête, est remplacé par le capitaine CUVELLIER, chef d'Etat-major de la colonne ; quelques instants après, celui-ci tombe à son tour frappé de trois balles. Le combat ne cesse qu'à la nuit ; les pertes de la journée étaient de 21 tués et 89 blessés.

Le 11 octobre au matin, les Chinois tentent une nouvelle attaque, mais sans succès ; ils sont arrêtés chaque fois par notre artillerie que dirige le capitaine JOURDY. Dans la nuit du 11 au 12 octobre, par une pluie battante, les Chinois se retirent par le Deo-Quan (col de Quan), après avoir incendié le grand fort de Chu. Le 12 au matin, des reconnaissances pénètrent dans le village et dans le fort lui-même. Elles n'y trouvent que quelques blessés abandonnés.

Des renforts lui arrivant le 13 et 14 octobre le lieutenant-colonel DONNIER fait porter ses troupes sur la ligne des forts qui couronnent la chaîne de Quan. Dans la nuit du 19 au 20, les Chinois disparaissent du Deo-Quan à leur tour et se retirent sur Dong-Song.

*
* *

Combat de Kep. — La colonne du général DE NÉGRIER, après avoir laissé ses trains à la pagode Thomann (du nom d'un légionnaire qui y avait été tué), sous la garde de 2 compagnies du 143ᵉ de ligne et de la batterie ROUSSEL, se porte le 7 octobre sur Bao-Loc par un chemin difficile. Les ponts avaient été rompus par l'ennemi. L'avant-garde arrive à Bao-Loc à 9 h. 30 et se heurte au delà du village à un détachement chinois qui s'enfuit au premier coup de canon. Le général DE NÉGRIER recevant avis que le chef de bataillon DE MIBIELLE a opéré sa jonction avec la colonne du lieutenant-colonel DONNIER, se décide à marcher sur Kep.

Partie le 8 octobre au matin, la colonne réussit à s'approcher de Kep sans avoir été éventée par l'ennemi. Le capitaine FORTOUL qui se trouve à l'avant-garde avec le général DE NÉGRIER, se précipite dans le village avec quelques hommes ; les compagnies PLANTE et VENTURINI le suivent et le combat s'engage avec les Chinois déconcertés. Leurs trompes de guerre sonnent de tous côtés et une violente fusillade retentit bientôt. Pendant ce temps, le gros de la colonne se masse au sud de Kep.

Les troupes chinoises paraissent être nombreuses. Elles occupent dans le fond une ligne de hauteurs, la gauche s'appuyant à la route de Chine défendue par une pagode fortifiée avec parapet, et prolongée par une lisière de bois organisée défensivement, et la droite au village de Cham situé un peu en avant de la ligne principale. Le village de Kep et son réduit central forment donc un vaste fort placé en avant de la ligne ennemie et flanqué des deux côtés.

Toute l'artillerie, réunie en un seul groupe sur un mamelon qui domine Kep à courte distance, reçoit l'ordre de canonner le village, tandis que deux compagnies (GIGNOUS et GAILLON) prises dans la première ligne du gros ont mission de le contourner à l'est pour l'envelopper et le prendre de revers. Le capitaine FORTOUL sert de guide au chef de bataillon GODARD chargé de l'attaque.

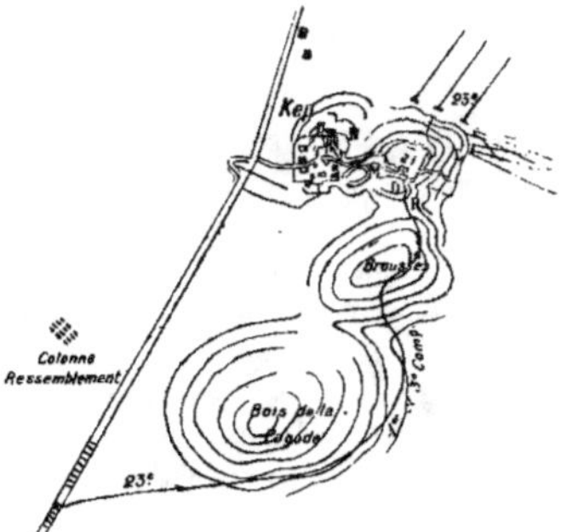

A 11 h. 30, le village de Kep est entouré et aucun de ses défenseurs n'en peut plus sortir sans tomber sous le feu des troupes d'attaque. Mais l'ennemi avait mis le temps à profit ; à 11 heures, il dessine une attaque enveloppante par les deux ailes, principalement sur notre gauche. Des lignes épaisses soutenues à courte distance par des groupes compacts, sortent brusquement d'un pli de terrain au sud du village de Cham. L'attaque ennemie est arrêtée par le feu des pièces et par celui des tirailleurs des compagnies VERDIN et BARBIER, qui le poursuivent de hauteur en hauteur jusque dans le village de Cham. Presqu'en même temps une attaque par débordement à droite derrière les compagnies GIGNOUX et GAILLON est tentée par l'ennemi. La compagnie BARBIER contre-attaque avec l'appui de la batterie de SAXCÉ ; les Chinois fuient et ne reparaissent plus.

Cependant Kep en flammes tient toujours. Un premier assaut, quoique préparé par le tir de l'artillerie, échoue. Le capitaine PLANTÉ y est tué à la tête de sa compagnie. Le général DE NÉGRIER décide de ne plus tenir compte de Kep, de le dépasser et de le couper de la route de Chine en s'emparant de la redoute de la pagode qui barre la route et du fort du nord qui défend l'entrée du défilé. Le tir de la batterie de SAXCÉ est alors dirigé sur la pagode pour protéger la marche de l'infanterie.

Les compagnies MAILHAT et PÉCOUL tirées du gros, passent le long de Kep et se portent avec la plus grande résolution, sans tirer, sur la redoute de la pagode qui est enlevée du premier coup. Tous ses défenseurs sont tués sur place sans pouvoir fuir. De là les deux compagnies se jettent sur le fort du nord par la gauche et s'y installent. Le principal point d'appui des Chinois est enlevé ; nous tenons la route de Chine et leur communication par Cham. Dès lors la déroute commence.

Cependant un deuxième et un troisième assaut de Kep par nos troupes sont repoussés, malgré l'appui de toute l'artillerie.

Un retour offensif de l'ennemi n'étant plus à prévoir, le général DE NÉGRIER renforce l'attaque de Kep par la compagnie BARBIER et ordonne à l'artillerie de reprendre comme cible le réduit, jusqu'à la sonnerie de la charge. A ce signal, donné à 2 h. 10, la compagnie BARBIER se jette sur la face sud du réduit aux cris de « en Avant », alors qu'une seconde colonne formée par les compagnies déjà engagées sous le commandement du chef de bataillon GODARD, du 23e, ayant avec lui les capitaines MACAREZ, GIGNOUX et KERDRAIN, se jette contre la face nord. Les autres fractions de troupe qui entourent le village suivent le mouvement à la baïonnette. Un combat corps à corps a lieu dans le réduit, le capitaine GIGNOUX est blessé d'un coup de sabre, le capitaine KERDRAIN reçoit deux coups de lance et deux coups de sabre. Les débris de la garnison se font tuer à leur poste de combat.

Le général DE NÉGRIER est blessé à la jambe. Le lieutenant-colonel CHAPUIS meurt d'insolation au moment de l'assaut. Le lieutenant TRIBOULET est blessé grièvement et meurt quelques jours après. Les autres officiers blessés sont : le lieutenant BERGE, officier d'ordonnance du général DE NÉGRIER, le capitaine VENTURINI, le lieutenant SOZANOFF, les sous-lieutenants MASSIAT et DULYS, en tout 32 tués et 61 blessés.

Le lendemain, une colonne commandée par le chef de bataillon GODARD, poursuit jusqu'au Sông Thuong-Giang les restes des troupes chinoises. Une garnison est laissée à Kep sous les ordres de cet officier supérieur. Elle est composée du bataillon du 23e (sauf la compagnie MORINEAU, en mission sur le Day), de deux sections de la batterie de 4 (capitaine ROUSSEL), des détachements de tirailleurs tonkinois, du génie et des télégraphistes.

Le 11 octobre, le général commandant en chef faisait part au corps expéditionnaire du câble qu'il venait de recevoir du vice-amiral PEYRON, ministre de la marine et des colonies, en réponse au compte-rendu qu'il lui avait adressé des combats de Kep et de Chu.

« En transmettant au général DE NÉGRIER, disait-il, les félicitations du pays et du Gouvernement pour lui « et ses braves soldats, ajoutez tous mes vœux pour son prochain rétablissement ».

*
* *

A la suite de ces opérations, des petites colonnes sont faites de tous côtés pour poursuivre les Chinois dispersés, les empêcher de venir inquiéter les arrières de nos troupes et se livrer au pillage dans le Delta.

Une colonne, sous le commandement du chef de bataillon SERVIÈRES, est envoyée dans le massif du Dông-Triêu avec mission de couper la retraite au parti chinois qui, fuyant de Chu, voudrait atteindre le Canal des Rapides et se rendre dans le Delta. Quelques jours plus tard, le 15 octobre, une autre colonne sous le commandement du lieutenant-colonel DUGENNE se rend dans la même région, dans les massifs des forêts de Lium-Quinh et de Mai-Diêu. Le 17 octobre le chef de bataillon DOMINÉ part avec un fort détachement de Phu-Lang-Thuong et visite la région de Phuc-Dinh, Bo-Ha et Cho-Duong.

Dans les plaines de Bai-Say ou des Joncs, près de Hanoi, plusieurs colonnes sous les ordres du colonel BERGER et commandées par les chefs de bataillon MAHIAS et FARRET et le capitaine BOURDEL visitent, du 31 octobre au 7 novembre les villages de la région.

Afin de faciliter les mouvements de nos troupes, le général BRIÈRE DE L'ISLE se préoccupe de faire construire par la population des routes militaires sur cette frontière provisoire où nos postes sont établis. L'obligation de se nourrir sur le pays poussera sans doute l'armée chinoise à tenter de nouveaux efforts, ou moins dans la vallée du Luc-Nam ; aussi est-on forcé de laisser à Lâm et à Chu plusieurs bataillons jusqu'à notre entier établissement sur ces points.

Le 15 octobre, le général BRIÈRE DE L'ISLE va, sur la canonnière l'*Hyène*, en reconnaissance sur la côte vers Tiên-Yên et Ha-Coï. Il se rend compte que, si on veut couper les lignes d'étapes de l'ennemi dans cette région, il faut d'abord occuper Mon-Cay. Or, l'état de dispersion de nos forces ne le permet pas pour le moment.

*
* *

Nous avons vu que le 31 mai 1884, le colonel DUCHESNE avait installé une garnison à Tuyên-Quang. Depuis ce temps de nombreux renseignements indiquaient que l'armée du Yunnan s'apprêtait à descendre par le Fleuve Rouge et la Rivière Claire pour envahir le Delta. Des reconnaissances avaient été faites autour de la place par le chef de bataillon FRAUGER qui la commandait ; il était évident que des partis chinois et des « Pavillons Noirs » s'infiltraient entre le Fleuve Rouge et la Rivière Claire.

Le 12 octobre, vers 10 heures du soir, la citadelle de Tuyên-Quang est attaquée par des « Pavillons Noirs » qui mettent le feu au village. Les jours suivants, les 13, 14, 15, 17 et 19 octobre dans la nuit, ils renouvellent leurs attaques, sans succès ; mais le petit détachement qui occupe la citadelle, en raison de son faible effectif, ne peut exécuter aucune sortie ; aussi les troupes ennemies se permettent-elles toutes sortes de déprédations autour de Tuyên-Quang.

Les canonnières *Revolver* et *Mitrailleuse* arrivant le 15 octobre, escortant un convoi de vivres, concourent efficacement à la défense. La canonnière la *Mutine*, qui devait également atteindre Tuyên-Qunag, s'échoue dans la Rivière Claire et l'*Eclair* vient la secourir avec une compagnie de tirailleurs tonkinois.

Quelque temps après, l'*Eclair* et la *Trombe* accompagnant un fort convoi de vivres et de munitions, arrivent à Tuyên-Quang. Le 10 novembre, les jonques qu'elles avaient escortées, redescendaient à vide la Rivière Claire lorsqu'elles sont arrêtées à la hauteur de Yoc par les « Pavillons Noirs » ; les quelques coolies les montant ne trouvent leur salut qu'en fuyant dans la montagne. La situation autour de Tuyên-Quang est assez mauvaise ; les « Pavillons Noirs » entourent la citadelle et tirent toutes les nuits des coups de feu sur le camp. De plus l'état sanitaire y est défectueux.

Le 12 novembre la *Trombe*, escortant le restant des jonques vides, est obligée de livrer combat pour passer. Quelques jours après, le 16 novembre, le *Revolver* descendant est attaqué en passant à Yoc ; son commandant, l'enseigne de vaisseau TESTU DE BALINCOURT, est blessé ; il y a un tué et plusieurs blessés parmi les hommes de son équipage.

Devant cet état de choses, le général BRIÈRE DE L'ISLE fait organiser une colonne sous le commandement du colonel DUCHESNE.

Le 17 novembre la colonne du colonel DUCHESNE remonte la Rivière Claire. Elle est composée de 2 compagnies de Légion (capitaines DE BORELLI et MOULINAY), 2 compagnies d'infanterie de marine (capitaines HERBIN et CHANUT), un détachement de Légion (capitaine CATTELIN), une section d'artillerie (lieutenant DERAPPE) et un détachement d'ambulance. Les commandants BOUGUIÉ et DOMINÉ en font partie.

Le 18 novembre, la colonne débarque de la flottille, à 8 kilomètres en aval de Yoc (ou Duoc), et le 19 au petit jour elle s'approche de ce village. Vers 7 heures du matin, l'avant-garde (28° compagnie d'infanterie de marine) reçoit quelques coups de feu ; elle se déploie immédiatement pendant que la 25° compagnie d'infanterie de marine puis la 1ʳᵉ compagnie du 1ᵉʳ bataillon de Légion l'appuient de leurs feux. L'ennemi n'abandonnant pas la position, le colonel DUCHESNE la fait tourner par la compagnie BORELLI et ordonne l'assaut. Les Chinois se retirent, laissant sur le terrain 28 morts. De notre côté nous avions 8 tués dont le lieutenant SCHUSTER et 22 blessés. Le soir la colonne entre à Tuyên-Quang.

Le lendemain, le convoi par eau arrive à la citadelle. Le colonel DUCHESNE, à la tête d'une petite colonne, marche sur Trong-Mon, dont il déloge l'ennemi, le refoule sur Phu-Yên-Binh, tandis que le capitaine CHMITELIN, sous la protection de l'*Eclair*, détruit les baraquements chinois sur la rive gauche.

Le 23 novembre, le colonel DUCHESNE quitte Tuyên-Quang, laissant le commandement de la place au chef de bataillon DOMINÉ avec les compagnies BORELLI et MOULINAY sous les ordres du capitaine CATTELIN (8 officiers et 390 hommes), la 8° compagnie du 1ᵉʳ régiment de tirailleurs tonkinois (capitaine DIA, 2 officiers et 162 hommes), une section de la 2° batterie-*bis* d'artillerie de marine (lieutenant DERAPPE), 8 hommes du génie sous les ordres du sergent BOBILLOT, quelques infirmiers et ouvriers d'administration (6 hommes), et le médecin-major VINCENT. La canonnière la *Mitrailleuse* reste aussi devant Tuyên-Quang.

Par ordre général du 24 novembre, le général en chef adresse des félicitations aux troupes de la colonne du colonel DUCHESNE, et quelques jours après leur transmet celles du ministre de la marine et des colonies au nom de Gouvernement français.

⁎
⁎ ⁎

Siège de Tuyên-Quang. — Dès le lendemain du départ de la colonne pour Son-Tay, le commandant DOMINÉ déclarait Tuyên-Quang en état de siège et instituait un Conseil de défense. Il s'attendait à être fortement attaqué. En effet, les renseignements avaient signalé que HOANG-THU-THO, qui commandait les troupes chinoises du Yunnan, était venu conférer à Phu-Yên-Binh avec LUU-VINH-PHUOC, y avait séjourné quelques jours et lui avait promis des renforts de réguliers chinois. A Than-Quan (près de Yên-Bay) sur le Fleuve Rouge, se trouvaient plusieurs milliers de « Pavillons Noirs », ainsi qu'à Phu-Yên-Binh et Phu-Doan.

Le commandant DOMINÉ fait multiplier les défenses; il ordonne la construction d'un blockhaus à 300 mètres au sud de la citadelle (1); dans celle-ci des tranchée sont creusées avec des réduits, afin que chaque groupe de combat puisse communiquer, caché aux vues de l'ennemi.

Le 25 novembre une reconnaissance sur les villages de Yla et Truong-Mou, le 3 décembre sur Yoc, le 7 décembre sur le même village, le 9 décembre sur Yla, le 11 décembre sur Yên, se heurtent à l'ennemi.

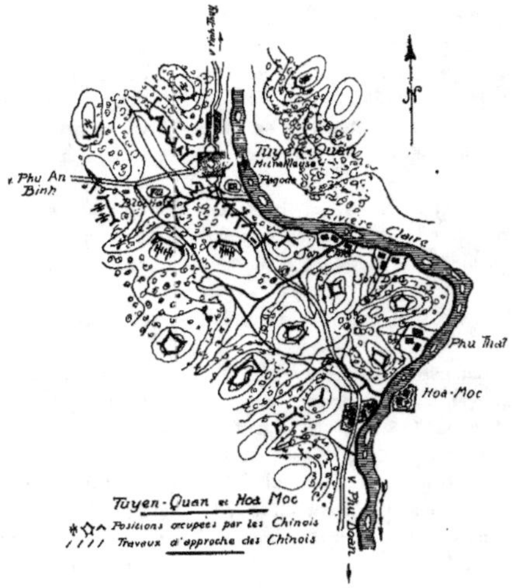

Le 21 décembre, une reconnaissance offensive commandée par le capitaine CATTELIN se porte sur Dông-Yên avec mission de refouler les avant-propos de l'ennemi et de tâter la position principale; elle réussit et inflige de grosses pertes aux Pavillons Noirs.

Les 31 décembre 1884, 10 et 26 janvier 1885, les Chinois attaquent avec des forces importantes et sont repoussés chaque fois avec pertes. Le 27, ils réunissent à creuser une tranchée à 950 mètres de nos lignes et commencent une sape pour s'approcher du blockhaus du mamelon. Nos troupes sont obligés d'évacuer ce dernier le 30 décembre.

Au moyen de tranchées protégées par des fascines, les Chinois entourent la citadelle. Les saillants sud-ouest et nord-ouest, ainsi que la demi-lune ouest semblent être leurs objectifs. Le 5 février, leur travaux avancent jusqu'aux murs; ils plantent leurs drapeaux à l'extrémité.

Le 7 février, l'ennemi s'installe sur le mamelon du blockhaus que nous avons évacué et y place 2 canons de rempart, une pièce d'assez fort calibre et une pièce de 4.

Voyant qu'il ne peut avoir la citadelle par assaut, l'ennemi fait appel à ses mineurs et c'est alors que commence cette guerre de mine déprimante. Le 8 février, l'adversaire exécute une sape de mine à gauche de la demi-lune ouest; le sergent BOBILLOT, du génie, fait faire

---

(1) Une pagode est organisée, appuyée à une série de rochers émergeant de la rivière. Ce point d'appui, connu sous le nom de « Petit Gibraltar » fut, pendant le siège, tenu par la 8ᵉ Cⁱᵉ du 1ᵉʳ Tonkinois ; c'est là que fut tué d'une balle au front le Cap. DIA. Cet officier, très bon tireur, avait l'habitude de tirer, embossé à un créneau, sur tous les Chinois qui se montraient et de les abattre.

une galerie dans le but de servir d'évent à la mine chinoise et réduire ainsi son action. Le 11 février, le légionnaire NAURY, occupé à creuser cette galerie, donne un coup de pioche qui crève la paroi qui le sépare du mineur ennemi et se bat avec lui. Le sergent BOBILLOT pense alors à inonder la sape et n'y réussit que temporairement ; le lendemain, on entend les travaux reprendre, et dans la soirée la mine saute, crevant le mur de la citadelle, sans toutefois faire une brèche suffisante. Les Chinois, partis à l'assaut, sont repoussés avec de grosses pertes.

Au saillant S.-O. on entend creuser une autre mine, qui joue le 13 février, faisant une brèche de 15 mètres. Le capitaine MOULINAY s'y élance avec les hommes de la réserve générale, arrête l'ennemi et le repousse dans ses tranchées de départ. Le cadavre d'un légionnaire ayant été projeté par l'explosion sur le parapet des retranchements chinois le caporal BEULIN de la Légion avec quelques hommes va le chercher. Le commandant DOMINÉ le nomme sergent.

Dans la nuit du Têt (13 au 14 février), le lieutenant GOULLET, avec le sergent-major DE BERGHES et 30 tirailleurs tonkinois partant du « Petit Gibraltar » fait une sortie qui est couronnée de succès. Une autre sortie, commandée par le sergent BEULIN, est moins heureuse le 18 février.

Le 17 février, l'ennemi démasque sur le mamelon du blockhaus une batterie de 2 pièces de 4, de 3 obusiers de 12 et de 2 mortiers de 22 et leur fait exécuter un bombardement violent de la citadelle.

Pendant tout ce temps, la petite garnison, malgré ses pertes journalières, fait preuve d'une énergie superbe et d'un moral inébranlable. Presque sans repos, quittant le fusil pour prendre la pelle et la pioche, elle résiste avec une vigueur farouche aux violentes attaques d'un ennemi décidé.

Le 22 février, les Chinois font exploser deux mines ; les brèches faites sont aussitôt garnies par les défenseurs, mais une troisième mine saute à ce moment et la garnison a 16 tués dont le capitaine MOULINAY et 20 blessés dont le lieutenant VINCENT. Un assaut général tenté par les ennemis est repoussé. Le 24 février à la faveur de la nuit, un groupe assez fort de Chinois réussit à pénétrer dans les lignes grâce à la brèche ; le sergent-major HURBAUD se lance avec une escouade contre l'agresseur, mais il tombe grièvement blessé ; le sergent THÉVENET le remplace et tombe aussi. La situation paraît compromise un moment, lorsque arrive le capitaine CATTELIN qui fait sonner la charge, et nos troupes bouculant les Chinois à la baïonnette les repoussent de nouveau.

Le 25 février, nouvel assaut après l'éclatement d'une mine, repoussé aussi. Les 26, 27 et 28 d'autres mines sautent, chacune suivie d'attaques, toujours repoussées.

Le 1ᵉʳ mars, dans la soirée, des fusées sont aperçues dans la direction de Yoc. Le lendemain on entend une vive canonnade venant du même côté. Le 3 mars au matin des reconnaissances sont envoyées par le commandant de la place dans les retranchements ennemis. A 2 heures de l'après-midi, le général commandant en chef avec la brigade GIOVANNINELLI arrive à Tuyên-Quang débloqué.

***

Pendant les mois de novembre et de décembre 1884, de petites opérations, destinées à libérer le Delta de la piraterie, sont faites, tandis que sont étudiées et préparées de plus vastes actions contre les Chinois.

En juillet 1884, le général MILLOT avait créé avec une bande de 130 « Pavillons Noirs », qui se disaient soumis à notre autorité, après la prise de Hong-Hoa et l'occupation de Tuyên-Quang, une sorte de corps franc, sous les ordres du lieutenant BOHIN, de l'infanterie de marine.

Du côté de Chu, des reconnaissances sont faites gardant le contact avec les Chinois. Le 14 décembre le général DE NÉGRIER en fait une en personne au Deo-Quan accompagné d'une petite colonne sous les ordres du capitaine LECOMTE. Ils aperçoivent un petit poste chinois, qui se retire de suite sur Dong-Song.

Le 16 décembres deux compagnies (GRAVEREAU et VERDIER) de la Légion vont en reconnaissance sur Kep-Ha (7 kilomètres, est de Chu, route de Yên-Chau) par deux routes différentes ; une autre compagnie (capitaine BOLGERT) avec un peloton de tirailleurs tonkinois (sous-lieutenant ROBARD) est dirigée sur le marché de Ha-Ho. Vers 9 h. 30, on entend de Chu une vive fusillade dans la direction de Giap-Thuong. Le détachement du capitaine BOLGERT venait d'être attaqué avant d'arriver au marché de Ha-Ho par une forte colonne chinoise de plus de 2.000 hommes. Après un violent combat, devant le nombre toujours grossissant de ses adversaires, le capitaine BOLGERT se retire à 10 h. 30 à l'ouest de Giap-Ha sur une hauteur offrant une forte position défensive. La compagnie GRAVEREAU, entendant la fusillade, n'hésite pas à se porter vers le village de Ha-Ho. Elle arrive quand la compagnie BOLGERT a déjà rompu l'engagement ; elle a immédiatement tout le parti Chinois contre elle, menaçant son flanc droit et l'entourant. Après un vif combat, elle se replie en ordre emportant ses morts et ses blessés, suivie par les Chinois. L'arrivée de renforts, envoyés de suite de Chu, dégage la colonne qui rentre le soir à Chu. Nous avions 16 tués et 22 blessés.

Le lendemain, le général DE NÉGRIER revient de Phu-Lang-Thuong avec 6 compagnies et la batterie JOURDY. Immédiatement il se porte dans la direction de Ha-Ho pour y chercher les bandes ennemies, mais il ne peut parvenir à les rejoindre et rentre à Chu.

Le 21 décembre la colonne DONNIER se porte de Chu à Nui-Bop et bat le pays en tout sens sans trouver l'ennemi. Deux jours après, les habitants de Liên-Son viennent prévenir que les Chinois sont arrivés au village, en précédant d'autres, pour y organiser un grand camp retranché.

⁎

En vue des opérations que le corps expéditionnaire aurait à faire à bref délai, le général commandant en chef avait demandé à Paris l'envoi de 400 mulets au commencement de novembre ; il avait renouvelé cette demande à la fin du même mois. Il fut averti du départ d'un convoi de 100 mulets sur le *Vinh-Long*.

Il n'était plus possible de trouver des coolies ; sur la proposition d'un commerçant français, qui se faisait fort de recruter des Chinois Hakas, le général BRIÈRE DE L'ISLE envoya à Shanghai le capitaine DELESTRAC. Un premier contingent arriva de Hong-Kong à Haiphong, le 20 décembre ; il se composait de 150 coolies. Il fut suivi d'autres petits détachements, mais absolument insuffisants.

Le 3 janvier 1885, le général BRIÈRE DE L'ISLE était promu divisionnaire, et le Gouvernement français donnait sa pleine adhésion à la demande d'autorité absolue sur le Tonkin qu'il avait faite, tant que les opérations en cours ne seraient pas terminées.

Le Gouvernement français faisait en même temps part au général commandant en chef de la décision qu'il avait prise de faire dépendre, à partir du 7 janvier, le corps expéditionnaire du ministère de la Guerre. Jusqu'à cette date il relevait du ministère de la marine et des Colonies.

Les Chinois étant signalés s'avançant vers Chu, le général commandant en chef confie la conduite des opérations au général DE NÉGRIER. Le 3 janvier 1885, la colonne sous les ordres de celui-ci quitte le fort, allant vers Nui-Bop au devant de l'ennemi.

A l'avant-garde, un peloton de chasseurs d'Afrique, deux sections de tirailleurs tonkinois, la section du génie, le bataillon MAHIAS, d'infanterie de marine, la batterie de 80 (capitaine JOURDY) et une section d'ambulance légère. *Au gros :* un bataillon du 143ᵉ de ligne (commandant FARRET), une batterie de 80 de montagne (capitaine DE SAXCÉ), un bataillon du 111ᵉ de ligne (lieutenant-colonel HERBINGER), un bataillon de tirailleurs algériens (commandant DE MIBIELLE). *Garde du convoi :* un peloton de la compagnie COTTER. (Le chef de bataillon DIGUET était resté à Chu avec son bataillon, et le lieutenant-colonel DONNER devait faire une démonstration devant Liên-Son).

La colonne suit la rive gauche du Luc-Nam et le passe à gué à Dao-Bé ; sa tête d'avant-garde, avançant sur Phong-Cot, se heurte tout à coup à un parti chinois. Le commandant MAHIAS avec son bataillon reçoit l'ordre d'attaquer l'ennemi de front, tandis que le bataillon FARRET, du 143ᵉ, l'attaque de flanc ; le 111ᵉ protègera le passage de la rivière par le convoi. L'ennemi se retire devant ce déploiement. A la nuit le général DE NÉGRIER ordonne au bataillon du 111ᵉ d'enlever Phong-Cot, qui est occupé à minuit. La colonne bivouaque sur ses positions.

Le lendemain à la pointe du jour, les Chinois font un retour offensif, mais ils sont repoussés avec pertes. Les troupes françaises les poursuivent, tournant les positions fortifiées du camp retranché.

Les diverses redoutes et forts ennemis sont enlevés, et à 11 h. 15 tout le camp retranché est en notre possession. Les Chinois se retirent, laissant sur le terrain un grand nombre de morts, deux batteries Krupp, 356 grandes tentes et un matériel considérable. Nous avions 19 tués et 65 blessés, dont le capitaine VERDIN du 111°, le lieutenant SIMONI et le sous-lieutenant LARRIBE.

Le 6 janvier la colonne rentre à Chu. Faute de moyens de transports, le général commandant en chef ne put donner l'ordre de poursuivre l'ennemi et lui infliger une défaite définitive en poussant vers Lang-Son.

Colonne de Lang-Son. — Toutefois, avec d'énormes difficultés, le nombre de coolies nécessaires est recruté, tandis que les renforts annoncés arrivent.

Sous le commandement du colonel GIOVANNINELLI, la 1re brigade est reconstituée avec des troupes débarquées du *Comorin* et du *Chandernagor* (bataillon COMOY, de tirailleurs algériens, bataillon SHOEFFER, de Légion étrangère, etc.).

Le général BRIÈRE DE L'ISLE se décide à marcher sur Lang-Son après y avoir été autorisé par le Gouvernement français. A cet effet, il réunit fin janvier à Chu une forte colonne se composant de :

1re brigade : 1er régiment de marche (lieutenant-colonel CHAUMONT, commandants MAHIAS et LAMBINET). — 2e régiment de marche (lieutenant-colonel LETELLIER, commandants DE MIBIELLE et COMOY). — 1er bataillon de tirailleurs tonkinois (commandant TONNOT). — Artillerie (commandant LEVRARD) ; 4e batterie (capitaine ROPERTH), 5e batterie *bis* (capitaine PERICAUD), batterie de 4 de marine (capitaine ROUSSEL).

2e brigade : 3e régiment de marche (lieutenant-colonel HERBINGER. Commandants MORINEAU, FAURE et FARRET). — 4e régiment de marche (lieutenant-colonel DONNIER, commandants DIGUET et SCHOEFFER). — 2e bataillon d'infanterie légère d'Afrique (commandant SERVIÈRES). — 1er bataillon du 1er tirailleurs tonkinois (commandant JORNA DE LACALE). — Artillerie (commandant DE DOUVRES) ; 11e batterie (capitaine JOURDY) et 12e batterie (capitaine DE SAXCE) du 12e régiment ; 1re batterie-*bis* de 4 de marine (capitaine MARTIN).

L'effectif des bataillons varie de 500 à 800 hommes.

Au total, la colonne de Lang-Son compte 7.186 combattants et 4.500 coolies.

Le général BRIÈRE DE L'ISLE prend le commandement de la colonne avec le colonel CRÉTIN comme chef d'Etat-major et le colonel BORGNIS-DESBORDES comme commandant de l'artillerie.

Quoique le général commandant en chef reçût de mauvaises nouvelles de Tuyên-Quang où depuis le 23 janvier la garnison était assiégée, il ne se laissa pas détourner de son idée : détruire l'armée du Kouang-Si et faire face ensuite à celle du Yunnan. Le 2 février 1885, il donnait des ordres pour que la colonne se portât en avant le 3 février au matin, avec, comme point de direction, Dong-Song. La 2e brigade avait pour mission de s'emparer du Col de Van (Deo-Van).

Le chef de bataillon SERVIÈRES avec une demi-compagnie de tirailleurs tonkinois du bataillon TONNOT et une compagnie du 2e bataillon d'Afrique s'en empare sans combat. Le soir toute la colonne bivouaque, la brigade NÉGRIER à Cao-Nhiat, la brigade GIOVANINELLI en arrière ; le général commandant en chef avec cette dernière.

Le 4 au matin, la 2e brigade au contact avec l'ennemi marche sur Tay-Hoa. La compagnie MICHEL du 3e bataillon (commandant SCHOEFFER) du 4e régiment de marche s'empare dans la soirée d'un grand fort chinois, en tue ou en chasse les occupants. Le chef de bataillon SERVIÈRES, à la tête des compagnies HERTRICH du 2e bataillon d'Afrique et GAUCHERON du 3e bataillon du 4e régiment de marche, prend un autre fort et, continuant sa marche, aidé de deux compagnies de Légion, en enlève deux autres.

La colonne entière bivouaque à Tay-Hoa. Nous avions dans ces premiers combats 17 tués dont le capitaine GRAVEREAU et 99 blessés.

Le 5 février, le général BRIÈRE DE L'ISLE décide que la 1re brigade continuera à attaquer de front les lignes successives des Chinois, tandis que la 2e brigade les tournera par la droite. Mais un fort brouillard cache complètement l'horizon et ce n'est qu'à 10 heures que la colonne se met en marche.

Le soir les deux brigades, après avoir enlevé les ouvrages fortifiés de l'ennemi, s'établissent au bivouac à proximité de Ha-Hoa.

Dès les premières lueurs du jour, le 6 février, le chef de bataillon SERVIÈRES commandant les avant-postes envoie des patrouilles en avant de notre ligne. Elles signalent que les Chinois occupent une série de forts à moins de 500 mètres en avant de notre front. Ces renseignements sont immédiatement portés à la connaissance du général commandant en chef, qui fait concentrer les deux brigades dans la plaine de Ha-Koa, la 2e en tête.

A 10 heures, la colonne en marche sur la route de Dong-Song prend presque aussitôt contact avec l'ennemi. A 11 h. 30, les premiers forts sont enlevés et à 1 heure de l'après-midi les positions fortifiées de Dong-Song sont en notre pouvoir.

Nos pertes s'élevaient depuis le 5 février à 7 tués et 58 blessés.

A la suite des combats des derniers jours, le général commandant en chef adresse au troupes, l'ordre du jour suivant :

Officiers, sous-officiers et soldats.

« Les formidables camps retranchés de Ha-Hoa et de Dong-Song sont entre vos mains avec d'immenses « approvisionnements d'armes, de munitions et de vivres que votre élan n'a pas permis à l'ennemi d'emporter.

« Pendant les combats des 4, 5 et 6 février, qui vous ont rendus maîtres de ces admirables positions sur « lesquelles l'armée chinoise avait compté pour nous barrer les débouchés de Deo-Van et de Deo-Quan et nous « interdire les routes de Than-Moi et de Lang-Son, vous avez égalé les troupes les plus citées dans les annales de « l'armée française ; vous avez ajouté une belle page à notre histoire nationale.

« Honneur à vos chefs et à vous.

« Vous approchez du terme de votre mission. Des combats, des privations et des fatigues vous attendent « encore. Les vertus militaires dont vous avez donné tant de preuves, garantissent le succès de l'avenir.

*
* *

Combat de Pho-Vy. — Pour donner du repos aux troupes, le général commandant en chef les laisse quelques jours à Dong-Song. Le 9 février, le bataillon LAMBINET avec une section d'artillerie, va reconnaître les positions de l'ennemi dans la vallée du Song-Hoa vers le Deo-Vy.

Le 10 février on repart, en suivant le Sông-Hoa, vers le fort de Pho-Bou. Une garnison sous le commandement du chef de bataillon JORNA DE LACALE (5ᵉ compagnie du 2ᵉ bataillon d'Afrique, une compagnie du 2ᵉ tirailleurs tonkinois, la batterie du capitaine ROUSSEL, les malingres et les éclopés de la colonne) est laissée à Dong-Song. Au Deo-Quan on installe un poste optique correspondant directement avec Chu, par la cassure du Deo-Quan.

A 7 h. 30, la 1ʳᵉ brigade rompt en tête de la colonne. L'avant-garde commandée par le commandant TONNOT arrive devant le fort de Pho-Bou, incendié de la veille. Les troupes s'y installent pour la nuit, tandis que la 2ᵉ brigade, dépassant la 1ʳᵉ, installe ses avant-postes au Deo-Vy.

Le lendemain, 11 février à 10 heures la brigade DE NÉGRIER se porte sur Pho-Vy. Il est 1 h. 30 quand elle arrive devant le village que les Chinois évacuent sans combat. Toute la colonne cantonne à Pho-Vy.

Le 12 février, la brigade GIOVANNINELLI prend la tête. A 9 heures elle atteint les lignes ennemies. Le bataillon COMOY est chargé de s'emparer du mamelon situé sur la rive gauche du ruisseau de Pho-Vy, couronné de nombreux forts. Comme il y a un brouillard intense, le colonel commandant la brigade donne l'ordre d'attendre jusqu'à ce qu'il soit un peu dissipé. Vers midi seulement l'action commence ; mais notre inaction temporaire fait croire aux Chinois que nous refusons le combat ; aussi se groupant derrière le mamelon déjà mentionné, ils se portent à l'attaque de nos troupes au moment où elles recevaient l'ordre d'en faire autant. Ils sont repoussés.

De la première ligne des retranchements enlevés, on aperçoit une deuxième ligne formidable de hauteurs toute couverte de forts, à cheval sur la route de Lang-Son.

Le chef de bataillon MAHIAS avec deux de ses compagnies d'infanterie de marine, profitant du brouillard, réussit à se porter, par la droite, sur le flanc et les derrières de l'ennemi, qui évacue le col et les forts.

La brigade GIOVANNINELLI passe la nuit à quelques kilomètres à peine de Lang-Son. La 2ᵉ brigade, avec le général commandant en chef bivouaque à Bac-Viay.

Nos pertes étaient de 30 tués dont 2 officiers (chef d'escadron LEVRARD et sous-lieutenant BOSSAND, officier d'ordonnance du général commandant en chef) et 188 blessés.

Le 13 février le général BRIÈRE DE L'ISLE ordonne à la 2ᵉ brigade de rejoindre la 1ʳᵉ, qui était à 6 kilomètres en avant. A 10 h. 30 rattrapée par la brigade DE NÉGRIER, la brigade GIOVANNINELLI part et entre à Lang-Son évacué A 3 heures du soir toute la colonne est dans Lang-Son, la 1ʳᵉ brigade sur la rive droite du Song Ki-Kong, à Ky-Lua ; la 2ᵉ et le quartier général à Lang-Son.

***

Nous avons vu précédemment que pendant que la colonne du corps expéditionnaire s'avançait sur Lang-Son, la place de Tuyên-Quang était assiégée par les Chinois. Le commandant DOMINÉ avait réussi, aux prix de très grandes difficultés, à faire passer à travers les lignes ennemies des nouvelles de la citadelle.

Aussitôt Lang-Son pris, le général BRIÈRE DE L'ISLE songe à envoyer une colonne de secours à l'héroïque garnison ; il donne l'ordre à la brigade GIOVANNIELLI de gagner Lang-Son par Cut, Than-Moi, Bac-Lé, Kep et Bac-Ninh.

Pendant son absence, la situation dans le delta avait été bonne, seules restaient troublées les régions voisines du Yunnan.

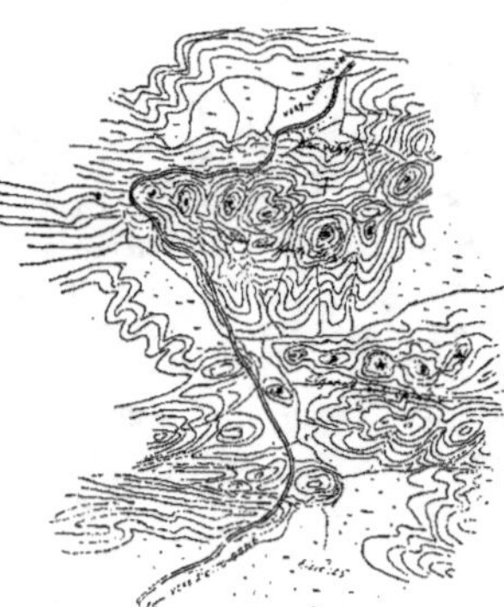

***

Combat de Hoa-Moc. — La brigade GIOVANNINELLI quitte Lang-Son le 16 février avec un régiment de marche de tirailleurs algériens (lieutenant-colonel LETELLIER, commandant COMOY et DE MIBIELLE) ; un régiment de marche d'infanterie de marine (commandant MAHIAS (1) et commandant LAMBINET) ; un groupe de 2 batteries de 80 de montagne (chef d'escadrons CHAPOTIN, capitaine JOURDY et PERICAUD) ; une section du génie et une ambulance. Au total 86 officiers et 2.348 hommes.

A Phu-Doan, où elle arrive le 27 février 1885, elle est renforcée d'un détachement commandé par le lieutenant-colonel DE MAUSSION (3 compagnies de tirailleurs algériens, 1 compagnie et demie de légion, 2 compagnies de tirailleurs tonkinois, formant 2 bataillons sous les ordres des commandants BERANGER et FRAUGER et une batterie de 4).

Le colonel GIOVANNINELLI décide de marcher sur Tuyên-Quang par la route longeant la rive droite de la Rivière Claire ; cette route, étant la seule connue, offre de plus l'avantage de permettre le ravitaillement par eau de la colonne et d'assurer aux opérations l'appui efficace des canonnières. La colonne passe le Sông Chay, le 28 février après s'être fractionnée en trois groupes et cantonne le 1ᵉʳ mars au soir, à 5 kilomètres en deçà de Hoa-Moc.

---

(1) Le lieutenant-colonel CHAUMONT étant malade.

Le lendemain, 2 mars, elle se met en marche éclairée par un peloton de la 7ᵉ compagnie du 1ᵉʳ tirailleurs tonkinois (lieutenant DONNAT), les trois groupes se suivent. Vers midi, la pointe signale à 300 mètres les ouvrages Chinois. Le colonel GIOVANNINELLI, après avoir reconnu en personne leurs positions, le centre de leur ligne paraissant inexpugnable, se décide à pousser son attaque par la droite, en s'appuyant à la Rivière Claire pour garantir son flanc.

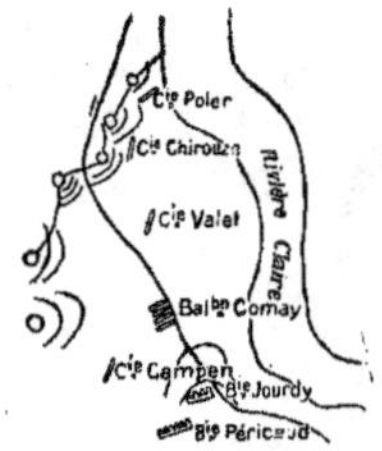

Après un fort bombardement de l'artillerie de la colonne, à 2 heures, le bataillon DE MIBIELLE, puis le bataillon COMOY attaquent et enlèvent les premiers retranchements ennemis, mais au moment où de leurs éléments pénètrent dans un fortin, celui-ci miné, saute. Les bataillons DE MAHIAS et LAMBINET de l'infanterie de marine s'élancent à leur tour à l'assaut des positions ennemies et malgré de fortes pertes, les prennent et s'y installent.

Il est 6 h. 15 du soir, la nuit et le brouillard arrêtent le combat et les troupes bivouaquent sur leurs positions, à quelques mètres des Chinois.

Le lendemain à 3 heures du matin, les Chinois effectuent un fort retour offensif sur les retranchements que nous avons occupés la veille. Le colonel commandant la brigade donne l'ordre au 3ᵉ groupe, sous les ordres du lieutenant-colonel DE MAUSSION, de se porter en avant. Tandis que le commandant COMOY, par une charge furieuse dans la brume, surprend les Chinois à l'extrême droite de la ligne, les troupes du 3, groupe progressent à gauche.

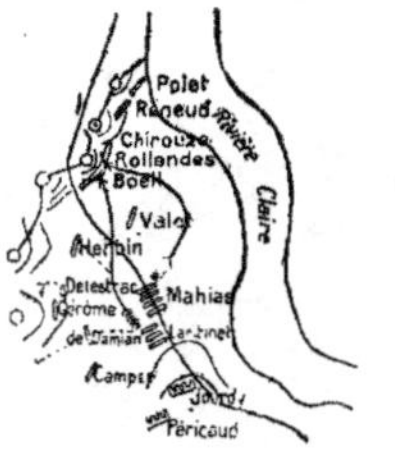

A 10 heures du matin toute résistance cessant, la colonne se reforme et marche sur Tuyên-Quang où elle arrive à 4 heures du soir.

Nous avions 76 tués dont 6 officiers et 787 blessés dont 21 officiers.

Ces pertes ne sauraient étonner, si l'on songe à l'organisation formidable qu'avaient établie les Chinois. Tous les ouvrages étaient casematés et enterrés ; les créneaux, au ras du sol, offraient aux défenseurs un abri excellent contre le tir de notre artillerie. Très bien abrités, amplement ravitaillés en munitions (chacun d'eux avait à côté de lui un panier rempli de cartouches), les réguliers chinois pouvaient, sans grande crainte, recevoir l'attaque de nos troupes presque à bout portant et tenir dans leurs retranchements jusqu'à la dernière extrémité.

*
* *

Formose et les Pescadores. — Les opérations navales continuaient.

Les 29 et 30 septembre, l'escadre des mers de Chine sous les ordres du vice-amiral COURBET, arriva en vue de Ky-Loung, venant de Matsou après avoir traversé le détroit de Formose. Le 2 octobre Ky-Loung était à nous.

Devant Tam-Soui, le 8 octobre le contre-amiral LESPÉS subissait un échec de la part de SOUN K'AI-HOA, commandant en chef des Troupes chinoises de Fou-Kiên et avait 17 tués et 49 blessés.

Malgré ces maigres résultats, LI-HOUNG-TCHANG demanda le 8 octobre à quelles conditions nous consentirions à confier à un arbitre le différend entre les deux pays. M. Jules FERRY rédigea un programme (11 octobre 1884), que les Etats-Unis refusèrent d'appuyer et auquel on devait se tenir jusqu'aux négociations finales.

Avec sept vaisseaux de guerre, le vice-amiral COURBET bloquait l'embouchure du Yang-Tsé-Kiang et interceptait les convois de riz qu'il déclarait contrebande de guerre, puis il partit à la recherche de la flotte chinoise, qui était signalée avoir quitté Shanghai le 23 janvier 1885. Il la trouva le 11 février. A la vue de l'escadre française, cette dernière s'enfuit, tandis qu'une frégate armée de 21 canons Krupp servis par des Allemands, et une corvette se réfugiaient en face de la ville de Sheipo. La *Triomphante* les bloquait et le 14 février deux canots porteurs de torpilles du *Bayard*, allaient les couler.

Le 29 mars 1885, le *Bayard*, la *Triomphante*, le *d'Estaing*, le *Duchaffaut* et l'*Annamite*, rejoints dans la journée par la *Vipère*, prennent les postes de combat qui leur avaient été désigné devant les Pescadores et ouvrent le feu sur les forts chinois de Port-Makung. Leurs défenseurs s'enfuient après avoir faiblement répondu, abandonnant leurs forts. Vers 10 heures, la section de troupes de débarquement du lieutenant de vaisseau MERLIN descend à terre et fait sauter les pièces. A 3 heures le bataillon d'infanterie de marine du commandant LANGE débarque dans la baie du Dôme.

Le 31 mars, les troupes d'infanterie de marine quittent le sommet du Dôme où elles ont bivouaqué, tandis que les navires de guerre, franchissant la passe de Makung, pénètrent dans la vaste anse pour les soutenir : elles sont rejointes par les compagnies de débarquement de la *Triomphante* et du *d'Estaing*, sous les ordres de MM. POIROT et PRADÈRE-NIQUET. Les Chinois, retranchés dans les villages autour de Makung, sont attaqués par nos troupes appuyées par la *Vipère*; ils s'enfuient laissant de nombreux morts et blessés. La route de Makung nous est ouverte ; à 5 heures la ville et les deux camps retranchés sont ccupés par nos trupes. Les Iles Pescadores étaient à nous.

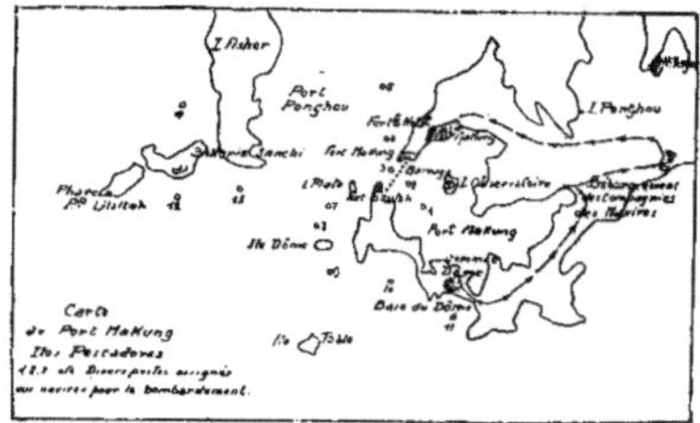

*
* *

A Lang-Son, où on était arrivé le 13 février, le général commandant la 2° brigade s'occupait de suite du problème difficile du ravitaillement de la colonne.

Le 23 février la 2° brigade, rassemblée sur les glacis des forts de Ky-Lua, rompt à 7 heures, l'avant-garde sous les ordres du chef de bataillon TONNOT, le gros de la colonne sous ceux du lieutenant-colonel HERBINGER. Le chef de bataillon SERVIÈRES reste à Lang-Son avec la 3° compagnie du bataillon d'infanterie d'Afrique et les indisponibles.

Le général DE NÉGRIER se propose de chasser l'ennemi de Dông-Dang et de le rejeter au delà de la frontière. Vers 9 h. 30, l'avant-garde prend contact avec l'ennemi, après avoir dépassé Ban-Vinh. Après un combat très vif, les Chinois se retirent en désordre, soit dans la direction de Thât-Khê, soit dans celle de Nam-Quan. Le soir, la brigade bivouaque à la hauteur de la Porte de Nam-Quan ou Cua-Ai, à la frontière de Chine.

Nos pertes dans ces combats étaient de 9 tués et 45 blessés. Nos troupes avaient pris à l'ennemi 3 canons Krupp de 65, 2 mitrailleuses Nordenfeld, des fusils de tous modèles..., etc...

Le 25 février le général DE NÉGRIER fait sauter la Porte de Chine et se replie sur Dong-Dang, il rentre à Lang-Son le 28 février, laissant à Dông-Dang le 2° bataillon de Légion (commandant DIGUET), une section de 80 de montagne (lieutenant JACQUART) et une escouade de tirailleurs tonkinois.

Dans la première quinzaine de mars, des reconnaissances d'infanterie et de cavalerie sont envoyées sur Thât-Khê et sur Cua-Ai. Elles ne rencontrent aucun Chinois. Toutefois des renseignements signalent que l'armée chinoise se concentre sur la route de Long-Tchéou, à une heure et demie de marche de la frontière.

Le 17 mars, le général commandant en chef faisait savoir au général DE NÉGRIER que « le ministre de la « Guerre l'avisait que des négociations sérieuses étaient engagées avec la Chine et estimant qu'il y aurait intérêt « à agir sur Long-Tchéou, lui demandait de faire le possible en ce sens ». Le général BRIÈRE DE L'ISLE déclarait avoir répondu « que par suite des difficultés de ravitaillement, l'opération n'était pas possible en ce « moment ».

Le général DE NÉGRIER répond que tel est aussi son avis, d'autant plus que les positions de l'ennemi semblent très fortifiées et très solidement tenues. En plus des retranchements sur la route de Cua-Ai à Binh-Thuong, il y a, à 8 ou 9 kilomètres dans le nord de Cua-Ai, un grand camp retranché.

A son point de vue, la machine chinoise a été longue à se mettre en mouvement. Elle commence à rendre. Les effectifs grossissent, les armes, les munitions arrivent ; c'est à considérer. Il est urgent de construire à Lang-Son des fortifications solides. Il n'existe que des ouvrages de campagne qui nécessitent une forte garnison.

Pendant ce temps et au cours des opérations sur la Rivière Claire, une certaine agitation était manifestée dans la région Fleuve Rouge-Rivière Noire. Des bandes nombreuses de Chinois grossies d'Annamites et de Muongs, avec la connivence évidente des autorités de Hué et de Thanh-Hoa, s'y livraient à toutes sortes de déprédations.

Il était à peu près certain qu'on se trouvait en face de Chinois de l'armée du Yunnan et de LUU-VINH-PHUOC. Le *Garnier* était attaqué par eux, le 10 mars, en amont de Hung-Hoa.

Le 23 mars, le bataillon SIMON, du 1er zouaves, en reconnaissance dans la boucle entre la Rivière Claire et le Fleuve Rouge, se heurte, au nord de Phu-Lang-Thao, à un ouvrage fortement défendu par des Annamites et des « Pavillons Noirs » ; il a 6 tués et 29 blessés. Le bataillon MIGNOT, du 2e zouaves, lui est envoyé avec de l'artillerie pour l'appuyer.

Après quelques combats assez vifs, les Chinois et les Annamites sont repoussés vers le nord.

*
* *

La situation politique au Tonkin était alors loin d'être excellente. Suivant le général commandant en chef, elle dépendait plus des agissements de la Cour de Hué que de la présence des Chinois dans les zones frontières. La désorganisation et la ruine systématique, par les ordres venant de la Cour de Hué, continuent sous notre couvert. La population annamite, qui nous avait ouvert les bras parce qu'elle nous croyait ses défenseurs contre les mandarins de la Cour de Hué, voit au contraire que nous soutenons ceux-ci contre elle. Le général BRIÈRE DE L'ISLE envoie le 15 mars, au ministre de la Guerre, une pétition de mandarins, lettrés et notables tonkinois, exposant la situation et demandant, comme lui, de changer notre politique à Hué.

Il semble au général commandant en chef que, pour l'occupation du pays après la réussite de nos négociations, nous serons toujours dans l'embarras et impuissants à l'organiser, si nous n'avons pas au Tonkin des mandarins favorables ayant confiance en nous. Ceux-ci resteront rares tant qu'une révolution à Hué ne mettra pas au pouvoir un régent nous acceptant franchement.

Le représentant de la France, suivant le général BRIÈRE DE L'ISLE, devrait être à Hanoi et non à Hué et ayant tous pouvoirs civils et militaires, traitant de Hanoi les affaires avec la Cour de Hué par l'intermédiaire d'un résident spécial et subordonné se trouvant à Hué. De plus, tout soldat annamite devrait disparaître et être remplacé par nos tirailleurs augmentés, et recrutés dans les villages responsables. Alors seulement nous pourrions occuper le pays, les postes de l'intérieur avec des indigènes presqu'exclusivement, tandis que les frontières et la côte seraient tenues par des garnisons européennes avec une réserve au centre.

Pour le moment, les intentions du général commandant en chef sont de profiter de la première crue pour refouler l'armée du Yunnan au delà de Than-Quan (aval de Yên-Bay), d'occuper fortement une position en amont, puis d'aller renforcer la 2e brigade pour descendre avec elle sur Long-Tchéou.

Mais pour lui permettre d'exécuter ce vaste plan, il ne faut pas qu'il lui reste des craintes d'événements sérieux en Annam. En novembre dernier, le résident général, après avis du général commandant en chef, avait demandé le désarmement des bastions de Hué, puis, quelque temps après, inquiet des agissements des régents, avait réclamé au Gouvernement des renforts pour cette ville. Le général BRIÈRE DE L'ISLE l'assura que la garnison de Hué et de Thuan-An était suffisante pour parer à toute éventualité en Annam et donna au commandant PERNOT des instructions très précises pour le désarmement de la citadelle et des forts.

En mars 1885, le commandant des troupes à Hué, qui s'était toujours heurté à des atermoiements de la part de la Cour, commençait à exécuter l'ordre du général commandant en chef, quand le résident général, invoquant des froissements possibles de l'amour-propre annamite, demanda au général BRIÈRE DE L'ISLE le maintien en position de toutes les pièces et l'ordre de les faire enclouer sur place sans démonstration militaire.

La Cour de Hué ne semblait pas vouloir revenir à de meilleurs sentiments ; en violation du traité et faisant acte d'hostilité contre nous, le Gouvernement annamite rappelait tous ses soldats, et la citadelle de Hué en était pleine. Devant ces actes, le commandant PERNOT reprend le désarmement des forts. Les Annamites préfèrent retirer leurs pièces que de les voir enclouer.

(*Cliché du Gouvernement général*)

RÉGION DE LANGSON

(*Cliché du Gouvernement général*)

LA PORTE DE CHINE

ROCHERS DE KY-LUA

KY-LUA, VUE PRISE DU FORT DES ROCHERS EN 1885

A ce moment, des renseignements sérieux signalent au général commandant en chef que la Cour de Hué a des projets d'insurrection pour le 12 avril prochain. Dans le Thanh-Hoa et le Nghê-An, toutes les réserves avaient été appelées, en même temps que les mandarins militaires, alors que la Cour espérait des succès chinois vers Lang-Son et Tuyên-Quang. Le maréchal HOANG-KÊ-VIÊN s'était porté sur la route nouvellement ouverte pour déboucher d'Annam sur le Fleuve Rouge, en amont de Hung-Hoa, en contournant le delta. Dans ces conditions, le général BRIÈRE DE L'ISLE estime qu'il y a lieu d'exiger, dès à présent, du Gouvernement annamite la réduction de ses effectifs au moins au chiffre normal du temps de paix et considère toujours que la seule solution pour cela est dans le déplacement des régents actuels.

*
* *

Combat de Bang-Bô. — Après un calme relatif, les événements allaient se précipiter dans la province de Lang-Son.

Le 22 mars 1885, au point du jour, on entend à Lang-Son une violente fusillade dans la direction de Dông-Dang. Immédiatement le général DE NÉGRIER fait rassembler la brigade et attend les renseignements. Après les avoir reçus, la colonne quitte Ky-Lua vers 2 heures de l'après-midi pour Dông-Dang.

Le poste de Cua-Ai avait été attaqué et obligé de se replier. Les Chinois étaient arrivés près de Dong-Dang, mais nos troupes alertées les avaient repoussés en leur infligeant de grosses pertes. Quand les troupes de Lang-Son arrivèrent, le calme était revenu.

Le général DE NÉGRIER décide d'infliger une leçon à l'adversaire et d'attaquer le Camp de Bang-Bo, le lendemain 23 mars, sans attendre les renforts annoncés.

La 2ᵉ brigade quitte Dong-Dang, vers 7 heures, avec quelques chasseurs d'Afrique et un détachement de tirailleurs tonkinois du 1ᵉʳ bataillon du 1ᵉʳ régiment en pointe d'avant-garde, le bataillon du 143ᵉ (commandant FARRET), le bataillon FAURE du 111ᵉ, la 12ᵉ batterie (DE SAXCÉ), le 2ᵉ bataillon de Légion (commandant DIGUET). A 10 h. 30, les trois compagnies du 143ᵉ entrent en contact avec l'ennemi, après avoir franchi la porte de Cua-Ai et le refoulent. De vifs combats s'engagent, qui nous donnent la possession des forts avancés sans entamer les retranchements principaux des Chinois. Nous avons 4 tués et 25 blessés.

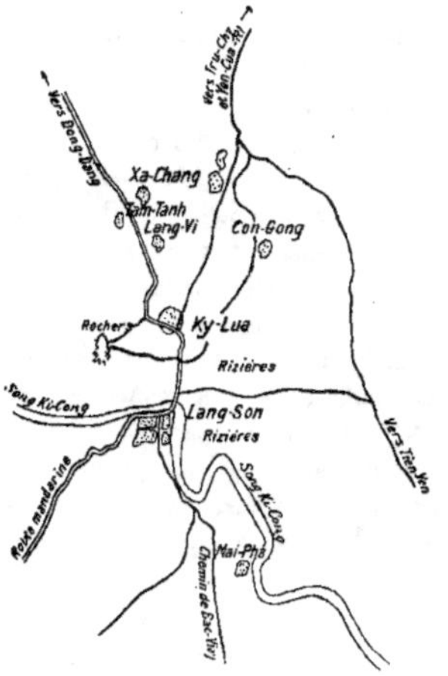

Aux premières lueurs du jour, le 24 mars, le général commandant la 2ᵉ brigade ordonne au lieutenant-colonel HERBINGER, avec des Tonkinois et le bataillon du 143ᵉ, de profiter de la brume pour prendre par surprise le fort principal, mais le détachement se perd ; ce retard met les autres troupes (le bataillon du 111ᵉ en particulier) dans une situation si grave, qu'après un combat acharné et des pertes sensibles (31 tués dont 4 officiers et 58 blessés), elles sont obligées de se replier. Quand le détachement HERBINGER parvient à son tour près du fort, il est obligé de se retirer et la retraite devient générale. Nos pertes étaient de 72 tués dont 7 officiers (capitaine MAILHAT, COTTERET et BRULET, médecin-major RAYNAUD, lieutenants CANIN, THEBAULT, sous-lieutenant NORMAND) et 190 blessés dont 6 officiers (parmi eux le lieutenant DE COLOMB, qui, plus tard fut Trésorier-payeur général à Hanoi.

Le général DE NÉGRIER juge alors que la position de Dông-Dang ne peut plus être défendue.

*
* *

Combat de Ky-Lua et retraite de Lang-Son. — Des reconnaissances de Dong-Dang et de Yên-Cua, se heurtent à l'ennemi à 7 kilomètres au delà de Ky-Lua. Une reconnaissance, partie dans la direction de Loc-Binh, rencontre les Chinois à environ 20 kilomètres de Lang-Son. Le 27 dans l'après-midi, quelques Chinois viennent se heurter à nos avant-postes et se retirent.

Le lendemain 28 mars, à 7 heures du matin, des éclaireurs ennemis prennent contact avec la compagnie ROMANI, du 3ᵉ bataillon de légion, aux avant-postes. La 2ᵉ brigade prend immédiatement ses postes de combat ; à 10 h. 45 nos batteries tirent les premiers coups de canon de la journée sur l'ennemi débouchant des chemins de Dông-Dang et de Yên-Cua-Ai. Celui-ci tente une violente attaque au centre de notre système de défense ; il est repoussé et fuit ; c'est à ce moment que le général DE NÉGRIER est grièvement blessé. Le commandement passe au lieutenant-colonel HERBINGER.

La situation était alors meilleure pour nous qu'un instant auparavant ; les pavillons chinois, qui étaient apparus dès le début de l'action, avaient disparu, et seuls quelques tirailleurs ennemis couvraient la retraite des débris des colonnes qui avaient attaqué nos troupes. Nous avions 3 tués, 37 blessés et 4 disparus. Cependant le commandant provisoire de la colonne télégraphiait au général commandant en chef : « ... pris commandement de la colonne. Profiterai de la nuit pour rétrograder sur Dông-Song et Thanh-Moi en deux colonnes. Impossible maintenir nos positions, faute de munitions et de vivres. Me dirige personnellement sur Cut et Thanh-Moi. Commandant SCHOEFFER, de la légion, prend le commandement de la colonne de Lang-Son... ».

Avant de prendre cette décision, le lieutenant-colonel HERBINGER avait fait consulter le général DE NÉGRIER blessé, qui avait dicté au lieutenant DÉGOT la note suivante indiquant son point de vue : « D'après « mon avis, il y aurait lieu de faire tenir les routes de Pho-Vy et de Thanh-Moi aux passages importants par « des échelons. Faire écouler tout ce qui peut être gênant, et dans cette situation observer ce que fait l'ennemi « en ne laissant à Ky-Lua qu'une arrière-garde, tandis que toutes les troupes se tiendraient sur les hauteurs « de la rive gauche, de telle sorte que si, comme je le crois, l'ennemi n'a plus envie d'attaquer, il devienne « inutile d'évacuer. Le colonel HERBINGER, qui voit la situation, est meilleur juge ; aussi je ne lui donne cet « avis que comme ma manière de voir ».

Le commandant provisoire de la 2ᵉ brigade maintint l'idée préconçue, qu'il s'était faite de la situation et donna les ordres d'évacuation de Lang-Son.

Le 28 mars à 10 heures du soir, la première colonne sous les ordres du lieutenant-colonel HERBINGER quitte Lang-Son pour Cut et Thanh-Moi, elle comprend le 3ᵉ régiment de marche (bataillon du 23ᵉ, du 111ᵉ et du 143ᵉ), la 4ᵉ batterie-*bis* (ROPERTH), le 2ᵉ bataillon d'infanterie légère d'Afrique et la moitié de la Cavalerie. Cette colonne est suivie un moment après d'un deuxième détachement sous le commandement du commandant SCHOEFFER, composé des deux bataillons de Légion de la 22ᵉ batterie (DE SAXCÉ), des deux compagnies de tirailleurs tonkinois et du restant de la cavalerie (la 1ʳᵉ batterie-*bis* de 4 de marine fut sur l'ordre du commandant de la colonne jetée dans le Sông Ki-Kong). Le deuxième détachement avait comme point de direction Bac-Viay et Pho-Vy.

Les deux colonnes arrivent à Chu le 30 mars et 1ᵉʳ avril, sans avoir été inquiétées par les Chinois.

Il n'est pas douteux qu'il y avait eu affolement de la part du commandant provisoire de la 2ᵉ brigade, c'est ce que le général commandant en chef télégraphiait au ministre de la Guerre le 1ᵉʳ avril :

« L'évacuation de Lang-Son, lui disait-il, et surtout la précipitation de la retraite sont dues à une faiblesse « dans le commandement après la blessure du général DE NÉGRIER. La 2ᵉ brigade à Lang-Son avait encore « pour 20 jours de vivres et les munitions suffisantes pour attendre les convois qui étaient en route et annoncés. « La batterie de 4 de marine a été jetée dans la rivière par ordre et sans protestation du commandant DE DOU-« VRES. Le trésor abandonné (130.000 piastres) également jeté par ordre, tout cela après la réussite de nos « contre-attaques. Même précipitation pour l'évacuation de Dong-Song avec encore moins de raison. Les Chi-« nois jusqu'à présent paraissent se borner à occuper leurs anciennes positions au nord de Deo-Quan et de Deo-« Van. En somme situation non compromise et meilleure que pouvaient le faire supposer des renseignements « alarmants ».

Le 4 avril, après avoir donné le commandement provisoire de la 2ᵉ brigade au colonel BORGNIS-DES-BORDES. Le général commandant en chef vient à Chu passer en revue la brigade et, le 8 avril, adresse l'ordre du jour suivant aux troupes du corps expéditionnaire :

          « Officiers, sous-officiers et soldats,

« L'ennemi que vous aviez mis si vaillamment en déroute sur son territoire un mois avant, s'est présenté « devant vous décuplé et retranché dans des positions formidables. Pour la première fois, il fallut vous replier « sur les ouvrages enlevés la veille.

« Le 28 mars, alors que l'ennemi, renforcé de plus en plus, osait vous disputer les positions de Ky-Lua.
« vous infligiez encore à ses masses une sanglante défaite.

« Mais, par une amère dérision du destin, au moment même où les colonnes chinoises précipitaient leur
« retraite sous l'effort de votre contre-attaque, vous appreniez que votre vaillant chef, le général DE NÉGRIER,
« ce brave entre les braves, venait d'être emporté à l'ambulance. Le commandement, du fait de ce malheur,
« tombait entre des mains insuffisamment préparées.

« Au lieu de vous faire prendre la seule attitude convenable à des vainqueurs qui n'avaient jamais compté
« la nuée de leurs ennemis, on vous a fait battre en retraite la nuit.

« Vous êtes arrivés à Chu épuisés de fatigue, mais sans pertes. Les vaincus du 28 mars, ne pouvaient, en
« effet, songer à vous poursuivre. A peine revenus de leur étonnement, ils montrent encore la plus grande cir-
« conspection. Ils sentent que s'ils osaient vous inquiéter, vous les décimeriez avec le même entrain et le même
« succès qu'autrefois.

« Maintenant plus forts que jamais, vous êtes appuyés sur des positions inexpugnables entre des mains de
« conscrits.

« Soldats de la 2ᵉ brigade, souvenez-vous que depuis que le monde existe, jamais une armée chinoise n'a
« forcé une position défendue par des troupes européennes ».

Les cols de Quan et de Van sont réoccupés par nos troupes sans combat. La garnison de Kep est renforcée par le bataillon du 111ᵉ de ligne et le général GIOVANNINELLI (promu le 11 mars) établit son quartier général à Dap-Cau, où une colonne mobile est constituée, prête à être envoyée sur le point le plus exposé par une attaque chinoise.

Le 14 avril, les Chinois se montrent aux environs de Kep; ils sont repoussés par un détachement de la place envoyé par le lieutenant-colonel GODARD. Le lendemain 15 avril, le général commandant en chef fait savoir aux troupes du corps expéditionnaire qu'un armistice était signé. Les commandants de place de postes devront aviser les chefs chinois en face d'eux et se tenir sur leur garde.

*
* *

Les 11 et 24 janvier 1885, M. JAMES DUNCAN CAMPBELL, voyant à Paris M. JULES FERRY, entama des négociations avec lui pour une paix avec la Chine. Le 26 février, il faisait savoir au président du Conseil que l'empereur de Chine consentait à ratifier la convention de Tien-Tsin.

Le 27 février, le TSOUNG-LI-YAMEN donnait à sir ROBERT HART les pouvoirs nécessaires pour traiter. Ce dernier passait ses pouvoirs au commissaire des Douanes chinoises CAMPBELL.

Le 4 avril était signé à Paris un protocole entre la France et la Chine, pour consacrer la suspension des hostilités entre les deux pays, entre M. BILLOT, ministre plénipotentiaire et JAMES DUNCAN CAMPBELL au nom de l'empire chinois. Il fut immédiatement ratifié par câble par le TSOUNG-LI-YAMEN.

Le 10 et le 11 avril, le ministre de la Guerre câble au général commandant en chef les mesures nécessaires pour l'exécution de la suspension des hostilités. Quelques jours après, le général BRIÈRE DE L'ISLE est avisé par le ministre de la guerre que le Gouvernement français a décidé que le corps expéditionnaire serait complété à trois divisions sous les ordres du général DE COURCY, avec le général WARNET comme chef d'état-major. Le ministre proposant au général BRIÈRE DE L'ISLE de prendre le commandement de la 1ʳᵉ division, ce dernier lui câble qu'il accepte, à la condition que le général DE NÉGRIER soit promu divisionnaire et prenne le commandement d'une des autres. Le général DE NÉGRIER était nommé divisionnaire à compter du 29 mars.

Par ordre du jour en date du 12 avril 1885, le général BRIÈRE DE L'ISLE faisait savoir aux troupes sous ses ordres la nouvelle organisation et leur disait que, ne voulant pas se séparer d'elles, il avait accepté le commandement de la 1ʳᵉ division.

Les préliminaires de paix sur les bases du traité de Tien-Tsin étant signés à Paris, le général commandant en chef fut invité à régler une suspension d'armes au Tonkin pour le 15 avril (partie est) et le 25 avril (partie ouest).

La cour de Hué n'avait pas cessé de faire preuve d'un mauvais esprit immodéré. Dans la première quinzaine de mai, le résident ayant reçu une lettre insolente du ministre·de la guerre d'Annam, constituant un véritable défi, demande au général quelques renforts pour exiger réparation. De plus, en même temps que le Conseil privé transmettait une demande touchant une réforme à la question monétaire, il passait outre sans attendre la réponse à sa demande et mettait à exécution son projet. Le général BRIÈRE DE L'ISLE demande au résident général d'en exiger l'annulation immédiate.

*
* *

Pendant ce temps, les négociations chinoises paraissent en bonne voie. Le 15 avril, le général en chef est avisé, par notre consul à Hong-Kong, qu'un bâtiment chinois parlementaire était parti de Canton. Mais il reçoit avis, quelques jours après, que le départ des délégués chinois avait été suspendu. Sur nos instances, leur départ est pourtant décidé et deux délégués du vice-roi, KOUANG-KI-KIOU et TSUE-TIN-LAM, accompagnés de deux employés supérieurs des douanes chinoises MM.·VOLPICELLI et WOOLDRUF, sont signalés comme ayant quittés Canton le 20 avril.

Ils arrivent, en effet, le 23 avril à Haiphong ; et ils passent nos lignes pour aller prévenir les commandants des armées chinoises. Le 26 avril, les troupes chinoises commencent leur mouvement de retraite vers la frontière.

Le 1ᵉʳ mai, M. ROCHER, commissaire français des douanes chinoises, vient se joindre à la délégation. Fin mai, les troupes régulières chinoises ont évacué le Tonkin.

Le 9 juin 1885, M. PATENOTRE signe avec LI-HOUNG-TCHANG, assisté de SI-CHEN et de TENG-TSHENG-SIEOU, à Tiên-Tsin, un traité par lequel la Chine s'engage à ne plus faire franchir par ses troupes la frontière du Tonkin et promet de respecter les traités et les arrangements que nous avons conclus ou que nous pourrions conclure avec l'Annam. Dans un délai de six mois, une commission doit se rendre sur les lieux pour reconnaître la frontière entre la Chine et le Tonkin. Nous devions évacuer les Iles Pescadores et Formose.

Le 13 juin, l'empereur de Chine revêt de son approbation le rapport et le traité. Le 22 juin, il est ratifié par la Chambre des députés et le 11 juillet par le Sénat français.

(Collection de l'Ecole Française d'Extrême-Orient)

LETTRÉS ET MILICIENS INDIGÈNES EN 1885

(Cliché du Gouvernement général)

HUÉ — GARDES DU PALAIS

(Cliché du Gouvernement général)

HUÉ — LE CAVALIER DU ROI

(Cliché du Gouvernement général)

HUÉ — LES FOSSÉS DE LA CITADELLE

DEUXIÈME PARTIE

Du traité de paix à la création des territoires militaires (1891).

DEUXIÈME PARTIE

Du traité de paix à la création des territoires militaires (1891).

Avant-propos.

La France a établi son protectorat sur l'Annam et le Tonkin. La période des grandes opérations est terminée. Mais une tâche immense reste à accomplir, qui durera de nombreuses années et nécessitera de la part des chefs et des soldats des dépenses d'énergie et d'héroïsme.

Les deltas sont conquis, mais non pacifiés. Le Haut-pays ne nous appartient que nominalement. Il est à conquérir, puis à pacifier.

$$\star^{\star}_{\star}$$

Le peuple annamite est laborieux et ami de l'ordre qui, seul, lui permet de se livrer aux travaux des champs. Timide et débonnaire, il a toujours été livré sans défense aux exactions de ses mandarins, des pirates chinois, des pillards de sa race.

La peur des représailles empêche le paysan (le Nhà-quê) de nous donner des renseignements sur les bandes pirates qui le pillent et à qui il consent à payer un impôt plutôt que de voir son village brûlé, sa femme, ses enfants et son bétail enlevés. Quelquefois il est porté à se faire lui-même pirate, car entre deux maux, il choisit ainsi le moindre.

Notre mission est de rassurer ce malheureux paysan, de le protéger malgré lui. Mission qui nécessite un mélange de douceur et de fermeté et à laquelle nos troupes n'ont pas failli.

Le Haut-pays est peuplé par des races diverses : Thaïs, Nungs, Méos, Mans, Lolos, etc..., d'une civilisation généralement moins avancée que celle des Annamites.

C'est dans cet esprit : douceur envers les populations, fermeté envers les pirates que la pacification est entreprise. Un document, pris entre tant d'autres, met en lumière l'idée qui animait nos grands chefs. C'est l'ordre adressé à ses troupes par le lieutenant-colonel MIGNOT au moment où il allait entreprendre les opérations de la colonne d'Annam (novembre 1885). En voici un extrait :

« Le lieutenant-colonel est certain d'avance que la colonne de l'Annam remplira la noble et haute mis-
« sion qui lui est confiée par le général en chef, c'est-à-dire que nous ferons bénir le nom français partout où
« nous passerons, comme nous châtierons sans pitié, s'il s'en présente, les rebelles et les oppresseurs de ce beau
« pays placé sous le protectorat de notre patrie.

« Les populations que nous allons visiter et qui sont douces, pauvres et souvent pressurées, nous appellent
« comme des pacificateurs et s'attendent à être traitées avec cette bonté et cette générosité qui, de tout temps,
« ont rehaussé notre caractère national ».

Les résultats de cette manière de faire — de cette politique — si naturellement française, seront exposés plus loin. Sans empiéter sur ce chapitre, il peut être dit, dès maintenant, que les populations se sont vite rassurées, ont accordé à nos troupes aide et renseignements, que nous avons pu puiser dans leur sein de solides régiments de soldats disciplinés, loyaux et braves qui, de leur sang et de leur peine, nous ont aidés à pacifier notre belle Indochine, comme plus tard, ils nous ont aidés à chasser l'ennemi de notre belle France.

De tout temps, le cultivateur laborieux du Tonkin a été rançonné par les pirates et le bienfait le plus positif de notre occupation a été de donner à ce pays une tranquillité parfaite.

Les pirates sont, au point de vue race, ou Chinois ou Annamites. Souvent, une bande renferme à la fois des Chinois et des Annamites.

Les Chinois proviennent des débris des anciennes troupes qui ont combattu contre nous pendant la conquête. Leur nombre s'accroît par l'afflux de soldats chinois licenciés, par les soldats réguliers non payés et qui désertent avec armes et bagages, et par les pirates de Chine chassés de leur territoire par des opérations.

Les Annamites sont la partie paresseuse de la population qui préfère le pillage à la culture. Ils sont renforcés par l'arrivée des gens traqués par les lois et quelquefois par de paisibles habitants enrôlés de force.

Au point de vue de leur action, ces bandes peuvent se diviser en trois classes :

1° Les rebelles, hostiles à notre occupation, et qui n'existent guère qu'en Annam ;

2° Les pillards, plus ou moins organisés, qui vivent aux dépens des populations voisines de leurs repaires ;

3° Les grandes bandes, bien organisées, qui disposent d'une ou plusieurs lignes de ravitaillement avec la Chine et qui se livrent à une entreprise vraiment industrielle : pillage, contrebande, traite des femmes annamites, etc...

*
* *

Opérations contre les bandes. — Ces opérations présentent toujours les mêmes caractères et il convient, pour éviter les redites, d'en exprimer une seule fois la physionomie. Elles sont de deux types : opérations dans le Delta et opérations dans le Haut-Pays.

OPÉRATIONS DANS LE DELTA — Le Delta est un pays presque parfaitement plat, coupé de larges cours d'eau, de mares, de digues et de villages. Ces villages sont entourés de murs en terre, de mares et de haies de bambous très épaisses. Il est visible que, de tout temps, le villageois a tenu à se garder contre le pirate.

A la saison des pluies, qui correspond à l'été français, le Delta, tout planté de riz, a l'aspect d'un immense champ de blé qui aurait été inondé et dont le sol serait un véritable marécage. Rizières, murs, bambous, mares et cours d'eau sont, avec le climat, les alliés des pirates contre nos troupes.

Une bande est signalée dans un village. Une colonne part à sa rencontre. Les pirates l'éventent, s'enfuient et se dispersent, pour se réunir dans une autre localité. Elle opère ainsi jusqu'au moment où, se sentant en force, elle se résout à résister sur une position organisée, protégée par de sérieuses défenses accessoires et pourvue d'un solide réduit.

OPÉRATIONS DANS LE HAUT-PAYS. — Dans le Haut-Pays, la tactique de la bande est admirablement comprise : elle consiste à utiliser avec tout leur rendement les obstacles qu'une végétation exubérante oppose à notre marche, à tabler sur les fatigues, sur les difficultés de ravitaillement, sur l'usure que causent aux troupes la marche et le séjour dans une région malsaine et de parcours pénible.

Un ou plusieurs repaires dans des situations très difficilement accessibles, où n'aboutit même aucune piste visible, sont solidement organisés. Quand on les aura découverts, il faudra, comme pour les villages fortifiés, les enlever d'assaut.

Quelquefois, le résultat est atteint : la bande est détruite, définitivement dispersée, ou bien elle a fait sa soumission. Il ne reste dans la région qu'un petit foyer de piraterie.

Parfois, la bande, traquée et éprouvée par notre feu, est complètement démoralisée et se dissocie, le métier de pirate étant devenu trop dur. D'autres fois, la bande reste toujours menaçante et négocie sa soumission sous conditions. Pour éviter de nouveaux combats meurtriers et de nouvelles dépenses, un compromis est accepté. C'est ainsi que de véritables fiefs ont été consentis à de fameux pirates sous le nom euphémique de « Concessions » (DÊ-THAM, DÊ-KIÊU, LUONG-TAM-KY, DEO-VAN-TRI, etc...).

Cette rude école de la brousse a formé des troupes braves et aguerries, des chefs énergiques, à la décision prompte, et a constitué cette belle armée coloniale qui, au cours de la grande guerre, s'est si splendidement dévouée et a donné des preuves si éclatantes de sa solidité, de sa cohésion, de sa valeur.

⁎⁎

A l'issue du traité de paix avec la Chine, l'organisation militaire du Tonkin et de l'Annam est la suivante :

Les troupes sont sous les ordres du général DE COURCY, commandant en chef, investi des pouvoirs civils et militaires.

Celles du Tonkin sont groupées en un corps d'armée à deux divisions :

Corps d'armée du Tonkin .... Général DE COURCY, quartier général à Hanoi.
Chef d'Etat-major .... Général WARNET.
Commandant l'artillerie .... Général JAMONT.
Commandant le génie .... Colonel MENSIER.
Directeur de l'intendance .... Sous-intendant BARATIER.
Directeur du service de santé .... Médecin principal DUJARDIN-BEAUMETZ.

PREMIÈRE DIVISION

Général BRIÈRE DE L'ISLE (Hanoi) ; chef d'état-major lieutenant-colonel KESSLER ; commandant l'artillerie : commandant BORGNIS-DESBORDES ; commandant le génie : commandant DUPOMMIER. Elle comprend les territoires des provinces de Ninh-Binh, Nam-Dinh, Hanoi, Son-Tay, Hung-Hoa, Tuyên-Quang et Hung-Yên.

1ʳᵉ *brigade*. — Général JAMAIS (état-major Son-Tay), comprend un régiment de marche de tirailleurs algériens et un régiment de marche de zouaves.

2ᵉ *brigade*. — Général MUNIER (Hanoi), comprend deux bataillons d'infanterie de marine, un régiment de tirailleurs tonkinois, deux escadrons de cavalerie divisionnaire, quatre batteries de forteresse (artillerie de marine), une compagnie du génie, un détachement d'aérostiers, un escadron du train.

Elle occupe Hanoi, Haiphong, Bac-Ninh.

DEUXIÈME DIVISION

Général DE NÉGRIER (Haiphong) ; chef d'état-major : commandant FORTOUL ; commandant l'artillerie : lieutenant-colonel GIBOUIN ; commandant le génie : commandant SOREL. Elle comprend les territoires des provinces de Quang-Yên, Haiduong, Bac-Ninh, Lang-Son, Cao-Bang et Thai-Nguyên.

3ᵉ *brigade*. — Général GIOVANNINELLI (Phu-Lang-Giang), comprend un régiment de marche de légion étrangère et deux bataillons d'infanterie légère d'Afrique.

4ᵉ *brigade*. — Général PRUDHOMME (Dap-Cau), comprend : le 4ᵉ régiment de marche (3 bataillons d'infanterie et 1 bataillon d'infanterie de Marine), un régiment de tirailleurs tonkinois, deux escadrons de spahis, quatre batteries de forteresse (artillerie de marine), un détachement du génie, un escadron du train.

Réserve du corps : un bataillon de chasseurs à pied, deux batteries d'artillerie, six batteries à pied d'artillerie de marine.

La tâche à accomplir est double. Elle consiste : 1° à pacifier le Delta qui est en pleine insurrection ; 2° à conquérir la Haute-Région, puis à la pacifier.

*
* *

Les opérations militaires, à moins d'être imposées par les événements, ce qui est l'exception, ne sont entreprises que pendant la bonne saison : de septembre à mai. C'est pourquoi les étapes de la pacification du Tonkin et de l'Annam seront exposées ici par campagne, à cheval sur deux années.

CAMPAGNE DE 1885-1886

Le 12 mai 1884, les 1ᵉʳ et 2ᵉ régiments de tirailleurs tonkinois ont été créés.

Le 20 juillet 1885, le général PRUDHOMME est nommé au commandement des troupes stationnées en Annam.

Le commandant METZINGER commande la citadelle de Hué (2 bataillons). Le lieutenant-colonel PERNOT, les troupes d'infanterie de marine de Hué, Thuan-An et Qui-Nhon.

Le 28 juillet 1885, le 3ᵉ régiment de tirailleurs tonkinois est créé.

Le 29 septembre le général BRIÈRE DE L'ISLE, rapatrié, est remplacé par le général JAMONT.

Par décret du 27 janvier 1886, M. PAUL BERT, résident général, prend la direction des affaires politiques et militaires ; aucune opération militaire ne peut être entreprise sans l'assentiment du résident général.

Le 16 février 1886, le général de division WARNET remplace *p. i.* le général DE COURCY, rappelé en France.

Le 14 mars, le général GIOVANNINELLI, rapatrié. est remplacé par le colonel DONNIER.

Le 20 mars, le général MUNIER remplace en Annam le général PRUDHOMME, qui prend le commandement des 3ᵉ et 4ᵉ brigades, le commandement de la 2ᵉ étant rattaché à celui de la 1ʳᵉ division.

Le 4ᵉ régiment de tirailleurs tonkinois est formé à partir du 15 avril. Ses cadres appartiennent initialement au département de la guerre.

*⁎

Au cours de l'été 1885, le général DE COURCY prépare la marche sur le Haut Fleuve Rouge, jusqu'à Lao-Kay, si possible.

Toutes les autres opérations qui auront lieu découlent d'instructions générales données pour la répression de la piraterie et la pacification.

Ces dernières donnent lieu à une multitude de faits d'armes où la bravoure de nos troupes est mieux mise en évidence ; par leur ensemble, elles présentent une grande importance ; il est malheureusement impossible de les raconter par le menu. Ces faits d'armes, qui donnent à la période du début sa vraie physionomie, ne peuvent être mis de côté sans que l'histoire de la pacification soit faussée. Ils sont donc cités à la suite sans lien apparent entre eux.

*⁎

Colonne Mourlan dans le Tam-Dao. — Bien que l'on fût à la période des plus fortes chaleurs, il importait, avant d'entreprendre la marche sur le Fleuve Rouge, de nettoyer le massif du Tam-Dao des bandes qui s'y étaient installées et dont les exactions s'étendaient jusque dans les environs de Hanoi, Bac-Ninh, Thai-Nguyên et Viétri.

Une colonne composée de 2 compagnies de tirailleurs algériens (Hung-Hoa), 1 compagnie de tirailleurs tonkinois et 1 détachement d'artillerie, fut organisée, le 23 juin 1885, sous le commandement du colonel MOURLAN, qui, depuis le début de mai, avait procédé à d'importantes reconnaissances dans cette région.

Les pirates, qui avaient été signalés à Liên-Son, s'enfuient avant l'arrivée de la colonne le 3 juillet; mais ils conservent une attitude menaçante. Aussi, le colonel emploie la journée du 4 juillet à concentrer ses troupes à Liên-Son. Les jours suivants sont marqués par des reconnaissances. Les pirates, traqués sans relâche, fuient sans jamais accepter le combat et passent enfin dans la province de Thai-Nguyên.

La colonne est dissoute le 25 juillet. Elle laisse à Liên-Son un poste. Le pays se repeuple petit à petit, les habitants étant rassurés par la présence des troupes.

*
* *

GUET-APENS DE HUÉ. — Pendant ce temps, le général DE COURCY s'embarquait pour Hué, où là situation était la suivante : La citadelle (1), bâtie sur la rive gauche de de rivière de Hué, comprenait d'une part le palais du roi HAM-NGHI et les habitations des deux régents TON-THAT-THUYÊT et NGUYÊN-VAN-THUONG; d'autre part, le quartier de la concession et le Mang-Ca, occupés par une partie de la garnison français de Hué (une compagnie du 1er de marine et une batterie d'artillerie de marine).

En face et sur la rive droite, se trouvait la légation, siège du résident français, M. DE CHAMPEAUX. Le quartier de la légation était occupé par le reste de la garnison de Hué, soit deux compagnies d'infanterie de marine.

Les troupes de la garnison étaient commandées par le lieutenant-colonel PERNOT.

Aucun pont n'existait sur la rivière. La concession n'était protégée que par des murs sans valeur que certains canons de la citadelle annamite prenaient d'enfilade.

Sur les instances de l'autorité militaire et malgré l'opposition du résident DE CHAMPEAUX, un désarmement partiel de la garnison annamite avait été obtenu : quelques canons avaient été déplacés.

Les deux régents THUYÊT et THUONG étaient ambitieux et intrigants. Ils n'avaient pas hésité pour servir leurs intérêts à se débarrasser par le poison de deux rois et du 3e régent. Ils se détestaient cordialement et n'étaient unis que dans leur haine pour la France.

Le 2 juillet, le général DE COURCY arrive à Hué dans le but officiel de remettre au roi ses lettres de créances, mais avec le secret dessein de s'emparer de THUYÊT dont les intrigues anti-françaises viennent d'être démasquées. Le général, accompagné d'une importante escorte (1 bataillon de zouaves commandé par le chef de bataillon METZINGER; et 154 chasseurs), est salué par le canon français et le canon annamite.

THUYÊT, dont l'esprit aiguisé avait pénétré les projets du général, prépara, avec l'aide de THUONG, une vaste attaque contre les troupes françaises; des barricades furent construites, des hommes armés. Tous ces préparatifs furent effectués dans le plus grand secret. Malgré cela, des avertissements furent donnés au général en chef, en particulier par l'évêque, Mgr. GASPAR. Le général, confiant dans la force, ne tint aucun compte de ces avis. Aussi, l'attaque fut-elle une surprise.

Les troupes occupaient les emplacements suivants : au Mang-Ca, 2 Compagnies de zouaves et 3 sections d'infanterie de marine; à la Concession, 2 compagnies de zouaves, les chasseurs, 1 section d'infanterie de marine et la batterie. A la légation, 2 compagnies d'infanterie de marine. A l'ancre, au nord du Mang-ca, les canonnières *Javeline* et *Brionval* et une vedette. Soit en tout 31 officiers, 1.387 hommes et 17 canons.

La nuit du 4 au 5 juillet, vers minuit 40, alors que les officiers, qui avaient assisté à la fête d'arrivée donnée par le général DE COURCY, étaient rentrés depuis une heure, un coup de canon parti de la citadelle donna le signal de l'attaque.

Une grêle de projectiles tombaient aussitôt sur la légation et les casernements. Des fusées incendiaires mettaient le feu aux paillottes, des indigènes porteurs de torches incendiaient les cases en bambous, de sorte que la nuit le champ de bataille fut éclairé.

---

(1) La citadelle de Hué, carré de 2.500 mètres de côté, comprenant 12 bastions et 10 miradors, avait été construite de 1805 à 1820 sur les plans des officiers français restés au service de GIA-LONG.

(Cliché du Gouvernement général)

MANDARINS DE LA COUR D'ANNAM

(Cliché du Gouvernement général)

INDIGÈNES DU DARLAC (SUD-ANNAM)

(Cliché du Gouvernement général)

HUÉ — TOMBEAU DE L'EMPEREUR TU-DUC

(Cliché du Gouvernement général)

HUÉ — TOMBEAU DE L'EMPEREUR DONG-KHANH

Le premier moment de surprise passé, des dispositions sont prises pour résister tant à la légation qu'à la concession.

Pendant toute la nuit, la face sud-est de la citadelle tirait sur la légation ; au point du jour, un groupe d'Annamites s'avançait sur la rive droite du fleuve ; une sortie du lieutenant MALGLAIVE et du lieutenant BOUCHE les refoula. Une demi-heure après, les troupes de la rive gauche arrivaient à le face sud-est de la citadelle et l'armée annamite fuyait dans toutes les directions.

Au début de l'attaque, la concession avait été en grande partie incendiée par des bandes de prisonniers qui s'étaient glissés le long des mares. Le lieutenant-colonel PERNOT et le commandant METZINGER répartirent immédiatement leurs troupes sur les points à garder. Bientôt 6 pièces de 12 ouvrent le feu et fouillent le terrain en avant, cherchant à arrêter le tir des pièces des miradors qui prennent nos murs d'enfilade.

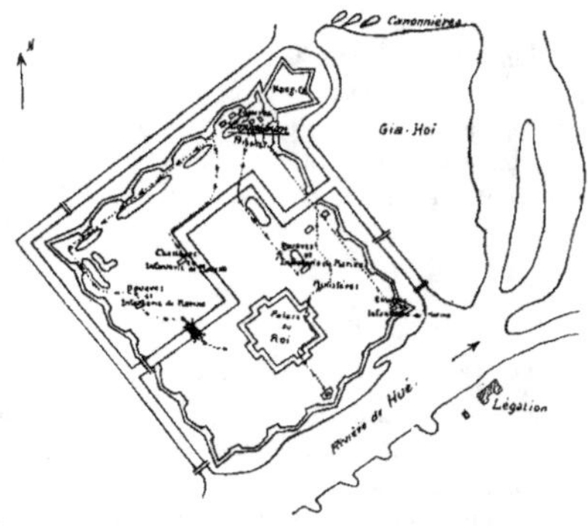

Une canonnière tire sur la face nord-est de la citadelle qu'elle voit grâce à de l'incendie.

Le colonel PERNOT décide qu'on va envahir la citadelle par trois directions, et à cet effet prépare en arrière des murs trois colonnes d'attaque. La colonne de gauche, sous les ordres du commandant METZINGER, comprend les 2ᵉ et 3ᵉ compagnies de zouaves et une section d'infanterie de marine. Progressant le long du parapet nord-est, elle bouscule un camp annamite et atteint à 6 h. 45 l'angle est, d'où elle voit la légation. Une fraction se porte sur les ministères et le palais. Elle est rejointe par la colonne du centre (1ʳᵉ compagnie de zouaves) avec laquelle marche le lieutenant-colonel PERNOT ; l'ennemi évacue la place ; à 8 h. 10 le drapeau français remplaçait au cavalier du roi le pavillon annamite.

La colonne de droite (chasseurs et 4ᵉ compagnie de zouaves) avait d'abord longé la face nord-ouest, appuyée par les pièces de 4. Se rabattant ensuite vers le sud, elle atteignait le palais à neuf heures.

Les Annamites avaient fui en sortant par les faces nord-est et sud-ouest ; affolés, ils passaient la rivière en colonnes de dix files au moins.

Le roi et la cour avaient quitté la citadelle au point du jour.

Le nombre des combattants annamites étaient d'environ 20.000. Ils eurent 1.200 à 1.500 tués. De nombreux blessés furent recueillis par les Pères.

Nos pertes furent : tués : 2 officiers, capitaine BRUNEAU (artillerie de marine), capitaine DROUIN (Zouaves), 9 hommes ; blessés : 5 officiers et 71 hommes.

Deux officiers (lieutenants de zouaves HEITSCHELL et HUE dit LACROIX) et 4 hommes blessés moururent peu après des suites de leurs blessures.

Le recensement de l'armement resté dans la citadelle donna comme résultat : 812 bouches à feu, 16.000 armes portatives dans l'arsenal, de nombreux fusils, lances et sabres dans le palais.

THUONG revint à Hué le 5 juillet vers onze heures pour faire sa soumission en accusant THUYÊT. Il fut rétabli dans ses fonctions de 1ᵉʳ régent. De nouvelles preuves de sa trahison le firent exiler le 6 septembre à Tahiti, où il mourut.

Le Gouvernement français plaça sur le trône Dông-Khanh, frère aîné de HAM-NGHI.

THUYÊT et HAM-NGHI s'enfermèrent dans la citadelle de Cam-Lô (ouest de Quang-Tri) levant des hommes et des impôts (1).

---

(1) HAM-NGHI devait être capturé le 3 novembre 1888.

Opérations en Annam. — Le général DE COURCY, résolu à s'emparer de HAM-NGHI, décida de lui couper la route du Tonkin.

Le 19 juillet trois compagnies d'infanterie de marine embarquées la veille à Thuân-An, occupent Dong-Hoi sans coup férir.

Le 25, une colonne forte de 5 compagnies 1/2 et 2 pièces de canon, part de Dông-Hoi dans la direction de Van-Xuân (3 journées de marche au nord de Dông-Hoi).

La route du Tonkin leur paraissant fermée, les fuyards regagnent Cam-Lô.

Une colonne de 200 hommes, partie de Hué, occupe Quang-Tri.

Une troupe annamite levée par THUONG se met à la poursuite du roi et de THUYÊT, déclarés rebelles, et s'empare du père de THUYÊT, d'un ministre et d'un dê-dôc.

HAM-NGHI et THUYÊT passent dans le Thanh-Hoa. THUYÊT réussit alors à passer au Tonkin où il nous suscita des ennemis, et de là en Chine.

✶
✶ ✶

Mais à la suite de ces évènements, une recrudescence de piraterie avait éclaté en Annam. 8.000 chrétiens avaient été massacrés au Quang-Tri en septembre. Les garnisons du Nord-Annam étaient insuffisantes pour poursuivre les opérations contre ces pirates et pour chasser HAM-NGHI et THUYÊT.

Une importante colonne fut organisée sous le commandement du lieutenant-colonel MIGNOT. Sa mission était de suivre la côte, de s'arrêter quelque temps dans chaque citadelle et, par des reconnaissances rayonnantes, d'agir contre les pirates et les fugitifs. Elle comprenait une compagnie de zouaves, trois compagnies de tirailleurs tonkinois, une batterie d'artillerie de marine et un détachement du génie. Elle part de Ninh-binh le 22 novembre 1885 et arrive le 25 à Thanh-Hoa où elle séjourne dix jours.

Un détachement, commandé par le lieutenant-colonel BOILÉVE, prélevé sur la colonne, effectue une reconnaissance dans la région ;

La colonne quitte Thanh-Hoa le 5 décembre ; elle arrive le 9 décembre à Thuân-Nai (14 kilomètres sud de Quan-Mai) où elle séjourne deux jours. Le lendemain elle fournit une reconnaissance de 200 tirailleurs tonkinois et une section de zouaves (commandant PELLETIER), qui détruit les approvisionnements que les rebelles ont accumulés à Tam-Lé (5 kilomètres nord-ouest de Thuân-Nai). Elle quitte Thuân-Nai le 12 et arrive le 15 à Vinh où elle séjourne huit jours.

Le pays parcouru est pauvre et peu peuplé. Les troupes de la garnison sont continuellement en expédition depuis octobre.

Le commandant PLAGNOL rentre à Vinh le 16 décembre. Il s'est emparé du *Cheune-Fond* (1) de Nghê-An sur le Song-Ca, il a fait sauter cette petite citadelle et ses retranchements, encloué les canons, noyé les poudres et parcouru pendant quinze jours une partie de la province dans l'ouest en refoulant devant lui les rebelles.

Le capitaine HUGOT part à la poursuite de THUYÊT et de l'ex-roi et doit rejoindre Ha-Tinh.

Le commandant PELLETIER, avec 200 tirailleurs tonkinois de la colonne MIGNOT, part le 18 décembre pour Sa-Doai et Masulam, où le capitaine VALLENCE avec 60 marsouins est entouré par une forte bande de pirates. Il doit, en outre, poursuivre vers le nord-ouest le NHE-ONE, chef de l'insurrection dans le Nghê-An. Il rentre directement à Ha-Tinh le 4 janvier 1886 ayant rempli sa mission.

Le 19 décembre le commandant BAUDART est envoyé à Ha-Tinh avec 3 sections de zouaves, une section d'artillerie, trois sections de tirailleurs tonkinois. Sa mission est d'occuper la citadelle et de rallier en cours de route le capitaine HUGOT, parti de Vinh, et le commandant GRÉGOIRE, parti de Dông-Hoi.

Le 26 décembre, la colonne MIGNOT quitte Vinh, suivie par le ministre de l'intérieur de Hué et quelques mandarins. Elle arrive à Ha-Tinh le 28 et y séjourne.

---

(1) Mot employé dans le rapport officiel.

Le 7 janvier 1886, trois colonnes prélevées sur la colonne principale se portent au secours du village de Nhuong-Ban (25 kilomètres sud-est de Ha-Tinh) assailli par les pirates. Elles rentrent le 8 après avoir dispersé l'ennemi. Le 12 janvier le commandant PELLETIER, avec une compagnie de tirailleurs tonkinois, se met en route vers Kemat, Kinlu et Ve où la présence de THUYÊT et HAM-NGHI est signalée. Il livre aux rebelles un brillant combat en amont de Ve.

La colonne MIGNOT, affaiblie par les prélèvements opérés sur ses effectifs, arrive à Hué le 20 mars.

Colonne du Haut Fleuve Rouge. — Pendant que les opérations de la colonne MIGNOT se déroulaient en Annam, la marche préparée vers le Haut Fleuve Rouge était en voie d'exécution.

⁎
⁎ ⁎

Après la signature de l'armistice (avril 1885) et la retraite des troupes chinoises qui en fut la conséquence, des pirates, des « Pavillons-Noirs », des rebelles de toutes catégories au nombre de plusieurs milliers s'étaient établis dans la presqu'île comprise entre le Fleuve-Rouge et la rive droite de la Rivière Claire, entre Viétri et Phu-Tho. Ils avaient occupé de nombreux forts élevés par les Chinois en vue de l'investissement de Hung-Hoa et de la répandaient la terreur dans toute la contrée qu'ils rançonnaient et pillaient à leur gré. Il était indispensable de les chasser pour ouvrir la route vers Than-Quan (aval de Yên-Bay).

Au début d'octobre 1885, trois colonnes sont organisées sous le commandement du général JAMONT.

La *colonne de droite* (général JAMAIS) doit remonter la Rivière Claire, *celle de gauche* (colonel MOURLAN) doit passer le Fleuve Rouge en amont d'Hung-Hoa et toutes les deux, marcher à la rencontre l'une de l'autre avec mission de prendre à revers les positions ennemies que la colonne du centre (général MUNIER) est chargée d'attaquer de front. Les trois colonnes avaient à peu près la même composition : 2 bataillons et 2 batteries ; 4 pièces de 95 étaient en réserve.

Le 22 octobre, la concentration des colonnes terminée et les reconnaissances préalables faites, les opérations proprement dites commencent. Les troupes du général MUNIER s'emparent de Lam-Doi et Van-Doi. Les trois colonnes forment autour de Than-mai un vaste fer à cheval ne laissant à l'ennemi d'autre issue que vers le Fleuve Rouge dont le cours est surveillé par des canonnières.

Le 24, à 7 h. 30, une salve de trois coups de canon donne le signal de l'attaque. Après une préparation d'artillerie et la prise de plusieurs fortins, le village de Than-Mai est occupé sans résistance. Ce village est bâti sur une presqu'île entourée de lacs non guéables et à laquelle une seule chaussée donne accès par le nord.

L'ennemi a pu se glisser sur des barques légères, à travers les mailles forcément relachées sur une presqu'île entourée de lacs non guéables et à laquelle une seule chaussée donne accès par le nord.

L'ennemi a pu se glisser sur des barques légères, à travers les mailles forcément relachées de notre réseau. Toutefois, le but principal est atteint : le repaire des pirates est en notre pouvoir et la route vers Than-Quan est ouverte.

⁎
⁎ ⁎

Opérations sur Than-Quan (1 kilomètre aval de Yên-Bay). — Mais pour continuer la marche plus en amont, le général commandant en chef estime nécessaire de former de nouveaux groupements.

Quatre colonnes sont constituées dans cette intention sous le commandement du général JAMAIS :

Colonne 1 — Chef de bataillon GODIN : 1 compagnie 1/2 de tirailleurs algériens, 1 compagnie de tirailleurs tonkinois, 2 sections de 80 de montagne, 1 détachement du génie.

Colonne 2 — Colonel DE MAUSSION : 2 compagnies de tirailleurs algériens, 1 peloton de tirailleurs tonkinois, un peloton de spahis, 1 section de 80 M., 1 détachement du génie.

Colonne 3 — Chef de bataillon BERANGER : 1 compagnie de tirailleurs algériens, 1 compagnie de tirailleurs tonkinois, 1 escouade de spahis, 1 section de 80 M., 1 détachement du génie.

Colonne 4 — Chef de bataillon DE MIBIELLE : 2 compagnies de tirailleurs algériens, 2 compagnies de tirailleurs tonkinois, 1 section de 80 M., 1 détachement du génie, 1 détachement du train.

Les colonnes sont concentrées le 28 janvier 1886 sur les points suivants : colonne 1 à Tumy ; colonne 2 à Phu-Tho ; colonne 3 à Than-Maï ; colonne 4 à Phu-Yên-Binh.

Les deux premières doivent remonter le fleuve, la colonne 1 par la rive droite, la colonne 2 par la rive gauche. La colonne 3 doit suivre les routes du milieu de la presqu'île de Than-Mai et se porter le plus tôt possible à hauteur de la colonne 2, à laquelle elle est reliée par un détachement de cavalerie. La colonne 4 a pour mission de quitter Phu-Yên-Binh le 4 février, d'occuper Than-Quan, d'y laisser la moitié de son effectif, de faire franchir le fleuve à l'autre moitié afin de couper la retraite aux fuyards poussés par la colonne 1.

Les colonnes se mettent en route le 1ᵉʳ février. La colonne 1 enleva trois fortins et une tranchée situés sur la rive gauche du Ngoi-Mé ; la colonne 2 atteignit Than-Hay.

Le 2 février, la colonne 1, avec l'aide des canonnières, enleva le village fortifié de Dong-Vien, puis un fortin.

Le 5, la colonne 1 atteignait Duc-Quan, la colonne 2, Tuan-Quan. Le général JAMONT s'installa à la pagode de Than-Quan (1 kilomètre en aval de Yên-Bay).

La colonne 4, partie de Phu-Yên-Binh le 4 février, surprit des petits postes de pirates ; elle atteignit Tuan-Quan le même jour. Le 5, trois sections de tirailleurs tonkinois, se portant au devant de la colonne 1, dispersèrent un groupe de Pavillons Noirs.

La colonne 3, partie de Than-Mai le 1ᵉʳ février, ne put arriver à Than-Quan que le 11. Elle avait eu à parcourir un chemin difficilement praticable, semé de fondrières, qui réduisait parfois sa vitesse à moins d'un kilomètre à l'heure.

*
* *

Le général JAMONT, installé à Than-Quan, jeta les bases de l'occupation du Haut Fleuve. Des reconnaissances ont montré que la marche sur Lao-Kay ne se heurterait à aucune difficulté. Van-Ban-Chau est occupé sans résistance le 17 février par le commandant GODIN avec une compagnie de tirailleurs algériens, une compagnie de tirailleurs tonkinois et un détachement du génie.

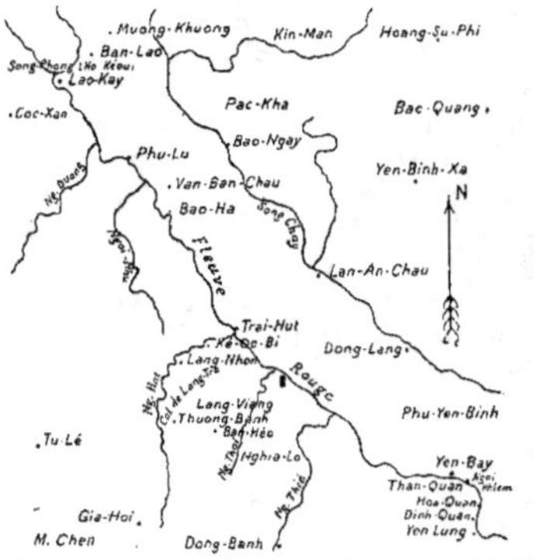

La colonne DE MIBIELLE rentre à Phu-Yên-Binh avec mission de pacifier le haut Sông Chay, dans la région de Luc-an-Chau.

Le 22 février, d'après les ordres du Gouvernement français l'occupation de Lao-Kay est ajournée. Les colonnes sont dissoutes. Le général JAMAIS rentre à Son-Tay. Le colonel DE MAUSSION est nommé commandant supérieur de la région du Haut Fleuve Rouge. Des vivres sont accumulés à Van-Ban-Chau en vue d'une occupation ultérieure de Lao-Kay.

Enfin, l'autorisation ayant été reçue, Lao-Kay est occupé le 29 mars par le colonel DE MAUSSION. Nos troupiers y sont accueillis en libérateurs.

Cinq postes sont créés sur le Haut Fleuve Rouge : Than-Quan. Trai-Hut (1), Ba-Hoa, Pho-Lu et Lao-Kay avec deux compagnies d'Européens et trois de tirailleurs tonkinois en tout. La police du fleuve entre ces postes est faite par des jonques armées en guerre et des sampans.

*
* *

Pendant ce temps, le commandant SERVIÈRES avec une colonne forte de 570 hommes réoccupe, sans coup férir, Lang-Son le 18 décembre 1885, Dong-Dang le 20 et That-Khé le 23.

La pacification des régions occupées oblige à des colonnes assez importantes et donne lieu à des affaires sérieuses.

---

(1) Appelé d'abord Lam.

Colonne du bas-delta. — Les opérations de cette colonne ont pour but la pacification de la région comprise entre le canal des Bambous, le Tra-Ly, le Cua-Thai-Binh et la mer, et englobent les villages de Bat-Mau, Thai-Binh, Cam-Duong, Nam-Dinh.

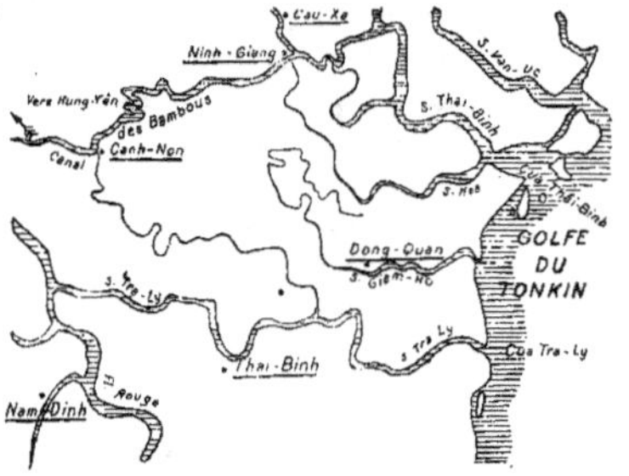

Les troupes, comprenant comme infanterie la valeur de dix compagnies, deux sections d'artillerie, un convoi de jonques et quelques torpilleurs, sont placées sous le commandement du général MUNIER qui les fractionne en trois colonnes : la 1re sous le commandement du général MUNIER ; la 2e sous le commandement du lieutenant-colonel CALLET ; la 3e sous le commandement du commandant BRACCINI.

Les opérations consistèrent en marches et reconnaissances pendant les mois de novembre et décembre 1885. Traqués dans tous leurs repaires, les pirates finissent par disparaître sans avoir accepté de combattre. Les opérations de la colonne MUNIER sont complétées en février 1886 par celles de la colonne du commandant TERILLON dans la région de Phu-Nho-Quan, My-Duc (relatées plus loin).

⋆⋆

Colonne du Bay-Sai. — Commandée successivement par le général DE NÉGRIER, par le colonel DONNIER et par le lieutenant-colonel GODARD, cette colonne parcourt pendant les mois d'octobre, novembre et décembre 1885 toute la région du Bay-Sai (huyêns de Van-Giang et de Yên-My).

⋆⋆

Colonne du Tinh-Dao. — Les sorties de la garnison de Phu-Lang-Thuong et les opérations d'une colonne mobile avaient purgé la région jusqu'à Tinh-Dao des bandes qui l'infestaient depuis un an et détruit six repaires.

Au nord de Tinh-Dao, les bandes chinoises étaient maîtresses du pays, pillant, brûlant, emmenant prisonnières les populations. Une colonne comprenant 300 soldats de la légion étrangère, une section d'artillerie et un demi-peloton de spahis sous le commandement du commandant DIGUET fut envoyée contre ces bandes et leur livra trois combats : à Huu-Thuong le 13 décembre, quelques jours après à Tiên-La, enfin à Mona-Luong le 18 décembre. Les pirates subissent de grosses pertes, perdent un important matériel et sont rejetés dans un pays dépourvu de ressources.

⋆⋆

Colonne de MIBIELLE. — En novembre 1885, une colonne commandée par le commandant DE MIBIELLE et comprenant 2 compagnies de tirailleurs algériens, 1 compagnie de tirailleurs tonkinois, de l'artillerie et des spahis parcourt la région de Phu-Yên-Binh (Song-Chai) où des bandes de Pavillons Noirs se livrent aux pires exactions. Les Chinois fuient devant la colonne.

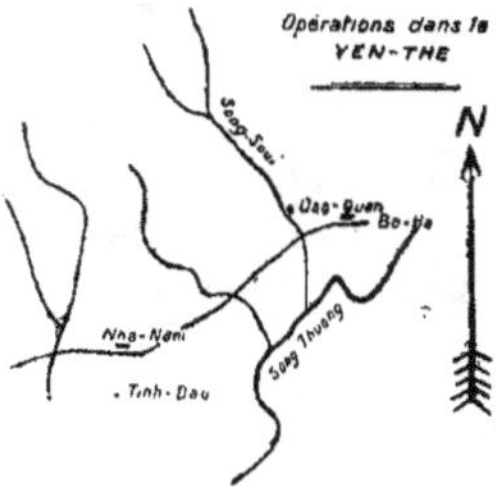

Le commandant DE MIBIELLE atteint Luc-An-Chau le 19 février 1886 avec une compagnie de tirailleurs algériens et une compagnie de tirailleurs tonkinois. A l'issue des opérations, il fait occuper Phu-Yên-Binh et rentre à Hong-Hoa.

⋆⋆

Affaire de Canh-Non. — Une colonne composée d'une section de zouaves et d'une compagnie de tirailleurs tonkinois, sous le commandement du chef de bataillon JORNA DE LACALE, embarque sur une canonnière qui prend, le 9 août à 11 heures, son mouillage à Hung-Yên pour ne pas donner l'éveil aux pirates. Elle arrive le 10 août à 5 heures et demie devant Canh-Non et y débarque. Malgré toutes ces précautions la colonne a été éventée et le village a été évacué.

Le 17, la colonne rejoint la bande, la combat et la disperse. Le 18 août, elle occupe, après combat, le village de Mao-Cao. Dans ses reconnaissances, la colonne a balayé toute la région qui s'étend entre le canal des Bambous, Cau-Xa et Hung-Yên.

Affaire de Hai-Duong. — Le 30 août 1885, un détachement de 120 tirailleurs tonkinois commandé par le lieutenant FOURNIER débarque à 7 heures à 5 kilomètres de Hai-Duong de la canonnière la *Bourrasque*. Le commandant de la canonnière, lieutenant de vaisseau KERLOVO, du *Crano*, qui a le commandement de la colonne, a pour mission de s'emparer de Phuong-Diêm, village situé à 4 kilomètres de l'arroyo et signalé comme occupé par les pirates.

Malgré la très grande supériorité numérique de l'ennemi, le village très bien organisé est abordé et enlevé. Les pirates s'enfuient en abandonnant 40 cadavres.

*
* *

Affaire de Tray-Son. — Le but de cette opération était de s'emparer du repaire d'une bande pirate forte de 600 hommes, commandée par le DOC-TICH et qui parcourait la région comprise entre Haiphong, Phu-Kinh-Son et Hai-Duong. Les opérations, dirigées par le capitaine FALCON, puis par le capitaine FAURE, commencèrent le 30 novembre 1885.

Le repaire de la bande était particulièrement difficile à forcer et les pirates avaient toutes raisons de le croire inexpugnable. Ils occupaient le village de Tray-Son, un massif rocheux découpé en cirques et en grottes ainsi que des mamelons à pentes raides, le tout entouré par trois rivières : au nord le Song Kinh-Thai, au sud et à l'ouest le Song-Han et le Song-Con.

Une attaque de vive force, tentée en 1884 par un bataillon français, avait complètement échoué. C'est pourquoi les opérations prirent le caractère d'un véritable siège, l'Infanterie n'agissant qu'après la destruction méthodique des obstacles par l'artillerie des canonnières, l'artillerie débarquée et le génie. Pour éviter les pertes, l'infanterie cheminait sur les crêtes rocheuses réputées inaccessibles. L'expédition se termina le 11 décembre après un succès complet : le repaire détruit, cent rebelles tués, les autres dispersés.

*
* *

Affaire de Bao-Loc. — Des bandes de Chinois et de pirates évaluées à 1.000 hommes sont signalées comme occupant les deux villages de Bao-Loc, entre Phu-Lang-Thuong et Kep. Le lieutenant-colonel GODARD part le 26 décembre 1885 de Phu-Lang-Thuong avec 3 compagnies du 1er étranger et 20 spahis, fait sa jonction avec un détachement (une compagnie et demie) parti de Kep et se porte à la rencontre des pirates.

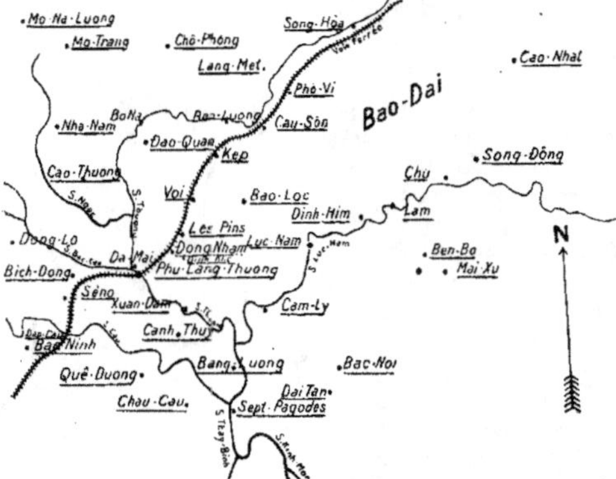

Région de Phu-Lang-Thuong, Lam Kep

Les ennemis, commandés par le CAI-BINH, bras droit du CAI-KINH, et pourvus de fusils à tir rapide, sont battus. Ils se dispersent et sont poursuivis. Ils abandonnent 44 cadavres, des fusils, des piques, des lances, des coupe-coupes et des munitions.

*
* *

Prise de Kam-Ouen. — Le 28 décembre 1885, le commandant BAUDARD, commandant une colonne composée d'une compagnie de zouaves et de 200 soldats indigènes levés par le Tong-Doc, quitte Phu-Than-Oai pour reconnaître le village de Moc-Xa où les pirates sont signalés (10 kilomètres sud de Phu-

Than-Oai). A hauteur du village de Kam-Ouen (1.500 mètres de Moc-Xa), la colonne reçoit des coups de fusil. Après un combat meurtrier, le village est occupé. Les pirates s'enfuient ayant perdu environ 50 tués.

Colonne Terillon dans le Thanh-Hoa. — Une colonne commandée par le commandant TERILLON et comprenant une section de zouaves, une compagnie et une section de tirailleurs tonkinois se forme à Nam-Dinh et parcourt, du 25 mars au 26 avril 1886, la région de Thanh-Hoa, Phu-Tho, Phu-Quang, Co-Lung, Lang-Ke-Do, Thach-By, Mai-Chau. Elle a un premier engagement, le 26, à Dong-Kho où elle attaque 300 pirates, en tue 10 et fait 8 prisonniers.

Entre Thanh-Hoa et Nong-Cong, elle trouve une région troublée. Le CAI-MAO est signalé dans la région à la tête de 1.000 Chinois et Annamites. La colonne est le 2 avril à Phu-Tho, poste français menacé par l'ennemi, à Phu-Quang le 5. Le 7 avril, se rendant de Long-Si à Thach-Lam, elle a son avant-garde attaquée par les rebelles cachés dans les hautes herbes. La compagnie PELACOT enlève la position. Un défilé franchi, la colonne se trouve en présence de 300 à 400 rebelles qui s'avancent en bon ordre. La colonne se déploie et disperse les assaillants qui abandonnent 4 cadavres.

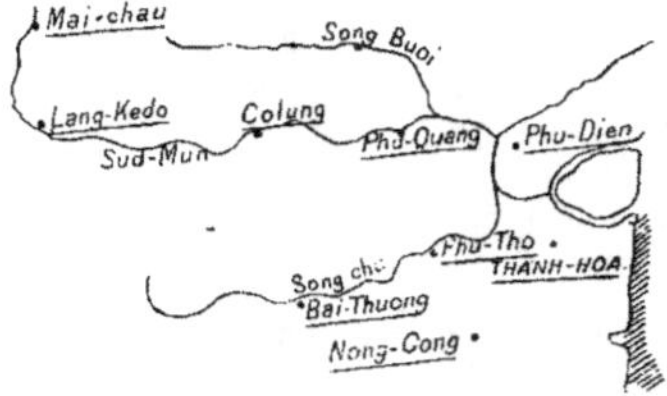

La colonne est de retour à Phu-Quang le 24 avril. Elle a fondé les postes de Thach-By et Hoai-An.

⁎⁎

A côté de ces opérations de pacification se placent un grand nombre de petites actions et de brillants faits d'armes ; les principaux seuls peuvent être mentionnés :

Petites opérations et faits d'armes. — Le 8 novembre 1885, le poste de Bai-Thuong, sur le Song-Chu (rivière de Thanh-Hoa), comprenant 100 marsouins sous les ordres du capitaine SALLÉE, est attaqué par un millier de pirates. La garnison sort et met la bande en déroute.

Le 29 novembre 1885, le capitaine MASSIP, avec 86 tirailleurs algériens, s'empare du village de Song-Tang (près Viétri) occupé par des pirates.

Le 28 novembre 1885, le lieutenant-colonel DUGENNE se porte avec trois compagnies et une section d'artillerie au secours du village catholique de Thiêt-Nam, attaqué par une bande de 1.500 pirates armés de fusils à tir rapide. Les pirates s'enfuient.

Le 1ᵉʳ janvier 1886, le zouave PASQUELIN et un sergent annamite, chef d'escorte d'un convoi de trois jonques, attaquent, sur le Fleuve Rouge, deux jonques pirates, les capturent, tuent 6 pirates et font 6 prisonniers.

Le 18 février 1886, le lieutenant SCHUP, avec 14 Européens, 57 tirailleurs tonkinois et 130 Annamites, attaque et emporte d'assaut le village de Nam-Son (10 kilomètres de Thât-Khê).

Les 25 et 26 avril 1886, une reconnaissance partie de Bao-Ha se dirigeant vers la Rivière Noire, dans la région au sud de Lao-Kay est arrêtée par un village fortifié et fortement occupé par des Pavillons Noirs qui mettent hors de combat l'officier commandant le détachement, ainsi que 8 hommes dont un tué. Le sergent ESPITALLIER, ayant pris le commandement du détachement, se porte le lendemain en avant, bousculant les Chinois surpris ; il trouve à 8 kilomètres plus loin une position défendue par 2 blockhaus qu'il enlève, et chasse encore l'ennemi d'un fortin dans lequel il s'était réfugié à 3 kilomètres au delà.

Le 17 mai 1886, un détachement du 2ᵉ régiment étranger et du 1ᵉʳ tirailleurs tonkinois, fort de 45 hommes, est attaqué par une bande de 400 pirates pendant une reconnaissance aux environs de Cam-Khê et parvient à rallier son poste grâce à l'énergie et à la présence d'esprit du sergent BOURRE.

Le 21 mai 1886, le poste de Na-Cham, sur la route de Lang-Son à Thât-Khê, défendu par 117 hommes du 2ᵉ bataillon d'Afrique et du 3ᵉ tonkinois, est attaqué pendant la nuit, et sous les ordres du sous-lieutenant JOSEPH, résiste pendant cinq heures aux attaques d'une bande d'un millier de pirates chinois qu'il repousse au prix de pertes sérieuses : 4 tués et 18 blessés dont un officier.

Le 28 mai 1886, un convoi de ravitaillement se dirigeant de Dông-Dang sur Na-Cham, et escorté par 119 hommes du 2ᵉ bataillon d'Afrique et du 3ᵉ tonkinois, est attaqué, pendant la marche, par une bande de 1.000 hommes environ. Le capitaine Lucas, commandant l'escorte, défend son convoi avec vigueur pendant quatre heures et demie, jusqu'à l'arrivée d'un renfort venu de Na-Cham.

Le 31 mai 1886, le poste de Than-Moi, sur la route de Bac-Lê à Lang-Son, est attaqué par une bande de 400 pirates; défendu par un détachement de 30 tirailleurs tonkinois et de malades sortant de l'hôpital, il résiste, pendant quatre heures, sous les ordres du sergent Loiseau, aux attaques de l'ennemi. L'arrivée d'un renfort de 12 tonkinois, envoyé par le poste de Dông-Dang et commandé par le sergent Bongault décide l'ennemi à la retraite.

Le 18 juin, le commandant Servières envoie au secours des habitants du canton de Dông-But (région du Song Ki-Kong) une compagnie du bataillon d'Afrique, qui dégage les habitants assiégés et met en fuite les pirates.

*
* *

Colonne Servières. — Depuis les premiers jours de juin, la région comprise entre le poste de Chi-Ma, le massif du Mau-Son et le Song Ki-Kong, est infestée de réguliers chinois licenciés du camp de Nam-Quan.

Venus au Tonkin dans l'intention de s'engager comme coolies, mais n'ayant pu être employés, ils s'organisent en bandes pour piller la région et les convois.

Du 30 juin au 4 juillet 1886, une colonne mixte de 200 hommes commandée par le commandant Servières parcourt cette région, disperse les pirates et occupe les villages de Cho-Nao et Phiên-Quang.

*
* *

Journellement des postes et des convois sont attaqués par des bandes souvent fortes et bien armées. Grâce à l'énergie des chefs et à la valeur des soldats, presque toutes ces attaques échouent complètement.

La fin de la campagne 1885-1886 est marquée par l'occupation de Bac-Muc et Vinh-Tuy, sur la Rivière Claire (colonne Bergougnioux, mai 1886).

De janvier à juillet 1886, le capitaine de vaisseau DE Beaumont occupe l'Ile de la Cac-Ba, Ha-Coi, et Tiên-Yên.

*
* *

Situation en Annam. — La nécessité de conserver les résultats acquis au Tonkin avait obligé le commandement à dégarnir l'Annam, qui n'était plus gardé que par quatre compagnies d'infanterie de marine. Aussi, les attentats se multiplient :

Dans la nuit du 1ᵉʳ au 2 mars, le capitaine du génie Besson, chargé de faire le tracé de la route Tourane-Hué, un sergent et cinq soldats d'infanterie de marine sont assassinés à Nam-Toung (entre Hué et Tourane).

Le 12 mars, la ville et la Citadelle de Thanh-Hoa, où tiennent garnison 120 marsouins et 43 tirailleurs tonkinois, sont attaqués par des rebelles. Le 27 mars, quatre chasseurs du poste de Phon sont attaqués par les habitants du village.

Le 4 avril, un convoi de vivres à destination de Tou-Cheun, escorté par trois officiers, 56 zouaves, 150 tirailleurs tonkinois et 150 soldats du Père Sixte (missionnaire annamite) entre en contact avec 300 pirates et les disperse.

En mai, 5 Européens escortant un tram entre Cho-Huyên et A-Co sont surpris par 300 rebelles et décapités sur place. En juillet une reconnaissance du lieutenant Blondlat, sur Hoi-Dong, Can-Don et Go-Boi est attaquée par les rebelles, qu'elle repousse facilement.

Partout les habitants commencent à revenir dans les villages abandonnés ; les autorités locales sont rétablies.

Dans toutes les régions occupées par nos troupes, les routes sont remises en état ; d'autres sont reconnues et amorcées.

Dans les grands centres des bâtiments permanents s'élèvent, montrant bien aux populations que notre installation dans le pays est définitive.

*
* *

Une mission militaire composée de 52 officiers (de l'armée active et de la réserve) et de 248 sous-officiers, sous le commandement du colonel BRISSAUD, avait été envoyée en Annam fin 1885. Elle était chargée d'organiser une armée annamite autonome, armée et équipée à l'européenne.

Cette armée devait comprendre 6 bataillons d'infanterie (à 4 compagnies), 2 escadrons de dragons annamites, 2 batteries d'artillerie, un escadron du train. Une école militaire devait fonctionner à Hué.

On renonça bientôt à créer cette armée, qui entraînait de lourdes charges pour le budget de l'Annam et qui aurait pu devenir plus tard un danger.

On conserva seulement 4 bataillons de chasseurs annamites formant corps, qui subsistèrent jusqu'en 1890.

CAMPAGNE DE 1886-1887

Le 8 avril 1886, M. Paul BERT prend les fonctions de résident général, que lui passe le général WARNET.

Le 16 avril 1886, le général DE NÉGRIER, rapatrié, est remplacé par le général MENSIER.

Le 22 avril 1886, le corps d'occupation est réduit à une division à 3 brigades sous le commandement du général JAMONT, dont les pouvoirs s'étendent à la division navale et à la flottille. Le général WARNET rentre en France.

Le 8 novembre 1886, les généraux JAMONT et JAMAIS sont rapatriés. Le général MUNIER prend le commandement de la division.

Le 22 novembre 1886, le colonel CAILLET prend le commandement de la 3° brigade.

Le 23 mars 1887, le général NISMES prend le commandement de la 2° brigade, en remplacement du général MENSIER, rapatrié.

Le 4 juillet 1887, le colonel VOYRON remplace le colonel DODDS au commandement du 2° tonkinois.

****

Division d'occupation du Tonkin : général JAMONT.
Chef d'état-major : colonel KESSLER.
à l'état-major : capitaine FRANCHET-D'ESPEREY.

1re brigade : général JAMAIS, Son-Tay.
Commandant le génie : commandant DUPOMMIER.
Chef du génie à Hanoi : capitaine JOFFRE.
1 régiment de zouaves (2 bataillons), 2 bataillons étrangers indépendants, 1er et 2° régiments tonkinois, 6 batteries, 1/2 compagnie du génie, 1 détachement de cavalerie, 1 compagnie du train.

2° brigade : général MENSIER, Dap-Cau.
Commandant du génie : commandant DALSTEIN.
2 bataillons d'infanterie légère d'Afrique, 1 régiment étranger, 3° et 4° régiments tonkinois, 1 batterie, 1 peloton de spahis, 1/2 compagnie du génie, 1 escadron du train.

3° brigade : général MUNIER, Hué.
Major de brigade : capitaine D'AMADE.
1 bataillon de zouaves, 1 régiment de marche d'infanterie de marine, 1 batterie, 1/2 compagnie du génie.

Eléments non embrigadés : 1 bataillon de chasseurs à pied, 1 détachement de spahis, 3 batteries, 1 compagnie de pontonniers, 1 parc, 1/2 compagnie du génie.

Marine : capitaine de vaisseau DE BEAUMONT, sur le *Kep*, 41 bâtiments.

Le 1er mai 1886, une nouvelle organisation territoriale entre en vigueur. Les postes sont groupés en cercles, sous le commandement du commandant d'armes de la place principale. Plusieurs cercles forment une région, commandée par le commandant d'armes de la place chef-lieu.

1re brigade : régions du Haut Fleuve Rouge, de Hung-Hoa, de la haute Rivière Claire, de Son-Tay, de Hanoi, de Nam-Dinh, de Thanh-Hoa.

2° brigade : régions de Haiphong, de Hai-Duong, de Dap-Cau, de Phu-Lang-Thuong, du Sông Ki-Kông (Lang-Son).

3° brigade : de Hué, de Quang-Binh, de Quang Nam, de Binh-Dinh.

L'attention du général en chef est attirée sur deux points :

Au Tonkin, il est nécessaire d'assurer la liberté de navigation sur le Fleuve Rouge, gênée dans la moyenne région par les bandes de Bo-Giap, d'étendre l'occupation autour de Lao-Kay, d'abord du côté de l'ouest, où s'agite Deo-van-Tri, afin de permettre à la commission de délimitation présidée par M. Dillon, ministre plénipotentiaire, et instituée en exécution du traité de paix de 1885, de poursuivre ses travaux.

En Annam, où la situation continue à être très troublée dans toutes les provinces; les intrigues de Thuyêt portent leurs fruits.

Au Nghê-An (Vinh), la rébellion est conduite par le Nhé-One; de fortes bandes tiennent le Quang-Binh. Dans le Quang-Ngai, un gouvernement provincial a été établi par le mandarin Héou, ancien précepteur du roi Kien-Phuoc; les villages du Binh-Dinh sont tous hostiles. Mais c'est la région du Thanh-Hoa où sont signalées les bandes les plus nombreuses et les mieux organisées, sous le commandement de deux chefs renommés, Cai-Mao et Dê-Shoan.

En outre des dispositions prévues pour les opérations prochaines, des instructions sont données pour la continuation de la pacification dans les régions occupées.

*
* *

Deux incidents graves, deux attentats sérieux qui se produisirent à Lao-Kay et à Mon-Cay montrèrent que, si nous n'avions plus à lutter contre les forces régulières chinoises, nous avions toujours contre nous les irréguliers et les sociétés secrètes.

*
* *

Guet-apens de Long-Po. — Le vendredi 13 août 1886, le commandant Daru et le docteur Néis, membres de la commission de délimitation franco-chinoise, s'embarquent à Lao-Kay avec une équipe de topographes comprenant les lieutenants Pineau et Hairon.

La délégation, qui doit remonter le Fleuve vers Long-Po, est escortée par 50 hommes, légionnaires et tirailleurs tonkinois, commandés par les lieutenants Geil (infanterie de marine) et Henry (légion). Elle occupe, avec l'escorte, 5 jonques.

Le 19 août, à 10 heures, après avoir quitté leur mouillage de Tiên-Phong, les jonques étaient en train de passer trois rapides situés en amont de cette localité. La première jonque, montée par les lieutenants Geil et Henry, 6 légionnaires et 6 tirailleurs, venait de franchir la passe difficile et avait été amarrée à la berge, quand tout à coup une fusillade bien nourrie s'abattit sur cette embarcation. 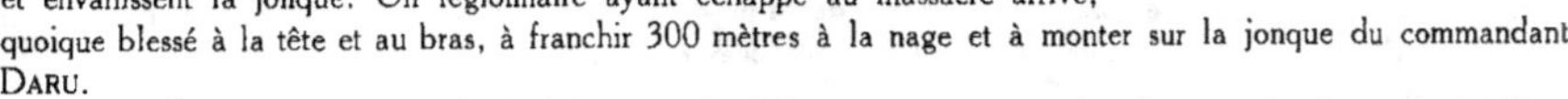

Le lieutenant Geil, blessé à la tête, tombe. Le lieutenant Henry fait feu dans la direction des assaillants et tombe à son tour, atteint à la poitrine. Les quelques hommes qui avaient débarqué sont tués, les agresseurs se montrent et envahissent la jonque. Un légionnaire ayant échappé au massacre arrive, quoique blessé à la tête et au bras, à franchir 300 mètres à la nage et à monter sur la jonque du commandant Daru.

Il fut impossible de rejoindre les pirates et de délivrer, ou tout au moins de reprendre les corps des lieutenants Geil et Henry et des autres militaires.

Le commandant Daru donne le signal du retour. Cinq heures après l'expédition était rentrée à Lao-Kay.

*
* *

Massacre de la Mission Haïtce. — M. Haitce, membre suppléant de la commission de délimitation, et le lieutenant Bohin, attaché à la commission, qui opéraient à Mon-Cay, avaient été avertis par un missionnaire français, le P. Grandpierre, des risques graves qu'ils couraient.

M. HAITCE, confiant dans la foi des traités et personnellement très brave, ne tint aucun compte de ces avertissements et envoya le lieutenant BOHIN, avec une escorte de 40 hommes, en reconnaissance topographique au cap Pac-Lung.

Cependant, les adeptes de la Société secrète du « Ciel et de la Terre » distribuaient des armes aux bandes de 4 chefs pirates et répandaient des proclamations anti-françaises, sans que le délégué impérial WANG parût s'en apercevoir. Le 24 novembre, la tête de HAITCE et celles de ses compagnons étaient mises à prix. L'absence du lieutenant BOHIN et le retrait de la canonnière la *Bourrasque* de l'embouchure de la rivière décidèrent l'ennemi à agir.

Le 24 novembre 1886, le personnel européen de Mon-Cay était ainsi réparti : dans une maison, M. HAITCE avec 7 ou 8 hommes ; dans la citadelle, M. PÉRRIN, commis de résidence, M. FERLEY, surveillant des travaux, et une vingtaine de chasseurs à pieds et de miliciens.

Dans la nuit du 24 au 25, la citadelle, puis la maison de M. HAITCE, furent attaquées par les pirates appuyés par quelques réguliers chinois. M. HAITCE put se réfugier à la citadelle au moment où M. PERRIN faisait une sortie pour le dégager.

L'attaque continua le 25, le 26 et la nuit du 26 au 27. Tous les assauts avaient été repoussés, bien que les assaillants fussent très nombreux (plus de 1.500). Le 27 à 7 h. 30, les munitions étant presque épuisées, M. HAITCE décida que les survivants, au nombre de 23, tenteraient de se faire jour. La petite troupe quitta la citadelle par le sud après avoir amené le drapeau et arriva au confluent du Song Thak-Mang et de l'arroyo. Les pirates, voyant disparaître nos couleurs, s'élancèrent à la poursuite.

Vivement pressés, les assiégés essayent de franchir la rivière à la nage. M. FERLAY se noie. Une partie des hommes avec HAITCE et PERRIN, parviennent à l'autre rive, mais sont aussitôt entourés. PERRIN est tué. HAITCE, blessé, est capturé et conduit à Moncay où les Chinois l'égorgent.

Le lieutenant BOHIN, ayant eu connaissance de cette attaque, revint à marches forcées sur Mon-Cay avec ses 40 hommes.

Le 26, à quelques kilomètres à l'est de Cong-Pinh, il rencontra une bande de 400 Chinois qui avait pris position sur les hauteurs environnantes pour lui barrer la route. Malgré son infériorité numérique, le lieutenant BOHIN n'hésita pas à attaquer l'ennemi et parvint à se frayer un passage, en infligeant aux pirates des pertes sérieuses. Ce succès lui permit de recueillir les débris de la petite troupe de Mon-Cay.

Mon-Cay fut occupé par le lieutenant-colonel DUGENNE en décembre 1886.

La presqu'île de Pac-Lung, territoire frontière contesté, fut occupée en janvier 1887. Elle fut, en juillet de la même année, rendue définitivement à la Chine.

⁎_⁎

OPÉRATIONS PRINCIPALES AU TONKIN

Contre le Bo-Giap. — Après la prise de Than-Quan, le BO-GIAP avait installé son repaire à Tiên-Dông, dans une des presqu'îles que forment, au N.-O. de Hung-Hoa, les étangs de Rung-Gia (près du Fleuve Rouge, entre Tu-My et Cam-Khê). Une série de reconnaissances furent dirigées contre lui par le capitaine LEBIGOT, du poste de Cam-Khê.

Le repaire, détruit le 18 juin 1886 par le général JAMAIS, fut reconstruit, et détruit une seconde fois par le commandant BERCAND le 1ᵉʳ novembre 1886.

Les postes du Fleuve Rouge n'étant pas suffisants pour assurer, par leurs reconnaissances, la sécurité de la région, une colonne fut constituée sous le commandement du colonel BRISSAUD, commandant la 1ʳᵉ brigade, pour nettoyer de ses ennemis la rive droite du fleuve. Dans la deuxième quinzaine de décembre 1886, elle chassa les rebelles des huyêns de Van-Ban et de Van-Chau.

Le 2 janvier 1887, en remontant le Ngoi-Van, la colonne rencontre les bandes du BO-GIAP qui s'étaient solidement retranchées dans la forte position de Deo-Go, située sur la rive droite du Fleuve Rouge, entre Cam-Khê et Yên-Luong. Après une rive fusillade, la charge est sonnée. Légionnaires et tonkinois s'élancent à l'assaut et enlèvent brillamment les barricades. Le lieutenant BAUDIN, gravement blessé, n'en conduit pas moins son peloton à l'attaque.

Le 3 janvier 1887, la colonne continue sa marche sur Dai-Lich. Les bandes occupent le col de Han-Bai qui couvre cette localité. L'avant-garde brise leur résistance et nos troupes occupent Dai-Lich. Le BO-GIAP s'enfuit et disparaît.

*
* *

Contre DEO-VAN-TRI. — En mars 1886, DEO-VAN-TRI, qu'une partie des bandes du BO-GIAP avait reconnu pour chef, occupait la région de Than-Huyên, au sud de Lao-Kay, à égale distance de la Rivière Noire et du Fleuve Rouge, après en avoir chassé son rival, le Quan-Phong de Duong-Qui.

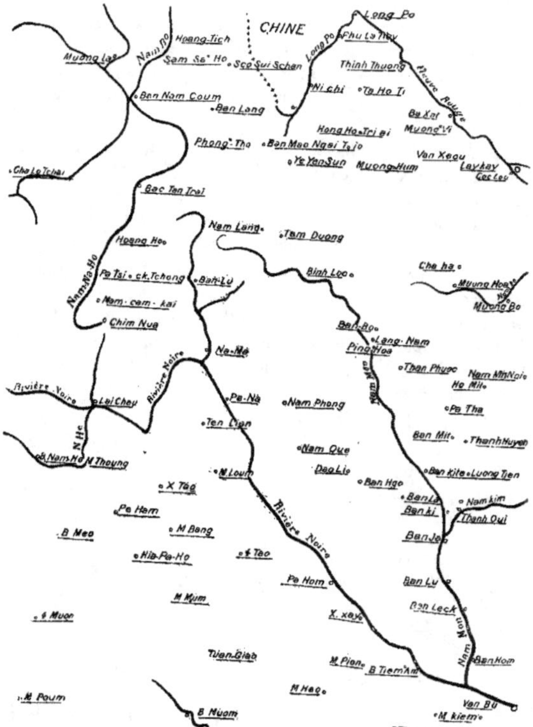

Ce dernier, avec l'appui d'une petite colonne française commandée par le lieutenant AYMERICH, puis, après la blessure de cet officier, par le sergent ESPITALIER, reprit, en avril 1886, possession de son domaine.

La colonne partie, DEO-VAN-TRI se remet en campagne et occupe Binh-Lu, carrefour des routes de Lao-Kay, de Phong-Tho et de Than-Huyên. Il en est délogé le 19 mai 1886 par la colonne BERCAND, qui le bat en outre à Hieu-Trai le 31 mai. Après le départ de la colonne BERCAND, DEO-VAN-TRI réoccupe Binh-Lu et Hieu-Trai.

Une colonne est formée le 6 novembre 1886 au village de Lang-Nam ; commandée par le capitaine OLIVE, cette colonne comprend une compagnie de légion, un peloton de tirailleurs et 8 artilleurs, renforcés par 250 hommes du Quan-Phong de Duong-Qui.

Les partisans du Quan-Phong s'emparent à 6 heures du col de Binh-Lu situé au nord de ce village. Le gros de la colonne arrive au col à 12 h. 30. Le fort de Binh-Lu est constitué par trois fortins entourés chacun d'une triple haie de bambous et d'un parapet de terre flanqué par des blockhaus. La garnison est d'environ 300 pirates chinois.

Le lieutenant BRISSE contourne les ouvrages par l'est, de façon à s'installer sur les hauteurs qui les dominent. Le capitaine JAMET se porte sur le premier fortin avec le gros de la colonne. L'assaut est donné ; les palissades doivent être abattues à coups de coupe-coupe sous le feu de l'ennemi. Enfin, une brèche étant faite, légionnaires et tirailleurs pénètrent dans le fortin que les Chinois évacuent.

La colonne OLIVE, continuant ses opérations, bat DEO-VAN-TRI à Luong-Tiên (20 novembre 1886) et à Than-Qui. DEO-VAN-TRI se réfugie à Muong-Bo que les colonnes PELLETIER occupent en janvier 1887, puis à Cha-Pa, occupé dans les mêmes conditions en février 1887. DEO-VAN-TRI s'enfuit vers Lai-Chau.

Le 1ᵉʳ février 1887, le commandant PELLETIER occupe Phong-Tho, doù il fait partir des colonnes volantes vers Pa-Ha et Bat-Lieu (février 1887). En mars, les troupes regagnent leurs garnisons ; le poste de Ba-Xat est créé.

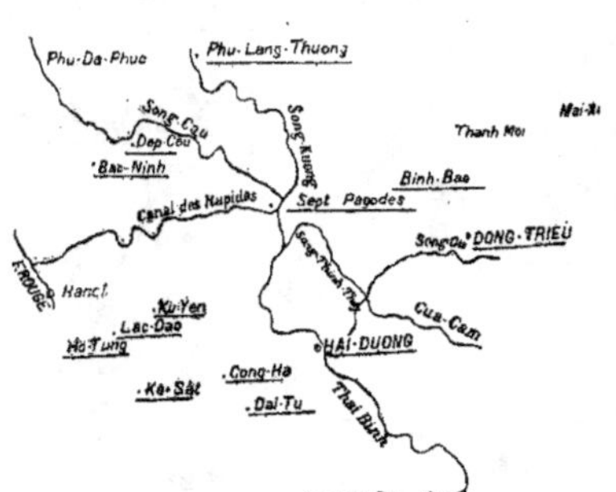

★
★★

Dans le bas Delta. — La région de Hai-Duong est la seule que les grandes colonnes de la région précédente n'aient pas réussi à pacifier. L'agitation s'étendait principalement au Bay-Say. Le 27 septembre 1886, le village de Bân-Yên-Phu est attaqué par les pirates. Le sous-lieutenant HÉROLD, commandant le poste de Bân-Yên-Hiêu, part avc 25 hommes, atteint les rebelles et les bat.

Le 23 octobre 1886, le poste de Quin-Coi, situé sur la rive droite du canal des Bambous et commandé par le sergent DELAFORGE, est attaqué par une bande de 150 hommes déguisés en coolies. Grâce à cette ruse, les pirates parviennent à la salle d'armes, après avoir mis le factionnaire hors de combat. Après une lutte corps à corps, les 15 tirailleurs du poste arrivent à arracher leurs armes et leurs munitions des mains des pirates qui s'enfuient.

Le 26 novembre 1886, le lieutenant ECKENSCHWILLER, du 4ᵉ régiment tonkinois, dirige une reconnaissance aux environs du poste de Binh-Bac (cercle de Sept-Pagodes). Il disperse une bande et délivre 50 femmes et enfants volés par les rebelles. Le 2 décembre 1886, le même officier, avec 10 légionnaires et 55 tirailleurs, surprend dans le hameau de Ho-Caa, à la pointe du jour, la bande chinoise commandée par TO-TIEN-HUY. Onze pirates chinois sont tués à l'arme blanche ; le reste peut s'enfuir en profitant des difficultés du terrain.

En décembre 1886, une colonne, commandée par le capitaine BAZINET, opère dans le nord et l'ouest du cercle de Késat contre les centres de résistance de Lac-Dao, Ku-Yên, Cong-Ha, Dai-Tu. Les difficultés du terrain et la complicité des habitants mettent les rebelles à l'abri d'une surprise. Les villages sont détruits à titre de sanction.

Le 2 février 1887, le lieutenant ECKENSCHWILLER, après une marche de nuit des plus pénibles, réussit à s'emparer, au nord de Binh-Bac, d'un chef rebelle dangereux, le dê-doc TA-YÊN.

Le 15 février 1887, le lieutenant HARDOUIN part de Késat avec 70 hommes dans le but de surprendre une bande de 200 pirates annamites et chinois qui occupe le village de Ho-Tung. Le 16, le village est cerné ; les rebelles, après avoir tenté une résistance inutile, prennent la fuite.

Le 14 avril 1887, le lieutenant ECKENSCHWILLER, très bien guidé par les indigènes, mis en confiance par ses brillants coups de main, capture le chef pirate BA-BAO.

Le 6 mai 1887, une reconnaissance conduite par le sergent DRUARD quitte le poste de Dinh-Dao, à trois heures du matin, rejoint le chef pirate QUAN-SAI et le tue.

Le 28 juin 1887, le sergent DANG-VAN-TANG, avec 5 tirailleurs, blesse mortellement le chef pirate LY-THY et ramène son cadavre.

Dans la région de Cho-Chu. — Une reconnaissance dirigée par le capitaine DALLIER, forte de 72 tirailleurs et 12 légionnaires, partie de Tuyên-Quang le 7 octobre 1886, atteint le Song Day où elle enlève un village défendu par 100 pirates chinois et arrive, après quatre jours de marche, sur la position de Cho-Chu, située à 85 kilomètres au N.-E. de Tuyên-Quang et à 60 au nord de Thai-Nguyên. Ce centre de piraterie, défendu par 300 Chinois armés de fusils, est enlevé le même jour à l'ennemi qui bat en retraite, après avoir perdu 10 morts et 50 blessés ; dans sa marche de retour, la reconnaissance bouscule un autre poste de pirates installé à 10 kilomètres au sud de Cho-Chu sur la route de Thai-Nguyên.

Un détachement commandé par le capitaine RADIGUET, et comprenant 170 tirailleurs, quitte le poste en création de Dang-Chau, dans la vallée du Sông Day, le 23 octobre 1886, pour reconnaître les routes menant à Cho-Chu. Cette petite colonne, après deux engagements heureux les 23 et 24 octobre 1886, doit, pour occuper le cirque de Cho-Chu, livrer le 26 un combat en règle à 450 Chinois fortement retranchés. Après deux heures d'une lutte dans laquelle un sergent français est tué et 3 tirailleurs blessés, l'ennemi est débusqué de ses positions en perdant une centaine d'hommes.

En rentrant à Dang-Chau par un autre chemin, le détachement RADIGUET surprend les fuyards ennemis le 27 octobre 1886 et leur fait subir de nouvelles pertes. Cette reconnaissance a parcouru en six jours 160 kilomètres dans un pays inconnu et des plus difficiles, en combattant presque journellement.

Dans la région de Hung-Hoa. — Le 20 janvier 1887, le capitaine REVY, du 1er tonkinois, commandant le poste de Tu-Vu, est informé qu'une bande de rebelles s'était retranchée près du village de Son-Vi, sur la rive gauche de la Rivière Noire. Cet officier, secondé par les marins de la canonnière le *Bossant*, attaque la position ennemie le 25 janvier 1887. Après une lutte assez vive, les rebelles sont dispersés.

Le 2 juin 1887, le caporal NGUYEN-DINH-XUAN et 3 tirailleurs du 3e tonkinois, en escorte, sont attaqués dans le village de Ha-Bi. Le caporal tue le DOC-SAT et capture son lieutenant. Une fraction du 2e étranger, accourue, disperse la bande.

Les opérations effectuées autour du poste de Hung-Hoa dans les mois de janvier, février, mars 1887 ont coûté 60 hommes aux pirates.

Dans la région de Cao-Bang. — Le 24 octobre 1886, le général MENSIER quitte That-Khê et marche sur Cao-Bang en trois colonnes, une par Dông-Khê, l'autre par Kéo-Kan (ancienne route mandarine) et la troisième contourne à l'est le massif rocheux. Les trois groupes se réunissent à Nam-Nang et le général MENSIER, avec toutes ses forces, se porte sur Cao-Bang.

Cette localité, au confluent du Song Hiem et du Sông Bang-Giang, était de beaucoup la plus importante de la région ; elle avait une citadelle ; ses abords étaient couverts par de sérieux retranchements.

Les pirates n'attendirent pas l'attaque et s'enfuirent vers Cao-Binh puis sur Nuoc-Hai et « Deux-Ponts », d'où ils furent refoulés, par le commandant SERVIÈRES. En novembre 1886, le lieutenant BATAILLE pousse une pointe jusqu'à Soc-Giang.

Dans le courant du mois de février 1887, deux colonnes parties, l'une de Mo-Xat sous les ordres du chef de bataillon SERVIÈRES, l'autre de Cao-Bang sous les ordres du capitaine SUCILLON, sont dirigées sur le massif rocheux qui domine à l'est le poste de Mo-Xat.

Les pirates, repoussés dans ce massif le 3 février 1887 par une colonne partie de Cao-Bang, s'y étaient retranchés et de là inquiétaient le poste et les convois de ravitaillement.

Les pentes de ce massif sont à peu près verticales, et deux passes seulement étaient indiquées par les habitants comme praticables, quoique très difficiles, celle de Coc-Phat sur la face sud et celle de Long-Liou sur la face est, cette dernière occupée par le chef To-Nhi et le gros de sa bande.

Le 18 février 1887, la passe de Long-Liou est brillamment enlevée et les pirates, renonçant à défendre celle de Coc-Phat, se retirent, les uns sur la route de Bao-Lac, les autres sur les sentiers conduisant en Chine. Toute la partie du massif rocheux avoisinant le poste de Mo-Xat se trouve ainsi dégagée.

Du 6 au 10 mars 1887, une reconnaissance forte de 75 hommes (légionnaires et tirailleurs) opère aux environs de Lang-Na (région de Cao-Bang) sous les ordres du lieutenant SENSARRIC. Elle attaque un poste occupé par les Chinois, disperse l'ennemi, tue 50 hommes et en blesse 40 et perdant elle-même 1 tué et 2 blessés.

Le 23 mars, une reconnaissance de 39 tirailleurs commandée par le même officier, se dirige vers Yên-Biên, où des Pavillons Noirs sont signalés. Le 25 mars, après une marche rapide, la reconnaissance surprend les Chinois au village de Yên-Biên. Ils s'enfuient, abandonnant des armes et des munitions, 6 d'entre eux sont tués dans l'engagement, 30 sont fusillés. De notre côté, pas de pertes.

*
* *

Dans la région de Thai-Nguyen. — Le 4 octobre 1886, un détachement composé de 50 hommes du 3ᵉ bataillon d'Afrique et de 35 tirailleurs du 3ᵉ tonkinois, partait du poste de Huong-Son, sous les ordres du lieutenant NAUTRÉ, pour reconnaître le versant est du Tam-Dao.

Arrivée au village de Van-Yên, cette reconnaissance est brusquement assaillie par une bande de 600 Chinois, dont 400 armés de fusils à tir rapide, qui, pendant trois heures s'efforcent, par des feux ajustés et des assauts poussés jusqu'à 100 mètres, de débusquer le petit détachement français de la pagode dans laquelle il s'était retranché. Grâce au sang-froid et à l'énergie du lieutenant NAUTRÉ et de ses hommes, l'ennemi se décide à la retraite, après avoir perdu 100 tués ou blessés. Cette opération nous coûte 12 blessés, dont 5 mortellement. Parmi les blessés, se trouve le lieutenant MEUNIER.

Dans le courant de mars 1887, deux reconnaissances dirigées, l'une par le capitaine CHEROUTRE, l'autre par le capitaine BERGEON, réunissent à chasser la bande de la région de Van-Yên ; le poste de Yên-Ra est créé.

*
* *

Dans le Dông-Triêu. — Le massif du Dông-Triêu, à proximité immédiate du delta, fut et sera longtemps occupé par des bandes de rebelles et de contrebandiers ; à toutes les époques, il y aura des colonnes qui chercheront à le nettoyer et à couper les chemins et pistes le reliant à la Chine et par où s'écoulent la contrebande et les convois de femmes et d'enfants volés, destinés à être vendus sur les marchés chinois.

Le 10 septembre 1886, une bande de pirates chinois, forte d'environ 1.100 hommes, pénétrait dans le village de Dông-Triêu, après avoir cherché par un faux avis envoyé la veille au commandant d'armes à faire envoyer un détachement sur un autre point.

Grâce aux habiles dispositions prises par le capitaine BERTRAND, commandant le poste, qui ne disposait que de 160 combattants, mais qui fut vigoureusement secondé par le lieutenant HARDOUIN, par le sous-lieutenant LAPARRA, et par les sergents GOULET, BLANCHON et BRETON, les pirates sont chassés de Dông-Triêu au bout de quatre heures de lutte et poursuivis pendant trois heures, laissant 50 morts sur le terrain et abandonnant plus de 200 femmes et enfants et tous les bestiaux qu'ils étaient parvenus à emmener.

Opérations en Annam

Dans le Thanh-Hoa (Ba-Dinh). — Le siège de Ba-Dinh constitue, au cours de cette campagne 1886-1887, l'opération la plus sérieuse ; il absorba le plus grand nombre de troupes et donna le plus de souci en haut lieu.

Sous l'impulsion des chefs Cai-Mao et Dé-Shoan, la rébellion, confinée jusqu'en février 1886 dans la montagne, finissait pour gagner la plaine, soutenue par les bandes chinoises bien armées amenées du Yunnan par Tuyêt.

Une importante forteresse fut établie par les insurgés en pleine rizière, à Ba-Dinh, dans l'île formée par quatre ramifications reliant les deltas du Fleuve Rouge et du Sông Ma. Des renseignements sur cette forteresse furent donnés au début de décembre par le lieutenant Zahner, commandant le poste de Tam-Cao.

Elle comprenait : 1° un groupe de trois villages : Thuong-Tho sud, Mau-Thinh et My-Khê, fortifiés et reliés entre eux de façon à former la forteresse proprement dite ; 2° les villages de Ba-Dinh et de Thuong-Tho nord, organisés en position avancée vers l'est.

Une première tentative pour s'emparer de la position fut faite le 18 décembre 1886 ; le lieutenant-colonel Metzinger, commandant la région de Thanh-Hoa, avait abordé la position par le S.-O. pendant que le lieutenant-colonel Dodds l'attaquait par le nord-est. Malgré de brillants efforts, la tentative échoua, nous coûtant 4 tués dont le lieutenant Zahner et 9 blessés dont 2 officiers.

A la suite de cet insuccès, les lieutenants-colonels Metzinger et Dodds décidèrent de faire le siège régulier de la forteresse.

Après un investissement commencé le 31 décembre 1886, le lieutenant-colonel DODDS donne le 6 janvier 1887 l'assaut sur Thuong-Tho sud et Mao-Tinh. Cette attaque échoue comme la première et nous coûte de fortes pertes : tués : 4 Européens et 11 tirailleurs; blessés : 4 officiers, 11 Européens, 21 tirailleurs.

La colonne reçoit de nouveaux renforts et, vu son importance, passe sous le commandement du colonel BRISSAUD (capitaine d'AMADE, chef d'état-major, capitaine JOFFRE, commandant le génie).

Elle est dévisée en deux commandements :

Secteur nord : lieutenant-colonel DODDS ; 2 compagnies de légion ; 1 compagnie de fusiliers marins ; 5 compagnies de tirailleurs ; 2 sections de 95 ; 2 sections de 80 ; 2 sections de Hotchkiss ;

Secteur sud : lieutenant-colonel METZINGER ; 2 compagnies de zouaves ; 2 compagnies d'infanterie de marine ; 1 peloton de chasseurs annamites ; 3 compagnies de tirailleurs.

Soit en tout : 78 officiers ; 1.580 soldats européens ; 1.950 soldats indigènes.

Le 20 janvier 1887, l'investissement de la position était complètement achevé par une ligne presque continue de postes, de haies et de gabionnades quand, dans la nuit, les assiégés se sentant pris, font une sortie ; 500 rebelles sont tués, le reste peut s'échapper.

La position est occupée par nos troupes le 21 janvier 1887. Des colonnes volantes sont organisées pour poursuivre l'ennemi : la colonne JOFFRE dans le Dollen, dans le massif rocheux entre Thanh-Hoa et Ninh-Binh ; le colonel BRISSAUD avec les colonnes DODDS et METZINGER dans la région montagneuse qui s'étend entre Phu-Quang et Phu-Tho.

Les colonnes avaient été dissoutes officiellement, mais, à la suite d'ordres secrets, le lieutenant-colonel DODDS se porte à Phu-Quang et le lieutenant-colonel METZINGER à Phu-Tho. Les deux colonnes partent respectivement de ces postes le 2 février et se rencontrent à Bui-Ha. L'ennemi est alors décelé à Macao. Le village est enlevé.

Le pays du Dollen et celui de Macao, entre Sông Ma et Sông Chu, à hauteur du Lac-Ngoc, est fouillé en tous sens ; les troupes regagnent leurs casernements le 10 février 1887.

A la suite de ces opérations, le CAI-MAO et le DÉ-SHOAN furent refoulés vers leurs anciens repaires de Diên-Lêu et Niên-Ky.

En mars, avril et mai 1887, une colonne commandée par le général BRISSAUD parcourt le cours du Sông Ma et occupe Mai-Chau. Cette colonne, importante et comprenant de l'artillerie, fit une forte impression sur les populations et fut ainsi fertile en résultats moraux.

L'activité des postes de la région contribue à l'œuvre de pacification : le 27 juin 1887, le sergent HIRLEMAN, commandant le poste de Lac-Ha, enlève, avec 12 zouaves et 6 chasseurs annamites, le fortin de To-Buai. Du 5 au 21 novembre 1887, sur un avis du poste de Bai-Thuong, une petite colonne s'empare du village de Tinh-Van et met les rebelles en fuite.

⁎

Le manque de troupes disponibles ne permit pas l'envoi de colonnes spéciales dans les autres provinces d'Annam. C'est donc sur la seule initiative des commandants de régions et de postes que des opérations furent entreprises. Les plus importantes furent les suivantes :

Dans le Nghê-An. — Les tentatives faites dans le Thanh-Hoa n'ayant pu réussir en raison de l'énergie de nos troupes, TUYÊT reporta ses efforts sur la province de Nghê-An où sévissait déjà le chef rebelle NHE-ON, que le DÉ-SHOAN rejoignit après ses échecs au Thanh-Hoa.

Du 10 au 22 janvier 1887, une colonne commandée par le capitaine TERRIER et comprenant 52 zouaves et 72 chasseurs annamites parcourt la région de Cay-Chanh (cercle de Vinh, sur le Sông Ca, N.-O. de Vinh). Elle tue 24 pirates chinois, délivre 24 catholiques captifs.

(Cliché Aéronautique)

LA PORTE D'ANNAM

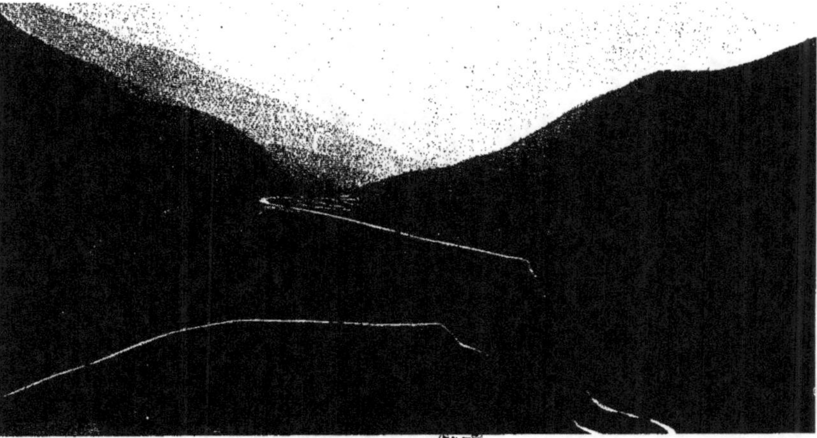

(Cliché Aéronautique)

LE COL DES NUAGES

(Cliché du Gouvernement général)

HOMME OU-NI (région de Laokay)

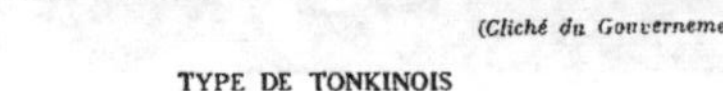

(Cliché du Gouvernement général)

TYPE DE TONKINOIS

Le 29 avril 1887, une reconnaissance de quelques hommes commandée par le sergent Seveno, part du poste de Luong pour reconnaître le village de Gay, sur le Sông Ca, dont les environs sont occupés par les pirates. Après une lutte ardente poussée jusqu'au corps à corps, la reconnaissance met les pirates en fuite, leur tuant et blessant quelques hommes.

Le 25 mai 1887, un émissaire du Nghê-One est fait prisonnier. Pour avoir la vie sauve, il promet au sous-lieutenant Bulleux, commandant le poste de Yên-Ma, de le conduire à la retraite de son maître. Le sous-lieutenant Bulleux se met immédiatement en route en plein midi, à la tête d'un faible détachement. Un groupe de 12 tirailleurs, déguisés en paysans et dissimulent leurs armes, précède la petite troupe.

Pendant six heures, le détachement chemine en forêt, par des sentiers à peine frayés ou dans le lit d'un torrent. Il surprend et tue ou garrotte 9 rebelles placés en avant, et arrive enfin au hameau où se terre le Nghê-One. L'émissaire hésite. Le caporal Phuong-Ngac-On, commandant le groupe de tête, comprend qu'une minute de retard peut tout compromettre. Il appelle un enfant, lui dit qu'il désire porter au grand chef un fusil qu'il a pris aux Français. Conduit en présence du Nghê-One, il le trouve entouré de notables rebelles. Il saute à la gorge du Nghê-One et l'attache, pendant que ses soldats tuent tout ce qui se trouve dans la maison. La garde du Nghê-One, 20 hommes environ, accourt au bruit et la bataille recommence. Mais le gros du détachement arrive et met fin au combat.

Après la capture du Nghê-One, le Dé-Shoan, isolé, remonte à Niên-Ky.

Le 31 mai 1887, le sergent Jouvin part du poste de Luong (sur le Song Ca, N.-O. de Vinh) en reconnaissance vers Kat- Ngam et Chio-Chio. Il tue 13 rebelles et prend des armes.

*
* *

Dans le Quang-Binh. — En novembre 1886, une reconnaissance commandée par le capitaine Mouteaux, opère dans la région de Than-Thuy et Lê-Chan dans le but de surprendre la bande du dê-doc Lê-Truoc. Forte de 2 officiers et 14 hommes, elle est renforcée par 250 chrétiens régulièrement organisés, armés de fusils dans la proportion de 1/8 et commandés par le Père Tortuyaux. Le contact est pris à neuf heures. Les pirates s'enfuient et sont poursuivis jusqu'à quinze heures. Ils étaient au nombre d'environ 700, avec 7 ou 8 petits canons, de mauvais fusils, et 3 éléphants.

Dans les premiers jours d'avril 1887, le capitaine Mouteaux, du 2ᵉ zouaves, commandant le poste de Minh-Cam, informé que des chefs rebelles s'étaient montrés dans les environs de son poste avec de petites bandes, organise des colonnes volantes pour battre le pays. Ces petites colonnes réussissent à enlever plusieurs postes de rebelles et à s'emparer de plusieurs chefs.

Le 8 avril 1877, le capitaine, prévenu que le tan ly Nguyên-Pham-Tuan, ministre de l'ex-roi Ham-Nghi, se trouvait aux environs de Co-Liên sur le haut Song-Nam, se met en marche, la nuit venue, avec 16 zouaves et 10 chasseurs annamites, pour chercher à le surprendre. Après une marche des plus pénibles, sur une route à peine tracée dans la forêt vierge, il arrive à l'improviste, le 9 au matin, en vue du village où se trouvait Nguyên-pham-Tuan.

La petite troupe s'élance aussitôt pour cerner la maison désignée comme servant de refuge aux rebelles. Après une lutte corps à corps, Nguyên-pham-Tuan, mortellement blessé, reste entre nos mains, ainsi que le plus jeune fils du premier ministre Thuyêt et 7 personnes de leur suite. Le reste était tombé sous les balles des hommes qui gardaient les abords du village.

Le lendemain, le ministre de l'ex-roi HAM-NGHI succombait à sa blessure au poste de Minh-Cam. Sa mort eut un grand retentissement dans les provinces du Nord de l'Annam, où il était le principal dignitaire du parti de la rébellion.

⁎

Dans le Quang-Nam. — Une colonne commandée par le lieutenant-colonel BOILÈVE et composée d'une compagnie de zouaves, 1 section d'infanterie de marine, 2 sections de chasseurs, 1 pièce d'artillerie, opère du 7 février au 12 mars 1887 contre 2.000 rebelles signalés à Ai-Thia (nord-ouest de Quang-Nam) et les disperse. Les résultats moraux de cette colonne sont complétés par les opérations de la colonne BRACCINI (1 compagnie de zouaves, 1 compagnie d'infanterie de marine, 1 compagnie de chasseurs annamites, 2 canons).

Les 15, 16 et 17 mai 1887, le sous-lieutenant HIRTZMAN s'empare, avec 10 européens et 20 indigènes, des villages de Thac-Bo et Hoa-Moch, centres de piraterie, sur la rive droite du Song Tu-Bong. Les rebelles subissent de grosses pertes dont 3 chefs tués et abandonnent un canon et des fusils.

Le poste de Truong-Phoc, sur le Song Tu-Bong, a livré depuis sa fondation (28 octobre 1886) jusqu'en juin 1887, 37 combats heureux, a soutenu victorieusement 13 attaques de nuit et fait de nombreuses prises aux pirates.

Dans le Quang-Tri. — Un calme relatif règne; après des opérations combinées, les bandes se disloquent et se réfugient vers Ben-Mat et Ben-Mé. La capture du TANG-CHI-DOC par le sergent CLÉMENT et son exécution produisent un excellent effet.

⁎

Le Thua-Thiên est calme. *Le Khanh Hoa* et *le Binh-Thuan* sont occupés par des troupes de Cochinchine.

CAMPAGNE 1887-1888

Le 13 octobre 1887, le général BRISSAUD, rapatrié, est remplacé au commandement de la 1re brigade par le colonel LEBRUN. Par décret du 17 octobre 1887 organisant l'Union indochinoise, les troupes de la Cochinchine, de l'Annam et du Tonkin sont réunies sous le même commandement. Le 2 décembre 1887, les troupes du Tonkin, rattachées jusqu'ici au ministère de la guerre, passent au ministère de la marine.

Le 1er janvier 1888, le général MUNIER est rapatrié. Le général BÉGIN prend le commandement en chef des troupes de l'Indochine.

Le 20 février 1888, le lieutenant-colonel DE LA ROQUE prend le commandement de l'artillerie en Indochine.

En mai 1888, le commandement des brigades est organisé de la façon suivante :

1re brigade (Son-Tay) : général CHANU, précédemment commandant supérieur des troupes de Cochinchine ;
2e brigade (Bac-Ninh) . général BORGNIS-DESBORDES ;
3e brigade (Hué) : colonel PERNOT ;
4e brigade (Saigon) : colonel VOYRON.

A la date du 15 avril 1888, l'extension de l'occupation militaire et les progrès de la pacification exigent un remaniement du groupement en régions, en cercles et en postes du territoire de l'Indochine :

1re Brigade.

1re région (Lao-Kay, haut Fleuve Rouge) : commandant WINCKEL-MAYER ;
1re région-*bis* (Son-La, haute Rivière Noire) : commandant DE CHATEAUROCHER ;
2e région (Fleuve Rouge et basse Rivière Noire) : commandant BOSC ;
4e région (Fleuve Rouge et basse Rivière Claire, Son-Tay) : général CHANU, commandant la 1re brigade ;
5e région (Hanoi) : colonel PERNOT ;
6e région (Nam-Dinh) : lieutenant-colonel DODDS ;
7e région (Thanh-Hoa) : lieutenant-colonel METZINGER.

2e Brigade.

3e région (haute Rivière Claire, Tuyên-Quang) : commandant MICHAUD ;
8e région (Haiphong) : commandant GOUSSET ;
9e région (Hai-Duong) : lieutenant-colonel PIOT ;
10e région (Bac-Ninh) : général BORGNIS-DESBORDES, commandant la 2e brigade ;
11e région (Phu-Lang-Thuong) : lieutenant-colonel TADIEU ;
12e région (Lang-Son) : commandant SERVIÈRE ;
12e région-*bis* : (Cao-Bang) : commandant OUDRI.

3° *Brigade.*

Aucune modification n'est apportée dans l'organisation des 13°, 14° et 15° régions qui comprennent tout le territoire de l'Annam.

4° *Brigade.*

Aucune modification n'est apportée dans l'organisation des troupes stationnées en Cochinchine et au Cambodge qui forment la 4° brigade.

11 juin 1887 : le lieutenant-colonel BARBERET remplace au commandement de la 7° région le lieutenant-colonel METZINGER, rapatrié.

29 janvier 1888 : le colonel CRÉTIN est nommé chef d'état-major des troupes de l'Indochine.

20 mars 1888 : sont nommés vice-résidents : à Son-La, le chef de bataillon DE CHATEAUROCHER ; à Lao-Kay, le chef de bataillon DE JOUX ; à Cao-Bang, le chef de bataillon OUDRI ;

25 avril 1888 : le chef de bataillon VIMART est nommé au commandement de la 1re région et vice-résident de Lao-Kay.

26 avril 1888 : le colonel PERNOT prend le commandement de la 3° brigade.

2 mai 1888 : le lieutenant-colonel DE LA ROQUE prend le commandement de la 5° région. Il le cède le 8 juin au lieutenant-colonel JORNA DE LACALE.

27 juin 1888 : le colonel JAVOUHEY est nommé commandant de l'artillerie en Indochine.

**

Situation générale fin juillet 1887. — En Annam, le Quang-Nam est toujours un foyer des plus actifs de la rébellion. Les partisans de l'ancien roi y commandent en maîtres et le colonel CALLET estime que dix nouveaux postes sont nécessaires pour terrasser l'insurrection dans cette province.

Au Nghê-An, les rebelles élevant des ouvrages, organisent des forts d'arrêt à quelques heures de marche de nos forts avancés. Dans le pays des Chams, le BO-GIAP, toujours insaisissable, continue à administrer le pays à son profit. Enfin, du côté de la haute Rivière Noire, un danger plus sérieux encore nous menace. Le Siam étend ses prétentions sur un territoire appartenant à l'empire d'Annam et il semble prêt à les soutenir par les armes.

Au nord du Tonkin, la situation n'est pas meilleure. Tout le pays compris entre Tu-Long, Ha-Giang et Bao-Lac est aux mains de bandes chinoises dont l'effectif s'élève à 3.000 environ. Ces bandes, fortement organisées et bien armées, tiennent sous leur joug toute la contrée riche et populeuse qui sépare le haut Song Gam de la haute Rivière Claire. La région des Ba-Bé et le nord de la province de Thai-Nguyên sont encore inexplorés et livrés sans défense aux Chinois de Cho-Moi et aux bandes du CAI-KINH. Enfin, le Bay-Say, centre même du delta, est encore profondément troublé.

**

Colonne du haut Fleuve Rouge et de la haute Rivière Noire. — Le général MUNIER, commandant en chef, décide de porter son effort sur le haut Fleuve Rouge et la haute Rivière Noire, de manière à bien affirmer nos droits sur cette dernière. Plusieurs colonnes sont organisées sous les ordres du colonel PERNOT à Lao-Kay, du commandant OUDRI à Bao-Ha et du commandant BOSC dans la région de Than-Quan.

Déjà en novembre 1887, le capitaine FRAISSINES, avec 70 zouaves et 80 tirailleurs tonkinois, en reconnaissance vers le Than-Hoa-Dao, massif sur la rive droite du Fleuve Rouge, entre Yên-Bay et Nga-Lo, s'était heurté à une très forte bande bien armée et solidement retranchée, commandée par le BO-GIAP en personne. Les rebelles, chassés de leurs positions, se dispersaient dans les forêts épaisses, et harcelaient la colonne pendant sa marche de retour. Des opérations devaient être reprises plus tard dans cette région.

Colonne de Son-La. — Au début de 1888, sur la rive droite du haut Fleuve Rouge, la situation est très bonne. Grâce au dévouement et à l'énergie de notre fidèle allié, le Quan-Chau de Chiêu-Than, les populations de cette région ont accepté, sans arrière-pensée, notre domination, dont elles commencent à apprécier tous les bienfaits.

Deux colonnes quittent dans les premiers jours de l'année Ba-Xat et Bao-Ha, avec mission d'aller prendre pied sur la Rivière Noire, à Lai-Chau et à Son-La, et de faire acte de possession dans nos provinces de l'ouest convoitées par le Siam.

Parti de Ba-Xat, le colonel PERNOT concentre, le 4 janvier, sa colonne à Phong-Tho qu'il quitte le 16. Le 9, il est devant Bac-Tan-Trai, où les partisans du tri-chau de Lai-Chau, DÉO-VAN-TRI, essayent de disputer à nos troupes le passage du Song Ma. Les rebelles sont fortement retranchés, mais devant la précision de nos feux d'artillerie, menacés dans leur ligne de retraite par une attaque de flanc, ils abandonnent la partie après cinq heures de combat. Nous avons un zouave tué et 5 blessés, dont un tirailleur tonkinois. Le 13, la colonne est encore arrêtée à Chinh-Nua, à un nouveau passage du Song-Na. Ecrasés par nos feux, les rebelles évacuent la position, non sans éprouver des pertes sérieuses.

Le colonel, arrivé à Lai-Chau le 16 janvier, est à Muong-Tuong le 18; il s'y arrête jusqu'au 23 et se remet à cette date en marche sur Diên-Biên-Phu (ou Muong-Theng). Ayant atteint ce point le 26 janvier, il y attend vainement jusqu'au 14 février la colonne siamoise qui, à cette époque, était à peine à Luang-Prabang.

Muong-Theng (ou Diên-Biên-Phu), ravagé l'an dernier par le chef rebelle DÉO-VAN-TRI, n'offre aucune ressource au colonel, même pour l'alimentation des indigènes de la colonne. Il doit donc regagner la Rivière Noire par Tuan-Giao, où il a, le 18 février, un engagement heureux avec la bande chinoise qui occupait ce point. Le même jour, il est rejoint par le vice-consul PAVIE, qui a pris les devants sur l'armée siamoise.

D'autre part, une colonne secondaire de 300 combattants, sous les ordres du chef de bataillon OUDRI, du 3ᵉ zouaves, avait quitté Bao-Ha le 31 décembre 1887 ; le 16 janvier 1888, elle refoulait les pirates chinois qui occupaient Son-La et s'emparait de cette place qui lui avait été assignée comme objectif.

Le 14 février, le colonel PERNOT, avec la colonne principale, se dirige sur Son-La ; le 18, il culbute à Tuan-Giao 200 Chinois qui avaient pris position pour lui barrer la route ; le même jour, M. PAVIE, vice-consul de France à Luang-Prabang, qui avait quitté cette ville le 28 janvier avec une faible escorte, arrive à Tuan-Giao. Le 24 février 1888, les colonnes opèrent leur jonction à Son-La.

Durant ce long parcours de 670 kilomètres à travers un pays inconnu, officiers et soldats ont surmonté avec un dévouement et un entrain dignes d'éloges des difficultés incessantes et des obstacles de toute nature. Dirigées avec un remarquable esprit de méthode, prudent et ferme à la fois, ces opérations ont donné des résultats politiques et militaires considérables.

De vastes régions explorées et pacifiées, la navigation de la Rivière Noire assurée jusqu'à la frontière chinoise, les pirates refoulés sur les confins du Laos, les droits de l'Annam affirmés sur le phu de Diên-Biên, enfin une importante voie de communication reconnue entre le bassin du Fleuve Rouge et celui du Mékong, tels sont les éminents services rendus par les colonnes PERNOT et OUDRI à la domination de la France en Indochine.

Les troupes des deux colonnes rentrent à Bao-Ha par Than-Huyên, après avoir laissé dans chacun des postes de Lai-Chau et de Son-La une garnison comprenant 50 Européens et une compagnie de tirailleurs tonkinois.

En juin 1888, notre autorité est complètement reconnue dans la zone comprise entre la Rivière Noire et le haut Song-Ma ; mais le voisinage du chef rebelle DÉO-VAN-TRI laisse encore hésitantes les populations situées à l'ouest de Lai-Chau et celles de Diên-Biên-Phu.

La navigabilité de la Rivière Noire jusqu'à Lai-Chau ayant été reconnue par le commandant DE CHATEAUROCHER, commandant la 1ʳᵉ région-*bis*, un convoi de 38 pirogues, sous les ordres du lieutenant MEHOUAS, quitte Su-Yut le 16 juin à destination de Van-Bu, Quin-Nhai et Lai-Chau, sur la haute Rivière Noire. Malheureusement, le 25 août 1888, une crue subite, qui atteint 14 mètres à Van-Bu, occasionne, outre la débâcle d'un train de radeaux, la perte de 15 pirogues portant 11 tonnes de riz. Des mesures sont prises pour parer au retour de pareils accidents, et c'est par cette voie que le ravitaillement des postes de la 1ʳᵉ région-*bis* sera désormais assuré. Ce mode de transport, en nous dispensant de recourir à de fortes réquisitions de coolies, nous ménage la confiance d'une population très peu dense et ralliée depuis peu à notre cause.

Colonne de Dong-Banh (Déo-Hat, Sud de Nghia-Lo). — Les colonnes PERNOT et OUDRI devaient, depuis Son-La, descendre la Rivière Noire et se porter sur Phu-Yên-Chau et Dong-Banh. Ces colonnes n'ayant pu, pour des questions de ravitaillement et par manque d'embarcations, remplir cette partie de leur mission, des opérations sont dirigées contre Dong-Banh, sous le commandement du chef de bataillon BOSC.

La colonne principale, avec laquelle marche cet officier supérieur, comprend la 27ᵉ compagnie du 4ᵉ régiment d'infanterie de marine, récemment arrivée de Cochinchine (capitaine NICOLAS), la 7ᵉ compagnie du 2ᵉ régiment de tirailleurs tonkinois (capitaine DE NUGENT), et la section REPPELIN de la 2ᵉ batterie-*bis* du 1ᵉʳ régiment d'artillerie de marine.

Partie le 23 avril 1888 de Than-quan, son point de concentration, la colonne s'engage, le 26 au matin, dans la vallée du Ngoi-Hut, ayant pour objectif Dong-Banh (80 kilomètres de Lam). Dès le départ de Lam (Trai-Hut), des pluies torrentielles rendent le sentier suivi très difficilement praticable aux mulets de la section REPPELIN. La lenteur dans la marche qui en résulte n'amène la colonne que le 29 au matin au contact de l'ennemi, à 40 kilomètres de Lam.

A deux heures du soir, l'avant-garde est accueillie par une très vive fusillade partant d'une ligne de fortes palanques qui barrait un défilé à flancs inaccessibles. Le gros de la colonne et l'artillerie, retardés par d'épais abatis, ne peuvent arriver qu'une heure et demie plus tard à hauteur de cette avant-garde ; les difficultés de mise en batterie résultant de la nature du terrain déterminent le commandant BOSC à tenter l'assaut dès les premiers coups de canon. Dans un vigoureux effort, la ligne de palanques est enlevée, mais une pluie torrentielle et aveuglante favorise la fuite de l'ennemi.

Ce succès coûtait à la compagnie NICOLAS 3 tués et 6 blessés ; à la compagnie DE NUGENT 5 tués dont 1 sergent européen et 14 blessés. Le capitaine DE NUGENT, blessé dès le début de l'action, avait continué à donner à sa troupe l'exemple de la plus brillante valeur.

Depuis la veille, l'épidémie cholérique avait éclaté dans la colonne ; la pénurie des coolies avait fait réduire à dix jours les vivres du convoi, les pluies en avaient avarié la plus grande partie ; il était difficile de les remplacer en temps utile. Le commandant BOSC prend le parti de se replier, après avoir fait incendier un second ouvrage situé à 1.500 mètres en arrière et que l'ennemi avait abandonné. Le 3 mai 1888, la colonne rentre avec 20 blessés et 15 cholériques.

Du côté de Ba-Khê, un peu plus au Sud, sur le Ngoi-Lao, un groupe de 384 fusils avait été constitué sous le commandement du chef de bataillon BERGER. Ce dernier, placé pour la durée des opérations sous les ordres du commandant BOSC, avait reçu comme mission de coopérer à l'attaque de Dong-Banh.

Au préalable, le commandant BERGER devait enlever ou au moins masquer la forte position du Déo-Hat. Grâce à un mouvement tournant bien préparé et bien conduit, cette dernière position tombe entre nos mains le 28 avril 1888, sans nous coûter un blessé. Jusqu'au 6 mai, le commandant BERGER attend, sur la position conquise, la colonne, en se bornant à lancer des reconnaissances vers Dong-Banh. Le choléra qui avait aussi éclaté parmi ses troupes, l'absence de nouvelles, l'empêchent de pousser en avant.

La saison avancée et les progrès croissants de l'épidémie cholérique obligent à suspendre, à la date du 6 mai 1888, les opérations de ces deux colonnes. Pour en faciliter la reprise à l'automne, la position de Déo-Hat est fortement occupée.

*
* *

Petites opérations dans la 1ʳᵉ région. — Des irréguliers chinois passent souvent la frontière pour piller nos villages et au besoin attaquer nos convois ou nos reconnaissances. Le 16 janvier 1888, une de ces dernières, partie de Ba-Xat, se heurte à une de ces bandes évaluée à 400 hommes et subit de grosses pertes. Devant l'audace de ces pillards, les garnisons de Lao-Kay et de Ba-Xat sont renforcées.

Le 29 avril 1888, le sous-lieutenant PINET surprend à Muong-Houm une bande de pillards chinois ; il tue 5 hommes et fait 2 prisonniers. Une reconnaissance forte de 65 fusils et dirigée par le capitaine LAMARY, du 1ᵉʳ tonkinois, parcourt, du 12 au 23 juin 1888, la région qui s'étend au nord-est de Lao-Kay. Elle s'avance au nord jusqu'à Muong-Khuong (40 kilomètres environ de Lao-Kay), puis marche à l'est jusqu'au

Song-Chai, vers Nam-Quat, point de passage des caravanes qui circulent entre Pho-Lu (Fleuve Rouge) et Tu-Long (Yunnan).

Les troupes des autres régions ne restent pas inactives et continuent l'œuvre de pacification et d'épuration qui leur est dévolue. Nous ne relaterons que les faits ayant une certaine importance.

3ᵉ Région. — *Haute Rivière Claire.*

Reconnaissance sur Luom-Cam. — Le 8 septembre 1887, le lieutenant SENSARRIC, avec 6 soldats du 2ᵉ étranger et 40 tirailleurs tonkinois, recevait l'ordre de marcher sur Loum-Cam, à peu de distance au nord du nouveau poste d'Ha-Giang et de reconnaître les positions occupées par une bande de 100 Chinois qui s'étaient fortifiés en ce point. Après une marche rapide, cet officier arrive, sans avoir été signalé, sur les défenses des rebelles; profitant de leur surprise, il les attaque avec vigueur et, malgré une vive fusillade, les force à abandonner leurs retranchements en laissant sur le terrain 10 des leurs et des armes.

***

Prise de Ngai-Cho-Cai. — Le 21 novembre 1887, le capitaine BRUNET, commandant le poste d'Ha-Giang, ayant appris que la bande du chef chinois HOAN-THAN-LOI, forte de 200 hommes, était cantonnée à Ngai-Cho-Cai, à trois jours de marche de son poste, part avec 7 légionnaires et 50 tirailleurs tonkinois pour essayer de la surprendre et de la détruire.

Un ouvrage avancé qui commandait la route est enlevé par l'avant-garde sous les ordres du sous-lieutenant MAIRE, avant que les défenseurs aient eu le temps de se reconnaître. Malgré un feu des plus nourris, le capitaine BRUNET s'élance à l'assaut du village de Ngai-Cho-Cai, où les rebelles se sont retranchés; chaque maison est enlevée successivement, et après une lutte des plus vives, les rebelles s'enfuient, laissant sur le terrain 23 tués, 38 fusils, 1 canon, 4 drapeaux, toutes leurs munitions et de gros approvisionnements de riz et de paddy. Pendant la nuit, les Chinois essayent à deux reprises différentes d'entourer et de surprendre le détachement du capitaine BRUNET. Toutes leurs attaques sont repoussées et ils sont obligés de battre en retraite.

***

4ᵉ Région. — *Son-Tay.*

Le 5 octobre 1887, le sous-lieutenant DESPERLES recevait l'ordre de marcher avec 40 tirailleurs à la poursuite d'une bande de rebelles armés de fusils à tir rapide qui, après avoir pillé un village à peu de distance du poste de Cho-Bo, s'était retirée du côté de Quan-Dao.

Après une marche de nuit des plus difficiles dans des sentiers de montagne, le sous-lieutenant DESPERLES arrive au village de Quan-Dao. Les sentinelles chinoises sont enlevées et les maisons occupées par la bande cernées avant que l'éveil ne soit donné. Les débris de la bande se dispersent de tous côtés, laissant sur le terrain 5 cadavres, des fusils, toutes leurs cartouches et un butin considérable.

***

La bande du chef rebelle QUAN-KI, forte de 300 hommes, dont 100 armés de fusils, attaque dans la nuit du 25 au 26 mars 1888 le poste de miliciens de Binh-Phu, dans la province de Hung-Yên et l'incendie complètement.

7ᵉ RÉGION. — *Thanh-Hoa—Vinh.*

Dans le Thanh-Hoa, le parti de la rébellion est désorganisé, mais la situation politique est encore très tendue. Un plan d'opérations combinées avec les troupes de la 3ᵉ brigade, dans le massif montagneux qui sépare le Quan-Binh du Ha-Tinh, et où s'était retiré l'ex-roi HAM-NGHI et sa suite, doit être abandonné, faute de crédits.

Toutefois, la sécurité de la région a permis de réduire le nombre des postes de 25 à 12. Les forces ainsi disponibles ont servi à fournir des garnisons au Ha-Tinh. Les seules opérations exécutées sont donc de simples reconnaissances de postes.

*
* *

Le 2 août 1887, le lieutenant CUTER marche vers Bay-Nay avec 28 hommes. Il atteint une bande de rebelles, en tue 20 et rapporte des armes et des munitions.

*
* *

Dans les premiers jours de novembre 1887, une bande de rebelles chinois et muongs est signalée à Ké-Trinh, à trois jours de marche du poste de Luong (sur le Song Ca). Le 3 novembre, le sous-lieutenant BLACHON se met en marche sur Ké-Trinh à la tête d'un détachement composé de 10 zouaves et de 20 chasseurs annamites. Dans la nuit du 5 au 6 novembre, les rebelles surpris sont cernés ; le détachement s'élance à l'assaut ; 30 Chinois ou Muongs sont tués à la baïonnette, le reste s'enfuit, laissant entre nos mains un grand nombre d'armes et toutes les munitions de la bande.

*
* *

Le 5 septembre 1887, le capitaine COSTE, commandant le poste de Luong, était informé qu'un de nos plus actifs adversaires, DINH-CON-CHANG, se trouvait avec une partie de sa bande dans un petit village voisin du confluent du Song Cau et du Song Ca. Parti le soir même en sampan avec le lieutenant DE FITZ-JAMES et 60 hommes du 1ᵉʳ bataillon de chasseurs annamites, le capitaine COSTE arrive dans la nuit du 6 au 7 septembre 1887 au débouché du chemin qui conduit du Song Ca au village muong de Thon-Nyên, refuge de la bande rebelle.

Le détachement s'engage résolument dans ce sentier semé d'obstacles de toute nature et coupé d'arroyos que la tempête a transformé en torrents. Pendant la traversée de l'un d'eux, un chasseur annamite est emporté par le courant. Le capitaine COSTE se jette à l'eau et arrache ce soldat à la mort.

La troupe arrive enfin en vue des maisons occupées par les rebelles. Ces maisons, construites sur pilotis, sont aussitôt cernées et nos hommes se lancent à l'escalade. Une lutte corps à corps s'engage dans la nuit. Le chef DINH-CON-CHANG blessé de la main du capitaine COSTE, est frappé à mort par le chasseur NGUYÊN-TUÊN, qui tue également le beau-frère du pirate. En quelques minutes, le Quan-Phu rebelle de Phu-Tuong et 20 hommes de la bande tombent sous nos coups. Plusieurs fusils à tir rapide, un grand nombre d'autres armes et d'importants approvisionnements et munitions restent entre nos mains.

*
* *

Dans la vallée du Song Ca, le capitaine TERRIER, commandant le poste de Con-Thanh, s'est mis à la poursuite d'une bande de Chinois qui occupait encore cette région. Il est assez heureux pour l'atteindre, la détruire en partie, s'emparer de presque tous ses approvisionnements et des armes, et rallier à notre cause tous les habitants de ces régions. De notre côté, pas de pertes.

8ᵉ RÉGION. — *Haiphong et littoral.*

La tranquillité est presque parfaite dans toute la région. En janvier 1888, des reconnaissances parties d'An-Chau, de Lang-Son et de Tiên-Yên, sont arrivées à Dinh-Lap. Elles en ont chassé les bandes d'irréguliers chinois qui occupaient tout ce territoire et ont créé le poste de Dinh-Lap qui relie Lang-Son à Tiên-Yên.

Les pirates de mer qui, trouvent un refuge dans le dédale d'îlots bordant la route entre la baie d'Along et Mon-Cay, montrent une audace croissante. Dans les derniers jours de mars 1888, ils massacrent l'équipage d'une jonque de l'Administration sur laquelle se trouvaient deux canonniers de la 4ᵉ batterie-*bis* d'artillerie de marine. Le 29 du même mois, quinze de leurs sampans attaquent à 9 heures du soir une jonque de la douane, mouillée près du poste des Lionceaux ; l'attaque est repoussée avec la coopération d'un détachement du poste.

Des ordres sont donnés pour que de fortes escortes soient toujours mises à bord des jonques appelées à naviguer sur la côte et pour que les pirates, pourchassés par les canonnières, ne puissent prendre pied sur le continent.

*
* *

9ᵉ RÉGION. — *Hai-Duong.*

La 9ᵉ région a été depuis longtemps le centre le plus actif de la piraterie dans le delta. Beaucoup d'habitants, laboureurs le jour, prennent une arme la nuit pour aller, sous la conduite de certains chefs, piller le voisin et lui voler quelques mesures de riz.

Le système d'occupation resserrée, qui est employé jusqu'ici dans cette région, a seul permis de diminuer ces actes de banditisme. Quelques chefs entreprenants ont conservé cependant assez d'autorité sur les habitants pour continuer leurs déprédations, attaquer et incendier quelquefois des villages voisins de nos postes.

Une colonne ne peut rien contre ces brigands qui, à l'approche de nos troupes, se dispersent dans les villages où ils sont introuvables, grâce à la complicité des habitants et probablement des fonctionnaires indigènes. Ce n'est qu'en maintenant pendant longtemps encore le réseau des postes que l'on pourra peut-être arriver à rétablir d'une façon complète le calme dans cette région.

Dans l'est de la 9ᵉ région, quelques bandes chinoises filtrent encore à travers la frontière dans le massif montagneux d'An-Chau, où elles sont insaisissables. Elles descendent de temps en temps dans la plaine qu'elles ravagent, pour se retirer ensuite dans les forêts et les montagnes avec leur butin.

Une de ces bandes a tendu le 3 janvier 1888, à Than-Mai, sur la route de Binh-Bac à Mai-Xu, une embuscade, dans laquelle est tombée une de nos reconnaissances du poste de Binh-Bac. Le lieutenant DE MARIEN, du 4ᵉ tonkinois, a été tué avec 2 de ses hommes, 5 autres ont été blessés. Les corps des tués ayant été abandonnés, le sous-lieutenant DAMADE part le lendemain même avec les hommes qu'il a pu réunir à Binh-Bac. Les rebelles n'avaient pas encore évacué Than-Mai. Le sous-lieutenant DAMADE les attaque avec ardeur, les culbute et parvient à arracher de leurs mains les corps de nos tués de la veille, qu'il ramène à Binh-Bac ; malheureusement, cette lutte nous coûtait encore 7 européens tués et un tirailleur tonkinois blessé.

Une opération combinée entre les postes de Lam, de Mai-Xu et de Dông-Triêu, est alors dirigée par le commandant LEMOINE contre cette bande. Mais les rebelles avaient évacué la position après l'échec qui leur avait été infligé par le sous-lieutenant DAMADE ; nos troupes fouillent vainement le massif montagneux situé au sud de Mai-Xu.

Dans la nuit du 1ᵉʳ au 2 février 1888, une bande attaque un groupe de villages fidèles que la garnison du poste de Cui-Cao ne peut sauvegarder. Le 4 février 1888, une autre bande de 200 hommes, dont 50 armés de fusils, est venue piller le marché de Tong-Linh. Elle n'est dispersée par le poste voisin qu'après avoir commis plusieurs assassinats.

En avril, 1888, le résident de la province de Hai-Duong obtient du Gouverneur général l'autorisation de substituer la milice aux troupes régulières pour assurer la sécurité de sa province. 12 postes sur 20 que comptait jusqu'au 15 avril la région d'Hai-Duong sont en conséquence évacués par l'armée. Les premiers résultats de cette expérience ne sont pas satisfaisants. L'état de trouble de la 9° région, déjà manifesté par l'assassinat en plein jour, le 18 mars dernier, du quan-huyên de Duong-Hao, près de Grenh, vient de s'accuser de nouveau. Le 21 avril, à midi, le poste de Yên-Léou, évacué le 15 par nos troupes, est enlevé, puis brûlé par une bande de 40 hommes.

10° RÉGION. — Bac-Ninh.

Au début de 1888, la province de Bac-Ninh est tranquille. Dans celle de Thai-Nguyên, une forte bande chinoise armée de fusils à tir rapide, occupe les fortes positions de Cho-Chu et Cho-Moi. Une expédition, projetée contre cette bande, doit être ajournée à la période suivante pour des raisons budgétaires.

*
* *

Une bande de 200 pirates est signalée au commencement du mois de mars 1888 dans le massif montagneux à l'est des Sept-Pagodes. Elle est dispersée par le lieutenant-colonel PYOT, à la suite d'opérations qui se sont prolongées jusqu'au 15 mars.

*
* *

Dans la nuit du 26 au 27 avril 1888, une bande de 200 pirates, commandés par le chef DOC-KET, tente d'enlever par une attaque de nuit, une section du 3° tonkinois (44 fusils) envoyée en reconnaissance de Bac-Ninh sur Phu-Da-Phuc. Grâce aux prudentes dispositions du sous-lieutenant GRIVET, qui avait installé sa troupe pour la nuit sur un mamelon dominant les environs et avait bien organisé son service de sûreté, l'attaque est repoussée.

*
* *

Action des bandes en juin et juillet 1888. — La tranquillité dont jouissait la 10° région est profondément troublée en juin et juillet par les incursions de bandes provenant de la province d'Hai-Duong d'une part, de Cho-Chu et de Cho-Moi d'autre part.

Ces dernières, renforcées par les bandes du massif du Tam-Dao, ont étendu vers le sud leur rayon d'action. Dans les derniers jours de juin, un groupe évalué à 500 hommes, dont 200 armés de fusils, est signalé vers le Song Calo, au nord de Son-Tay; le 22 du même mois, le lieutenant DIDELOT, à la tête de 35 tirailleurs du poste de Ai-Liên, surprend au village de Phu-Mi, un de ces détachements, auquel il tue 16 pirates et prend 3 fusils. Le capitaine BRION, avec 100 hommes, poursuit cette même bande sans l'atteindre jusqu'aux premières pentes du massif du Tam-Dao, puis détruit l'enceinte du village de Phu-Lai, qui avait pactisé avec elle. A la même époque (4 juillet 1888) et dans une région où depuis plusieurs mois aucune bande n'avait été signalée, une reconnaissance, partie de Ha-Chau, rencontre à l'improviste, à 2 kilomètres de ce poste, une bande de 200 hommes qui lui blesse 2 tirailleurs.

Plusieurs autres bandes moins nombreuses, disposant en moyenne de 30 fusils, tiennent en émoi le pays entre Hanoi et Bac-Ninh; dans la nuit du 25 au 26 juin 1888 et dans celle du 25 au 26 juillet, elles incendient des villages voisins du poste du Bac des Rapides, à 6 kilomètres d'Hanoi. Quelques coups de fusil sont tirés dans la nuit du 16 au 17 juillet contre le blockhaus de la rive gauche en face de Hanoi; enfin dans celle du 30 au 31 suivant, 3 villages voisins du même poste, sont incendiés par une bande venue du Bay-Say.

Mais c'est à la limite des provinces de Bac-Ninh et de Hai-Duong que les bandes provenant de cette dernière province exercent les plus grands ravages. Dès le 21 juillet la bande du chef DOI-VAN (100 hommes dont 20 armés de fusils) signale sa présence, en dépouillant un tram au point où le Canal des Rapides coupe la route d'Hai-Duong à Bac-Ninh. Le 22, le résident de Bac-Ninh est informé que plusieurs bandes se concentrent dans le village de Quan-Bo (huyên de Lang-Tai), situé dans le voisinage. Le lieutenant

TEYSSANDIER-LAUBARÈDE, avec 30 tirailleurs du 3ᵉ tonkinois et 40 miliciens, est immédiatement dirigé en reconnaissance sur cette localité ; le 23 juillet il s'y heurte à une bande évaluée à 500 pirates, dont 200 armés de fusils. Ce jeune officier engage alors une lutte inégale où il trouve la mort, ainsi qu'un sergent européen, 3 tirailleurs et 6 miliciens. Au cours de l'action, 2 tirailleurs et 6 miliciens sont blessés ; cinq autres de ces derniers, faits prisonniers, sont relâchés, après avoir eu le poignet droit coupé. Le lendemain 24, le DOI-VAN incendie le village de Tiên-Ro, à 5 kilomètres au S.-O. de Bac-Ninh.

A la suite de ces incidents, il est prélevé sur la garnison de Hanoi, une compagnie d'infanterie de marine et une compagnie de tirailleurs tonkinois pour être envoyées en renfort au général BORGNIS-DESBORDES, commandant la 2ᵉ brigade.

11ᵉ RÉGION. — *Phu-Lang-Thuong.*

Un seul chef important, le CAI-KINH, tient encore la campagne dans la 11ᵉ région. Dès le début de notre occupation, ce mandarin rebelle s'est retiré dans le massif montagneux (1) qui borde la route mandarine à l'ouest, entre Bac-Lé et Than-Moi. Il garde solidement, avec quelques soldats, les défilés de cette région difficile qu'il administre à son profit. De temps en temps, des pointes hardies sont poussées par ses partisans qui, sortant de leur repaire, viennent piller quelque riche village de la plaine et rentrent aussitôt avec leur butin dans leurs rochers inabordables.

Des reconnaissances parties de Lang-Son, de Thât-Khé, de Tin-Dao et de Thai-Nguyên se sont données la main à Pho-Binh-Gia. Elles ont contourné le massif rocheux de CAI-KINH et ont établi à Vo-Nghai, à Mo-Ai et à Pho-Binh-Gia une ligne de postes permettant de surveiller les voies de communication de ce chef rebelle avec la Chine. Nos reconnaissances ont délogé et dispersé une petite bande de Chinois qui occupait les vallées des environs de Pho-Binh-Gia. Nous avons eu 7 blessés, dont le capitaine BORBAL-COMBRET. A la fin de ces opérations, le colonel DUGENNE, qui en avait dirigé l'ensemble, meurt subitement (24 décembre 1887).

Sa mort est une grande perte pour les troupes de l'Indochine. La crainte salutaire que son nom seul inspirait de l'autre côté de la frontière suffisait souvent pour arrêter dans la région où il se trouvait les incursions des irréguliers Chinois. Le colonel DUGENNE fut enterré à Phu-Lang-Thuong.

L'installation des postes de Huong-Giao, de Mo-Ngai et de Pho-Binh-Gia assure l'investissement du massif occupé par le CAI-KINH en vue d'une action ultérieure.

En juin et juillet 1888, à la suite d'une insurrection populaire provoquée par ses exactions, le CAI-KINH essaye de gagner le territoire chinois. Reconnu, il est livré au vice-résident de Lang-Son et exécuté le 6 juillet.

⁎
⁎ ⁎

Le 20 août 1887, un coup de main exécuté par le lieutenant ROCCASERRA et 10 tirailleurs du poste de Yên-Ra (cercle de Thai-Nguyên) sur le village de Lang-Yap, permet de tuer le chef rebelle CAC-BOM. Le 24 avril 1888, une reconnaissance attaque une bande qui venait de brûler le village de Phu-Hé et lui fait 4 prisonniers.

---

(1) Et auquel on a donné son nom : le massif du Cai-Kinh.

12° RÉGION-*bis*. — *Cao-Bang, Bao-Lac, Bac-Mu*.

Attaque du poste de Phuc-Khoa. — Dans la nuit du 7 au 8 août 1887, la petite garnison du poste de Phuc-Khoa récemment établi et encore en voie d'installation est brusquement assaillie par une bande de Chinois nombreuse et bien armée. A la faveur de l'obscurité et des hautes herbes qui entouraient le poste, l'ennemi s'était glissé jusqu'à 20 mètres de nos postes avancés et avait contraint tout d'abord à la retraite les défenseurs du mirador qui domine la position ; ses fusées allumaient en même temps l'incendie dans le cantonnement des défenseurs.

Sous la direction du chef de bataillon SERVIÈRE, qui présidait à l'établissement du poste de Phuc-Khoa, la garnison se défend avec énergie tout en luttant contre l'incendie. A la tête de quelques chasseurs du bataillon d'Afrique, le lieutenant NIGOTE s'élance sur le mirador et réussit à en déloger l'ennemi. Après une heure de combat, les Chinois renonçant à la lutte, se retirent emportant 20 cadavres et de nombreux blessés.

*
* *

Prise de Hep-Hé. — Le 3 novembre 1887, une reconnaissance comprenant 20 tirailleurs tonkinois et 10 hommes du 2° bataillon d'Afrique, sous les ordres de l'adjudant CHIGOT, part du poste de Dao-Nyan, à quelques heures de marche à l'est de Mo-Xat pour aller à la recherche d'une bande de rebelles qui avait été signalée du côté de la frontière.

Arrivée au village de Hep-Hé, la petite troupe est assaillie par plus de 300 Chinois qui dirigent sur elle un feu nourri. L'adjudant CHIGOT riposte pendant près de 2 heures au feu de l'ennemi, puis, se portant en avant, le force à abandonner successivement deux fortes positions qu'il avait occupées. Les Chinois se réfugient en désordre dans le village de Long-Noc où ils se barricadent. Mais ce village est enlevé à la baïonnette, malgré la résistance des rebelles qui se dispersent, laissant 40 des leurs sur le terrain.

*
* *

Colonne des Ba-Bé. — Parti de Cao-Bang le 16 décembre 1887, à la tête de 150 hommes du 2° bataillon d'Afrique et de 280 hommes du 3° tonkinois, le lieutenant-colonel SERVIÈRE avait pour mission d'explorer et d'occuper le terrain compris entre Bao-Lac et les Lacs Ba-Bé. Une colonne plus faible, placée sous les ordres du commandant MICHAUD, de l'infanterie de marine, devait se porter à sa rencontre en remontant le Song Gam, lui apporter des vivres, et coopérer ensuite à ses opérations.

Le 21 décembre 1887, le lieutenant-colonel SERVIÈRE bouscule à Bo-Gia un gros parti de rebelles fortement retranchés. Le 27, il entre à Bao-Lac et y séjourne jusqu'au 17 janvier 1888 pour présider à l'installation d'un petit poste en ce point et en assurer le ravitaillement. Puis, descendant le Song Gam, il effectue, le 25 janvier, sa jonction avec le commandant MICHAUD et occupe Bac-Mu sans résistance.

Opérant ensuite séparément, les deux colonnes placées sous la direction du lieutenant-colonel SERVIÈRE explorent la région des lacs Ba-Bé, et, en établissant les postes de Bac-Mu, Cho-Ra et Ngan-Son, nous acquièrent définitivement de vastes territoires exploités jusqu'alors par l'étranger.

Le combat de Bo-Gia nous a coûté 2 tirailleurs tués et 3 européens blessés dont le lieutenant NIGOTE. Les Chinois ont abandonné 11 cadavres. La colonne MICHAUD n'a subi aucune perte. Dans cette longue et laborieuse opération, le lieutenant-colonel SERVIÈRE a montré une fois de plus, les hautes qualités d'organisateur, d'administrateur et de chef militaire qui le distinguent.

Le capitaine DE POMARET, du 2° bataillon d'Afrique, couronne dignement ces opérations en se portant au secours du riche village de Yên-Minh (au nord de Ha-Giang) assiégé depuis 3 mois par les rebelles. Parti de Bao-Lac le 22 mars 1888, avec 60 européens et 80 tonkinois, il surprend les avant-postes ennemis le cinquième jour après une marche de 80 kilomètres, dégage le village et prépare ainsi, pour une époque ultérieure, notre établissement dans une région des plus fertiles confinant à la frontière chinoise. Les rebelles perdent 15 tués ou blessés et abandonnent des armes et des munitions.

Action des bandes. — A la suite des opérations du lieutenant-colonel SERVIÈRE, plusieurs chefs de bande viennent faire leur soumission. Autour de Bac-Mu, Bac-Quan et Vinh-Thuy, les habitants, rassurés par le voisinage de nos troupes, reconstituent peu à peu leurs villages.

Il reste encore les bandes chinoises de la région Cho-Chu, Cho-Moi qui, en juin 1888, brûlent 5 villages, et les bandes errantes, qui se tiennent près de la frontière et que la clause de la remise des armes, qui leur est toujours imposée, empêche de faire leur soumission.

Une de ces bandes, grossie, paraît-il, d'un contingent de réguliers chinois, portant son effectif à 400 hommes, enlève, le 29 juin 1888, près de Mo-Xat, un convoi transportant 4.000 piastres à Bao-Lac, sous l'escorte d'un sergent européen et de 12 tirailleurs. Nous avons eu un tué et 2 blessés dans cette rencontre; les 20 coolies employés au transport sont massacrés.

***

En Annam. — L'Annam est calme et paraît pacifié. Seuls, quelques villages au nord du Quang-Binh manifestent encore une certaine défiance à l'approche de nos troupes. Le THON-TAT- DAM, fils de TUYÊT, qui a été l'âme de la rébellion dans l'Annam, et son fidèle lieutenant, le Dê-Doc LÊ-TRUC, entretiennent dans cette région des relations qui ne permettent pas aux habitants de se rallier franchement à notre cause.

Le colonel CALLET part de Hué le 16 février 1888 pour diriger des opérations dans la région montagneuse qui sépare le Quang-Binh du Ha-Tinh et où l'ex-roi HAM-NGHI s'est réfugié. Ces opérations ne donnent aucun résultat décisif, car à l'approche de nos troupes, le THON-TAT-DAM se retire vers l'ouest.

Pour lui interdire l'accès du massif montagneux où nos reconnaissances ordinaires ne pouvaient le poursuivre, des postes sont installés à Bai-Du, Dong-Ca et Xuân-Yon dans le Quang-Binh, à My-Duc et Vang-Liên dans le Ha-Tinh. A la suite de ces opérations, un nouveau cercle est créé dans le haut Song Giang. Le 21 avril 1888, le capitaine BOULANGIER, commandant de ce cercle, faillit enlever l'ex-roi, caché depuis une année avec quelques mandarins et 50 soldats auprès de Nga-Hai, à environ 80 kilomètres à l'ouest du poste de Minh-Cam, et incendie son refuge.

Depuis cet événement, l'ex-roi est obligé, faute de vivres, de se séparer des petits bandes qui le suivent et qui, peu à peu, font leur soumission.

***

En janvier 1888, une reconnaissance dirigée par le capitaine DECRUEJOULS, remonte tout le cours supérieur du Song Than et pénètre dans le bassin du Mé-Kong. En février 1888, une reconnaissance conduite par le lieutenant METZ atteint les sources de la rivière Bla (100 kilomètres à l'est de Qui-Nhon) en traversant le pays des Mois Bahnars. Elle est bien accueillie partout avec l'appui des missionnaires.

CAMPAGNE 1888-1889

Le 4 novembre 1888, le colonel PERNOT, rapatrié, quitte le commandement de la 3ᵉ brigade, que prend le colonel CHAUMONT.

Le 6 janvier 1889, le général CHANU quitte le commandement de la 1ʳᵉ brigade, que prend le colonel BARBERET.

Le 28 janvier 1889, le Roi d'Annam, DONG-KHANH, succombe aux suites d'un accès pernicieux. Le jeune prince BUU-LAM, âgé de 10 ans, fils de DUC-DUC, est proclamé Roi sous le nom de THANH-THAI. Le prince HOAI-DUC, NGUYÊN-TRONG-HIÊP, ancien kinh-luoc du Tonkin, et TRUONG-DONG-QUAN, ancien tông-dôc de Bac-Ninh, sont chargés de la régence du royaume.

Le 2 mars 1889, le général BICHOT est nommé au commandement de la 1ʳᵉ brigade, qu'il quitte le 24 mars pour prendre le commandement en chef.

Le 26 mars 1889, le colonel FREY prend le commandement de la 1ʳᵉ brigade, le colonel BARBERET reprenant le commandement de la 7ᵉ région.

Le 15 mai, le général BOURGEY prend le commandement de la 1ʳᵉ brigade.

Le 30 mai, M. RICHAUD, gouverneur général, meurt du choléra à bord du *Calédonien*.

Le 1ᵉʳ juin 1889, M. PIQUET est nommé Gouverneur général.

Le 12 juin, le colonel ORTUS prend le commandement de la 4ᵉ brigade.

*
* *

Commandement des Régions. — 13 août 1888 : Le commandant PENNEQUIN est nommé vice-résident à Son-La.

3 novembre 1888 : Le lieutenant-colonel THOMASSET prend le commandement de la 6ᵉ région, le lieutenant-colonel SERVIÈRE celui de la 9ᵉ région.

9 janvier 1889 : Le lieutenant-colonel JORNA DE LACALE prend la 5ᵉ région, qui passe le 16 à la 1ʳᵉ brigade.

1ᵉʳ février 1889 : Le commandant DABAT prend la 14ᵉ région.

1ᵉʳ mars 1889 : Les 2ᵉ, 1ᵉʳ et 3ᵉ régiments de marche deviennent 9ᵉ, 10ᵉ et 11ᵉ régiments d'infanterie de marine.

15 mars 1889 : Le commandant BERGOUNIOUX prend la 2ᵉ région.

*
* *

Le nombre, les effectifs, l'audace des bandes, grossies sans cesse par des « irréguliers » chinois, ont augmenté. Il en est plusieurs, celles de BA-KY dans la région de Cho-Moi et celles de LUONG-TAM-KY dans celle de Cho-Chu, qui, énergiquement commandées, bien armées et bien approvisionnées en vivres et munitions, fortement retranchées, occupent, au nord de Thai-Nguyên, une position centrale d'où elles rayonnent et portent au loin leurs exactions et leurs dévastations.

Contre ces bandes, le général BÉGIN, commandant en chef monte une expédition dont il confie le commandement au général BORGNIS-DESBORDES, commandant la 2ᵉ brigade.

En dehors de cette action combinée, le commandement n'est pas maître des événements dans les autres régions, dont les chefs agissent suivant les circonstances et en conformité des instructions générales reçues. Tous ces faits ressortiront dans le récit des opérations.

Toute la région montagneuse et difficile qui entoure le Delta (massifs du Dông-Triêu presqu'impénétrables, du Bao-Day, du Yên-Thé, du Cai-Kinh, du Tam-Dao et de la basse Rivière Noire) est infestée de bandes, en grande partie chinoises. Le nettoyage est affaire de temps et de persévérance.

Avec l'appui des autorités indigènes, partout où cela est possible, les travaux de route et d'installation sont poussés activement. Il en est de même pour les levés topographiques.

*
* *

Opérations de Cho-Moi et de Cho-Chu. — Les bandes chinoises qui occupaient depuis plusieurs années la région au nord de Thai-Nguyên, et qui jouissaient d'une longue impunité, ont fini par considérer leur établissement dans ce pays comme définitif.

Le 12 janvier 1889, une colonne comprenant 30 officiers, 478 hommes de troupe européens et 416 indigènes, avec 1.200 coolies, est concentrée à Thai-Nguyên, sous les ordres du général BORGNIS-DESBORDES, auquel est adjoint le chef de bataillon COUSTÈS DE LA RIVIÈRE.

Les troupes qui composent la colonne sont les suivantes :

3ᵉ bataillon d'Afrique, 5ᵉ compagnie (capitaine LECAS) ; 1ᵉʳ régiment de marche de marine, 7ᵉ compagnie (capitaine COMTE) ; 2ᵉ régiment de marche de marine, 1ʳᵉ compagnie (lieutenant MONGUILLOT) et 4ᵉ compagnie (capitaine GORSE) ; 1ᵉʳ tonkinois, 11ᵉ compagnie (capitaine BRUNET) ; 3ᵉ tonkinois, 9ᵉ compagnie, 1 peloton (capitaine GOUTTENÈGRE), et 14ᵉ compagnie (capitaine LECACHEUR) ; 2ᵉ régiment du génie, détachement de la compagnie 19/6 (capitaine GODFRIN) ; artillerie de marine, 4ᵉ batterie-*bis*, 1 section (lieutenant LALUNE) ; Spahis indigènes, 1 détachement (lieutenant DESCHAMPS) ; ambulance (médecin-major de 2ᵉ classe LAFILLE) ; convoi administratif (officier d'administration ASTOUL).

Le premier objectif de la colonne est Cho-Moi, occupé par le chef BA-KY, et que les renseignements indiquent comme le principal point d'appui des bandes chinoises. Cho-Moi est situé à 40 kilomètres environ de Thai-Nguyên, sur l'ancienne route de Ngan-Son à Cao-Bang, dans une boucle formée par le Song Cau, et son affluent de droite, le Song Cho-Chu.

Le second objectif est Cho-Chu, également occupé par des bandes auxquelles commande le chef LUONG-TAM-KY. Cho-Chu est dans un cirque rocheux d'abords difficiles et facilement défendables.

Le 13 janvier 1889, l'avant-garde quitte Thai-Nguyên et arrive le 16 au soir à 3 ou 4 kilomètres de Bang-Ninh, première redoute chinoise distante de 6 kilomètres de Cho-Moi. Le pays parcouru est absolument désert ; la route autrefois fréquentée mais abandonnée depuis longtemps et sur laquelle les Chinois avaient accumulé les obstacles, présente des difficultés considérables, qu'augmente l'ignorance ou la mauvaise volonté des guides ; le génie doit fréquemment frayer le passage à la hache ou à la dynamite.

Le 17 janvier 1889, à 8 h. 30 du matin, le contact est pris aux retranchements de Bang-Ninh. A partir de ce point, la route de Cho-Moi longe sur plusieurs kilomètres un massif rocheux situé sur la droite, entre la route et le Song Cau, et dans lequel de nombreux Chinois embusqués causent par leurs feux des pertes sensibles à la colonne.

La marche en avant continuant, l'ennemi abandonne successivement ses positions de front, tout en gardant celles qu'il occupe sur le flanc droit de la route. Deux assauts donnés au village fortifié de Cho-Moi sont successivement repoussés, par suite des difficultés que présente le passage du Song Cho-Chu, qui coule au pied des remparts et de la mise hors de combat des officiers qui marchent en tête.

Pendant que des renforts sont envoyés pour tenter un troisième assaut, les Chinois font une diversion sur les derrières de la colonne ; une attaque contre le convoi est facilement repoussée.

Enfin, l'assaut étant donné une troisième fois, le capitaine COMTE, du 3ᵉ régiment de marche d'infanterie de marine, entre le premier dans Cho-Moi et l'ennemi s'enfuit dans toutes les directions, après avoir complètement incendié le village.

Nos troupes qui avaient combattu de 8 heures du matin à 3 heures du soir, avaient 97 hommes hors de combat, dont 23 tués ou blessés mortellement, et 74 blessés. Le capitaine GARDÈRE, de l'Etat-Major de la 2ᵉ brigade, avait été tué aux côtés du général. 7 officiers étaient blessés, dont 2 grièvement.

La journée du 19 est employée à créer une installation provisoire pour les blessés et la garnison, et à donner aux troupes un repos indispensable.

L'obligation de laisser à Cho-Moi une assez forte garnison (une compagnie d'infanterie et une compagnie de tirailleurs) réduit à 500 fusils à peine, dont 200 européens, la partie active de la colonne ; le personnel médical disponible ne compte plus qu'un médecin et deux infirmiers. Le général DESBORDES se met néanmoins en marche, le 19, sur Cho-Chu ; mais les guides égarent la colonne, et après sept heures de marche dans un terrain excessivement difficile, à travers un pays inconnu, sans chemin tracé, elle doit rentrer à Cho-Moi.

Dès lors, les approvisionnements n'étant plus suffisants pour continuer la marche directe sur Cho-Chu, la colonne rentre à Thai-Nguyên, pour se ravitailler et tenter l'attaque par le sud, en partant de Huong-Son, pendant qu'un détachement de 160 fusils venant de Chiem-Hoa, opèrera une diversion par le N.-O.

Dès que ces faits furent connus, le général commandant en chef décida l'envoi à Huong-Son des renforts suivants, sous les ordres du commandant BARRE, du 2ᵉ étranger :

1ᵉʳ régiment de marche de marine, 3ᵉ compagnie (capitaine SCHEFFER) ; 2ᵉ régiment étranger, 3ᵉ bataillon ; 2ᵉ compagnie (capitaine DALORGEVILLE), et 3ᵉ compagnie (capitaine DE LAFORÊT-DIVONNE) ; artillerie de marine, 2ᵉ batterie-*bis*, 1 section (lieutenant DREYSSÉ) ; 1 section d'ambulance (médecin-aide-major de 1ʳᵉ classe LANGLE) ;

1.200 coolies devaient être réquisitionnés à Hanoï et Thai-Nguyên pour concentrer à Huong-Son un approvisionnement suffisant et relever ceux qui étaient allés à Cho-Moi. Malheureusement l'approche des fêtes du premier jour de l'an annamite (Têt) rendit extrêmement difficile leur recrutement, et l'opération du ravitaillement se fit dans les plus mauvaises conditions.

Néanmoins, le 30 janvier 1889, la colonne, comprenant 37 officiers, 779 européens et 278 indigènes. quitte Huong-Son et campe le soir à Quan-Thong, poste avancé des Chinois, qu'un détachement de 2 compagnies, sous les ordres du capitaine BAUCHET, de l'Etat-Major, avait enlevé la veille, après quarante minutes d'un engagement sérieux. Elle part de Quan-Thong le 31 au matin, laissant un poste provisoire de ravitaillement à Quan-Thong.

Pendant que la colonne principale se porte de Huong-Son sur Cho-Chu, le poste de Dang-Chau fait une démonstration destinée à en couvrir le flanc gauche, et un détachement de 160 fusils parti de Chiêm-Hoa, sous les ordres du capitaine DUFOULON, se porte sur Cho-Chu par le N.-O.

Le 2 février dans la matinée, deux émissaires envoyés l'avant-veille au chef chinois LUONG-TAM-KY avec une lettre l'engageant à se soumettre, rapportent une réponse posant comme première condition le retour de la colonne à Thai-Nguyên. La marche en avant continue, et après quelques engagements d'avant-garde, nos troupes débouchent à midi dans la plaine de Cho-Chu. défendue à l'est par des rochers élevés et fortement occupée par les Chinois.

La disposition du terrain permet de s'écarter de ses hauteurs qui formaient la base de la défense, et plusieurs villages situés au S.-O. de Cho-Chu sont successivement enlevés. Ce mouvement déterminera la retraite des Chinois et, à 4 h. 10, Cho-Chu est occupé sans résistance. Le marché et tous les villages des environs avaient été brûlés par les pirates.

Des reconnaissances effectuées pendant les cinq jours suivants explorent les environs, où des approvisionnements importants de riz sont découverts et permettent d'attendre l'arrivée du premier convoi de ravitaillement. La jonction avec le poste de Cho-Moi est opérée dans la journée du 3 par la vallée du Sui-Cho-Chu, et l'on peut constater que l'attaque directe de Cho-Chu par Cho-Moi eût été beaucoup plus difficile que par Huong-Son, en raison de la nature du terrain et des obstacles artificiels accumulés par les Chinois sur le sentier qui relie ces deux points.

Le détachement, parti le 29 janvier 1889 de Chiêm-Hoa, arrive le 3 février à Cho-Chu, après avoir eu à Dong-Loi, un engagement avec une bande chinoise; il repart le 7 février pour Tuyên-Quang où il arrive le 10.

Le 8 février, la colonne, après avoir laissé une garnison à Cho-Chu, repart pour Thai-Nguyên en deux fractions, par Huong-Son et Cho-Moi. Les dernières troupes arrivent le 11 à Thai-Nguyên, où la colonne est disloquée. De Huong-Son, 2 compagnies de la légion étrangère sont renvoyées directement sur Son-Tay, par le Tam-Dao, où des débris des bandes chinoises étaient signalés. Ce détachement ne rencontre qu'un petit groupe de cinq pirates, dont un fut tué.

Les renseignements recueillis indiquent que les bandes de Cho-Chu se sont retirées dans le massif du Tam-Dao, et,

pour la plus grande partie, dans la région située au nord des deux nouveaux postes, entre ceux-ci et la ligne Ngan-Son, Cho-Ra, lacs Ba-Bé. Le gros des bandes se tiendrait à Dong-Viên, Mo-Xat et Chu-Bo.

Cho-Chu est attaqué par les pirates le 12 février 1889, pendant les travaux de construction du nouveau poste; l'ennemi est repoussé, mais deux soldats européens sont blessés.

Les bandes se tiennent encore néanmoins à peu de distance au nord de ces deux postes; le 7 mars, une reconnaissance de Cho-Chu est reçue par des coups de feu au village de Phuc-Sinh; le 14, une attaque est tentée contre Cho-Chu, pendant qu'une partie de la garnison est en reconnaissance.

Le chef BA-KY, qui défendait Cho-Moi le 17 janvier, s'était retiré avec 200 hommes environ à Khui-Na, village situé à 4 heures de marche au nord du nouveau poste; le 15 mars, une petite colonne comprenant 111 soldats européens et 95 indigènes, sous les ordres du capitaine COMTE, se porte de Cho-Moi sur ce point, et le 16, en déloge les pirates qui se retirent plus au nord.

Les essais de ravitaillement de Cho-Moi par le Sông Câu, qui avaient été interrompus après l'attaque du convoi fluvial du lieutenant LANDEROIN le 2 février, sont repris sous la direction du même officier, et le 23 mars, un petit convoi de 3 sampans escorté par 100 fusils, dont une partie suivait la rive du Sông Câu, arrive sans incident à Cho-Moi, après 4 jours d'une navigation assez difficile.

⁂

Dans la 1ʳᵉ région (Haut Fleuve Rouge). -- Vers le milieu de décembre, une certaine agitation a régné dans le châu de Pho-Chiêu-Than, sur la rive droite du Fleuve Rouge, entre Pho-Lu et Bao-Ha plusieurs villages avaient été incendiés. Les reconnaissances envoyées de ce côté dispersent les rebelles. L'un d'eux, qui prenait le titre de roi des Mans, est tué.

⁂

Région de Yên-Bay. — Le 1ᵉʳ janvier, le capitaine ROCHETIN, du 1ᵉʳ tonkinois, parti de Lam (Trai-Hutt) avec 45 fusils, capture près de la pagode de Mo-Ha, sur la rive gauche du Fleuve, deux chefs, dont l'un nommé PHUNG-VAN-LONG, ancien colonel de LUU-VINH-PHUOC.

Diverses reconnaissances exécutées de juillet 1888 à janvier 1889 par le capitaine LAMARY et le lieutenant PENTEL, ont levé la frontière depuis le Fleuve Rouge jusqu'à Cao-Dao-Trai et exploré toute la région située au N.-E. de Lao-Kay. Elles permettent de constater les empiètements des Chinois, qui ont installé des postes en des points que la convention de Pékin du 26 juin 1887 indique formellement comme appartenant à l'Empire d'Annam.

*
* *

Actes de piraterie. — En mai et juin 1889, des pillards venus de Song-Phong (Ho-Kéou) se sont répandus sur la rive gauche entre Lao-Kay et Bao-Ha et ont rançonné des convois de jonques qui montaient du delta. Notre vice-consul à Mongtsé, M. ROCHER, qui a pris possession de son poste le 1er mai (après un voyage de 10 jours à partir de Lao-Kay), se préoccupe de disperser les Chinois émigrés de la Rivière Noire, qui fournissent à la région de Lao-Kay un fort contingent de pirates.

*
* *

Dans la 1re *région-bis (Son-La, Haute Rivière Noire).* — Au début de la présente période, la situation de la 1re région-*bis* était la suivante :

1° La possession du pays de Diên-Biên-Phu nous était contestée par le Gouvernement siamois ;

2° DÉO-VAN-TRI, sorte de seigneur féodal, occupant un fief héréditaire, refusait de reconnaître notre suprématie. En 1886, pour lutter contre DÈO-VAN-TRI, nous avions contracté alliance avec son rival, le QUAN-PHONG de Duong-Qui ;

3° La région était infestée de bandes chinoises dont les chefs, depuis plusieurs années, s'y étaient installés en conquérants.

A la fin de la même période, le pays est presque entièrement pacifié. Les habitants ont repeuplé les villages abandonnés, remis les rizières en culture. Ils nous accueillent partout avec joie.

Ce résultat, obtenu sans opérations militaires, est dû à l'action personnelle d'un homme dont le nom reviendra dans toutes les étapes de la pacification du Tonkin : le commandant PENNEQUIN.

Les principes de ce grand colonisateur : connaître ses populations pour se les attacher et ses ennemis pour les réduire le plus économiquement possible, sont appliqués par lui pour la première fois et le succès dépasse toutes les espérances permises. Dans sa tâche, le commandant PENNEQUIN a un collaborateur précieux : le vice-consul PAVIE.

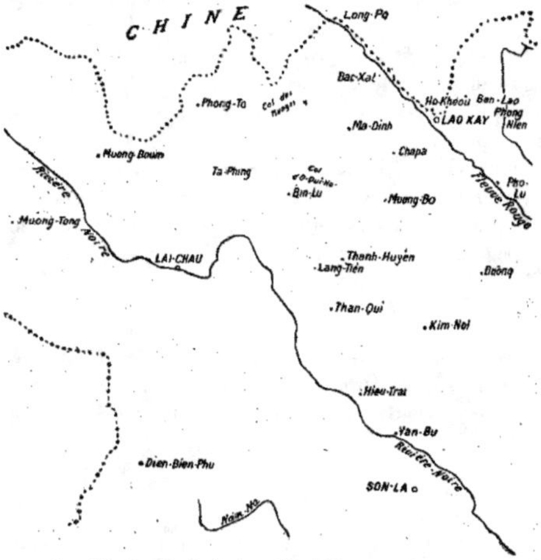

L'importance géographique de la position de Diên-Biên la désignait aux convoitises des Siamois qui, bien que le passage de la colonne PERNOT y eut affirmé nos droits, avaient installé dans la Citadelle, depuis le 25 septembre 1888, un détachement aux ordres du général PHYA SURRISSAT.

Le 12 décembre 1888, M. PAVIE, accompagné du capitaine MICOLON, de la commission d'études des frontières du Laos, qui était venu à sa rencontre de Luang-Prabang à Lai-Chau, arrive en vue de Diên-Biên avec une forte escorte de tirailleurs tonkinois. Le général siamois leur fait le meilleur accueil, et le 13, ils s'installent dans la Citadelle.

Le 15, le chef de bataillon PENNEQUIN, commandant la 1re région-*bis* arrive de Tuân-Giao avec une compagnie de tirailleurs et prend position sur le NAM-YOUN.

(Cliché du Gouvernement général)

LE FLEUVE ROUGE A PHU-THO

(Cliché du Gouvernement général)

LA RIVIÈRE NOIRE A CHOBO

LA RIVIÈRE NOIRE EN AVAL DE LAI-CHAU

TOMBEAU DE DEO-VAN-TRI

Le 17, M. PAVIE entre en pourparlers avec le PHYA SURRISSAT, qui consent à remettre au commandant français la Citadelle de Diên-Biên ainsi que l'autorité qu'il exerçait sur toute l'étendue des SIB SONG CHU THAIS. Toutefois, les questions relatives à l'occupation des Hua Panh Ha Tang Hoc sont réservées et il est convenu que le *statu quo* y sera provisoirement maintenu.

Dans le but de faciliter les communications entre Diên-Biên et Luang-Prabang, il est décidé qu'un détachement d'une vingtaine de soldats siamois, avec un officier, sera laissé momentanément à Sam-Meun, dernier village du plateau. Ce poste est d'ailleurs placé sous les ordres de l'officier français qui commande à Diên-Bien.

Le 21 décembre 1888, le commandant PENNEQUIN entre dans la citadelle, et là, le PHYA SURRISSAT fait savoir en sa présence et, en présence du vice-consul PAVIE, aux chefs du pays, que les SIB SONG CHU THAIS sont désormais placés sous la domination de la France.

Tous les membres de la Mission PAVIE, avec leur chef, rejoignent Luang-Prabang au commencement de janvier 1889.

Une garnison de 3 sections de tirailleurs est installée à Diên-Biên-Phu (Muong-Theng) à la suite de ces négociations.

*
* *

Question DEO-VAN-TRI. — Le commandant PENNEQUIN s'étant convaincu que DEO-VAN-TRI n'était pas un vulgaire chef de bandes, résolut de l'attacher à notre cause. Aidé de M. PAVIE, il entama à Lai-Chau avec ce chef rebelle des négociations qui commencèrent en novembre 1888 et qui, d'abord, traînèrent en longueur. Trois obstacles s'élevaient contre la soumission du chef :

1° La Commission de délimitation ayant coupé en deux son domaine héréditaire, il craint, s'il vient s'installer au Tonkin, de voir la partie de son territoire située en Chine échapper à son pouvoir ;

2° Les Siamois revendiquent les châus de la Rivière Noire, détiennent comme otages deux de ses frères et contraignent par suite DEO-VAN-TRI à se considérer comme tributaire du Siam ;

3° Enfin, DEO-VAN-TRI craint d'être en butte aux vengeances du QUAN-PHONG, chef des seize châus, son ennemi déclaré. Ce dernier, désireux de conserver à tout prix la situation exceptionnelle qu'il occupe, voudrait empêcher tout rapprochement sincère entre lui et nous.

Mais le QUAN-PHONG, qui nous avait été fort utile à diverses reprises, notamment lors de l'occupation de la 1re région et lors de la colonne de Lai-Chau, a singulièrement abusé depuis lors des fonctions de chef des seize châus qui lui avaient été données en récompense de ses services ; on a dû restreindre son autorité aux trois châus de Chiêu-Than, Phuy-Vi et Van-Ban, sur le haut Fleuve Rouge, en lui enlevant toute juridiction sur ceux de la Rivière Noire.

*
* *

Liquidation des bandes chinoises. — En février 1889, 200 Chinois de Muong-Houng ont abandonné le pays à l'annonce de l'arrivée d'une petite colonne comprenant 134 hommes et 50 auxiliaires chinois, sous les ordres du commandant PENNEQUIN et se sont dirigés vers Muong-Lê, en Chine, pour y rejoindre la bande de HUYEN-KHAO.

En mars et avril, à la suite de négociations, le commandant PENNEQUIN obtient la soumission et le retour en Chine des bandes chinoises du Haut Song Ma. Le mouvement d'émigration commence vers le 15 mars. Un mois plus tard, 1.160 hommes armés, 1.200 femmes et enfants avaient passé la frontière. Un crédit de 4.000 piastres avait suffi pour mener à bien cette délicate opération.

Reconnaissance. — Une reconnaissance de 35 fusils, tirailleurs et Muongs, dirigée par le capitaine LE CAMUS, commandant le poste de Diên-Biên-Phu, enlève le 16 avril, par une attaque de nuit, le fortin de Pa-Kéo (30 kilomètres S.-E. de Diên-Biên-Phu), occupé par une trentaine de pirates de la bande de SHA qui, depuis longtemps, terrorisait la contrée. Le chef SHA et son fils sont tués, ainsi que six autres pirates, et de nombreux trophées sont recueillis.

⁂

Dans la 2ᵉ région : Hung-Hoa. — Pendant la période 1888-1889, la 2ᵉ région jouit d'un calme relatif. Quelques actes de piraterie sont commis par les bandes qui entretiennent une certaine agitation aux environs des postes (bandes de Co, du DOC-DI). L'indifférence des autorités indigènes rend à peu près impossible la capture des rebelles.

Le 16 septembre 1888, le chef de bataillon CHAPELET, commandant le cercle de Deo-Hat (Dai-Lich) atteint Nga-Lo, centre du Than-Hoa-Dao, et y établit un poste.

Le 18 décembre 1888, le lieutenant LUNET DE LAJONQUIÈRE, parti en reconnaissance du poste de Bao-Yên (sur la basse Rivière Noire) avec 20 tirailleurs tonkinois, est attaqué à Bô par 150 pirates, dont 40 armés de fusils à tir rapide. On croit que ce groupe était formé de la réunion des bandes du chef Co et du chef DOC-DI. Avec la connivence des habitants, une véritable embuscade avait été tendue à notre petit détachement, qui put néanmoins regagner Bao-Yên sans aucune perte.

Dans la nuit du 30 au 31 décembre 1888, une bande de 400 pirates commandée par le chef DOC-DI, franchit le Fleuve Rouge et incendie le gros village de Lam-Thao, situé sur la rive gauche, au nord de Hung-Hoa. Le 7 janvier 1889, à 11 heures du soir, 200 pirates attaquent le poste de Cam-Khê et le village de Van-Phu qui lui est contigu. L'attaque est repoussée.

Le 12 janvier 1889, une reconnaissance de 60 hommes, pris dans les postes de Ngoi-Lao et de Yên Luong disperse une bande de 150 pirates qui s'était établie dans une forte position, près de Ki-Dinh, à 2 kilomètres de Ngoi-Lao, sur la rive opposée du Fleuve Rouge. Le 17 janvier, une reconnaissance faite de concert par les postes de Cam-Khê et de Van-Ban surprend à Hoang-Luong, à quelques kilomètres de ces deux postes, une centaine de pirates qu'elle disperse, après en avoir tué quelques-uns. A son retour, le détachement de Cam-Khê se heurte aux mêmes pirates qui s'étaient rassemblés de nouveau.

Le 10 avril 1889, l'adjudant HOSSENLOPP, du 2ᵉ étranger, commandant le poste de Thanh-Ba, prévenu à 10 heures du matin qu'une bande de 25 pirates était au village de Mai-Ho, sur la rive gauche du Fleuve Rouge, à 8 kilomètres environ du poste, s'y porte de suite avec 8 soldats européens et 8 tirailleurs tonkinois, surprend les pirates et en tue 9.

Dans le nord de la province de Hung-Hoa, le capitaine KLÉBER, commandant le poste de Van-Ban, s'empare d'un chef pirate d'une certaine importance, le HIÊP-RUAT, de la bande de Lang-Dong (mai 1889).

L'adjudant HOSSENLOPP, commandant le poste de Thanh-Ba, continue à pourchasser sans relâche les petites bandes qui infestent encore la rive gauche du Fleuve Rouge. Les 21 et 22 mai 1889, à Mai-Ho et à Minh-Hoa, il surprend à deux reprises la bande du DOC-HOC et tue ce chef pirate.

Le 6 juin 1889, le lieutenant NICARD, commandant le poste de Ngoi-Lao, à la tête d'une reconnaissance de 17 fusils, rencontre et bouscule près de Son-Dam, à 10 kilomètres N.-O. du poste, une bande d'une trentaine de pirates armés pour la plupart de fusils Remington et commandés par les chefs PHACK, THAN et TON.

Dans la nuit du 6 au 7 juin 1889, une petite reconnaissance de Hung-Hoa, commandée par l'adjudant CHABROL, du 2ᵉ régiment étranger, réussit à s'emparer, au village de Xuang-Kiang, près du confluent de la Rivière Noire, du nommé NGUYEN-VAN-MAI dit DOC-MAI, un des lieutenants du DOC-DI, et de son neveu NGUYEN-VAN-NIEN.

⁂

Dans la 4ᵉ région (Son-Tay). — La région au nord de Viétri, quoique parcourue en octobre par la colonne du commandant BARRE, est en butte aux violences de bandes venues du Tam-Dao, qui semblent avoir choisi le village de Ngoc-Ky comme place d'armes. Une nouvelle colonne opère dans cette direction. Le 21 novembre 1888, le détachement du capitaine RAJAUT, du 1er tonkinois, rencontre à Thut-Truc (11 kilomètres au nord de Viétri), une bande qui venait de brûler le huyên de Yên-Lap. Il lui enlève 27 femmes ou enfants qu'elle emmenait prisonniers.

Une de nos reconnaissances capture dans la soirée du 27, le chef QUAN-DOI, un des lieutenants de TUAN-VAN.

Le 10 janvier 1889, une bande de 200 pirates est signalée sur la rive gauche du Fleuve Rouge, au village de Kim-Dé (phu de Vinh-Tuong), entre Viétri et Son-Tay; elle est bousculée à Lang-Noi par une reconnaissance dirigée par le lieutenant MORAINE, du 1er tonkinois. Les pirates, malgré des pertes sensibles, traversent le Fleuve dans la nuit du 11 au 12 janvier à Van-Coc, en aval de Son-Tay, et viennent le 12, attaquer Phu-Quoc-Oai, sur le Day. Le Quan-Phu, fonctionnaire énergique et dévoué, réussit, après 4 heures de combat. à les refouler.

Dans le cercle de Liên-Son, sur le Sông Day, au nord de Viétri, 600 pirates chinois sont signalés au commencement du mois de mars 1889 près de Ngoc-Ky; une colonne mobile sous les ordres du commandant BARRE, du 2e étranger, et comprenant 208 soldats européens et 70 indigènes, part de Son-Tay le 9 mars; elle fouille le pays aux environs de Ngoc-Ky et de Yên-My; elle rentre le 13 à Liên-Son, en repart le 14 pour remonter le Sông Day, dans la direction de Dong-Chau, et le 16, elle rencontre les pirates à Cai-Vong. à 8 kilomètres environ au sud de ce poste, et les en déloge. Le 22 mars, la colonne rentre à Son-Tay.

Les 15 et 17 mai 1889, deux reconnaissances du poste de Lien-Son (N.-O. de Vinh-Yên) commandées par les sergents HENRY et TONELLI, sont lancées à la poursuite de bandes chinoises, débris de celles de Cho-Moi et Cho-Chu, qui pillaient les villages et ravageaient toute la contrée. Cette poursuite, vigoureusement conduite, force les pirates à abandonner la plus grande partie de leur butin et des femmes volées. Dans la rencontre du 17, les Chinois sont surpris dans leur campement et s'enfuient, laissant sur place des armes et tous leurs approvisionnements.

Dans la nuit du 5 au 6 juin 1889, le poste de garde civile de Dong-Son, sur la Rivière Noire, en aval de Cho-Bo, est enlevé par les bandes de CO et THUAN-CAN réunies, grâce à la trahison d'un caï qui leur avait livré l'entrée du poste. Le garde principal, le sergent et un boy furent massacrés et les 18 miliciens emmenés prisonniers. Les pirates pillèrent et incendièrent le poste, après en avoir enlevé tout l'armement.

Des mesures sont prises immédiatement pour tirer vengeance de cet acte de brigandage. Dès le 7 juin au matin, le capitaine BOURDEL, commandant d'armes à Cho-Bo, se porte à Dong-Son avec 40 fusils et un détachement de 50 gardes civils, sous les ordres de l'inspecteur LEBRUN. Le poste de Dong-Son est immédiatement rétabli. Les pirates ont disparu et le pays est désert.

Malgré le manque presque absolu de renseignements et l'extrême difficulté de trouver des émissaires et des guides consentant à pénétrer dans la région pirate, une expédition est organisée à Son-Tay par le général BOURGET, commandant la 1re brigade. Quatre petites colonnes de 60 à 70 fusils chacune, parties de Son-Tay le 10 juin au soir, par des chemins différents et marchant la nuit pour éviter les chaleurs écrasantes de la journée, se réunissent les 12 et 13, occupent sans résistance sérieuse et détruisent les repaires de Cam-Day et Batray; elles rentrent le 14 à Son-Tay.

Le 20 juin 1889, un incident heureux se produit, CO, le chef redouté des bandes qui, depuis plusieurs années, tiennent la campagne autour de Son-Tay, est assassiné à Vat-Phu, près de Cam-Day, par un garde civil qui s'était engagé dans sa bande et guettait depuis 3 mois l'occasion favorable de le frapper à mort. La tête de CO est apportée à Son-Tay où son identité est officiellement reconnue.

Afin de profiter du désarroi produit par cet événement, une reconnaissance de Son-Tay, forte de 115 fusils et commandée par le capitaine DELMOTTE, parcourt du 23 au 29 juin, toute la région comprise entre Yên-Lé, Cam-Day et le versant est du Ba-Vi, brûlant les derniers repaires des bandits, qui restèrent d'ailleurs, comme toujours, insaisissables.

Ces diverses colonnes et reconnaissances ramènent le calme dans le pays et la mort du chef Co désorganise momentanément sa bande. Cependant, son lieutenant LANH-CANH commande encore à une centaine de pirates qui ont réoccupé quelques-uns de leurs repaires, au pied du mont Ba-Vi.

⁎

Dans la 3ᵉ région (Tuyên-Quang et haute Rivière Claire). — La région est assez tranquille dans son ensemble. Dans la nuit du 29 septembre 1888, le chef chinois DIEN-PHU-CHI et ses 130 hommes qui étaient employés aux travaux à Tuyên-Quang depuis leur soumission, se sont enfuis et sont allés renforcer les pirates de Cho-Moi.

⁎

Colonne de Hoang-Su-Phi. — La région est un peu troublée, à la fin du mois de mars 1889, par une incursion d'une centaine de pirates chinois de Hoang-Su-Phi qui sont descendus dans la vallée de la Rivière Claire jusqu'en face du poste optique de Vi-Khé. Traquée par les postes de Luc-An-Chau, de Vinh-Thuy et de Yên-Binh, la bande repasse le Song Con et se retire à Nam-Chung, entre Bac-Quang et Hoang-Su-Phi. Le capitaine FAURAX, du 3ᵉ bataillon d'Afrique, se porte dans cette direction avec 150 fusils, occupe le 2 avril Nam-Chung et en détruit les solides défenses. Il poursuit ensuite sa route sans être inquiété jusqu'à trois quarts d'heure de marche de Hoang-Su-Phi, que la faiblesse numérique de la petite colonne ne lui permet pas d'attaquer. Il se retire alors sur Vinh-Thuy, où il arrive le 8 avril 1889.

Bien que les Chinois qui occupent Hoang-Su-Phi ne soient pas des réguliers, ou du moins n'en portent pas l'uniforme, il résulte des renseignements recueillis que la Chine y fait acte d'administration et par conséquent affirme ses droits sur des points qui appartiennent sans conteste à l'Annam.

⁎

Reconnaissance du Deo-Diêm. — Les anciennes bandes de Cho-Chu et Cho-Moi ont dû se disperser pour vivre ; plusieurs groupes sont venus renforcer les bandes depuis longtemps établies sur le Sông Day, au nord et au sud du poste de Dong-Chau ; d'autres sont allées ravager la vallée du Sông Gam.

Afin de dégager Dong-Chau, le chef de bataillon DE BEAUQUESNE, commandant la 3ᵉ région, exécute du 18 au 21 mai 1889, une petite opération contre la bande de LY-TA, établie sur le haut Sông Day, à 25 kilomètres au nord de Dong-Chau. Partie le 18 de ce poste, la reconnaissance, forte de 136 fusils, enlève successivement les trois ouvrages avancés du Deo-Diêm. La colonne rentre le 21 mai à Dong-Chau après avoir incendié et détruit toutes les installations et les défenses des pirates.

⁎

Dans la 8ᵉ région (Haiphong et zone côtière). — La région, qui avoisine Mon-Cay, sert de refuge à plusieurs milliers de pirates refoulés sur le sol tonkinois à la suite d'une grande battue exécutée par les troupes régulières du vice-roi de Canton ; chassés par nos troupes, ils regagnent la Chine où ils ne sont pas inquiétés, et reviennent au Tonkin dès le départ des colonnes.

Les intrigues de TUYET et ses subsides augmentent l'audace de ces bandes que les mandarins chinois ont tendance à favoriser, soit par des secours effectifs en armes et en munitions, soit en fermant les yeux sur leurs agissements.

Du côté de Mon-Cay en particulier, nous avons en face de nous le général PHONG, qui se fait appeler le « Vainqueur de Lang-Son » et dont la demeure a toujours servi de point de ralliement aux coureurs de

(Cliché du Gouvernement général)

MONCAY — LE BLOCKHAUS A LA FRONTIÈRE

(Cliché du Gouvernement général)

LA VILLE CHINOISE DE TONG-HING, VUE DU BLOCKHAUS FRANÇAIS

MONCAY — LE SONG CA-LONG

LE VILLAGE DE CHO-CHU

frontières. Son cinquième fils, récemment nommé au commandement militaire de Tong-Hing, aurait même donné l'ordre de lacérer les affiches par lesquelles on faisait connaître que le commerce était libre entre la Chine et le Tonkin. Enfin, la présence à Tong-Hing, de BACH-HA, celui qui a conduit les assassins de M. HAITCE en 1886 et qui, bien qu'Annamite, a été investi d'un grade dans l'armée chinoise, est pour nous une insulte.

Toutes ces raisons expliquent suffisamment la recrudescence de piraterie qui est à signaler de ce côté ; les anciennes bandes se remuent, d'autres se forment ; leurs centres communs sont Ly-Foo, Nam-Si et le massif boisé de Than-Mai.

La place de Mon-Cay subit toute une série d'attaques du 25 décembre 1888 au 7 janvier 1889. Dans la nuit du 28 au 29 décembre 1888 après une lutte acharnée, les pirates réussissent à enlever le blockhaus situé à la frontière même (7 légionnaires et 3 tirailleurs). Le commandement fait aussitôt partir de Haiphong pour Mon-Cay 2 canonnières portant un renfort de 80 fusils. Il renforce de 60 marsouins le porte de Ha-Coi, point où les bandes semblaient s'être dirigées. Le chef de bataillon PERCIN, commandant d'armes à Mon-Cay, prétend que de nombreux réguliers se trouvaient dans les bandes qui ont assailli la place.

Actes de piraterie. — Une bande de 50 hommes pille, dans la nuit du 8 au 9 novembre 1888, le village de Koi-Lac, et dans celle du 9 au 10, celui de Yên-Lap, situés à environ 12 kilomètres au N.-E. de Quang-Yên. Le 12 novembre, 300 pirates viennent piller le village de Thinh-Phuc, entre Hoan-Mo et Binh-Léou, puis se retirent immédiatement en Chine en emmenant 16 captifs. Le 12 novembre, une autre bande de 150 hommes enlève 11 femmes dans un village situé à environ 2 heures de marche du poste de Ha-Coi.

Le 31 décembre 1888, le lieutenant PATEY, commandant le poste de Dinh-Lap, surprend une bande de 50 Chinois installés au nord de Ban-Phuc, à un jour de marche au N.-E. de Dinh-Lap, sur la route de Ai-Qui-Ma.

Le 1er janvier 1889, le lieutenant de vaisseau GASCHARD, commandant l'*Arquebuse*, informé qu'un convoi de femmes et enfants volés, escorté par des pirates, était arrêté à Yên-Cu, entre Quang-Yên et Hon-Gay, sur la rive gauche du Sông Liêp, y envoie une reconnaissance qui tue un Chinois, en blesse 3 et fait 5 prisonniers. Les pirates ont pu s'enfuir avec leur convoi.

Le 2 janvier 1889, 250 pirates venus de Phu-Lang (île de la Cac-Ba) attaquent et incendient à 4 heures du matin, le poste de miliciens de Ngiu-Phong, à l'entrée du lac Huyên. Le poste a vigoureusement résisté. La canonnière l'*Arquebuse*, partie à leur poursuite, bombarde Phu-Lang ; un détachement envoyé de Haiphong et arrivé à 9 heures du matin, trouve le village évacué.

Le 7 janvier, le village fortifié de Doan-Tin, situé à 5 kilomètres ouest de Mon-Cay, sur la route de Ha-Coi, a été attaqué par une bande de 150 pirates, dont la moitié, d'après le maire du village, étaient des réguliers chinois non déguisés. Une forte reconnaissance envoyée de Mon-Cay débloque le village qui avait résisté ; mais les pirates, prévenus de son arrivée par un signal fait du mirador chinois de Tong-Hing, peuvent s'enfuir à temps au-delà de la frontière.

*
* *

Affaires de Than-Mai (janvier 1889). — Le 14 janvier, une bande de 50 pirates ayant été signalée la veille à Than-Mai (25 kilomètres ouest de Mon-Cay), le capitaine THIÉRION, du 1er régiment de marche d'infanterie de marine, part de Ha-Coi avec 50 fusils. Arrivé à Than-Mai à 11 heures du matin, il trouve le fortin inoccupé. Après y avoir laissé quelques hommes, il s'avance dans le village, quand il est attaqué par une bande beaucoup plus nombreuse que celle que l'on avait annoncée et comprenant près de 400 pirates. Obligé de se retirer sur le fortin, le capitaine THIÉRION reste bloqué pendant deux jours, se défendant avec énergie. Un renfort parti de Mon-Cay pendant la nuit du 15 au 16, commandé par le capitaine BONNET, du 1er étranger, avec 65 hommes, le dégage

Les faibles garnisons des postes de cette région ne permettent pas d'agir sans délai contre la position de Than-Mai, que les pirates ont depuis réoccupée et fortifiée ; aussi doit-on attendre que la fin des opérations contre Cho-Chu et Cho-Moi ait rendu des troupes disponibles pour entreprendre une opération contre les 5 ou 600 Chinois, dont la présence constitue une menace permanente pour notre poste de Ha-Coi.

Après la dislocation de la colonne de Cho-Chu, la compagnie NOEL, du 1ᵉʳ régiment de marche d'infanterie de marine, et une section de la 4ᵉ batterie-*bis* d'artillerie de marine, sont mises à la disposition du chef de bataillon BAUDARD, du 4ᵉ tonkinois, commandant le cercle de Mon-Cay ; celui-ci est chargé avec ce renfort et les troupes disponibles des garnisons de Ha-Coi et de Mon-Cay, de s'emparer de Than-Mai et d'en raser les défenses. Deux petites colonnes sont formées aussitôt, l'une à Mon-Cay comprenant 180 hommes, dont 50 gardes civils indigènes, l'autre à Ha-Coi comprenant, avec 50 hommes de ce poste, la compagnie NOEL (118 hommes) et une section de 80 m/m de montagne. Elles se dirigent par deux chemins opposés sur Than-Mai, où elles se rejoignent le 25 février ; elles trouv la position évacuée, les pirates s'étant retirés dans la direction de La-Vu et de Na-Luong, le long de la frontière de Chine.

Le 27 février, à midi, un violent engagement a lieu à Kai-Moc-Kang, près de La-Vu. Les pirates embusqués dans les montagnes au nombre de 3 ou 400, attaquent la colonne de plusieurs côtés, cherchant à l'envelopper complètement. Ils sont repoussés avec des pertes sérieuses, et toutes leurs positions enlevées après trois heures de combat. Les bandes se retirent sur Na-Luong, au-delà de la frontière.

Le 8 janvier 1889, une reconnaissance partie de Hoan-Mo, disperse, près de Hiêu-Tanh, à 5 kilomètres au sud de Dong-Van-Noi, une bande de 100 pirates qui avait pillé dans la matinée le village voisin de Na-Mang. Le 22 janvier, une bande de 200 pirates attaque à minuit le village de Ban-Com, à 4 kilomètres est-nord-est d'Hoan-Mo. Une reconnaissance partie de notre poste, dégage le village, qui avait bien résisté, et tue 4 pirates. Le 25 janvier, le commandant du poste de Hoan-Mo est attaqué à Dong-Tam-Phi, village voisin du poste, par une bande de 150 pirates, qui s'était approchée jusqu'à Na-Xa, à quelques centaines de mètres au nord. Les pirates sont repoussés sur Ban-Bang.

Le 6 mars 1889, 200 pirates envahissent le village de Nam-Tiên, près de Mon-Cay, en emmènent des buffles et des femmes. Le 11 mars, même acte de piraterie à Cau-Doai.

Ces faits ne sont pas isolés, il est impossible de les relater tous. Des troupes envoyées de suite par les postes ne peuvent rejoindre les bandes qui repassent en Chine.

Le 17 avril 1889, dans une reconnaissance au S.-E. de Dinh-Lap, le lieutenant BEYNET surprend une bande se dirigeant également vers la Chine et lui fait abandonner un convoi de femmes volées.

⁎⁎

Affaire de Lang-Dai (avril 1889). — Le 30 mars, le lieutenant PIERSON surprend à Phéang-Ho une bande de 500 Chinois qui s'y était réfugiée. Celle-ci, s'étant retirée sur Than-Van, est rejetée en Chine par une colonne partie le 4 avril de Mon-Cay, sous le commandement du commandant BAUDARD.

⁎⁎

Reconnaissances du massif de Rung-Chau. — Diverses colonnes mobiles formées par les garnisons renforcées de Mon-Cay et d'Ha-Coi et dirigées par le commandant BAUDARD, sillonnent à diverses reprises, du 17 avril au 9 mai, la région montagneuse difficile, en partie inconnue, qui s'étend entre Mon-Cay, Ha-Koi et Hoan-Mo et qui est infestée par la piraterie chinoise. Ces colonnes mobiles ont deux engagements successifs assez sérieux, dans le massif de Rung-Chau, au nord de Than-Mai, l'un le 29 avril, l'autre le 6 mai 1889. Le résultat de ces marches et opérations est de dégager momentanément le cercle de Mon-Cay et de rejeter les bandes chinoises au-delà de la frontière.

⁎⁎

Tournées de police (juillet 1889). — Le cercle de Haiphong est le théâtre des opérations dirigées par le Tong-Doc d'Hai-Duong, HOANG-CAO-KHAI, contre les bandes du DOC-TICH, installées depuis 5 ans dans l'île des deux Songs. 1.500 miliciens ou partisans entreprennent, avec le concours de canonnières et de chaloupes, d'établir un blocus resserré de l'île, pour en fouiller ensuite méthodiquement les repaires.

Dans les 9°, 10° et 11° régions : Hai-Duong, Bac-Ninh et Phu-Lang-Thuong. — SITUATION GÉNÉ-
RALE. — Les 9°, 10° et 11° régions sont le champ d'action de nombreuses et importantes bandes de pirates :

1° Les bandes chinoises de Cho-Chu, Cho-Moi commandées par LUONG-TAM-KY, contre lesquelles opéra
le général BORGNIS-DESBORDES ;

2° La bande mixte du DE-DOC-KY ou LUU-KY, qui a pour repaire la partie ouest du Bao-Day, vers
Bao-Lac, entre Kep et Luc-Nam. Elle y est fortement installée au milieu d'une brousse impénétrable. Elle
dirige, soutient et recueille au besoin les bandes secondaires ;

3° La bande du Chinois COC-NHI, établie solidement près de Yên-Tiên, à l'est de Bao-Lac ;

4° Les bandes du DOI-TICH ou QUAN-TICH, du DOI-VAN, de TUAN-VAN, de COUI, qui parcourent
le pays situé entre Haiphong, An-Chau (sur le Loch-Nam), Bac-Lé et Hanoi ;

5° La bande de BA-KHI qui opère au nord de Cho-Moi ;

6° Les bandes du Tam-Dao, du Yên-Thé, etc...

Ces bandes sont grossies et renseignées par des Chinois qui s'infiltrent chaque jour dans la région de Phu-
Lang-Thuong. Les uns munis de cartes de séjour s'établissent un peu partout, soit dans les groupes de maisons isolées au milieu de la brousse, soit dans les villages où ils gagnent bien vite une influence qui annule
celle des notables indigènes. Ces soi-disants commerçants ou agriculteurs ne sont le plus souvent que les espions
et les recéleurs des pirates. Les autres, et ceux-là sont de beaucoup les plus nombreux, forment ces bandes
qui, grossies tous les jours de nouveaux arrivants, deviennent petit à petit maîtresses de la région, qu'elles pillent
méthodiquement.

C'est en Chine qu'elles écoulent la majeure partie de leur butin ; des convois de femmes, d'enfants, partent régulièrement tous les mois ; ils filent entre nos postes par des sentiers connus d'eux seuls, ne voyageant
que la nuit, se cachant le jour au milieu des massifs boisés qui s'étendent à l'est de Biên-Dong entre Dong-
But et Dinh-Lap. Ils gagnent ainsi la frontière du Quang-Si, d'où ils rapportent de l'opium, des armes et des
munitions.

L'action de nos troupes est très faible contre ces bandes. Les habitants, terrorisés par l'incendie et l'assassinat, refusent de nous donner les renseignements nécessaires. Saisies, les bandes se dispersent avec la complicité des habitants, auxquels se mélangent les pirates. Elles se reforment ensuite dans une région voisine pour
revenir piller la riche contrée d'où elles ont été chassées.

La campagne 1888-1889 est marquée dans les 9°, 10° et 11° régions :

1° Par une multitude d'actes de piraterie dont de nombreuses attaques de postes, et des reconnaissances ;

2° Par quelques opérations militaires dont les plus importantes sont celles entreprises contre Cho-Chu et
Cho-Moi (relatées plus haut) ;

3° Par d'innombrables faits d'armes, reconnaissances combinées entre postes, action des postes isolés, etc.

*
* *

Attaque des postes et reconnaissances. — Dans la nuit du 11 au 12 septembre 1888, le DOI-TICH, à
la tête d'une bande forte de 70 fusils dont 40 à tir rapide, tente l'assaut du poste de Huong-Bi (19 kilomètres au nord d'Haiphong), occupé par des miliciens sous le commandement du sergent LANCELOT. La présence
d'une escorte de légionnaires et de tirailleurs, qui s'était arrêtée dans ce poste pour y passer la nuit, est un heureux appoint pour les défenseurs, qui repoussent l'attaque après une fusillade de trois quarts d'heure. Cette
attaque de Huong-Bi (12 septembre) est suivie de celle des postes militaires de Lam (24 septembre), d'An-
Chau (3 octobre), du poste de milice de Bin-hoi (25 septembre), sans parler d'une tentative de surprise contre
le détachement de pionniers cantonné aux Pins-Parasols (3 octobre).

Opérations dans le Dong-Triêu. — Dans la matinée du 4 octobre, le lieutenant DAMADE, en reconnaissance vers Lac-Do (14 kilomètres à l'ouest de Dông-Triêu), se voit entouré par une bande évaluée à 300 hommes ; il parvient à se dégager. Le chef de bataillon LEMOINE, commandant le cercle de Sept-Pagodes, se met alors à la tête d'une petite colonne pour atteindre cette bande qu'il trouve, dans la matinée du 5, en position à 11 kilomètres à l'ouest de Dông-Triêu. L'ennemi se dérobe. Son contact n'est repris que dans la soirée du 8 octobre, au village de Né-Ho-Vu (3 kilomètres au N.-O. du poste de Yên-Léou) ; les pirates se dispersent ensuite et gagnent la rive droite du Song-Kinh-Tay. La canonnière *Berthe de Villers*, qui coopérait à l'opération, leur inflige à ce moment des pertes sérieuses. Ce combat nous coûte la vie d'un officier, le sous-lieutenant JANIN, de la Légion étrangère.

Le lieutenant-colonel PYOT, commandant la région d'Hai-Duong et le 4e tonkinois, prend à compter du 15 la direction des opérations autour de Dông-Triêu. La présence des bandes de TUAN-VAN et de DOI-TICH est signalée dans les villages voisins des grottes de Bich-Noi (8 kilomètres S.-E. de Dông-Triêu). Après deux jours employés en mouvements préparatoires, on apprend que les pirates, prévenus par le huyên de Dông-Triêu, ont quitté ce cantonnement dans la nuit du 16 au 17, en prenant des directions différentes.

Le 17 septembre 1888, le lieutenant FARAIL, parti du poste de Mai-Xu, en reconnaissance avec 20 tirailleurs contre une bande de pirates chinois dont on signalait l'arrivée par la vallée du haut Loch-Nam, rencontre cette bande, forte de 50 fusils, et postée aux abords d'un col, à mi-distance entre Mai-Xu et Dong-Triêu. Après une demi-heure de fusillade, M. FARAIL est blessé au bras ; la reconnaissance se replie.

Le poste de milice de Long-Tai (à 6 kilomètres à l'ouest de Hai-Duong), est attaqué en plein jour le 10 octobre 1888, après que le sergent JOHANNÈS, chef de ce poste, a été attiré dans une embuscade. Le 3 novembre, une reconnaissance commandée par le capitaine HUGUENIN, du 4e tonkinois, lancée à la recherche de 300 pirates qui pillaient dans le voisinage du poste de Bien-Dong (cercle de Lam), tombe dans une embuscade préparée, près de Bang-Kinh, à 10 kilomètres au sud du poste. Le 11 novembre le garde principal de milice NEY, commandant le poste de Duong-Hao (26 kilomètres à l'ouest de Hai-Duong), à la tête de 60 miliciens et de 40 soldats provinciaux, est attaqué à 6 kilomètres au S.-O. de son poste, près des villages de Liên-Xa et de Thuy-Ty, par les habitants du canton, inféodés au chef rebelle THUAN-VAN.

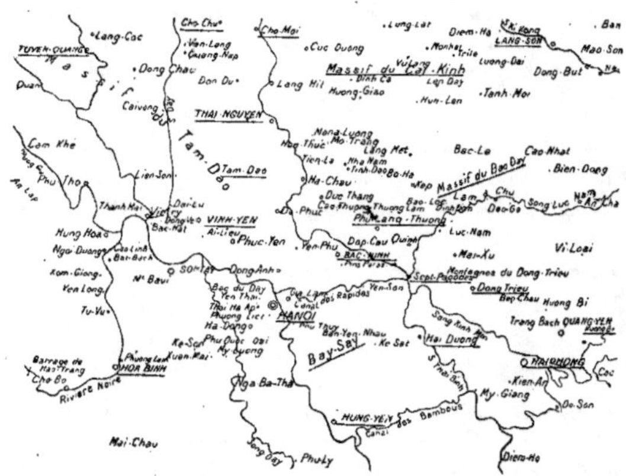

Le 15 novembre le poste du bac du Canal des Rapides, situé à 6 kilomètres au N.-E. d'Hanoi, au point où la route de Bac-Ninh franchit le canal, est vigoureusement attaqué, entre 8 et 9 heures du soir, par une centaine de pirates bien armés, dirigés par le même TUAN-VAN. Dans la nuit du 27 au 28 novembre, des pirates revêtus de l'uniforme de la milice, réussissent à entrer sans coup férir dans un poste établi près de la Montagne de l'Eléphant (14 kilomètres au S.-O. d'Haiphong). Dans la nuit du 1er au 2 décembre, le poste de Tu-Ky ou Yên-Phuong (12 kilomètres au sud d'Hai-Duong), occupé par la garde civile, se trouve brusquement attaqué par 400 pirates dont 200 armés de fusils. L'ennemi se retire après 5 quarts d'heure de fusillade, en laissant 3 morts sur le terrain. De notre côté, le garde principal chef de poste et 3 gardes ont été blessés.

Pendant la fin de décembre 1888 et la première partie du mois de janvier 1889, une petite colonne commandée par le lieutenant-colonel SERVIÈRE, du 4e tonkinois, explore les massifs montagneux qui bordent les deux rives du Loch-Nam, à l'est de Lam, et qui servent depuis longtemps de repaire à des bandes chinoises opérant principalement dans la région au nord de Dông-Triêu.

Le 3 janvier 1889, le commandant PRÉTET est attaqué au village de Lang-Xa, sur la rive gauche du Loch-Nam, à une quinzaine de kilomètres en amont de Lam. Les pirates, facilement repoussés, se retirent dans le massif de Nui-U'bo, à peu de distance au sud. Le lendemain matin, le lieutenant-colonel SERVIÈRE, pénétrant dans le Nui-U'bo, y trouve, à Dao-Ya, un grand cantonnement pour 3 ou 400 hommes, avec un solide fortin en palanques. La bande chinoise, disloquée, s'est répandue dans diverses directions. Activement poursuivie par nos colonnes volantes, ses débris sont atteints et dispersés à plusieurs reprises, sans que nous ayons à subir aucune nouvelle perte. Ces opérations ramènent momentanément le calme dans la vallée du Loch-Nam.

Le 15 décembre 1888, plusieurs détachements de gardes civils réussissent à investir complètement au village de Phu-Tim (16 kilomètres au S.-E. de Hai-Duong) la bande du chef DOC-LAN. Après une fusillade, qui dure de 5 heures du matin à 3 h. 30 du soir, le signal de l'assaut est donné. A ce moment seulement, les pirates sortent de tous les côtés de l'enceinte du village, en cherchant à se faire jour. Un grand nombre de leurs cadavres restent sur le terrain.

Le 4 février 1889, une reconnaissance comprenant 2 officiers, 34 européens et 30 tirailleurs, et commandée par le capitaine DE PIGNIER, du 1er régiment étranger, partie de Lam, a, le 5, au N.-O. de ce poste, un engagement des plus sérieux avec une bande de 200 Chinois, qu'elle réussit à déloger d'une forte position. Le 9 février, un détachement, commandé par le sergent FILIPPI, du 4e tonkinois, est attaqué au village de Ban-Yên-Phu, près de l'ancien poste de Ban-Yên-Niên, par une bande de 300 pirates, dont quelques Chinois. Le petit détachement, menacé d'être enveloppé, réussit à se dégager après une lutte de 3 heures et à rejoindre son poste. Le 17, le commandant du poste de Ké-Sat, rentrant d'une reconnaissance sur Tiên-Cau (7 kilomètres sud de Ké-Sat), est assailli par des bandes nombreuses. Après 2 heures de combat, il réussit à les disperser.

Les bandes chinoises du Loch-Nam, dispersées en janvier par la colonne du lieutenant-colonel SERVIÈRE, n'ont pas abandonné le pays. Le 10 mars 1889, le chef de bataillon PRÉTET, commandant le cercle de Lam, informé de l'existence d'un campement pirate dans le Nui-U'bo, s'y dirige avec une reconnaissance, et trouve, dans une vallée profondément encaissée qui débouche sur la rive gauche du Loch-Nam, à 6 kilomètres de Lam, le campement signalé, composé de deux cases et d'un solide fortin en palanques qu'il enlève.

La tournée de police, entreprise au commencement de février par le tong-doc d'Hai-Duong, HOANG-CAO-KHAI, a pris les proportions d'une opération militaire de longue haleine, et des résultats importants auxquels ne sont pas étrangers les efforts incessants faits depuis huit mois par nos postes sont obtenus pendant le courant du mois de mars. La soumission du chef rebelle DOI-VAN, qui tenait la campagne depuis 3 ans, et auquel on doit l'échec de Quan-Bo (23 juillet 1888) et la mort du lieutenant TEYSSANDIER-LAUBARÈDE, n'est pas le moindre succès de cette campagne. Le tong-doc, HOANG-CAO-KHAI, renforcé par les pirates soumis de la province de Bac-Ninh, dirige maintenant ses efforts contre les bandes de THAN-THUAT, de QUI et du DOI-SUNG, signalées dans le sud et l'ouest de la province de Hai-Duong. Ces bandes sont rejetées en partie au N.-O. du Song-Calo, dans la province de Son-Tay ; le groupe le plus important semble être actuellement dans le huyên de An-Lac, du phu de Vinh-Tuong. Un détachement de la garnison de Son-Tay, envoyé dans cette direction sur la demande du résident de cette province, rencontre une bande le 29 mars près de Tam-Duong et la met en fuite dans la direction du Song-Day.

Le 16 avril 1889, le lieutenant BUJON, du 4e tonkinois, commandant le poste de Dông-Triêu, à la tête d'un détachement de 60 hommes, se met à la poursuite d'une bande de 80 pirates armés de fusils, qui avaient pillé le village de Pham-Xa, à 8 kilomètres S.-E. du poste. Il les déloge successivement des positions défensives qu'ils avaient préparées d'avance et les disperse après en avoir tué huit et blessé quinze. En outre, un groupe d'une vingtaine de pirates de la même bande, ayant voulu franchir le Song-Kinh-Thai, pour se porter au secours de la fraction engagée, disparaît dans la rivière, l'embarcation ayant chaviré. Un certain nombre de femmes et d'enfants volés réussissent, pendant l'action, à s'échapper des mains des pirates.

Le commandant PRÉTET, du 1er étranger, commandant le cercle de Lam, à la tête d'une reconnaissance de 100 fusils, surprend le 4 mai 1889, après une marche de trois jours en pays inconnu et des plus difficiles, un campement de pirates chinois établi dans le ravin de Lang-Xa, rive gauche du Loch-Nam, sur les dernières pentes du Nui-U'bo. Les Chinois s'enfuient abandonnant tout sur place. 16 femmes et 7 enfants prisonniers, qui allaient être dirigés en convoi sur la Chine pour y être vendus, sont délivrés.

Le 16 juin 1889, 200 pirates chinois et annamites pillent le hameau de Than, près de Luc-Ngan et enlèvent 10 femmes.

Le 17 juin, le lieutenant GOERG, du poste d'An-Chau (haut Luc-Nam) à la tête d'une reconnaissance de 30 fusils, par une marche de nuit, parvient à surprendre un groupe de Chinois des plus suspects, établis dans un petit hameau caché dans la forêt, près de Lang-Cha, sur la rive gauche du Luc-Ngam, à 8 kilomètres environ du poste. Parmi les morts, se trouve LAM-KAO, malfaiteur dangereux, intermédiaire ordinaire entre les bandits chinois de la région et les pillards annamites du delta, et dont la capture était le principal objectif de cette petite opération.

Dans la soirée du 23 juillet, un bande assez nombreuse, comptant 50 fusils environ, et conduite, dit-on, par un frère de DOC-TICH, tente un coup de main sur Hai-Duong. La garnison, avertie juste à temps, peut lui tendre une embuscade. Le même jour, à 9 heures du soir, le poste de Phu-Thuan-Tan est assailli par 50 rebelles commandés par un ancien lieutenant du DOI-VAN. Mais ils n'osent pas pousser l'attaque à fond.

Au nord de la 10ᵉ région, dans la province de Thai-Nguyên, on constate en juillet 1889, une recrudescence de piraterie qui coïncide avec l'annonce d'une mauvaise récolte et l'épuisement des vivres des bandes, obligées dès lors de subvenir à leurs besoins aux dépens du pays. Dans la deuxième quinzaine de juillet 1889, sept villages de la ésidence de Thai-Nguyên sont saccagés et brûlés, plusieurs habitants tués, d'autres faits prisonniers avec un grand nombre de femmes et enfants. Les chemins ne sont plus sûrs ; les trams sont souvent enlevés, les marchands dévalisés. Sur la route mandarine, de Bac-Ninh à Thai-Nguyên, à 2 kilomètres à peine de ce dernier poste, 10 Annamites sont faits prisonniers par les pirates.

Quelques essais honorables de résistance locale sont à signaler : le quan-huyên de Dao-Quan, sur le Song-Thuong, dit le « Commandeur », s'appuyant sur notre poste de Bo-Ha, tient tête vigoureusement aux pirates du massif de Tin-Dao. Le fils du QUAN-NHUY (notable et riche indigène, qui nous était fort dévoué et qui a été assassiné en janvier dernier dans son fortin de Xuan-Man, au nord de Phu-Lang-Thuong), emploie toute son énergie à venger la mort de son père, et court sus aux pirates chaque fois qu'il en trouve l'occasion. Le 14 juin, il surprend à Trang-Tan, une partie de la bande du QUAN-HOUAN et la met en déroute. Malheureusement, ces efforts des autorités et des populations indigènes ne sont encore que d'infimes exceptions.

*
* *

Régions de Bac-Ninh et de Phu-Lang-Thuong. — Il ne peut être question de donner ici la liste de tous les actes de piraterie commis dans la région pendant la période envisagée. Chaque jour est marqué par des exactions des pirates : vol, assassinat, incendie. Un certain nombre de faits sont énumérés ci-dessous pour donner une idée de la situation troublée de la région dans l'année 1888-1889. Dans ces coups de main, les pirates ont pour but principal d'enlever les buffles et les femmes ; les habitants qui tendent de résister et surtout ceux qui sont soupçonnés de nous avoir servis, sont mis à mort. C'était le sort réservé au maire du village de Hoi-Bao, pès des Pins-Parasols ; une bande de 20 pirates, venue le 10 novembre, a enlevé ce fonctionnaire qui ne fait pas cause commune avec eux. Ce dernier ayant réussi à s'échapper, le village a été pillé, puis brûlé.

Le 21 novembre, un courrier est pillé entre Bac-Ninh et Sept-Pagodes. Celui expédié de Bac-Ninh sur Hanoi, le 23 au matin, disparaît. Enfin, le 25 novembre, les deux coolies porteurs du courrier venant de Lang-Son, sont assaillis à 5 kilomètres avant d'arriver à Kep. En venant à leur secours, M. BOURGOIN-MEIFFRE, notable commerçant, qui se rendait à Lang-Son, avec un convoi de coolies, reçoit cinq blessures, et son commis, M. JOUSSEAUME, est tué.

La route de Lang-Son n'offre aucune sécurité aux environs de Kep. Cette situation est due en partie à la présence dans le voisinage d'une bande de 37 prisonniers indigènes, qui se sont évadés le 18 novembre du poste de Kep, après avoir tué ou très grièvement blessé les hommes affectés à leur garde.

La colonne du lieutenant MONGUILLOT, surprend dans la nuit du 31 octobre au 1ᵉʳ novembre, au village de Lang-Khei, au confluent du Thai-Binh et du Canal des Rapides, la bande de TUAN-VAN, à laquelle elle tue 9 hommes, mais ce chef peut nous échapper. Le 22 novembre, le lieutenant MONGUILLOT trouve une autre bande établie dans le village fortifié de Dai-Vi, à 5 kilomètres au S.-E. de Phu-Tu-Son. Le général commandant la 2ᵉ brigade prescrit alors au lieutenant-colonel SERVIÈRE, qui opérait à 12 kilomètres de ce village vers Phu-Thuân-Thanh, de se rendre à Dai-Vi, pour prendre la direction de l'opération. Nos pertes en cette affaire sont de un sergent tué, 3 soldats d'infanterie de marine et un tirailleur blessés. M. MONGUILLOT est légèrement blessé.

Le 10 décembre, le village de Ut-Son (8 kilomètres N.-E. de Ha-Chau), est attaqué par 150 bandits. Les habitants tiennent jusqu'à l'arrivée d'un détachement de secours venu de Ha-Chau, qui disperse les assaillants.

Les villages suivants ont été pillés aux abords de Phu-Lang-Thuong : le 23 novembre, Lang-Trang, à 10 kilomètres au S.-E. de la place; le 11 décembre, Hoang-Ha, à 15 kilomètres au nord; le 16 décembre, Yên-Lon, à 16 kilomètres à l'est; le 25 décembre, Da-Mai, à moins de 1 kilomètre à l'ouest. L'une des bandes qui opèrent de ce côté est commandée par un déserteur du nom de PELLÉ, ex-pionnier de discipline (1).

Le 1er janvier 1889, une reconnaissance partie de Dap-Cau sous les ordres du capitaine LECACHEUR, du 3° tonkinois, rencontre le 3, à Duc-Thang, près de Ha-Chau, une quarantaine de pirates, auxquels elle tue 10 hommes et prend des armes. Le 12 février, une reconnaissance envoyée de Phu-Lang-Thuong dans la direction de Binh-Anh où l'on apercevait un grand incendie, surprend près de Phon-Phat (au S.-O. et à peu de distance de Phu-Lang-Thuong) une forte bande armée. Le sergent-major qui commandait le détachement ramène 17 prisonniers.

Le chef pirate DAI-KHET qui opère dans le phu de Da-Phuc, à proximité du Tam-Dao, est tué le 20 février à Nam-Ly, par le chef du canton de Xuân-Bang.

Le 6 avril, une reconnaissance du poste de Kep, commandée par le lieutenant VARY, du 1er étranger, venant de fouiller le village de Lang-Cai où l'on n'avait trouvé aucun habitant, et rentrant à Kep, est attaquée de plusieurs côtés à la fois par des pirates embusqués dans les bois bordant la route à proximité du village. En un instant, deux légionnaires et deux tirailleurs sont blessés, mais le lieutenant VARY réussit à se dégager, met en fuite les pirates dont plusieurs sont tués et rentre à Kep sans autre incident. Le village de Lang-Cai est détruit quelques jours après par une reconnaissance envoyée de Phu-Lang-Thuong.

Dans la nuit du 20 au 21 avril, une bande de 50 pirates pille le village de Cham-Khé, à 2 kilomètres à l'ouest de Bac-Ninh et s'enfuit avant que la garnison de cette place ait le temps d'intervenir.

Le 11 mai, le lieutenant CHAVET-NOIR, du 1er étranger, commandant le poste de Bac-Lé, surprend dans le bois de Na-Hoa, rive gauche du Song Thuong, une bande d'une quarantaine de pirates chinois et muongs descendus du Bao-Day, en tue deux et en blesse six.

Dans la nuit du 18 au 19 mai, un parti de 200 pirates, commandés par le DÉ-DOC-HUYÊN, surprend les villages de Hoang-Chin et de Bang-Han, dans le huyên de Cam-Duong, brûle 30 maisons et enlève 20 buffles.

Les lignes télégraphiques de Lang-Son, de Thai-Nguyên et de Vi-Loai sont coupées à diverses reprises; plusieurs trams sont arrêtés et dévalisés et les courriers de Dap-Cau à Thai-Nguyên, de Phu-Lang-Thuong à Lang-Son et à Lam, ne pouvant circuler isolément, ont dû se joindre aux convois escortés. Le 1er mai, le convoi de M. DEMOUX, entrepreneur, allant à Lang-Son, est pillé à 4 kilomètres de Kep. Le 5 mai, la chaloupe Lach-Tray, de la maison CAHORS, à Dap-Cau, s'étant échouée dans le Song Khi-Thai, est assaillie par une centaine de pirates de la bande du DOC-TICH; deux hommes de l'équipage sont tués et la plus grande partie du chargement pillée.

Le 8 mai, une bande de pirates chinois, dont une trentaine armés de fusils à tir rapide, pille les villages de Lang-Bac, Ké-Bac et Yoc-Son, près de Chin-Gai, enlève 3 Annamites, 8 femmes, 6 enfants et brûle 20 maisons. Du 8 au 12 mai, les villages de Mi-Cau et de Da-Mai, situés en face de Phu-Lang-Thuong, et les faubourgs mêmes de cette place sont régulièrement attaqués chaque nuit, et même en plein jour, par des bandes pirates qui, bien que repoussées par la garnison, réussissent à s'emparer d'un certain nombre de femmes, d'enfants et de buffles et à incendier plusieurs maisons. Dans la nuit du 11 au 12 mai, une forte bande surprend le village de Nam-Xuong, à 4 kilomètres au nord de Phu-Lang-Thuong, assassine le sous-chef de canton, ainsi que 4 autres indigènes, enlève 5 femmes, 23 buffles et incendie 16 maisons. Le 12 mai, le hameau de

---

(1) Celui-ci se constitua, le 29 mars 1889, prisonnier au poste de Kep.

Khé-Khan, dépendant de Yên-Son, à 15 kilomètres à l'est de Phu-Lang-Thuong, est complètement pillé ; la plupart des hommes sont tués, les femmes et les enfants enlevés.

Le 4 juin, le capitaine PÉGNA, commandant le poste de Kep, renseigné et guidé par le pho-tong de Lang-Cham, marche avec un détachement de 79 fusils sur le village de Lang-Cai, situé à 7 kilomètres est du poste et près duquel s'était établie la bande de TONG-BUOI, qu'il surprend et met en fuite.

Le 27 juin, informé à 2 heures du soir par le pho-tong de Lang-Cham qu'une bande venait de piller le village de Quang-Hiên et avait emmené 12 prisonniers et 32 buffles, le capitaine PÉGNA se met immédiatement en route avec 23 fusils et se dirige vers Cau-Son (entre Kep et Bac-Lé). Il rejoint et culbute les pirates et délivre les prisonniers.

Vers la fin du mois de juillet 1889, la situation des bandes est la suivante : celles-ci, toujours établies dans leurs camps du Bao-Day, ont reçu des renforts ; un nouveau rassemblement s'est formé dans le massif de Huyên-Dinh, près de Cam-Ly, et les pirates sont maîtres des deux rives du Luc-Ngan. Ils se sont emparés à Dan-Hoi du bac et d'une jonque ; ils se servent de ces embarcations pour parcourir la rivière et rançonner toutes les barques.

En amont de Chu, vers Lang-Xa et Dau-Bé, il se forme encore des nouvelles bandes, installées dans les forêts qui bordent le Luc-Nam. Les villages des deux rives sont de connivence avec elles, et trouvent ainsi le moyen de se mettre à l'abri des déprédations que les Chinois exercent sur les villages de l'intérieur et sur les gens qui se rendent au marché de Chu et de Kep-Ha.

L'audace des Chinois du Bao-Day n'a d'ailleurs plus de bornes ; le 22, ils incendient Lang-Boun, à un kilomètre S.-O. de Phu-Lang-Thuong, et dirigent sur l'infirmerie de ce poste une fusillade à laquelle les Hotchkiss du *Berthe de Villers* ont, il est vrai, rapidement mis fin. Le 30, sur la route mandarine, à 7 kilomètres du poste de Kep, ils attaquent et dévalisent le tram. Le 31, sur la même route, à mi-chemin de Dap-Cau et de Phu-Lang-Thuong, ils enlèvent des commerçants qui se rendent au marché de Dap-Cau.

*
* *

Dans la 12ᵉ région-bis (Cao-Bang, Bao-Lac, Bac-Mu). — La région est particulièrement troublée par de nombreuses bandes qui la sillonnent, multipliant leurs exactions. Les routes ne sont pas sûres ; les trams ne passent que difficilement. Des correspondances saisies lors d'une affaire par le lieutenant MARCAJOUR (29 décembre 1888) établissent la connivence de certains officiers chinois des postes voisins de la frontière et l'action directe qu'exerce l'ex-régent TUYÊT sur l'ensemble du mouvement ; elles montrent aussi que les réductions d'effectifs opérées, qui ne permettent pas d'opérations de grande envergure, ne sont pas ignorées des rebelles.

La zone de territoire qui s'étend du nord au sud, de la frontière de Chine jusqu'auprès de Cho-Chu et Cho-Moi et comprend les environs de Mo-Xat, de Nguyên-Binh, de Ngan-Son et de Cho-Ra, est celle où les pirates sont le plus nombreux. Elle confine au nord à la porte-frontière de Minh-Mang, où commande un officier chinois nommé TRAN-THE-HOA, qui entretient les meilleures relations avec eux. C'est par cette voie que se fait le principal trafic des bandes qui portent en Chine le produit de leurs pillages et vont y chercher des armes et des munitions.

Deux chefs chinois qui avaient fait leur soumission se sont enfuis de la résidence qui leur avait été assignée : LA-WA-DUONG, dans la nuit du 12 au 13 août 1888, emmenant avec lui 22 hommes qui s'étaient soumis en même temps que lui ; A-COC-THUONG, intterné à Cho-Ra, dans la nuit du 24 au 25 novembre ; celui-ci retiré à Ha-Hiên, s'est mis de nouveau à la tête d'une bande de rebelles.

La piraterie est surtout active dans la région de Mo-Xat (entre Cao-Bang et Bao-Lac). Les opérations de Cho-Chu-Cho-Moi ont eu un certain retentissement dans la région.

Un fait heureux est à signaler ; sous l'impulsion du commandant OUDRI, vice-résident militaire, non seulement les populations se rallient à notre domination, mais elles entrent résolument en lutte ouverte contre les pirates, et très souvent avec succès.

Quelques vigoureuses reconnaissances dirigées, en septembre 1888, par le commandant OUDRI, ont dispersé, au moins momentanément, les bandes chinoises qui s'étaient concentrées au commencement d'août dans la région comprise entre Ngan-Son, Cho-Ra, Nguyên-Binh et Cao-Bang, avec l'intention d'y voler des femmes et des enfants qu'elles seraient venues échanger contre des munitions à la frontière de Chine.

⁎⁎⁎

Opérations et actes de piraterie. — Un détachement de relève du 2ᵉ bataillon d'Afrique, parti de Cao-Bang à destination de Nguyên-Binh et de Bao-Lac et commandé par le capitaine LEMOINE, est attaqué au pont de Ta-Sa (3 heures de marche à l'est de Nguyên-Binh) par 80 pirates, tous armés et embusqués dans des rochers d'où ils enfilaient le passage. Après un engagement de 2 heures pendant lequel 2 chasseurs sont blessés et 2 coolies tués, les pirates sont mis en fuite et le détachement peut continuer sa route.

Au début d'octobre 1888, l'une des bandes du 1ᵉʳ groupe assiégeait le village de Bo-Gai (40 kilomètres ouest de Mo-Xat). Le commandant OUDRI, n'ayant pu arriver à temps pour le secourir, se lance à la poursuite des pirates qui emmenaient prisonniers les habitants. Le 6 octobre, il trouve la bande, forte de 150 fusils, en position aux abords d'un col en avant du village de Lung-Sun. Après une heure de fusillade, les Chinois sont dépostés, mais ils ont eu le temps de faire filer leurs prisonniers vers la frontière.

Le 30 octobre 1888, à Ha-Lang, le commandant DAVY est assassiné au moment où il sortait seul de maison du huyên.

Dans les derniers jours de novembre le commandant OUDRI, voulant rassurer les populations au nord de Mo-Xat, part en reconnaissance avec 250 fusils contre un fort parti pirate qui occupe depuis plusieurs mois un massif rocheux à 12 kilomètres de cette place, vers Nam-Nhang ; par la trahison d'un guide, l'avant-garde tombe le 27 novembre dans une embuscade. En un instant, le lieutenant CASTAIGNIER est mortellement blessé, un chasseur du bataillon d'Afrique et un caporal indigène de tirailleurs sont tués ; un officier (le lieutenant GUÉRIN), un chasseur et 3 tirailleurs blessés. Le commandant OUDRI agit prudemment en rompant le combat.

Comme correctif de l'impression fâcheuse produite par cette affaire sur la population avoisinante, on doit citer un succès dû au lieutenant MARCAJOUR, commandant le poste de Tra-Linh, qui, ayant pu s'approcher, le 29 décembre 1888, avec 19 fusils, à bonne portée de 130 pirates qui ne se gardaient pas, en tue 14 et leur prend cinq fusils.

La tournée, que fait en janvier 1889, le commandant OUDRI, dans les Ba-Chau, y produit un excellent effet. A Ha-Lang, un notable indigène, le huyên HUY, qui nous était hostile, se rallie à notre cause et promet au vice-résident militaire de lui livrer la tête du chef pirate LY-QUAN-MINH qui a assassiné le lieutenant DAVY à Ha-Lang le 30 octobre précédent. Le huyên HUY a donné depuis des gages de sa fidélité, en attaquant le 20 février 1889 une bande pirate qui avait enlevé près de Trung-Khan-Phu 14 femmes, dont 11 ont été délivrées.

Le 17 février 1889, le maire du village de Bac-Hop, entre Nguyên-Binh et Ngan-Son, qui entretenait des relations avec les pirates, est arrêté et exécuté à Nguyên-Binh.

La bande de LUU-HOAN-DUONG, qui occupe la région frontière au N.-O. de Bao-Lac, est, à la fin de février 1889, descendue jusqu'auprès de ce poste. Une reconnaissance de 100 fusils sous les ordres du capitaine MATRA, du 3ᵉ tonkinois, part le 2 mars de Bao-Lac à leur rencontre. Les pirates prennent la fuite vers le N.-O. mais le capitaine MATRA se met à 'eur poursuite et réussit à les surprendre à Néo-Vac le 5 mars dans un fortin où ils s'étaient installés. 7 pirates tués restent sur le tarrin ; des armes, des drapeaux et des provisions de touts sorte sont pris, sans que la petite colonne ait subi aucune perte.

Un détachement de 28 fusils, qui se rendait de Nguyên-Binh à Cho-Ra, est attaqué, le 8 et 11 mars, par des bandes assez nombreuses. Le 16 mars, 100 pirates attaquent le village de Tinh-Man, à 4 heures de Cao-Bang. sur le chemin de Ngan-Son.

Le 18 mars, les habitants armés des grottes de Tong-Hué, au sud du poste de Trung-Khan-Phu, donnent la chasse à une bande de 100 pirates, et apportent au commandant du poste 5 têtes, un fusil et un pistolet. Le 26 mars, une petite bande de 60 hommes environ, venant du sud, attaque le village de Sua-Tinh, à 6 heures de marche au sud de Cao-Bang. Le 28 mars, à Dac-Nham, près du poste de Mo-Xai, les habitants ont un engagement avec les pirates ; un habitant et 3 pirates sont tués. Le 29 mars, le village de Na-Lêu, à 4 heures au S.-O. de Cao-Bang, est attaqué par 300 pirates venus de Tap-Na. Les habitants résistent pendant 4 heures ; les villages voisins viennent à leur secours et les Chinois sont repoussés sur Bac-Hop.

C'est à l'énergie, à l'activité du commandant OUDRI qu'est dû ce succès très grand de villages résistant aux pirates.

Le 29 mars, une reconnaissance de 38 fusils, partie du poste de Ha-Lang, sous les ordres du lieutenant PASSARD, occupe, après 4 heures de marche, le village de Ban-Lan, faiblement défendu par les pirates, et, poursuivant sa marche, atteint le village de Lang-Bo, situé dans un cirque rocheux. Lang-Bo est enlevé d'assaut, mais la faiblesse de l'effectif dont disposait le lieutenant PASSARD ne lui permet pas de tenter l'attaque d'une grotte fortifiée et d'accès très difficile, où les pirates s'étaient réfugiés.

Du côté de Bao-Lac, la bande importante du chef LUU-HOAN-DUONG, dont une fraction avait été bousculée à Méo-Vac par le capitaine MATRA au commencement du mois de mars, est redescendue quelques jours après à peu de distance de Bao-Lac, et LUU-HOAN-DUONG a adressé au commandant de ce poste une lettre de menaces dans laquelle il annonce qu'il viendra l'attaquer avec des forces imposantes. Ces menaces ne sont d'ailleurs pas suivies d'effet, car la discorde s'est mise entre les pirates, leur chef a été assassiné et sa tête a été apportée au Tri-phu de Bao-Lac. La mort de ce chef qui disposait d'un millier d'hommes, dont la moitié armés de fusils, produit dans la région une impression considérable.

Le 3 avril 1889, une reconnaissance de 28 fusils, dirigée par le lieutenant SAGOLS, commandant le poste de Nguyên-Binh, rencontre à Long-Giao un fort parti de pirates embusqués dans des rochers ; un caporal indigène est tué et 4 tirailleurs blessés, dont 2 assez grièvement. M. SAGOLS fait alors cacher dans les herbes une partie de sa troupe et bat en retraite ostensiblement avec le reste. Ce stratagème réussit pleinement ; les pirates descendent de leurs rochers et s'élancent à la poursuite ; ils tombent dans l'embuscade, subissent des pertes assez considérables et prennent la fuite.

Le 17 avril, le lieutenant MARCAJOUR, du 3e tonkinois, commandant le poste de Tra-Linh, surprend, avec 25 fusils, 200 pirates établis à Lang-Loa, à 20 kilomètres au N.-E. du poste, les attaque et en tue 37.

Le 22 avril, une bande de 100 pirates, venue du massif de Luu-Khu, attaque les villages de Phu-Dang et de Phu-Tam, à 6 heures de marche au nord de Mo-Xat, enlève des femmes et des buffles, malgré une résistance énergique des habitants. Le 3 mai, 200 pirates de Luu-Khu, attaquent le village de Lung-Moi, à 5 heures de marche au nord de Mo-Xat ; les habitants se défendent bien et tuent 4 pirates, dont 2 têtes sont apportées à Cao-Bang. Le 6 mai, la même bande de Luu-Khu, forte de 400 hommes dont 100 fusils, incendie le village de Lung-Tao, à 4 kilomètres est de Mo-Xat. 70 habitants réfugiés dans une grotte, y sont enfermés et asphyxiés. Le commandant de la région qui était à Nuoc-Hai, se dirige aussitôt sur Lung-Tao et prend des mesures pour tirer vengeance de cet attentat.

Le 7 mai, un détachement de 40 hommes occupe l'ancien poste de Dao-Nham, à 5 kilomètres N.-E. de Mo-Xat. Le 8 mai, une reconnaissance forte de 76 fusils et commandée par le capitaine LAGARDE, se porte de Mo-Xat sur Xuan-Dao, à la poursuite de la bande chinoise. A Dao-Nham, le phu de Hoa-Anh se joint à la reconnaissance avec une trentaine de miliciens et informe le capitaine que les pirates, réduits à 100 ou 150 au plus, sont établis à Phu-Tam (10 kilomètres environ nord de Mo-Xat). Le commandant du détachement se décide alors à pousser jusqu'à Phu-Tam. En approchant de la position, il divise sa troupe en deux fractions, l'une commandée par le lieutenant ADAM, de l'infanterie de marine, attaque de front ; l'autre, sous sa direction personnelle, prononce un mouvement tournant sur la droite. Les pirates paraissent d'abord céder, mais une fusillade très nourrie partant des rochers de droite et de gauche indique que l'ennemi est en force. Le capitaine LAGARDE, devant la supériorité de l'ennemi, rompt le combat. Au cours de la marche, le lieutenant ADAM est tué.

Le 13 mai, le marché de Cat-Linh, près de Phuc-Hoa, est cerné par des pirates venus de Chine, qui s'emparent de la plupart des femmes et des enfants et repassent aussitôt la frontière. Il se passe alors un fait malheureusement trop rare et qu'il importe de signaler. Les réguliers chinois donnent la chasse à la bande rentrant avec son butin, la détruisent en partie et délivrent les femmes et enfants volés qui sont rendus à leurs familles, sur la simple présentation de certificats donnés par l'adjudant POURCHET, du 2ᵉ bataillon d'Afrique, commandant le poste de Phuc-Hoa (près de Ta-Lung). Cet heureux résultat est dû aux excellentes relations que ce sous-officier était parvenu à nouer et entretenait avec les officiers chinois de la frontière.

Le 28 mai, l'adjudant POURCHET part de son poste de Phuc-Hoa (près de Ta-Lung) avec 18 fusils et 200 miliciens, ayant pour objectif le cirque rocheux de Long-Bo, à une vingtaine de kilomètre au N.-E., refuge ordinaire d'une forte bande. Après une marche des plus pénibles, la reconnaissance débouche le 29 au soir dans le cirque de Long-Bo. Les manifestations bruyantes des miliciens empêchent la surprise d'être complète. Néanmoins, les Chinois s'enfuient, laissant sur le terrain 3 cadavres, des armes, et se retirent dans une grotte dont l'entrée, solidement défendue, ne peut être forcée malgré les efforts les plus énergiques.

La reconnaissance se replie le 30 sur Phuc-Hoa où elle arrive le 31. Pendant ce temps, et comme il était convenu entre les deux chefs de poste, le lieutenant PASSARD était parti d'Ha-Lang le 29 avec 35 fusils et 8 miliciens, et avait fait dans la matinée une diversion au nord de Long-Bo. Accueilli à Ban-Boun par une vive fusillade, n'ayant aucune nouvelle de l'adjudant POURCHET, dont la marche avait été retardée, il rentre le soir même à Ha-Lang, après avoir forcé le passage à Ban-Qui, où les pirates lui ont tendu une embuscade.

De très nombreux actes de brigandage qu'il serait trop long de détailler sont commis dans la zone frontière de Mo-Xat, Trung-Khan-Phu, que parcourent de fortes bandes organisées et très bien armées, particulièrement celles de Luu-Khu, dont le chef est LUONG-TAM-KY, l'ancien propriétaire des mines de fer de Mo-Xat et l'un des principaux agents de TUYÊT. Les habitants continuent à résister avec une grande énergie, quelquefois avec succès, mais toujours au prix de pertes sérieuses.

*
* *

Affaire de Canh-Bien. — Depuis plusieurs mois déjà, de fortes bandes étaient installées dans le massif rocheux du Nuoc-Hai, Mo-Xat et Luu-Khu, sous le commandement du chef MAC-BINH-GIANG ou MUC, arrivé de Cho-Moi en mai dernier. Renforcées au mois de juin par de petits groupes venus de Tap-Na, elles étaient concentrées dans le Nord de Luc-Khu, ne vivant que de pillage et de rapine, lorsque le 28 juin, elles tentent un premier coup de main sur le village de Canh-Bien, à 5 heures de marche N.-E. de Cao-Bang. Mais la résistance des habitants et l'approche d'une reconnaissance française les font battre en retraite.

Le 6 juillet, les pirates se présentent de nouveau devant Canh-Bien, au nombre de 400, dont 200 armés de fusils à tir rapide, et construisent 3 fortins destinés à barrer le chemin qui mène par Nam-Lat, à Cao-Bang. En même temps, ils occupent les rochers à pic qui dominent le cirque au fond duquel les gens de Canh-Bien ont cherché refuge. Ceux-ci, malgré leur résistance, se trouvent ainsi étroitement bloqués et menacés de manquer d'eau.

Le 8 juillet, informé de la situation critique de ce village, le commandant de la région décide de le dégager par une marche de nuit. Un détachement de 77 fusils parti le soir même de Cao-Bang et renforcé de 25 miliciens à son passage à Nam-Lat, arrive le 9 au point du jour en vue des positions qu'occupent les pirates. Ceux-ci ouvrent aussitôt le feu sur l'avant-garde et l'engagement devient de suite fort vif. Après 2 heures d'un combat au cours duquel le lieutenant DURAND, de l'infanterie de marine, reçoit une balle à la cuisse, un fortin est enlevé ; les Chinois ne tardent pas à évacuer les deux autres. Mais ils menacent toujours notre ligne de retraite, et le feu meurtrier de ceux qui sont installés dans les rochers ne permet pas de descendre dans la plaine et de dégager les habitants de Canh-Bien. La faiblesse numérique de la colonne et sa fatigue excessive l'obligent à rétrograder sur Nam-Lat, puis sur Cao-Bang, où elle rentre à 9 heures du soir, ayant eu dans cette journée un officier et un chasseur blessés, un chasseur tué. D'après les rapports des émissaires, l'ennemi n'aurait pas eu moins de 45 morts.

Les conséquences de cet insuccès ne se firent pas attendre ; le jour même, les Chinois renforcés par plus de 100 pirates venus de Luc-Khu, enlèvent Canh-Biên ; les habitants qui essaient de fuir sont tués ; 20 sont faits prisonniers, 25 réunissent à gagner Nam-Lat et Cao-Bang. Les pirates réoccupent aussi les fortins d'où nous les avons chassés pour un instant et s'y fortifient de nouveau. Le 10 juillet, ils incendient Nam-Lat au pied même du poste optique. Le 25, à 4 heures du soir, ils attaquent le poste optique lui-même ; la petite garnison, forte de 20 fusils, résiste vigoureusement pendant toute la nuit au feu très vif des pirates.

Le 26, à 5 heures du matin, un détachement de 94 fusils aux ordres de commandant PALLE, sort de Cao-Bang pour dégager le poste. L'attaque, bien que vigoureusement menée, ne réussit pas à enlever le défilé. Grâce à une diversion opérée dans la soirée par le commandant PALLE, la petite garnison du poste peut, dans des conditions très difficiles, rejoindre la colonne.

Cet échec est dû, comme d'autres, à l'impossibilité où nous nous trouvons d'opposer des effectifs suffisants aux fortes bandes installées dans un pays éminemment favorable à la défensive.

**
*

Dans la 7ᵉ région (Thanh-Hoa). — La région montagneuse qui sépare le Ha-Tinh du Quan-Binh est encore le théâtre de coups de main, souvent heureux, tentés par nos chefs de postes. C'est ainsi que le 18 juillet 1888, le sous-lieutenant CARRÉ, du 2ᵉ bataillon de chasseurs annamites, parti le 17 de Linh-Cam avec 20 fusils, remonte le Ngoi-Troi, affluent du Ngoi-Sau, et enlève le chef de pirate DOI-QUA, sa barque et 360 piastres.

Le 8 novembre 1888, le capitaine LAFFITE, parti du poste de Cay-Chanh, à la rencontre de bandes chinoises venant du haut Sông Ca, pour piller les récoltes, rencontre l'une d'elles à l'effectif de 200 hommes environ ; il la disperse. Le R. P. PÉDEMON, missionnaire, qui avait consenti à guider la colonne, est tué d'une balle à la tête.

Au commencement de décembre 1888, certains renseignements qui n'ont pas été confirmés depuis, avaient fait supposer que TUYÊT cherchait à rentrer au Tonkin par la frontière du Laos, pour gagner le Thanh-Hoa.

La haute vallée du Sông Chu, entre le Sông Ma et le Sông Chu, siège d'un huyên à peu près indépendant, pouvant livrer passage à l'ex-régent TUYÊT, le chef de bataillon CLAMORGAN, commandant le cercle de Phu-Quang, s'y porte avec une petite reconnaissance et arrive le 14 décembre à Xam-Tu, gros et riche village sur le Sông Chu, siège d'un huyên à peu près indépendant, bien que relevant du Tong-doc de Nghê-An. Ce point avait été visité quelque temps auparavant par le capitaine CUPET, de la mission d'études de la frontière du Laos, venant de Luang-Prabang. Notre détachement fut très bien accueilli par les autorités et les habitants. Il ne fut trouvé aucune trace de TUYÊT, ni des bandes chinoises qui ont abandonné le pays depuis un an, après l'avoir complètement pillé.

**
*

EN ANNAM

Capture de l'ex-roi Ham-Nghi. — Le 3 novembre 1888, à Nha-Hoi, sur le haut Nai (80 kilomètres à l'ouest de Minh-Cam), les serviteurs moïs, qui composaient encore, presque à eux seuls, la suite de l'ex-roi HAM-NGHI, remettent ce prince au capitaine BOULANGIER, du 2ᵉ chasseurs annamites. Cet important résultat est dû surtout à l'activité persévérante de cet officier ; il a su rallier à notre cause les populations moïs de cette région, qui étaient inféodées à l'ancien roi. En s'opposant à la violence faite à ce dernier, le fils puîné de TUYÊT, le THON-THAT-THIEP, fut tué.

HAM-NGHI chercha à nier son identité, mas, arrivé à Thuan-An, le 23 novembre, il fut reconu officiellement par le Résident général, 2 membres du Co-Mat et son ancien précepteur. Malgré les égards dont il fut
l'objet de notre part, dès le premier moment de sa captivité, il tint des propos haineux à l'égard de la France
et de son frère, le roi DONG-KHANH.

Le fils aîné de TUYÊT, le THON-THAT-DAM, séparé de l'ancien roi depuis les opérations dirigées par le
colonel GALLET au mois de mars dans le Quang-Binh et le Ha-Tinh, était resté jusqu'à ce jour réfugié dans le
massif montagneux qui s'étend au nord de Mong-Cam. Il en déboucha le 4 novembre pour se diriger vers Vang-
Liéou, où il enleva même un doï et deux chasseurs annamites qui s'étaient éloignés du cantonnement établi en
ce dernier point. Depuis, il succomba à la fièvre le 14 novembre. Cette mort fut officiellement constatée.

Le 21 novembre, un mandarin annamite, du nom de LE-TRUC, qui joue depuis longtemps un rôle d'intermédiaire officieux entre le THON-THAT-DAM et le roi actuel, amène devant le commandant du cercle de
Tuan-Bai, 50 personnes de la suite de DAM, dont 21 mandarins.

Le 28 novembre, un nouveau contingent de 181 rebelles se présente, sous les auspices du même mandarin,
au commandant du cercle de Thuan-Bai pour faire sa soumission. Le chef de bandits LUC, auteur d'un auda-
cieux coup de main, était parmi eux.

La capture du roi achève de rendre à l'Annam sa tranquillité. Les villages abandonnées se repeuplent.
En décembre 1888, 3 compagnies sont retirées d'Annam pour être envoyées en renfort à la 2ᵉ brigade. En
janvier 1889, les postes de An-Hoa, Fai Foo, Som-Quan et Dong-Ka sont supprimés. Le poste de Thuan-Bai
est transféré à Quang-Khê.

CAMPAGNE 1889-1890

Le 16 août 1889, le colonel Dominé prend le commandement de la 3ᵉ brigade à Hué.

Le colonel Frey (12 septembre), le colonel Javouhey (18 septembre) et le général Godin (16 octobre), sont mis successivement à la tête de la 2ᵉ brigade.

Les bataillons de chasseurs annamites sont licenciés en janvier 1890.

ment à la tête de la 2ᵉ brigade. Les bataillons de chasseurs annamites sont licenciés en janvier 1890.

Le 15 décembre 1890, le général Bichot, rapatrié, passe au général Godin le commandement en chef. Le colonel Frey reprend celui de la 2ᵉ brigade.

TABLEAU DE GROUPEMENT DES POSTES
sur tout le territoire de l'Indochine à la date du 5 avril 1890.

1ʳᵉ BRIGADE. — *Son-Tay.*

1ʳᵉ RÉGION (YÊN-BAY).

Yên-Bay : Trai-Hutt, Luc-An-Chau ;
Lao-Kay : Ba-Xat, Pho-Lu, Phong-Tho, Bao-Ha ;

2ᵉ RÉGION (HUNG-HOA).

Hung-Hoa : Ngoc-Tap, Cam-Khê, Van-Ban, Than-Ba, Ngoi-Lao, Yên-Luong ;

3ᵉ RÉGION (TUYÊN-QUANG).

Tuyên-Quang : Dong-Chau, Chiem-Hoa, Bac-Kem, Cho-Ra ;
Vinh-Thuy : Yên-Binh, Bac-Quan, Hayan, Bac-Mê, Bao-Lac ;

4ᵉ RÉGION (SON-TAY).

Son-Tay : Bac du Day ;
Viêtri : Phu-Doan, Lien-Son ;
Hanoi ;

5ᵉ RÉGION (SON-LA).

Son-La : Ta-Chan, Ban-Yên ;
Lai-Chau : Dien-Bien-Phu, Tuan-Giao ;
Nhê-Lo : Dai-lich (provisoirement) ;

6ᵉ RÉGION (NINH-BINH).

Ninh-Binh : Phu-Nho-Quan, Phu-Ly ;

2ᵉ BRIGADE. — *Bac-Ninh.*

8ᵉ RÉGION (HAIPHONG).

Haiphong : Quang-Yên ;
Mon-Cay : Ha-Coi, Tien-Yên, Hoan-Mo, Dinh-Lap ;

9ᵉ RÉGION (PHU-LANG-THUONG).

Phu-Lang-Thuong : Bo-Ha, Kep, Bac-Lê ;
Lam : Kep-Ha, Bien-Dong, An-Chau, Vi-Loai, Mai-Xu ;
Sept-Pagodes : Hai-Duong, Da-Bac, Dong-Triêu ;

10ᵉ RÉGION (BAC-NINH).

Bac-Ninh : Dap-Cau, Bac des Rapides ;
Thai-Nguyên : Huong-Son, Cho-Moi, Cho-Chu ;

11ᵉ RÉGION (CAO-BANG).

Cao-Bang : Soc-Giang, Nguyên-Binh, Ngan-Son, Tra-Linh, Trung-Khan-Phu, Ha-Lang, Phuc-Hoa, Nam-Nang ;

12ᵉ RÉGION (LANG-SON).

Lang-Son : Dong-Dang, Pho-Binh-Gia, Than-Moi, Cho-Trang ;
Thât-Khê : Dong-Khê, Na-Cham ;

3ᵉ BRIGADE. — *Hué.*

13ᵉ RÉGION (HUÉ), Hué, Tourane, Thuan-An ;

4ᵉ BRIGADE. — *Saigon.*

COCHINCHINE :

Bien-Hoa,	Cai-Bê,	Chaudoc,	Les Mâres,	Rach-Gia,	Tay-Ninh,	Thu-Dau-Mot,
Saigon,	Cai-Mai,	Cho-Lon,	Long-Xuyên,	Sadec,	Thi-Thinh,	Vinh-Luc,
Baria,	Cantho,	Gocong,	Mytho,	Soc-Trang,	Trang-Bang,	Vinh-Long.
Bentré,	Cap S\`-Jacques,	Hatien,	Poulo-Condore,	Tanan,	Travinh,	

CAMBODGE : *Phnom-Penh.*

** * **

Pour le haut commandement, il est important d'en finir avec les bandes chinoises qui continuent à entraver sérieusement la libre navigation sur le Fleuve Rouge. Les opérations proposées par les commandants des régions de Lao-Kay (puis Yên-Bay) et de Son-La sont acceptées.

La présence des bandes toujours grossissantes, ayant leurs repaires dans ces massifs boisés, rocheux, inextricables, sans voies de communication fréquentées qui, de la mer vers Quang-Yên, enserrent le delta par le Dong-Triêu, jusqu'au Ba-Vi et la basse Rivière Noire, préoccupe vivement toutes les autorités civiles et militaires. Tant que le nettoyage de ces contrées ne sera pas un fait accompli, il n'y aura aucune sécurité pour les paisibles populations tonkinoises.

Les bandes, composées en majeure partie de Chinois, font surtout la traite des femmes jaunes vendues en Chine ; elles rapportent de l'opium, des armes, des munitions. Manœuvrées par nos troupes, elles se dispersent ; quelquefois, se croyant sûres de leur coup, elles attaquent, soit directement, soit le plus souvent en tendant des embuscades.

Pour leur enlever toute sécurité, nos postes multiplient les reconnaissances avec des renseignements imprécis, quelquefois incertains et souvent nuls. Cette tactique qui consiste à battre un terrain à la façon du chien de chasse, est la seule qui donnera des résultats. C'est une lutte énervante, épuisante, décevante même, puisque souvent on opère sans résultat apparent, sans tenir compte des époques de l'année ; or, l'été tonkinois est particulièrement rigoureux, chaud, orageux, pluvieux.

Le décousu relatif du récit des opérations et des différents faits donne bien la caractéristique de cette époque de la conquête et de la pacification.

1ʳᵉ RÉGION. — *Lao-Kay, puis Yên-Bay* (1).

La région est assez calme, sauf dans la vallée du Song-Chai, Les rapports avec la Chine sont excellents. Les autorités chinoises du Yunnan font des efforts sincères pour rejeter des bandes loin de la frontière du Tonkin.

Le 20 mai a lieu, à Lao-Kay, la cérémonie du raccordement des lignes télégraphiques françaises et chinoises en présence des fonctionnaires chinois et de la population française.

** * **

Opérations militaires. — Le cercle de Yên-Bay est le théâtre d'opérations dirigées contre une bande de Chinois et de Muongs, sur la rive gauche du Fleuve Rouge. Aux premiers jours de septembre 1889, cette bande avait passé le fleuve entre Lam (Thai-Hutt) et Bao-Ha, et s'était mise à réquisitionner au nom de l'ex-roi

---

(1) Nouveau nom de Than-quan.

Ham-Nghi; il ne fallait pas lui laisser le temps de s'installer dans la région peu connue et accidentée du Ha-Lo, d'où il eut été fort difficile de la chasser plus tard.

Un petit poste d'observation, parti le 12 de Déo-Hat, s'installe le 17 à Lang-Tiên; les Chinois interrompant leur marche sur le Ha-Lo, remontent alors dans le canton de Tu-Lê qu'ils mettent au pillage. Le centre de leurs opérations était la demeure fortifiée du chef man Dong-phuc-Thinh, qui les avait, paraît-il, appelés de Chine et chez qui ils rassemblaient de grands approvisionnements.

En même temps, deux autres colonnes sont formées par le commandant Gonard; le 19, elles se mettent en mouvement, ayant pour objectif commun la demeure de Dong-phuc-Thinh, et le 24 elles opèrent leur jonction avec le détachement de Déo-Hat. Mais les Chinois se dérobent à leur approche et, lorsqu'elles arrivent le 27 au repaire de Dong-phuc-Thinh, elles ne trouvent devant elles qu'une cinquantaine de Mans ou de Muongs médiocrement armés. La position est enlevée après un court engagement; les approvisionnements sont détruits et la maison rasée.

Il ne fallait pas songer à poursuivre les Chinois qui s'étaient enfoncés vers la haute vallée du Ngoi-Hutt, dans un pays inconnu et difficile où ils devenaient insaisissables. Le 29, la colonne rétrograde et le 7 octobre, toutes les troupes sont rentrées dans leurs cantonnements.

Le village de Bao-Ha, situé sur la rive droite du Fleuve Rouge, est attaqué le 11 janvier, vers 11 heures du soir, par une bande de 50 Chinois. La garnison du poste, situé sur l'autre rive, intervient pour repousser les pillards.

Le 27 février, un convoi de 13 jonques de commerce, parti de Lao-Kay le 22, avec le convoi militaire régulier, est attaqué à 12 kilomètres en aval de Trai-Hutt. 15 femmes, 6 enfants et 1.500 piastres sont enlevés. D'autre part, le même jour, un autre convoi de 23 jonques, parti de Yên-Bay pour Lao-Kay, est attaqué vers le Ngoi-Tié (24 kilomètres en amont de Yên-Bay). Les pirates qui ont commis ces deux agressions paraissent appartenir à une même bande, estimée à 2 ou 300 fusils, qui ne serait autre que le groupe de Mans et de Chinois chassé tout dernièrement du Than-Hoa-Dao par les opérations du lieutenant-colonel Pennequin.

Pendant le mois de mars, des reconnaissances sont poussées par les postes de Yên-Bay et de Trai-Hutt; les pirates se dispersent sans accepter le combat.

D'autre part, la situation est assez troublée du côté de Phu-Yên-Binh, sur le Song Chai. Dans la nuit du 30 au 31 mars, le poste de garde civile installé en ce point est vivement attaqué par une bande. Le garde principal commandant le poste est tué. (Phu-Yên-Binh avait été évacué au mois d'octobre dernier par l'autorité militaire. Une certaine agitation s'étant manifestée depuis le départ de nos troupes, un détachement de 30 gardes civils y avait été envoyé).

Le siège du commandement de la 1re région est transféré de Lao-Kay à Yên-Bay, point plus central et plus convenable à tous égards.

Dans la région de Phu-Yên-Binh, plusieurs bandes opèrent entre ce point et Luc-An-Chau, prenant pour objectif la riche vallée du Song Chai qui est entièrement ravagée. Le village de Phu-Yên-Binh est brûlé lui-même dans la nuit du 19. Près de Luc-An-Chau, le commandant de ce poste fait le 20 avril une sortie contre une bande de 150 hommes qui venaient de piller le village de Luo-Do-Xa. On peut aussi constater de ce côté de fâcheux symptômes; toute la vallée du Ngoi-Biêt, affluent du Song Chai, est en pleine effervescence.

Enfin, vers Mo-Ha, à 35 kilomètres en amont de Yên-Bay, près de l'embouchure du Ngoi-Quê, on signale la réinstallation des pirates chassés le 24 mars. Quatre courriers trams sont enlevés dans l'espace de quelques jours.

Toutes ces bandes qui opèrent actuellement dans un pays qui était parfaitement tranquille depuis plusieurs années, sont formées des débris de celles installées, il y a quelques mois encore, dans le Thanh-Hoa-Dao et sur les bords du Fleuve Rouge, entre Yên-Bay et Hung-Hoa. Traquées dans ces régions, elles sont remontées vers le nord dans une contrée qui échappe à l'action directe de l'autorité militaire et où le seul poste de garde civile qui occupe Phu-Yên-Binh est insuffisant pour protéger les habitants.

Du 30 avril au 6 mai, deux détachements sortis des postes de Trai-Hutt et de Yên-Bay exécutent une battue sur la rive gauche du Fleuve Rouge, dans les environs de Mo-Ha. Le 4, les deux troupes opèrent de concert sur Kê-Dinh où la bande était signalée. Les pirates sont délogés après une affaire assez chaude dans laquelle le lieutenant Dupré et un sergent européen sont blessés.

La situation est toujours fort troublée dans les pays de Luc-An-Chau et de Phu-Yên-Binh. Trois bandes parcourent ce pays : une, peu nombreuse mais bien armée, opérant sur le Ngoi-Tiên ; une deuxième, de 200 hommes environ, installée à Phu-Nuoc ; c'est elle qui avait détaché un parti de 50 pirates en avril pour aller brûler Tuyên-Quang ; une troisième, qui opère sur le bas Song Chai et vers le Fleuve Rouge. Les chefs qui les commandent se posent comme les véritables maîtres du pays. Les Nhungs les suivent et grossissent leurs effectifs. D'autres fonctionnaires indigènes ont été nommés à côté de ceux reconnus par l'autorité française. C'est ainsi que dans le Phu-Yên-Binh, il existe un Phu et un Ban-Bien rebelles.

Au commencement de juin, on signale la présence d'une bande de 100 à 150 Mans et Chinois, aux environs de Ngoc-Tiên, vallée du Ngoi-Biêt. Le 9, TU-MA, riche habitant de la vallée de Luc-An, les poursuit avec une troupe de quelques linhs, les atteint et les rejette sur Lam-Duong. Les Chinois tombent, en se retirant, sur un détachement sorti du poste de Lu-An-Chau, qui leur tue et blesse également plusieurs hommes.

1re RÉGION-BIS (PUIS 5e RÉGION). — Son-La.

La région est calme, à part le pays du Thanh-Hoa-Dao, sur la rive droite du Fleuve Rouge, dans lequel plusieurs opérations militaires ont dû être entreprises.

*
* *

Opérations du Thanh-Hoa-Dao. — La bande de Chinois et de Muongs poursuivie sans succès en septembre 1889 par le commandant GONARD, s'est réfugiée à Tu-Lé, où elle lève des contributions. Dans le but de surprendre ces pirates, le Commandant PENNEQUIN, commandant la région, parti le 4 octobre 1889 de Son-La avec 30 tirailleurs muongs, arrive le 9 au hameau de Ban-Co-Nhon, à moins d'une heure de marche de Tu-Lé. Les pirates étaient établis sur les hauteurs qui couronnent la rive gauche de la rivière Co, ayant pour réduit la maison du chef méo DAO-TRIÊNG-LOC.

Le faible effectif de la reconnaissance ne permettant pas d'attaquer, le commandant PENNEQUIN attend, retranché dans le village de Ban-Co-Nhan, des renforts qui lui arrivent le 11. Le 13, la colonne portée à 130 fusils, commence son mouvement. Après un court engagement, les pirates se débandent de tous côtés. La maison du chef méo et les villages qui donnaient asile aux pirates sont livrés aux flammes, et la colonne rétrograde sur Tu-Lé. Le 15, elle regagne ses garnisons, laissant un poste de 50 hommes à Tu-Lé.

Le général BICHOT, commandant en chef, ne voulant à aucun prix étendre notre occupation dans cette région avancée, donne dans la suite l'ordre d'évacuer le nouveau poste.

*
* *

Mais, à la date du 1er novembre 1889, le poste provisoire de Tu-Lé n'avait pu être encore évacué et le sous-lieutenant MOLL s'y trouvait bloqué. Le commandant BUQUET, commandant du cercle de Déo-Hat, chargé de procéder à l'évacuation, ayant trouvé la route barrée, était rentré à Nghé-Lo et réclamait l'envoi de renforts.

Le général commandant la 1re brigade lui expédie aussitôt deux pelotons, l'un de tirailleurs, l'autre de légionnaires, tirés de la garnison de Yên-Luong, et ordonne au commandant de la 1re région-*bis* de faire coopérer à cette opération un détachement de ses troupes tiré de la province de Son-La.

Le 5 novembre, le commandant BUQUET, disposant alors de forces suffisantes, se met en route de nouveau, et le 6, livre combat aux pirates qui investissaient Tu-Lé. L'affaire à laquelle concourait la garnison du poste, déjà renforcée par un peloton venu de la 1re région-*bis*, fut assez chaude ; un tirailleur était tué, le lieutenant NOCQUET et 7 tirailleurs grièvement blessés.

L'évacuation définitive est alors effectuée et nos troupes rentrent à Nghê-Lo le 9 novembre ; le détachement venu de la 1re région-*bis* retourne de son côté à Son-La et les renforts tirés de Yên-Luong regagnent leurs cantonnements.

Mais dès le 11 novembre, les communications sont coupées entre Nghê-Lo et Déo-Hat par les pirates, qui ont suivi le commandant BUQUET en harcelant son arrière-garde. Les tentatives, pour correspondre et faire la liaison entre les deux postes, restent infructueuses.

Le 19 novembre, le sous-lieutenant MOLL, resté ainsi que 70 tirailleurs à Nghê-Lo avec le commandant BUQUET, sort avec 40 hommes pour essayer de rouvrir la route. Vivement attaqué, il est coupé de son point de départ et obligé de gagner Déo-Hat par des sentiers détournés de la montagne ; il fut très grièvement blessé dans cette affaire (1) et perdit 6 tirailleurs tués ou disparus.

Le commandant GONARD, commandant du cercle de Yên-Bay, reçoit aussitôt l'ordre de se porter avec des renforts à Nghê-Lô pour débloquer le commandant BUQUET ; il se met en route le 22 novembre avec 65 européens et 120 tirailleurs, et arrive le 25 à Déo-Hat. Le 26, il atteint Nghê-Lo sans combat, les pirates s'étant repliés.

*
* *

Troisième série d'opérations dans le Thanh-Hoa-Dao. — En présence de ce véritable soulèvement, une action énergique s'impose, et à la date du 25 novembre le Gouverneur général PIQUET donne l'ordre de prendre les mesures propres à éviter tout retour offensif des bandes pirates dans le Thanh-Hoa-Dao. La direction de cette opération d'ensemble est confiée au lieutenant-colonel PENNEQUIN, commandant la 1re Région-*bis* qui dispose des troupes indigènes et des irréguliers de la province de Son-La, ainsi que des détachements placés sous les ordres des chefs de bataillon BUQUET et GONARD.

Les ordres du général en chef trouvent d'ailleurs le lieutenant-colonel PENNEQUIN tout préparé à agir, car, ayant appris la situation critique du commandant BUQUET, bloqué dans Nghê-Lo, il avait envoyé immédiatement de Son-La et de Van-Yen deux détachements de 50 fusils chacun, poussé une quarantaine de tirailleurs à Ngoc-Tien, et appelé à Son-La les troupes qu'il pouvait rassembler sans trop dégarnir la frontière siamoise.

Après avoir réuni les irréguliers qu'il joint à ses tirailleurs, il part de Son-La le 9 décembre et arrive à Nghê-Lo le 16. Il convoque aussitôt les chefs indigènes des environs, les interroge et reconnaît que nous avons affaire à une révolte purement locale, provoquée par les exactions de mandarins annamites, le quan-huyên de Van-Can et le tuân-phu d'Hung-Hoa. Il lance une proclamation aux populations et se prépare à opérer contre les rebelles qui occupent, au sud de Nghê-Lo, le repaire de Luong-Buong, très fortement retranché.

Le 19, reconnaissance générale ; on enlève les avant-postes ennemis ; nous avons 4 tirailleurs blessés. Mais le lieutenant-colonel PENNEQUIN ne veut pas se heurter de front contre des obstacles accumulés. Les jours suivants, il fait étudier les abords de la position et se prépare à la prendre de flanc et de revers. En même temps, il établit ses communications avec Tu-Lé, où est rendu le détachement qu'il avait dirigé tout au début sur Ngoc-Tan. Pendant ce temps, le commandant GONARD est à Gia-Hoi avec les troupes du cercle de Yên-Bay, et le commandant BUQUET à Nghê-Lo où il assure les communications.

Le 27 décembre, le lieutenant-colonel PENNEQUIN, ayant achevé son mouvement concentrique, met en fuite les rebelles. La poursuite des Chinois et Méos débandés est faite par les irréguliers. Les résultats de ces opérations dirigées avec un grand esprit de suite et une parfaite connaissance du pays ne se font pas attendre.

Les habitants rassurés commencent à rentrer dans leurs villages et le chef du canton de Son-La, l'âme de la rébellion, demande à faire sa soumission. C'est la fin du mouvement. Il ne restera plus qu'à repousser les pirates chinois vers le Fleuve Rouge et à doter le Thanh-Hoa-Dao d'une administration appropriée aux mœurs de ses habitants.

---

(1) Il mourut de sa blessure quelques jours après.

Soumission de DEO-VAN-TRI. — Au début de l'année 1890, les négociations du colonel PENNEQUIN avaient abouti dans la région de Lai-Chau à de brillants résultats : exode de tous les Pavillons Noirs, soumission des frères de DEO-VAN-TRI.

En mars 1890, au cours d'un voyage à Lai-Chau du colonel et de M. PAVIE, DEO-VAN-TRI, inquiet de l'influence que gagnaient ses frères, démobilisé d'ailleurs par la mort de son protecteur, le vice-roi du Yunnan, fait solennellement sa soumission en nous jurant fidélité devant l'autel de ses ancêtres. C'est un serment qu'il ne trahira jamais. Il se chargea, aidé de ses frères, d'assurer la sécurité du pays. Les populations administrées par lui furent heureuses tant que son autorité resta entière. Mais, au cours de ses dernières années, affaibli par la maladie, il ne put empêcher les nombreuses exactions commises par ses parents. Il mourut le 29 février 1908.

⁎⁎

Reddition d'un chef pirate (juin 1890). — Depuis plusieurs mois, on signalait la présence d'un rassemblement armé en Chine, au nord de la frontière, près de Muong-La. C'était la bande du chef NGUYEN-DANH-CAO, qui avait autrefois combattu contre nous, lorsque nous étions en guerre avec la Chine et qui occupait, depuis la fin des hostilités, un territoire qui lui avait été assigné. Les autorités du Yunnan lui avaient payé pendant un certain temps une solde, puis s'étaient lassées et lui avaient concédé des terres pour les cultiver et en tirer sa subsistance. Mais les gens de CAO, plus habitués à la piraterie qu'à l'agriculture, avaient pressuré fortement les populations voisines.

Des troupes régulières chinoises avaient été alors envoyées contre lui, et CAO les avait d'abord repoussées. Mais celles-ci ayant reçu des renforts, ce chef s'était bientôt trouvé acculé à la frontière tonkinoise, au nord de la limite qui sépare la province de Son-La de celle de Lao-Kay.

C'était un voisin gênant ; le vice-résident de Son-La fit exercer une surveillance très active sur les chemins praticables, très rares à cette époque de l'année, qui mènent de Chine au Tonkin. CAO qui ne voulait pas tomber entre les mains des Chinois, préféra se rendre à notre entière disposition le 26 juin 1890.

⁎⁎

2ᵉ RÉGION. — *Hung-Hoa.*

Un réveil de piraterie, d'abord local, a fini par se généraliser au cours de la période 1889-1890. Les bandes, d'abord isolées, se sont associées, puis se sont réunies au début de juin 1890, sous le commandement du DE-KIEU, qui a conservé comme lieutenants leurs chefs (DE-THAM, DE-MAC et QUYEN-HAO).

Ces lieutenants, dont la zone d'action se trouve sur la rive droite du Fleuve, ont toujours avec eux un petit noyau de 30 à 40 pirates armés de fusils à tir rapide. Le reste de leurs partisans, éparpillés en temps ordinaire dans les villages, se joint à eux quand il s'agit de faire un coup. Ils sont aidés à l'occasion par les bandes de Yên-Lanh (village situé à hauteur de Thanh-Ba, entre le Fleuve Rouge et le Song Chai) ; on désigne aussi ainsi un certain nombre de groupes locaux formés d'habitants du pays. Ceux-ci se sont lancés dans la piraterie après l'assassinat du Cai-Tong de Yen-Lanh, LI-DOC-DIEN, en août 1889. Ils ont battu le phu de Lam-Tao venu pour les punir avec un détachement de 350 hommes, et sont depuis cette époque en état constant de rébellion.

Des papiers, pris sur un pirate, à Thu-Chan, le 14 septembre, établissent manifestement l'entente qui existe entre toutes ces bandes ; ils montrent de plus que l'action de l'ex-régent TUYET n'est pas étrangère à ce mouvement et que de sérieux efforts sont faits pour nouer des relations avec les bandes du haut Fleuve Rouge, avec celles qui tiennent la campagne dans la province de Bac-Ninh et sur les rives du Luc-Nam, et même avec celles dont il existe encore des débris vivaces au Thanh-Hoa et au Nghê-An. Le DE-KIEU exerce une autorité réelle et exige une certaine discipline. Les villages sont imposées ; ceux qui refusent de payer une redevance sont seuls pillés.

L'état de la région, qui a été inondée une grande partie de l'année, n'a pas permis d'entreprendre de vastes opérations militaires. La répression de la piraterie a donc été bornée à des reconnaissances faites par les moyens des postes. L'action de nos troupes est d'ailleurs paralysée par le manque absolu de renseignements. Nos chefs de postes ne peuvent s'en procurer, faute d'argent pour rétribuer les émissaires, et aussi par suite du manque d'interprètes intelligents. Dans ces conditions, ils marchent en aveugles au milieu d'un pays hostile et terrorisé. Dès qu'une reconnaissance sort, les pirates sont avertis ; elle ne rencontre personne et, malgré l'énergie et le dévouement de tous, officiers et soldats, il n'y a rien d'étonnant à ce que les résultats ne soient pas en rapport avec l'effort fourni.

*
* *

Action des bandes et petites opérations. — Dans la nuit du 1ᵉʳ au 2 août 1889, le chef de canton de Yên-Lanh est assassiné par ses serviteurs qui s'enfuient en emportant ses armes. Trois jours après, les meurtriers ont recruté d'autres malfaiteurs, et la petite bande, munie de quelques fusils à piston, se met de suite à pirater.

Dans la nuit du 4 au 5, elle déjoue une attaque du poste de Ngoc-Tap ; le 10, elle n'hésite pas à se jeter sur 350 miliciens et partisans du quan-phu de Lam-Tao, au moment où ceux-ci, après avoir brûlé le repaire de la bande à Xam-Gié, commencent à incendier Yên-Lanh. Les miliciens prennent la fuite, laissant aux mains des pirates 4 prisonniers et 2 fusils. Enhardie par ce premier succès, la bande poursuit le cours de ses opérations en brûlant Dinh-Quan et Yên-Ninh, et, grossie tous les jours de nouvelles recrues, elle arrive, vers le milieu d'août, à compter une centaine d'hommes, dont 60 armés de fusils.

Dans la nuit du 13 au 14, le chef de canton de Luong-Son, avec un détachement de miliciens de Ha-Hoa, surprend la bande de QUAN-TINH dans les bois de Fi-Dinh et la met en fuite. Le jour suivant, les miliciens du quan-huyên découvrent à peu près au même endroit la réserve de ces pirates, 500 cartouches Remington neuves et en bon état.

Le 14 septembre, les deux postes de Cam-Khe et de Van-Ban opèrent de concert contre le village de Thu-Chan, où l'on signalait la présence de 15 à 20 pirates. La bande, dans sa fuite, tombe au milieu d'une embuscade ; elle y laisse 3 morts, et se disperse de tous côtés. Le 22, une trentaine de pirates se jettent sur le village de Minh-Hap, en face de Ngoi-Lao ; le commandant du poste de Ngoi-Lao traverse vivement le Fleuve Rouge avec quelques tirailleurs et donne une chasse vigoureuse à la bande, qui a son chef blessé et 2 pirates tués. Le 24, une reconnaissance combinée des postes de Cam-Khé et de Van-Ban, rencontre les gens du DE-MAC aux environs de Bac-Khé. Après un petit engagement, les pirates s'enfuient, laissant deux morts sur le terrain.

Le 10 octobre, les deux postes de Cam-Khé et de Van-Ban opèrent de concert contre la bande de NGUYEN-QUAN-BICH, ancien tuan-phu d'Hung-Hoa. Surpris dans le village de Mo-Xuon, les pirates s'enfuient après nous avoir opposé une résistance assez sérieuse et subi de nombreuses pertes.

Le 15, le commandant du poste de Ngoi-Lao est informé par le quan-huyên de Ha-Loa qu'une bande de pirates forte de 30 hommes environ s'est montrée près de Tien-Dong. Parti avec 20 fusils, cet officier surprend les pirates et leur enlève 2 fusils et une liasse de documents émanant du DE-MAC.

Le 17, une reconnaissance forte de 55 fusils, part de Van-Ban pour étudier le chemin de An-Xao à Thanh-Van, par la vallée du Ngoi-Lao. A son arrivée à Ha-Mai, elle surprend un groupe de pirates appartenant à la bande établie dans les environs de Qué-Son. Ces pirates s'enfuient à la vue de la troupe ; l'avant-garde les poursuit et en tue un. Pendant que le commandant du poste de Van-Ban exécute cette reconnaissance, une bande de pirates forte d'environ 100 hommes, vient attaquer le poste dans la nuit du 18 au 19. Le sous-officier qui commandait le poste en l'absence du capitaine, met les pirates en fuite, après leur avoir tué 2 hommes.

Le 3 novembre, le lieutenant JACQUOT, chargé de protéger avec un détachement de 15 tirailleurs le travail de réparation d'une digue à Dao-Xa (3 kilomètres sud de Hung-Hoa) est assailli par 60 pirates, près du village de Xuong-Dzuong. Les pirates sont repoussés après une lutte assez vive ; le chef de la bande, le DOC-XI, qui tenait la campagne depuis 4 ans dans cette région où il était fort redouté, est tué. A la suite de cette échauffourée, la bande se disperse momentanément.

Dans la nuit du 21 au 22, le village de Phu-Lin et le poste de Thanh-Ba sont attaqués par 150 pirates. Le poste les repousse en leur tuant deux hommes et en blessant 5 ou 6 autres.

Enfin, le 25 novembre une bande d'environ 70 fusils, vient attaquer le poste militaire de Ngoi-Lao, ainsi que la résidence du quan-huyên, située sur la rive opposée. Le commandant du poste repousse les pirates qui l'entourent, puis traverse le fleuve et dégage le quan-huyên vivement pressé.

Le 4 décembre, le commandant du poste de Ngoc-Tap surprend et tue, au village de Hu-Nha, dans la boucle de Tu-My, le DOC-HOI, chef pirate redouté, lieutenant et gendre du DÊ-THAM.

Les environs des postes de Cam-Khé et de Thanh-Ba ne cessent pas d'être ravagés par les pirates de Yên-Lanh, qui se sont réorganisés et avec lesquels les habitants de Tri-Chu et de Cho-Hua ont fait cause commune.

Le 6 janvier 1890 à 6 heures du soir, une bande de 100 hommes attaque simultanément le village et le poste de Van-Ban. La garnison, immédiatement sortie, force les pirates à la retraite. Le 26 janvier le village de Ban-Huyên, sur la rive gauche du Fleuve Rouge, en face d'Hung-Hoa, est attaqué par 40 pirates armés de fusils. Le même jour, le chef de canton de Van-Phu a la tête coupée par son prédécesseur qui tient actuellement la campagne comme pirate. A cette date également, le chef du canton de Cam-Khé (village situé près du poste) est assassiné, probablement par la bande du village de Yên-Lanh.

Le 19 février, le village de Chiên-Ung est pillé par les pirates des environs de Yên-Lanh, malgré la résistance de ses habitants ; le cai-tong qui dirigeait ses administrés, est tué. A la même date, près du poste de Ngoi-Lao, la bande du THAN-HIAP tue le ly-truong et un habitant de Dei-Fam, incendie et pille ce village, et emmène le chef de canton prisonnier après l'avoir blessé. Une partie de cette bande est d'ailleurs atteinte peu de jours après, le 25 février par le commandant du poste de Thanh-Ba, dans son refuge, près de Ba-Tian. Dans le combat, HIÊP-THUY, lieutenant de THAN-HIAP, est grièvement blessé et emporté par ses hommes.

Le 1er mars, le village de Van-Phu, à 800 mètres du poste de Cam-Khé, est attaqué par une bande de pirates. Le poste sort aussitôt, mais les miliciens du quan-huyên, qui sont venus se mêler à nos troupes, jettent le trouble et la confusion dans cette petite opération.

Le 5, une reconnaissance est dirigée par le commandant du poste de Van-Ban, dans la vallée de Quê-Son, où un repaire de pirates est signalé. Ceux-ci s'enfuient à notre approche. Le 9, le commandant du poste de Van-Ban surprend un groupe de pirates à Tien-Dong (6 kilomètres de Van-Ban). Le 17, le même officier en exécutant une nouvelle reconnaissance dans la vallée de Quê-Son, découvre un refuge important qu'il détruit.

Dans la nuit du 21 au 22, un sampan de commerce est attaqué sur le Fleuve Rouge près le Trinh-Xa (rive gauche, 6 kilomètres aval d'Hung-Hoa) et le village lui-même est assailli par 40 pirates. Le 22 au soir, la même bande tente un coup de main sur le village de Ban-Nguyên en face d'Hung-Hoa. Un détachement de la légion traverse immédiatement le Fleuve ; les agresseurs se sauvent.

En présence de cette recrudescence inquiétante de la piraterie, le commandant de la 2e région dirige une reconnaissance de 80 fusils dans le phu de Lam-Tao et dans le huyên de Thanh-Ba. Cette battue ne donne pas lieu à la moindre rencontre, quoique le pays ait été fouillé en même temps en tous sens par les garnisons de Yên-Luong, Ngoi-Lao, Thanh-Ba et Hung-Hoa. Les pirates, à notre approche, se font réfugiés dans la montagne et il a été impossible de trouver, parmi les habitants terrorisés, des guides pour nous conduire à leurs repaires.

Le 6 avril, le commandant du poste de Ngoc-Tap, surprend les pirates de la bande de THAN-GIAN dans un de leurs repaires, au N.-O. de Lang-Nai.

Le 13, le lieutenant BALMONET, commandant le poste de Van-Ban, déloge de Tiên-Dong un groupe pirate. Ce même officier, dans une reconnaissance opérée avec le concours des troupes des postes de Cam-Khé et de Ngoi-Lao, est grièvement blessé le 15 avril, ainsi qu'un légionnaire, au moment où il atteignait un repaire pirate installé sur le Nui-Den, près de Run-Gia. Deux autres légionnaires ont été mortellement frappés. Les pirates vivement pressés disparaissent à la faveur d'un terrain excessivement difficile et très fourré.

Le 28, le commandant du poste de Cam-Khé surprend avec un faible détachement la bande du QUAN-XINH à Xuon-Tinh (8 kilomètres de Cam-Khé). Le QUAN-XINH, son lieutenant et un doï sont tués.

Sur la rive gauche, la bande des environs de Yên-Lanh s'est grossie des miliciens du phu de Lam-Tao et de son Than-Huyên, fonctionnaires indigènes qui ont été récemment emprisonnés pour trahison, par ordre du résident de Son-Tay. Une reconnaissance dirigée contre ces pirates par le commandant du poste de Thanh-Ba, détruit le 10 mai, un de leurs repaires près de Yên-Ky.

Le 11, une patrouille sortie du poste de Ngoc-Tap s'embusque au village de Son-Tei et met en fuite une bande qui venait pour le brûler. Le 13, un groupe appartenant à la bande de Tan-Giat, qui avait pillé la veille plusieurs villages aux environs de Thanh-Ba, veut attaquer le village de Phu-Yên, près du poste. Le piquet sort aussitôt et fait lâcher prise aux Chinois.

Le 19, un détachement de 38 hommes, dont 16 européens, sorti du poste de Ngoc-Tap, vers Thai-Binh, est attaqué près du village de Quan-Lap par 300 Chinois. La petite troupe charge à la baïonnette, mais devant le nombre croissant de ses adversaires, elle doit battre en retraite. Dans ce mouvement rétrograde, elle perd successivement 2 européens tués, dont son chef, le sous-lieutenant de réserve EHRER, du 2ᵉ étranger, 4 européens morts de congestion, enfin un blessé.

Le 6 juin, le DOC-DAI, chef redouté des environs de Hung-Hoa, a été vu au village de Vinh-Lai. Un détachement envoyé d'Hung Hoa pour s'emparer de lui, ne peut se saisir de sa personne, mais fait prisonniers 6 pirates.

Le 12, le poste de la garde civile à Co-Tuyêt, près d'Hung Hoa, est attaqué. Le doï qui le commande repousse les pirates. Le 19, le commandant du poste de Thanh-Ba surprend au village de Huong-Xa, à 8 kilomètres au nord, un groupe de 50 pirates appartenant à la bande dont le repaire se trouve entre Phu-Doan et Thanh-Ba. Deux pirates sont tués, plusieurs autres blessés. Le 23, le commandant du poste de Van-Ban atteint par une marche de nuit à Gian, une bande de 80 pirates, en tue 14 et en blesse plusieurs. Des cartouches et des fusils restent entre nos mains.

Le commandant de la région ayant appris en juillet

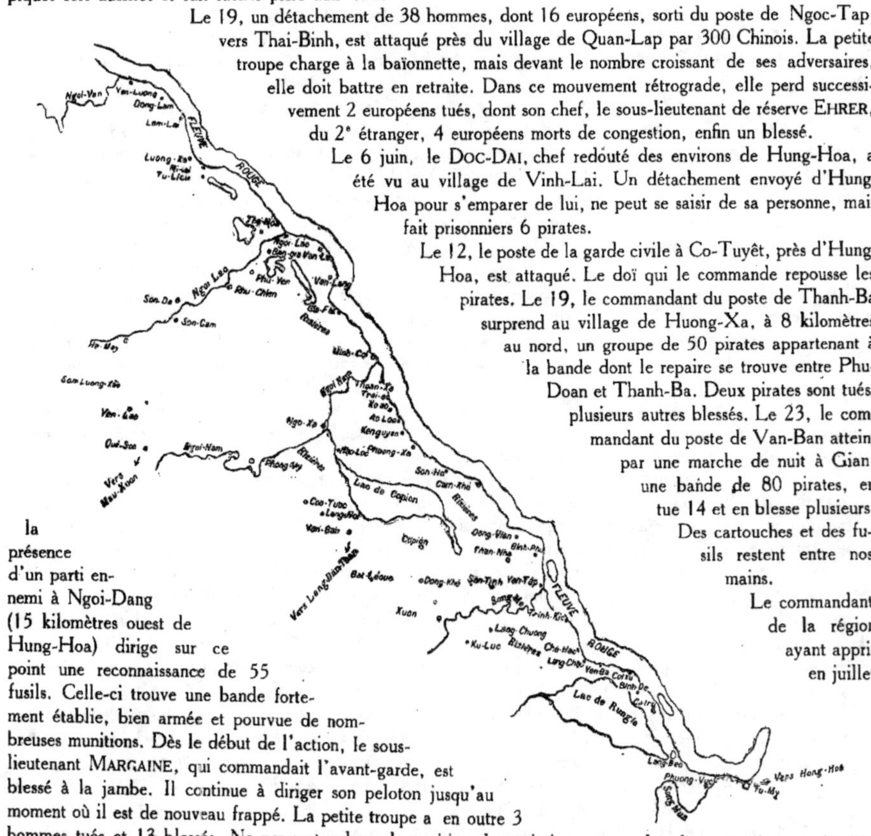

la présence d'un parti ennemi à Ngoi-Dang (15 kilomètres ouest de Hung-Hoa) dirige sur ce point une reconnaissance de 55 fusils. Celle-ci trouve une bande fortement établie, bien armée et pourvue de nombreuses munitions. Dès le début de l'action, le sous-lieutenant MARGAINE, qui commandait l'avant-garde, est blessé à la jambe. Il continue à diriger son peloton jusqu'au moment où il est de nouveau frappé. La petite troupe a en outre 3 hommes tués et 13 blessés. Ne pouvant enlever la position, le capitaine commandant la reconnaissance s'établit un peu en arrière du terrain de l'action et demande des renforts à Hung-Hoa. Ceux-ci arrivent dans la soirée. Le lendemain matin un petit jour, la marche en avant est reprise, mais les pirates, dont les pertes avaient été sérieuses, sont partis dans une direction inconnue.

⁎⁎

3ᵉ RÉGION. — *Tuyên-Quang.*

La région, à peu près calme au début de la période, commence à se troubler à partir d'avril 1890. Nous nous trouvons en face d'un véritable mouvement de rébellion, semblable à celui qui sévit dans la province de

Hung-Hoa. Les chefs chinois élèvent la prétention de se substituer aux mandarins annamites et de percevoir les impôts. Les populations passives ne résistent pas et se laissent piller. Cet état de choses des plus regrettables rend successivement précaire la sécurité des convois circulant entre les différents postes.

Depuis le commencement de l'année, les bandes se sont renforcées sur tout le territoire de la 3° région. On trouve d'abord un premier groupe fort important autour de Cho-Ra. A-COC-THUONG, avec 200 hommes, occupe Phia-Ma, au nord de Cho-Ra. LA-XA-THAN tient la région de Babé avec 150 fusils. DIÊN-PHU-KY rançonne, avec 200 pirates, le pays au sud-est de Cho-Ra.

A l'est de Tuyên-Quang, LY-TU s'est établi à Phuoc-Lam avec une quarantaine de fusils, et LUONG-VAN-SON, frère cadet de LUONG-TAM-KY, est revenu à Cai-Vong, avec une bande moitié chinoise, moitié annamite. Ces deux groupes ont été renforcés ces derniers temps par des partisans de LUONG-TAM-KY, qui l'ont abandonné, depuis qu'il a fait ses offres de soumission.

Enfin, la bande de LY-DOC-BIÊN, de beaucoup la plus importante, occupe les cantons de Vinh-Thuy, de Muc-Ha et de Lam-Duong. Elle compte au minimum 800 fusils. C'est à elle que doivent être imputées toutes les attaques de convois du mois de juin 1890.

Toutes ces bandes sont en relation constante avec la Chine, d'où elles tirent leurs armes, leurs munitions et où elles se recrutent.

La mauvaise saison, le faible effectif des garnisons réduites par les maladies, empêchent nos troupes d'entreprendre contre elles des opérations, même de courte durée.

Dans la haute Rivière Claire, une bande chinoise, traquée sans cesse par nos reconnaissances, continue à tenir la région de Hoang-Su-Phi.

Une trentaine d'hommes partis du poste de Bac-Kem sous la conduite d'un adjudant, pour aller au-devant d'un détachement venant de Chiêm-Hoa, surprennent au retour dans le village de Bou-Bai, le 29 décembre 1889, un groupe de 70 Chinois armés de 40 fusils. Après une courte résistance, les pirates se débandent, laissant 6 cadavres sur le terrain.

Tout le pays compris entre le Song Gam et la Rivière Claire, depuis Ha-Giang jusqu'à Chiêm-Hoa et Bac-Quang, est saccagé et pillé par des bandes de pirates. Celles-ci s'enfuient partout à l'approche de nos troupes, et recommencent leurs brigandages aussitôt que nous sommes repartis.

Le 24 mars 1890, une reconnaissance partie de Bac-Quang et dirigée contre une bande de 30 hommes vers Lang-Tach, tue 6 pirates.

Les événements dont la vallée du Song Chai est le théâtre ont eu leur contre-coup dans tout l'ouest de la 3° région, tandis que le nord était menacé par plusieurs bandes chinoises venues des environs de Hoang-Su-Phi. Le 9 avril, la ferme française RÉMERY, à Phu-Dai (9 kilomètres en aval de Tuyên-Quang, sur la Rivière Claire) est incendiée. M. RÉMERY est tué par les pirates qui disparaissent aussitôt leur coup fait.

Dans le nord, le pays compris entre le Song Gam et la Rivière Claire est ravagé par les bandes chinoises. L'épouvante est générale, les habitants émigrent en masse.

Le 13 avril, une reconnaissance partie de Vinh-Thuy se heurte au N.-E. de ce poste, à Hung-Sang, sur le Song Sang, à une position fortement retranchée et occupée par de nombreux pirates. Le sous-lieutenant DUJEU, qui la commande, est grièvement blessé, ainsi qu'un légionnaire. Le 16, une pirogue, descendant de Bac-Quang avec des malades, est attaquée par 30 pirates.

En présence de cette inquiétante recrudescence de la piraterie, le commandant de la 3° région quitte Tuyên-Quang le 15 avril, à la tête d'un détachement de 50 tirailleurs et 60 légionnaires, et se porte sur Chiêm-Hoa, pour battre toute la contrée au nord de la ligne Vinh-Thuy, Chiêm-Hoa. Les Chinois n'attendent pas nos troupes et se retirent vers le nord. La reconnaissance arrive à Bac-Quang le 28 sans avoir rencontré l'ennemi et après avoir supporté de grandes fatigues.

Pendant qu'une partie des troupes de la place de Tuyên-Quang était ainsi employée dans cette expédition, dans la nuit du 27 au 28, une bande attaque le village annamite de Tuyên-Quang et met le feu à quelques maisons. Poussé par un vent violent, l'incendie se propage rapidement. Les troupes, aussitôt rassemblées, se mettent à la poursuite des pirates qui disparaissent rapidement.

Le 1ᵉʳ mai, le convoi fluvial administratif, parti le 13 avril de Tuyên-Quang, à destination de Ha-Giang, est assailli entre ce poste et Bac-Quang par 20 pirates. Ceux-ci sont facilement repoussés par l'escorte, mais le 3, une bande beaucoup plus considérable l'attaque de nouveau. Après avoir riposté, et devant le nombre des agresseurs, il doit rétrograder sur Bac-Quang.

Le 17 mai, une bande de 500 pirates, venant du nord, qui avait passé la Rivière Claire et gagné la route de Vinh-Thuy, pille et incendie le riche village de Trinh-Truong, sur la route de Yên-Binh.

Le 19 juin, nouvelle attaque, heureusement sans succès, contre un convoi remontant de Tuyên-Quang à Vinh-Thuy. Le 24 juin, un troisième convoi est attaqué à 2 kilomètres en aval de Bac-Quang. Les pirates sont repoussés et le convoi peut arriver à destination. Le sous-lieutenant RANDÉ est légèrement blessé.

Une reconnaissance, sortie du poste de Chiêm-Hoa, atteint, le 21 juillet vers Lang-Li, un groupe de 150 pirates venus pour ravager le pays. Le chef (fils de LI-DOC-BIEN, le chef suprême des bandes de la Rivière Claire) est grièvement blessé, ainsi que 5 de ses partisans.

*
* *

4ᵉ RÉGION. — Son-Tay.

La région n'est pas tranquille. Les environs de Liên-Son, sur le Song Day, au nord de Viétri, sont très troublés. Les pirates exercent impunément leurs brigandages dans la région Son-Duong, Lap-Tach, Thai-Nguyên. Les populations rançonnées et terrifiées vivent éparpillées dans les bois. Les autorités indigènes adressent réclamations sur réclamations aux chefs de postes.

Dans la haute partie de la région, les Chinois continuent à former de véritables principautés, vivant sur le pays et se livrant en toute liberté à leur commerce habituel de femmes, d'opium, d'armes et de munitions.

*
* *

Une recrudescence très marquée de piraterie se manifeste en octobre 1889 dans le phu de Vinh-Thuong, rive gauche du Fleuve Rouge ; les bandes du DOC-KHOAT et du DOC-GIANG, auxquelles se réunissent beaucoup de Chinois, infestent ces contrées. La bande du Bavi, dispersée au mois de juin dernier, semble se réorganiser et recrute de nouveaux partisans.

Un détachement de gardes civils réussit à surprendre à Phu-Tu la bande du chef TU-KHAN, qui est tué après un court engagement.

Dans la nuit du 1ᵉʳ au 2 novembre, les pirates brûlent les villages de Mon-Tri et de Mé-Dong, sur la rive gauche du Fleuve Rouge, en face de Son-Tay. Le 24, pillage et incendie du village de Tong-Linh, voisin du poste de milice du même nom.

Les environs de Liên-Son sont ravagés par plusieurs bandes assez fortes. La principale, composée de 3 à 400 Chinois, a pour chef LUONG-VAN-SON, frère cadet de LUONG-TAM-KY, qui opère dans les environs de Cho-Chu ; elle expéditionne dans tout le pays compris entre le massif du Tam-Dao et la Rivière Claire ; son repaire se trouve dans les montagnes, au nord de Liên-Son, au village de Cay-Vong ou Tuân-Lo-Xa. Elle est, de plus, secondée par plusieurs chefs annamites des environs. Il y a lieu de signaler à son actif :

1° L'incendie du village de Ban-Ly (canton de Vinh-Ninh, huyên de Tam-Duong) dans la nuit du 7 au 8 janvier 1890 ;

2° Le pillage des environs du village de Huong-Dao (huyên de Tam-Duong), incendié le 9, et dont tous les habitants et le bétail ont été emmenés. Cette dernière expédition a toutefois été contrariée par les Annamites des villages voisins qui ont surpris, à un gué, au nord de Son-Dinh (8 kilomètres N.-E. de Liên-Son) les pillards à leur retour, et en ont tué et blessé un certain nombre, sans pouvoir toutefois délivrer les prisonniers, et en perdant trois des leurs ;

3° L'attaque, le 10 janvier, repoussée d'ailleurs par les habitants, du village de Phu-Liên (huyên de Tam-Duong).

Le 13 janvier, la famille d'ARGENCE, père, mère et fils, colons français, cultivateurs au Mont Bavi, est assassinée par des pirates. Le 14, une bande d'une quinzaine d'hommes tente de piller le village de Lam-Do, sur la rive gauche du Fleuve Rouge, en face de Hanoi. Les habitants les repoussent.

L'audace des pirates croissant continuellement, et le quan-huyên de Tam-Duong étant menacé du même sort que celui de Lap-Tach, une reconnaissance est dirigée le 30, au petit jour, sur le village de An-Ha, canton de Yên-Thuong (10 kilomètres de Liên-Son), résidence du chef pirate THUAN-BON et de ses partisans. Trois de ceux-ci sont tués, plusieurs blessés, 22 autres faits prisonniers ; deux jeunes femmes capturées les jours précédents sont délivrées. Malheureusement THUAN-BON, qu'on avait surpris dans son sommeil, a pu s'échapper dans la bagarre à la faveur de l'obscurité. Ce petit coup de main rend confiance aux habitants des villages voisins qui, les jours suivants, amènent plusieurs pirates prisonniers au commandant du poste de Liên-Son.

Le 11 février, le village de Pham-Trach, à 2 kilomètres de Liên-Son, est attaqué par les pirates. Prévenu par les habitants, le commandant du poste envoie aussitôt un détachement de 75 tirailleurs sous la conduite d'un lieutenant. Cet officier parvient à atteindre les agresseurs avant qu'ils aient pu causer de grands dégâts. Trois de ceux-ci sont tués.

Le 13, le village de Luong-Khé (12 kilomètres sud de Hung-Hoa) sur la Rivière Noire, est pillé et brûlé. Le 14, le village de Dai-Diên (une heure de marche à l'est de Liên-Son) est pillé par une bande de 150 Chinois et Annamites descendus du Tam-Dao, qui enlèvent 5 prisonniers, 10 buffles et une grande quantité d'objets de toute nature. Un détachement de 70 fusils, envoyé par le commandant du poste de Liên-Son, empêche la destruction et le pillage total du village ; mais il ne peut atteindre les pirates, qui se sont enfuis à l'approche de nos troupes.

Vers le milieu d'avril, le mouvement des bandes qui ravageaient la vallée du Song Chai s'est fortement accentué du côté de Phu-Doan. Le 10 avril, le village de Toi-Mo, à quelques kilomètres de ce poste, est pillé et incendié. Le 12, le village de Hoan-Tiên subit le même sort.

D'autre part, les environs de Liên-Son étant toujours ravagés par les bandes du Tam-Dao, une battue générale est organisée entre le Song Day et la Rivière Claire, avec le concours des garnisons de Liên-Son, Phu-Doan, Viétri et Dong-Chau, sous la direction du commandant du cercle de Viétri.

Le 18, le commandant de Liên-Son surprend un fort parti de Chinois et d'Annamites installés dans le village de Hoang-Chi, au nord de ce poste. L'affaire réussit parfaitement : 10 pirates sont tués, 12 autres faits prisonniers.

Le 14, l'important village de La-Quan, dans le phu Vinh-Thuong, est incendié et pillé par une bande composée de 100 Chinois et de 300 Annamites, qui tuent 13 habitants et emmènent 71 prisonniers. Vers la fin du mois, les bandes qui ravagent la vallée du Song Chai se sont fortement rapprochées de Phu-Doan.

L'épouvante est générale dans toute la région. Tout ce pays si riche est abandonné par les habitants qui émigrent en masse, mourant de faim et de misère.

Afin de repousser les bandes dont l'audace va en croissant, le poste de Phu-Doan est renforcé, ce qui permet à sa garnison d'exécuter plusieurs sorties. Le 10 mai, un détachement, composé de 30 soldats d'infanterie de marine et 50 tirailleurs tonkinois, se porte la nuit sur le village de Tai-Cop, au S.-O. de Phu-Doan, où la bande du bas Song Chai est signalée. Les pirates n'ont pas attendu l'attaque et sont venus à la rencontre de la petite troupe qu'ils ont essayé d'envelopper ; mais leurs efforts ont été inutiles ; nos soldats, bien postés derrière les digues, les reçoivent par des décharges meurtrières. Le fusil Lebel (1) a donné d'excellents résultats. Un feu rapide de 2 minutes a suffi pour disperser un groupe de plus de 100 Chinois. Ceux-ci ont dû battre en retraite laissant beaucoup de morts et un grand nombre de blessés. Nos troupes n'ont éprouvé aucune perte. Deux femmes et deux hommes prisonniers des pirates ont été délivrés.

Quelques jours après, la bande ayant été signalée à Kiêu-Tich, à l'ouest de Phu-Doan, deux colonnes parties de ce poste abordent simultanément la position, mais les pirates, prévenus, ont disparu.

Du côté de Liên-Son, les bandes de TUAN-BON et de LY-CUNG font de nouveau, le 11 mai, leur apparition. Le poste fait partir de suite un détachement de 800 hommes qui, arrivé à temps, la chasse de phu Liên-Xa et de Pham-Trach, villages situés à 4 ou 5 kilomètres de Liên-Son. Pendant les journées des 13,

____

(1) Le fusil 1886 est depuis peu mis en service dans la Colonie.

14 et 15, une nouvelle reconnaissance parcourt les abords de Phu-Liên et An-Ha, rencontre les pirates et leur fait subir des pertes.

D'autre part, on signale la réoccupation de Ké-Vong par la bande qui en a été chassée au mois d'avril dernier. Celle-ci, reconstituée à 400 hommes, aurait repris possession de son ancien refuge ; elle serait grossie par un groupe chinois venu des environs de Cho-Chu et de Cho-Moi.

.⁎.

8ᵉ Région. — *Haiphong-Moncay.*

La situation de cette région pendant la période 1889-1890 découle de trois faits : 1ᵉ Présence d'un certain nombre de bandes ; 2° Hostilité des mandarins chinois ; 3ᵉ Travaux de la Commission de délimitation.

⁎⁎

A la fin de juillet 1889, on signale sur la frontière, entre Hoan-Mo et Moncay, plusieurs bandes chinoises. L'une, commandée par THAN-DUC-HAN, l'ancien chef du poste chinois de Phuc-Hein-Tong, compte environ 100 hommes. Une autre, d'un effectif à peu près double, a pour chef MA-THAN-LANG, et campe en Chine en face de Nam-Si. Enfin, les débris des vieilles bandes de BAO-HAT et de TONG-NHIOU pouvaient réunir encore une centaine de pirates.

Ces bandes, mal armées, peu organisées, commettent des actes de brigandage isolés et, leurs coups faits, repassent aussitôt la frontière.

⁎⁎

L'hostilité des mandarins chinois, qui a toujours existé, a redoublé, à l'occasion de la présence de la commission de délimitation. Malgré des blâmes et des rappels à l'ordre de la Cour de Pékin, les mandarins ont multiplié leurs intrigues et manifesté leur mauvaise disposition à notre égard.

En août 1889, le vice-roi des deux Quang, CHAN-CHI-TONG, qui a toujours été notre ennemi déclaré, est déplacé et son remplaçant, LI-HAN-CHANG, frère de LI-HUNG-CHANG, montre à notre égard des dispositions pacifiques.

Mais il nous reste un ennemi puissant : le général PHONG, qui s'intitule le « Vainqueur de Lang-Son » et qui jouit d'une grande influence dans le Quang-Tong.

⁎⁎

La commission d'abornement des frontières sino-annamites, présidée par le commandant DE LABASTIDE, et composée de membres civils et d'officiers, est arrivée à Moncay le 25 octobre 1889, afin de pouvoir commencer ses travaux le 1ᵉʳ novembre, conformément aux conventions passées entre les gouvernements de Paris et de Pékin. Les opérations, qui paraissaient devoir être menées rapidement, sont entravées par le mauvais vouloir des commissaires chinois influencés par le général PHONG et ses fils, par les fêtes du Têt (1ᵉʳ de l'an chinois), par les pluies, par les attaques des pirates soudoyés par le général PHONG.

En mars, un soldat chinois ayant gravement outragé un sous-officier européen, qui était allé porter un message au président de la commission chinoise, le commandant DE LABASTIDE demande et obtient une sanction.

Dans la nuit du 29 au 30 mars 1890, une maiso située à Pack-Si auprès de nos cantonnements et occupée par un certain nombre de coolies de la commission française, est attaquée par une quinzaine de Chinois armés de fusils et de coupe-coupes. Aux premiers coups de feu, les détachements de l'escorte prennent les armes et mettent en fuite les assaillants. Dans cette échauffourée, 4 coolies ont été blessés, dont un grièvement.

Enfin, malgré toutes les difficultés accumulées autour d'elle, la commission qui a opéré entre Mon-Cay et Hoan-Mo, quitte ce dernier point le 6 juillet 1890, ses travaux terminés, pour rentrer à Mon-Cay, et de là à Hanoi.

*
* *

Piraterie. — Dans le cercle de Haiphong, le DOC-TICH, étroitement bloqué par les miliciens du tông-dôc d'Haiduong, dans les rochers de l'île des Deux-Songs, se rend le 12 août 1889, avec une partie de ses bandes.

Le 19, une cinquantaine de Chinois bien armés, viennent assaillir Cai-Dzuoc, à 3 heures de sampan de Tiên-Yên ; ils enlèvent 8 femmes et se dirigent vers la mer en pillant sur leur route le village de Dong-Son. Une reconnaissance du poste de Tiên-Yên se met à leur poursuite et réussit à les atteindre dans l'île de Nui-Sam ; les pirates, après une vive résistance, sont refoulés dans les bois, leurs campements sont brûlés et leurs bateaux coulés. On délivre les femmes prisonnières.

Le 7 septembre, la bande de THUONG-NHIAOU vient assaillir le village de Long-Khé-Son, mais les habitants, prévenus, réussissent à la repousser. Cinq jours après, elle revient à l'attaque, forte cette fois de 300 hommes. Une fois le coup fait, les pirates rentrent à Thanh-Mai, pillant et incendiant sur leur passage le hameau de Dam-Ha. Le 16, une reconnaissance, forte de 140 fusils, quitte Mon-Cay pour donner la chasse à la bande ; mais celle-ci se dérobe sans cesse devant nos troupes, et inquiétée sur sa route par les gens du village de Duong-Hoa, qu'elle avait voulu rançonner, elle finit par rentrer dans les massifs de Thanh-Mai.

Le 8 octobre, une bande envahit les villages de Dai-Lai et de Lang-Ku, y brûle une dizaine de cases, et après les avoir pillées, se dirige sur Chuck-Fai-San. Le 24, elle pille le village de Mai-Thi ; cinq jours après le 29, elle attaque près de Song-Liêp, un convoi administratif parti avec son escorte de Vi-Loai. Le 9, une reconnaissance, forte de 115 fusils, quitte Mon-Cay pour essayer de la surprendre, mais n'y parvient pas.

Une reconnaissance, partie le 16 du poste de Tiên-Yên, et forte de 25 fusils, surprend une petite bande de pirates qui occupait une ferme fortifiée, appelée Dong-Hiêm, au N.-O. de Dam-Ha. Quelques femmes et enfants peuvent être délivrés.

Les îles et les rochers de la baie d'Along sont infestés par des pirates de mer qui attaquent et pillent les jonques de commerce.

Le 28 octobre, l'escorte du convoi qui ravitaillait Vi-Loai (25 kilomètres nord de Quang-Yên), rencontre au retour, sur le Song Liêp, à 6 kilomètres au sud du poste, une petite bande qu'elle disperse, après un combat d'une demi-heure. 6 buffles et 17 femmes sont délivrés.

Le 8 janvier 1890, le vice-résident de Mon-Cay, à la tête d'une petite colonne de gardes civils et d'auxiliaires indigènes, détruit le cantonnement du chef pirate TCHANG-YAO, près de Pack-Si, où est installée actuellement la commission française, et trouve quelques papiers compromettants qui établissent la connivence de plusieurs mandarins du Quang-Tong avec les pirates de la région de Mon-Cay.

Le 11, une patrouille envoyée par le président de la commission d'abornement, capture au hameau de Luc-Châu (territoire annamite), trois Chinois, dont l'un est reconnu comme étant le fils de l'ancien sous-chef du canton de Bac-Trang, devenu mandarin chinois et notre ennemi acharné.

Le 26 février, une reconnaissance commandée par un officier du poste de Ha-Coi, surprend, près de Chuc-Fai-San, une bande pirate qui venait de Thanh-Mai et se dirigeait sur Dam-Ha. Un pirate, grièvement blessé, tombe entre nos mains et une femme prisonnière est délivrée.

Un des principaux chefs de bandes, TCHANG-YAO, chassé le 9 janvier par le vice-résident de Mon-Cay, de son repaire de Po-Hen, près de Pack-Si, y était revenu à la fin de ce mois, et un officier de la commission, opérant de ce côté un levé topographique, avait reçu des coups de fusil. Il était nécessaire de dégager le terrain pour permettre de continuer les travaux ; à cet effet, le commandant DE LABASTIDE dirige le 25 janvier sur Po-Hen une reconnaissance de 20 fusils, sous les ordres du capitaine BETBOY, qui commande une fraction de l'escorte des commissaires français. Cet officier, après avoir repoussé un poste avancé des pirates, est assailli par une bande nombreuse. Au même moment, un sous-officier européen tombé malade doit être porté. Dans ces conditions, il n'y avait pas à songer à lutter contre un ennemi très supérieur en nombre, et le capitaine BETBOY ordonne la retraite. Tout en infligeant des pertes sérieuses aux pirates, il n'a personne de touché, et rentre sain et sauf avec tout son monde à Pack-Si.

Quelques jours après, le cirque de Po-Hen est trouvé complètement évacué. Tout fait supposer que les représentations énergiques du président de la commission française ont porté leur fruit et que d'autre part, les Chinois, qui nous sont hostiles, craignent, en retardant les travaux, de voir séjourner plus longtemps les troupes françaises sur les frontières du Quang-Tong.

Le 21 mars, à 3 heures du soir, une bande forte de 300 hommes avec environ 200 fusils, tombe dans une embuscade tendue à Quang-Vai, par un officier commandant un détachement du poste de Dinh-Lap. Après un vif engagement, les pirates s'enfuient en trois groupes vers la Chine, Chau-San et Dong-Kay. Onze femmes et sept enfants annamites sont délivrés.

Le 29, une reconnaissance partie du poste de Ha-Coi, trouve une bande très solidement installée à l'ouest de Po-Hen. Le commandant de la reconnaissance, n'ayant pas jugé ses forces suffisantes pour enlever le repaire très bien situé au point de vue défensif, dans un terrain presque inaccessible, rentre à Ha-Coi.

Vers la fin d'avril, par suite de la présence de la bande du Chinois THOU-NGHIAO aux environs de Po-Hen, les officiers topographes de la commission d'abornement ne peuvent plus lever la frontière entre Nam-Si et Hoan-Mo. Une opération est combinée entre une partie de l'escorte de la commission d'abornement et un détachement de 100 hommes tirés de la garnison de Mon-Cay, soutenu par un parti de 100 miliciens. Le mouvement réussit et, le 28 avril, le village de Van-Toc qui servait de repaire aux pirates est enlevé. Ceux-ci s'enfuient laissant sur le terrain huit tués et plusieurs blessés.

Le 4 juin, une bande de pirates forte d'environ 100 hommes, attaque les villages de Linh-Kéo, Phan-Cang et Na-Bo, à l'est du poste de Hoan-Mo. Plusieurs indigènes sont tués et faits prisonniers par les assaillants qui se retirent ensuite dans la direction du poste chinois de Ban-Heng. Des preuves formelles ayant établi la complicité du mandarin qui commande en ce point, une réclamation est adressée par le commandant DE LABASTIDE, président de la commission française, au président de la commission chinoise, qui promet qu'une enquête sera ouverte.

Les environs d'Haiphong subissent le contre-coup du retour des bandes chinoises dans les massifs montagneux au nord de Quang-Yên et de Dong-Triêu. Une bande de 70 à 80 pillards opère en ce moment dans le huyên de Thuy-Dong. Le 9 juillet, elle pille le marché de Thuy-Dong, tue deux hommes et enlève 35 femmes.

*
* *

Hai-Duong, Bac-Ninh, Phu-Lang-Thuong.

Ces régions ont été très troublées pendant la période 1889-1890. De nombreuses bandes circulent, pillant les villages, enlevant les femmes et le bétail pour les vendre en Chine. Ces bandes disposent de repaires fortifiés et situés dans des endroits difficilement accessibles : le Bao-Day, le Dong-Triêu et le Yên-Thê, la région Cho-Chu, Cho-Moi.

Les petites reconnaissances que peuvent faire les postes ont pour seul effet de faire rentrer les pirates dans ces repaires, où il ne saurait être question de les poursuivre. Seules, des colonnes importantes ont ce pou-

(Cliché du Gouvernement général)

EN BAIE D'ALONG

(Cliché du Gouvernement général)

HONGAY — L'ILE AUX BUISSONS

(Cliché du Gouvernement génèrai)

ENTRÉE DU PORT DU PARCEVAL

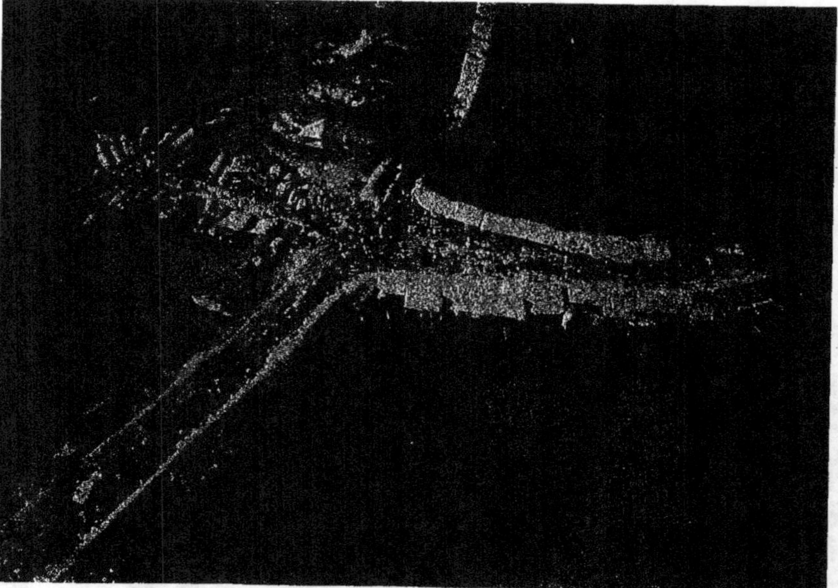

(Cliché Aéronautique)

SEPT-PAGODES — LE PÉLERINAGE

voir. Mais les bandes, chassées d'un repaire, se dispersent et passent aux repaires voisins. C'est en multipliant ces colonnes, en installant des postes dans ces régions, en menant la vie dure aux pirates, que l'on parvient à les capturer, à les soumettre, à tarir leur recrutement.

La période est marquée :

1° Par l'enlèvement des frères ROQUE, dont la présence chez les pirates a paralysé pendant quelques mois notre action dans le Dong-Triêu.

2° Par les opérations d'août-septembre 1889 dans le Bao-Day contre les bandes de LUU-KY. Les bandes, chaussées du Bao-Day, pasèrent sur la rive gauche du Sông Loch-Nam, au nord de Dong-Triu ;

3° Par deux opérations (septembre-octobre 1889) dans le Yên-Thê contre les bandes du DÊ-NAM et du DOI-VAN qui aboutirent à l'exode des bandes vers Lang-Son — That-Khé.

4° Par les opérations du Loch-Nam (avril 1890) contre les bandes chassées du Bao-Day par la colonne d'août-septembre.

Des opérations autour de Cho-Chu étaient prévues. Des offres de soumission faites en septembre 1889 par LUONG-TAM-KY font renoncer à ce projet.

*
* *

Opérations dans le Bao-Day. — Depuis longtemps déjà, les bandes du Bao-Day, grossies tous les jours par une infiltration incessante, sont complètement maîtresses du pays. L'autorité des résidents civils y est, de leur propre aveu, tout à fait nulle. La population entière, par sympathie ou par crainte, est à la dévotion des Chinois ; elle leur fournit des vivres, des coolies, des recrues, et les tient au courant des moindres mouvements de nos troupes. Nos convois sont fréquemment attaqués, nos trams sont journellement dévalisés, et parfois même, exécutés. Les rivières comme les routes, sont au pouvoir des pirates.

Leurs repaires sont établis dans le Bao-Day, au milieu de fourrés d'un accès difficile, où l'on arrive par des sentiers connus d'eux seuls et semés d'embuscades. Vers Bao-Loc, il y a 300 Chinois aux ordres de LUU-KY, et 50 Annamites commandés par TONG-BOUI. Plus à l'est, dans le Déo-Thiam, campent 400 Chinois et Annamites dont les principaux chefs sont DOC-NGHI et DOC-TIÊU. Au S.-O. vers Noi-Yên, BAN-TAI dispose d'une centaine d'hommes. Enfin, le long du Luc-Ngan, à Son-Dinh et plus en amont, à Dao-Bé, 2 ou 300 Chinois occupent les deux rives du Fleuve. Les forces réunies de tous ces chefs dépassent peut-être un millier d'hommes, abondamment pourvus de munitions, ravitaillés et soutenus par les gens du pays.

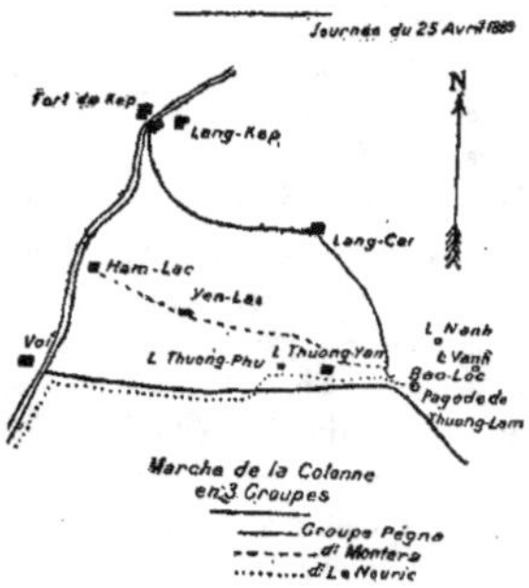

Dans les premiers jours du mois d'août 1889, une reconnaissance partie de Phu-Lang-Thuong essaye d'atteindre la bande de CAI-BIÊU signalée à Dao-Trang ; elle réussit à lui envoyer de loin quelques feux de salve, mais, n'ayant pu se renseigner auprès des habitants sur la direction suivie par les pirates, elle doit renoncer à les poursuivre et rentre à son poste. Quelques jours après, une autre reconnaissance envoyée de Lam sur Noi-Yên et la pagode de Ko-Man, échoue de même, grâce au silence obstiné et à la mauvaise foi des indigènes.

Il fallait un effort plus considérable pour mettre fin à une situation devenue menaçante et reconquérir le terrain que nous avions incontestablement perdu dans ces régions. Deux colonnes sont mises en mouvement.

La première sous les ordres du commandant PRÉTET forte de 350 fusils, doit partir de Lam, pour gagner, le Déo-Quan, les campements établis vers Bac-Lê et Sui-Ganh, coupant ainsi aux Chinois leur ligne de retraite vers l'est.

L'autre, forte de 230 hommes et commandée par le capitaine PÉGNA, part de Kep pour venir attaquer de front les campements de Bac-Loc et rejeter les Chinois vers l'est sur la première colonne.

En même temps, des détachements d'infanterie et un peloton de spahis tonkinois surveillent au nord la route mandarine, pour empêcher les Chinois de gagner la rive droite du Song Thuong ; au Sud, une canonnière croise sur le Luc-Ngan.

Les opérations commencent le 25 août. Le commandant PRÉTET arrive le 27 à Kê-Sao, où il se relie avec le poste de Bac-Lê, et le 29, il est à Dong-Cai. Dans cette marche de 4 jours, à travers un pays difficile et détrempé par les pluies, il découvre et détruit plusieurs campements chinois abandonnés depuis peu. Mais nulle part il n'a pu joindre l'ennemi qui s'est dérobé sans cesse devant lui.

Le 30, il redescend de Dong-Cai sur les campements du Déo-Thiam qu'il trouve également évacués et le 31, à 4 h. 30 du soir, il opère à Cao-Cai sa jonction avec la colonne du capitaine PÉGNA.

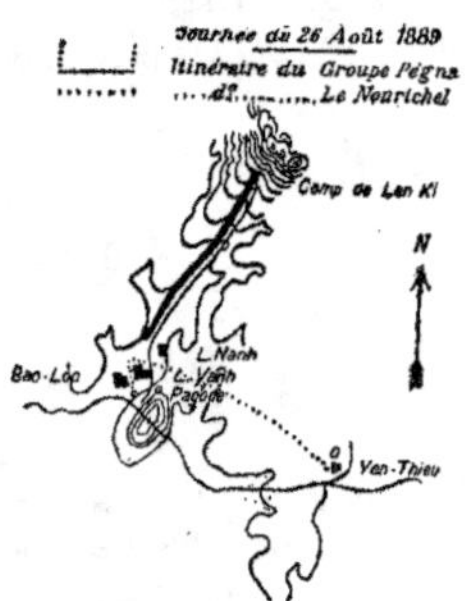

Celle-ci, partie le 25 août de Kep et de Phu-Lang-Thuong, avait employé les journées du 25 et du 26 à fouiller tous les villages aux environs de Bao-Loc et à brûler les campements de LUU-KY qu'elle avait trouvés évacués. Nulle part, elle n'avait pu recueillir de renseignements sur le lieu de retraite des pirates. Partout, elle s'était heurtée à la mauvaise foi et à l'hostilité des indigènes qui prétendaient n'avoir jamais vu de Chinois dans la région.

Enfin, quelques indices recueillis le 27 à Long-Manh semblant prouver que LUU-KY, après la destruction de son camp, n'avait pas quitté le Bao-Day et qu'il y installait de nouveaux bivouacs dans la forêt, le capitaine PÉGNA résolut de partir à sa recherche. Le 28 août, il quitte Long-Manh avec 116 fusils et pénètre dans le Bao-Day par le chemin qui mène aux anciens campements de LUU-KY. Puis, apercevant au-dessus des bois de la fumée qui dénotait la présence de nouveaux bivouacs, il se dirige de ce côté.

La colonne s'engage alors dans un sentier fraîchement battu, mais fort étroit, circulant au milieu de fourrés impénétrables, sur le flanc d'un ravin profond et encaissé. Elle n'avait pas fait 500 mètres dans la forêt que l'avant-garde et le gros sont assaillis par un feu très nourri partant des deux côtés du chemin ; 300 Chinois terrés dans des retranchements dissimulés eux-mêmes sous des branchages nous fusillent à bout portant.

A la première décharge, le lieutenant MONTERA reçoit une balle au bras ; plusieurs hommes sont également blessés. Les troupes surprises par cette attaque, hésitent un instant et tourbillonnent sans tirer ; mais vigoureusement ramenées par leurs officiers, elles reprennent leur calme et ripostent vivement à l'ennemi toujours invisible au milieu du taillis. D'autre part, il est presque impossible de se mouvoir dans le sentier ; à gauche, le ravin est à pic, à droite, les fourrés sont impénétrables. Le peloton BONNAFOUS, qui suivait de près l'avant-garde, parvient cependant à entrer en ligne, et donne ainsi à notre feu une intensité qui force les Chinois à quitter leurs abris et à battre en retraite.

Il ne fallait pas songer à les poursuivre au milieu de taillis inextricables et semés d'embuscades. Le capitaine PÉGNA fait ramasser les morts et les blessés, sous le feu des Chinois qui se sont reformés un peu plus loin, mais que notre fusillade force enfin à disparaître. Cette affaire nous coûtait 9 morts et 14 blessés, dont 2 officiers, le lieutenant MONTERA, du 3° tonkinois, et le lieutenant BONNAFOUS, du 4° tonkinois.

Les coolies s'étant sauvés aux premiers coups de feu, les soldats doivent porter eux-mêmes les brancards que les tirailleurs ont fabriqués sur place. 60 hommes sont ainsi employés au transport des morts et des blessés. A 10 h. 30, la colonne rétrograde sur Bao-Loc, par un sentier différent de celui qu'elle avait suivi le matin. Elle marchait depuis 20 minutes à peine, lorsqu'elle est assaillie de nouveau par des Chinois embusqués dans les hautes herbes qui couvrent les mamelons. Sans se laisser déconcerter par cette deuxième attaque, la troupe dépose les brancards au milieu du chemin et s'élance à la baïonnette sur l'ennemi qui, devant cette charge vigoureuse, lâche pied et disparaît définitivement après une demi-heure de fusillade, sans perte de notre côté. A 1 h. 45, la colonne rentre enfin à Long-Manh.

Le 31, sur les indications d'un enfant pris la veille à Cao-Cai, le capitaine PÉGNA part de nouveau avec 165 fusils pour déloger de leurs positions 300 Chinois établis solidement au col de Deo-Quan. Après une heure et demie de marche à travers les hautes herbes ou sur des sentiers parfois taillés à pic, la colonne arrive à 500 mètres du col, lorsque les Chinois embusqués dans les bois ouvrent le feu sur elle. L'avant-garde, commandée par le lieutenant OLLIVIER, riposte vivement et attaque de front, pendant que le lieutenant MEYER, se détachant de l'arrière-garde, gravit les hauteurs qui dominent les positions chinoises, et balaie le col de ses feux de salve.

La supériorité de notre tir ne tarde pas à ralentir celui de l'ennemi. Le capitaine PÉGNA enlève alors brillamment sa troupe et la lance à l'assaut : les barricades sont emportées d'un seul élan, les Chinois déconcertés par cette attaque irrésistible, sont culbutés de leur position et battent précipitamment en retraite. Cet heureux engagements ne nous coûte que deux tirailleurs blessés ; il n'a pas été possible d'apprécier les pertes des Chinois.

Le même jour, le commandant PRÉTET arrive par le Déo-Thiam ; des sonneries de clairon sont échangées entre les deux colonnes, mais les reconnaissances envoyées de part et d'autre rentrent sans avoir pu établir la liaison. Le capitaine PÉGNA se décide alors à rentrer à Cao-Cai où il est de retour à 12 h. 15, et où le commandant PRÉTET le rejoint à 4 h. 30 du soir.

Les colonnes du commandant PRÉTET et du capitaine PÉGNA, réunies un instant le 31 août à Cao-Cai, se séparent de nouveau le 2 septembre pour battre le pays en détail et fouiller à fond tous les villages.

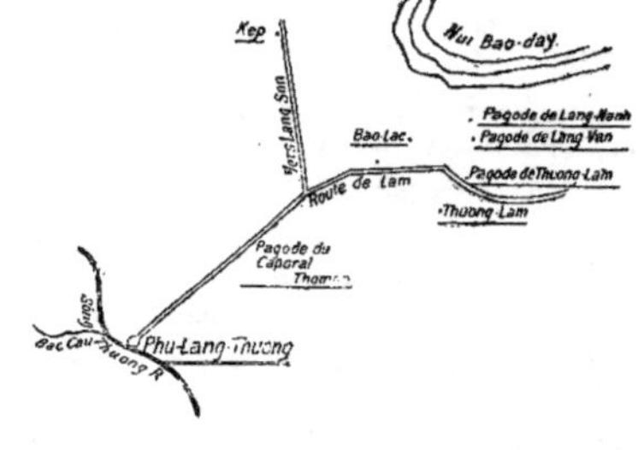

Le 3, le capitaine PÉGNA quitte Long-Manh ; une partie de sa troupe avec le capitaine LE NOURICHEL devant explorer Bao-Loc, Thuong-Van, Thuong-Phu. Le reste (3 sections), sous les ordres directs du capitaine PÉGNA, après avoir parqué tous les convois à la pagode de Thuong-Lam, va reconnaître le village de ce nom situé à 1.000 ou 1.200 mètres S.-S.-O. de la pagode.

A 6 h. 15 du matin, les éclaireurs de la colonne arrivent à la porte du village qu'ils trouvent solidement barricadée ; au même instant et sur toute la lisière, éclate une fusillade excessivement vive ; 250 pirates occupent Thuong-Lam, où ils sont fortement retranchés. Dès la première décharge, le lieutenant CHAVY est tué, plusieurs hommes sont grièvement blessés. L'avant-garde se déploie aussitôt et tout le reste de la petite colonne, se portant en ligne, ouvre à courte distance un feu nourri sur le village.

En même temps, la compagnie LE NOURICHEL, qui explorait depuis le matin les environs, accourt à la fusillade et, prolongeant notre ligne de combat sur la droite, couvre la lisière de feux de salve répétés. Cependant les Chinois tiennent toujours et ripostent avec vigueur. Le lieutenant MEYER est alors envoyé avec son peloton pour essayer de pénétrer dans le village sur le flanc gauche des pirates.

Dès que ce mouvement est suffisamment prononcé, tout le reste de la colonne se porte en avant à travers la rizière ; mais elle se heurte à une double haie de bambous derrière laquelle les Chinois continuent à nous fusiller à bout portant ; le capitaine LE NOURICHEL, les lieutenants OLLIVIER et LIZÉ sont grièvement blessés ; plusieurs hommes sont également atteints.

Cependant, le lieutenant MEYER a pu faire brèche à un saillant et pénètre audacieusement dans le village, en refoulant l'ennemi pas à pas ; d'autre part, la porte d'entrée est enfin enfoncée à coups de crosse et livre passage au gros de la colonne. Dès lors, les pirates, se voyant forcés sur deux points, ne songent plus à résister et abandonnent en un instant leurs positions. Les troupes se précipitent à l'intérieur du village, l'enlèvent au pas de course, et poursuivent jusqu'à la lisière opposée l'ennemi qui se disperse de tous côtés en emportant ses morts et ses blessés. Cet engagement nous coûtait 10 morts, dont 2 officiers, et 22 blessés, dont 2 officiers également.

Après avoir incendié le village, le capitaine PÉGNA regagne la pagode de Thuong-Lam. A 5 h. 30 du soir, le commandant PRÉTET vient l'y rejoindre et prend le commandement des deux colonnes réunies.

Il fallait arriver à soumettre enfin cette région en révolte et dont la population s'obstinait à faire contre nous cause commune avec les pirates. A cet effet, le commandant PRÉTET est investi de tous les pouvoirs civils et militaires, et rendu seul juge des mesures de rigueur à prendre contre les individus et les villages convaincus d'intelligence avec les rebelles. En même temps, nos troupes continuent à sillonner le pays en tous sens pour forcer les habitants à rompre avec les pirates, traquer les débris de bandes qui tenaient encore la campagne et les empêcher de reprendre pied dans la région.

Les opérations durèrent du 5 au 20 septembre. Pendant ces quinze jours, le commandant PRÉTET parcourut le pays sans relâche, fouillant à fond les villages et détruisant les repaires que les Chinois cherchaient à rétablir ; presque partout il trouvait le vide devant lui ; les bandes chinoises, ne pouvant se réinstaller nulle part, s'émiettaient chaque jour en fractions de plus en plus insaisissables.

Le pays étant devenu intenable pour elles, elles se décidèrent alors à le quitter ; le 10 septembre, on signale vers Kep une bande qui cherche à s'échapper vers l'ouest ; arrêtée par nos postes d'observation, elle se rabat vivement sur le Luc-Nam, le franchit en amont de Chu et s'établit sur la rive gauche, en face de Biên-Dong. Peu à peu, les bandes du Bao-Day passent ainsi par petits groupes sur la rive gauche, où elles se mettent à construire de nouveaux abris, pillant ou rançonnant les villages, établissant des marchés où les gens du pays, par crainte ou sympathie, leur apportent des approvisionnements et où elles écoulent par échange les produits du pillage.

La situation ne s'est pas sensiblement améliorée dans les provinces de Bac-Ninh et de Hai-Duong, et le tong-doc, HOANG-CAO-KHAI, qui avait entrepris de les pacifier il y a huit mois, va incessamment y faire une nouvelle « tournée de police ».

Le 4 août, une petite reconnaissance du poste de Dong-Triêu s'engage dans la montagne à la recherche d'un parti de pirates dont la présence était signalée la veille à Trai-Loc. Elle peut arriver jusque sur son campement, mais l'alarme est aussitôt donnée, et les Chinois s'enfuient dans les bois.

La région de Quê-Duong et de Yên-Duong est toujours au pouvoir de plusieurs petites bandes dont les chefs s'entendent avec les autorités annamites pour déjouer nos efforts. Une colonne parcourt ce pays du 29 juillet au 4 août ; partout, elle rencontre une population hostile qui fuit à notre approche ou barricade ses villages. Les mouvements de nos troupes sont constamment épiés par des troupes d'indigènes placés sur les hauteurs. Il nous est impossible de recueillir le moindre renseignement, et la colonne reste sans résultat.

Du côté de Tin-Dao, les bandes annamites se grossissent tous les jours de Chinois, qui leur apportent leurs plus solides éléments et les pirates deviennent petit à petit maîtres de la région. A la fin du mois, on estimait leur nombre à 300 Chinois et 200 Annamites. Le 22 août au matin, ils ont avec les miliciens, à Bin-Hoi, un engagement où ceux-ci doivent battre en retraite emportant 8 blessés. Le soir même, au nombre de 150, tous bien armés, ils attaquent à Tin-Dao, une petite reconnaissance du poste de Ha-Chau, et la poursuivent pendant 7 kilomètres, heureusement sans lui infliger de pertes.

Le 29, une colonne plus forte, partie pour leur donner la chasse, se heurte à 200 Chinois et ne parvient qu'à grand'peine à les déloger de leurs positions. L'engagement nous coûte 4 blessés, et la reconnaissance trop faible pour se risquer à la poursuite d'un ennemi bien supérieur en nombre, rentre à Ha-Chau.

Dans la province de Thai-Nguyên, les anciennes bandes de Cho-Moi occupent toujours les positions où elles se sont retirées en février dernier, à quelques kilomètres seulement de nos postes. De là, elles rayonnent sur le pays dont elles sont absolument maîtresses. Le 18, l'une d'entre elles est descendue vers Thai-Nguyên et a commencé ses opérations en pillant le 20 août le village de Dau-Xa et le 22, celui du Lu-Yên. Son campement était installé à Ao-Lam, 8 kilomètres seulement de Thai-Nguyên. Une reconnaissance partie de ce poste le 23 essaye vainement de la surprendre.

***

Premières opérations dans le Yên-Thê. — Depuis longtemps, la région du haut Yên-Thê est au pouvoir d'un certain nombre de chefs rebelles qui y règnent absolument en maîtres. Etablies dans une contrée éminemment propre à la guerre de partisans, leurs bandes n'ont pas cessé de croître ; au mois d'août, elles n'ont pas craint d'attaquer nos reconnaissances à deux reprises. La principale, aux ordres du DÉ-NAM, occupe tout le pays au nord de Tin-Dao, ayant ses principaux repaires à Lang-Sat et Tê-Loc.

Le 18 septembre 1889, une forte reconnaissance commandée par le capitaine GORCE, se porte à l'attaque du village de Lang-Sat. La position solidement fortifiée et vigoureusement défendue par 250 Chinois et Annamites bien armés, était inabordable de front; des groupes nombreux de pirates tenaient, en outre, la campagne aux environs. Le capitaine GORCE envoie des patrouilles de cavalerie battre les alentours, de façon à tenir en respect les bandes qui peuvent inquiéter ses flancs.

Puis, tandis que l'artillerie canonne le village, une partie de la colonne parvient à le tourner et y pénètre presque sans coup férir, à la faveur d'un bois épais qui le domine. Les pirates, se voyant pris à revers, s'enfuient sans résister davantage, emmenant avec eux une dizaine des leurs hors de combat. Le soir, la colonne enlève le hameau de Tê-Loc et l'incendie.

A la suite de ces engagements, les bandes se sont retirées plus au nord autour de Hu-Thuong, où elles réunissent de grands approvisionnements, et construisent de nombreux abris dans la forêt. Nos troupes allaient se mettre en mesure de les poursuivre dans ce nouveau repaire, lorsque la défection de DOI-VAN (relatée ci-dessous) et son arrivée dans le haut Yên-Thê obligent à surprendre les opérations et à différer l'attaque de Hu-Thuong.

La présence de DOI-VAN, à la tête d'une bande nombreuse et bien armée, apportait, en effet, aux pirates un appoint trop sérieux pour permettre à nos petites colonnes de tenir désormais la campagne avec quelques chances de succès. En conséquence, le capitaine GORCE reçoit l'ordre de rompre l'action contre les bandes de Hu-Thuong, et les troupes se replient sur nos postes pour y attendre la formation d'une forte colonne qui doit opérer dans le haut Yên-Thê aux premiers jours d'octobre.

Les chefs, qui avaient fait leur soumission il y a huit mois, ont repris la campagne l'un après l'autre, et le tông-dôc d'Hai-Duong, HOANG-CAO-KHAI, qui avait cru pacifier ce pays en février dernier, doit y entreprendre une nouvelle tournée de police. Ces opérations sont à peine commencées, lorsque le DOI-VAN, chef de bande soumis, qui accompagnait le tông-dôc à la tête de ses partisans, fait défection le 17 septembre et reprend la campagne avec 500 hommes dont 100 emportaient les fusils et les munitions qui leur avaient été confiés.

Immédiatement, les anciens lieutenants du DOI-VOI, LANH-GIOI, LANH-GIAM, XUAT-LY, LANH-THIÊT, LANH-BOY, etc. viennent se joindre à lui avec leurs contingents et la bande, grossissant ainsi sur sa route, franchit successivement le Canal des Rapides et le Song Cau, pour gagner la région du Yên-Thê.

Le 18, à quelques kilomètres de Phu-Lang-Thuong, elle se heurte à une petite reconnaissance partie le matin de ce poste, sous les ordres du lieutenant MEYER, et n'hésite pas à l'attaquer dans la pagode de Lang-Lai où elle s'était retranchée. Les pirates poussent hardiment jusqu'à 200 mètres de la position, malgré nos feux de salve répétés.

A cette distance, les effets meurtriers de notre tir les forcent enfin à s'arrêter; mais, couchés derrière les talus de la rizière, ils n'en continuent pas moins à tirailler avec vivacité, tenus en respect par le feu lent et ajusté des défenseurs de la pagode. A 5 heures du soir, le feu durait encore, sans pertes de notre côté; la bande, au contraire, avait déjà plus de 20 des siens hors de combat. Pour en finir avant la nuit, une partie du détachement se jette baïonnette au canon sur les pirates qui, devant cette sortie vigoureuse, s'enfuient de tous côtés, laissant sur le terrain 5 morts, des fusils et des munitions.

La bande n'en continue pas moins sa marche sur Phu-Moc, pillant et réquisitionnant partout sur son passage et arrive ainsi dans le haut Yên-Thê où elle donne la main aux fortes bandes avec lesquelles nos troupes étaient précisément aux prises au même instant.

Dans la nuit du 3 au 4, profitant de ce que presque toute la garnison de Phu-Lang-Thuong avait quitté cette place pour prendre part aux opérations du Bao-Day une trentaine de pirates, postés derrière la digue de la rive droite du Song Thuong, ouvrent un feu assez vif sur les casernements de la troupe. Pendant ce temps, le reste de la bande livre Mi-Cau au pillage et y enlève 4 enfants et un buffle. Une patrouille traverse immédiatement le fleuve et réussit en peu de temps à forcer les pirates à la retraite.

Le 4 septembre, un convoi de ravitaillement et de munitions, qui se rendait de Phu-Lang-Thuong à Bao-Loc par Voi, est attaqué à hauteur de Thuong-Van. L'escorte, malgré son infériorité numérique, parvient à dégager la route et à disperser les pirates en leur faisant cinq prisonniers.

Les bandes établies dans le haut Yên-Thê auxquelles était venue s'adjoindre celle du DOI-VAN, ont mis à profit le moment de répit qui leur avait été laissé, depuis le retour de la reconnaissance du capitaine GORCE, pour se fortifier dans la région d'Hu-Thuong. D'après les renseignements obtenus, elles auraient construit des fortins à Hu-Thuong, à Dinh-Thêp, à Déo-Mao et sur certains points situés au nord de ces localités ; elles auraient occupé et mis en état de défense l'ancien poste de Tin-Dao.

La saison permettant les opérations de longue haleine, une colonne est formée dès les premiers jours d'octobre, avec la mission de s'emparer de Tin-Dao (1), de raser tous les fortins et villages fortifiés établis dans le massif du Yên-Thê et, une fois ce résultat atteint, de se rabattre sur le bas Yên-Thê pour disperser les pirates établis entre le Song Thuong et le chemin Phu-Moc, Cau-Chiai. Cette colonne, forte de 384 hommes, est placée sous le commandement du chef de bataillon DUMONT.

D'un autre côté, le commandant PIQUET est chargé de visiter, avec une forte reconnaissance, le territoire compris entre le Song Thuong, le Ngoi-Vo et le chemin de Phu-Moc au Song Cau.

Les opérations commencent le 11 octobre. Pendant quinze jours, le pays est fouillé en tous sens ; les fortins et villages fortifiés sont rasés ou livrés aux flammes, les approvisionnements incendiés ; mais les bandes chinoises ou annamites demeurent invisibles, se fractionnant en détachements insaisissables et disparaissant par des sentiers impraticables à nos troupes. Les bandes chinoises paraissent avoir ainsi pu regagner, par petits paquets, la région de Lang-Son-Thât-Khê.

Quant à celle du DOI-VAN, démoralisée par ses pertes, ses défections et les maladies, elle ne tarde pas à se dissoudre, pourchassée par nos colonnes, laissant son chef entre les mains des catholiques de la région de Bac-Ninh. Le DOI-VAN, épuisé et malade, après avoir fait, par l'intermédiaire de l'évêque espagnol de Bac-Ninh, des avances de soumission, s'est enfin rendu au Kham-Sai, sans condition, le 31 octobre. Il est exécuté (2) publiquement le 7 novembre 1889 à Hanoi.

La région de Cho-Moi est toujours infestée par des bandes chinoises qui terrorisent le pays. Le 12 octobre, l'escorte d'un convoi se rendant de Thai-Nguyên à Cho-Moi, est attaquée au col de Dang-Lam, sur la rive gauche du Song Cau, par une bande de pirates chinois. Les trams ne peuvent plus circuler entre Thai-Nguyên, Cho-Moi et Cho-Chu ; ils sont régulièrement enlevés ou tués.

Le 12, le commandant du poste de Grenh, informé que le village de Duong-Quan était occupé par une bande d'une cinquantaine de pirates sort avec 70 fusils, cerne le village après avoir surpris un petit poste de 10 hommes, et met les pirates en complète déroute après en avoir tué ou blessé 18.

Le 27 octobre, pillage du village de Cao-Bat, sur le Loch-Nam, à l'est de Chu, par les pirates de Déo-Gia. Quatre habitants tués, 10 femmes enlevées. Dans la nuit du 29 ou 30 octobre, pillage de Lang-Khi, à l'est de Phu-Lang-Thuong ; 4 femmes et un buffle volés.

Le 1er novembre, attaque et pillage du convoi administratif entre Kep et Phu-Lang-Thuong. Dans la nuit du 1er au 2 novembre, attaque du village de Kep-Ha, repoussée par le poste. Le 2, attaque du village de Lang-Bac, à 500 mètres du fortin de Lam, repoussée par les feux du fortin.

Vers le milieu du mois, une colonne de 500 gardes civils, venue de diverses provinces, commence à opérer dans le pays au sud du Loch-Nam, sous les ordres de M. le vice-président DAMADE. Elle a une affaire assez chaude le 15, dans la montagne de huyên Dinh-Son, à 4 kilomètres au nord de Bai-Tao.

Le 28 novembre, la compagnie de débarquement de l'*Arquebuse* surprend un groupe de 60 pirates, qui vient de piller 3 villages à un kilomètres de la rive gauche du Song Thuong, à peu de distance du Loch-Nam. Le faible effectif de la compagnie ne lui permet pas de poursuivre la bande.

Le 7 novembre, le commandant du poste des Sept-Pagodes, prévenu de la présence à Than-Lam d'une bande de pirates, envoie sur ce point un détachement. Six pirates sont tués, trois autres faits prisonniers. Le 8, le commandant du poste de Grenh, ayant appris que des pirates étaient rassemblés au village de Tray-Lac, parvient à les surprendre. Ceux-ci s'enfuient, perdant sept des leurs tués et abandonnant plusieurs armes.

---

(1) Nha-nam actuel.

(2) L'exécution eut lieu sur un petit monticule de sable, à l'emplacement actuel du kiosque à musique sur le Square PAUL-BERT, alors en aménagement.

Dans la nuit du 8 au 9 novembre, le village de Thin-Dang, près de Thai-Nguyên, est pillé par les bandes de LUONG-TAM-KY. Le commandant du poste, prévenu tardivement, ne peut rejoindre les pirates.

LUONG-TAM-KY occupe toujours avec ses partisans le nord de la province où il s'est taillé une véritable principauté qu'il administre à son profit.

Dans la nuit du 4 au 5 décembre, une bande d'une cinquantaine d'hommes attaque le village de Lang-Xuon (3 kilomètres S.-E. de Phu-Lang-Thuong). Un détachement sorti du poste arrête le pillage, mais ne peut empêcher les pirates d'emmener 9 femmes et du bétail. Le 7 décembre, 100 pirates chinois armés de fusils à tir rapide, incendient complètement le village de Lang-Khê, à 25 kilomètres S.-O. de Thanh-Moi, après avoir massacré 4 habitants et volé les femmes, les enfants et le bétail.

Le 13, un détachement de la garnison d'An-Chau est assailli par 50 Chinois bien armés, à 8 kilomètres de ce poste. Ceux-ci refoulés, abandonnent leurs provisions. Le 20, un détachement du poste de Kep-Ha, fournissant l'escorte du convoi d'An-Chau, est assailli au retour, près de Nui-Bop. Le 22, le village de Lang-Khê (3 kilomètres à l'est de Phu-Lang-Thuong) est attaqué par une bande d'une cinquantaine de pirates. Les habitants se défendent et repoussent les assaillants.

Vers la fin de décembre, on signale que le Bao-Day est réoccupé par les pirates qui tiennent de nouveau Thuong-Lam, le col de Deo-Van, ainsi que la région au nord de Tam-Ra, et semblent dessiner un mouvement général au nord et à l'ouest vers le Song Thuong. Les gardes civils, après avoir essayé de les arrêter dans cette marche, se contentent de garder Tam-Ra et les environs de Luc-Ngam.

La sécurité est nulle dans le cercle de Lam, où l'audace des Chinois croît tous les jours, et où ils se sont installés au lieu et place des habitants terrorisés et en fuite.

Le 17 décembre, le convoi parti de Thai-Nguyên sur Cho-Moi est attaqué vers Lang-Kao. Trois nouvelles agressions, heureusement sans résultat comme la première, ont encore lieu le lendemain.

Dans la nuit du 29 au 30 décembre, une bande d'une cinquantaine de pillards attaque le village de Dong-Tiên, à 1.800 mètres de Dap-Câu. Une patrouille envoyée par le poste ne peut que constater la disparition des pirates, qui ont incendié plusieurs maisons, blessé un indigène et volé 10 buffles.

Au début de l'année 1890, se produit un événement « l'enlèvement des frères ROQUE », qui met en émoi tout le Tonkin et principalement la région de Haiphong.

Dans la nuit du 8 au 9 janvier 1890, MM. ROQUE, négociants de Haiphong, accompagnés de plusieurs Européens, sont enlevés par les pirates chinois dans leur concession de Ben-Chau, près de Dong-Triêu. Ils couchaient dans la maison du ly-truong, un Chinois établi depuis longtemps à Ben-Chau. Pendant la nuit, les armes qu'ils possédaient, 5 fusils de chasse et un révolver, leur sont dérobées par ce ly-truong, et au petit jour, une bande de 30 Chinois ou Mans, armés de fusils Mauser les assaillent.

Dans la lutte, M. ROZE, capitaine d'armement de la maison ROQUE, est tué, M. LABORDE, un de leurs employés, et un missionnaire espagnol, qui se trouvaient avec eux, réussissent à s'échapper. Les pirates s'emparent des deux frères ROQUE, d'un autre de leurs employés, nommé COSTA, et du Chinois WIN-PHAT-CHÉONG, leur comprador.

On a cru tout d'abord à une vengeance personnelle des Chinois employés sur la concession, mais quelques jours après, les émissaires envoyés de tous côtés, finissent par découvrir que ces personnes étaient prisonnières de LUU-KY, le chef pirate que l'autorité militaire a depuis longtemps signalé comme le principal inspirateur de toutes les bandes du Loc-Nam.

Après des négociations, les frères ROQUE et leurs employés sont remis en liberté, au début de mars 1890, contre le payement au chef LUU-KY d'une rançon de 50.000 piastres.

Les bandes pirates déploient beaucoup d'activité aux environs de Cho-Chu et de Cho-Moi. Le 30 décembre un détachement de 24 fusils, parti de Cho-Chu au-devant d'un convoi de ravitaillement venu de Cho-Moi, est attaqué à deux reprises, et depuis les communications entre ces deux points sont interrompues. La route de Huong-Son à Cho-Chu est également coupée.

Le poste de Cho-Moi est attaqué, ainsi que le village indigène, dans la nuit du 14 janvier. Les pirates, au nombre d'une quarantaine de fusils, sont facilement repoussés. Mais il y a lieu de signaler la tactique nouvelle employée par BA-KY, qui vient de s'installer à Ké-Thuong avec le gros de ses bandes. Ce chef, après avoir groupé autour de sa résidence plusieurs villages qui l'ont suivi de gré ou de force, commence à affamer les habitants des localités qui nous sont fidèles, et en particulier ceux de Cho-Moi, en défendant à ses partisans de leur vendre des denrées. Ces malheureux sont dans la plus profonde misère et viennent journellement supplier le commandant du poste de les faire accompagner dans les villages pour se procurer des vivres.

Le 15, à midi, Cho-Moi est de nouveau assailli par deux groupes qui, en même temps qu'ils dirigent sur le poste plusieurs feux de salve bien ajustés, essayent de franchir la rivière pour mettre le feu aux maisons voisines du fortin. Deux reconnaissances bien conduites mettent l'ennemi en fuite. Le 16, à 9 heures du soir, une nouvelle attaque, dirigée contre le même village par une petite bande, échoue grâce à l'arrivée d'un détachement de nos troupes, envoyé au secours des habitants.

Le 5 février, au soir, une trentaine de Chinois cherche à piller le village de Lang-Sang (1 kilomètre sud-ouest de Lam). L'intervention heureuse du piquet du poste les empêche de mettre leur projet à exécution. Le même jour, le village de Quan-Van (6 kilomètres N.-E. de Dong-Triêu) est pillé par 50 pirates. Le chef de poste, prévenu trop tard, n'a pu atteindre les agresseurs.

Dans la nuit du 7 au 8 février, les villages de Binh-Son et Bac-Ma (8 kilomètres N.-O. de Dong-Triêu) sont pillés par 100 Chinois, 14 hommes, 7 femmes et 14 buffles sont enlevés, ainsi qu'une grande quantité de riz. Pas un coup de fusil n'a été tiré, et le commandant du poste de Dong-Triêu, averti tardivement, n'a pu retrouver la trace de la bande.

Dans la nuit du 19 au 20, le village de Vang-Chia (5 kilomètres O. de Dong-Triêu) est incendié. Une reconnaissance envoyée par le poste ne peut atteindre les pirates. Le 21, une bande de 100 Chinois pille le village de Bêt-Niam (au sud de Binh-Bac, sur la route de Lack-Son à Dong-Triêu), enlève 4 indigènes et une vingtaine de buffles.

Dans la nuit du 23, le village de Lay-Khan (nord de Kep, rive gauche du Song Thuong) est pillé, 11 femmes et 6 buffles sont enlevés. Le commandant du poste de Kep, prévenu seulement vers midi, se met à la poursuite de la bande, auteur de cette agression, avec un détachement de 40 fusils. Grâce à l'habileté du guide, il atteint les pirates et les surprend ; 3 femmes sont délivrées.

Dans les derniers jours de février, une reconnaissance est exécutée par une partie des garnisons de Phu-Lang-Thuong et de Kep, dans la région comprise entre le Song Thuong, la route de Phu-Lang-Thuong à Tam-Ra et le massif du Bao-Day. Cette petite opération, qui dura 3 jours, avait pour but d'assurer de ce côté la sécurité de la route mandarine. Les pirates ne sont rencontrés nulle part. Nos troupes avaient d'ailleurs reçu l'ordre de ne pas entrer dans le massif du Bao-Day où se tiennent les bandes, et qu'il faudrait aborder de plusieurs côtés avec des forces sérieuses pour arriver à un résultat décisif.

Des mouvements entrepris pour assurer le ravitaillement de Cho-Moi et de Cho-Chu sont effectués sans incident sérieux, sous les ordres du commandant du cercle de Thai-Nguyên.

A Cho-Chu le 14 février, Luong-Tam-Ky insulte le poste en dirigeant plusieurs feux de salve sur le baraquement occupé par nos troupes.

Le 22, les Chinois sont chassés du repaire de Lap-Méo et nos troupes découvrent un des magasins de riz de Ba-Ky ; il est détruit avec tout ce qu'il contenait. Quelques jours après, dans une marche à 32 kilomètres de Cho-Moi, une autre reconnaissance surprend, près du village de Ba-Na, dans une magnifique clairière où Ba-Ky possède une exploitation agricole, un troupeau de 25 buffles, de 22 têtes de bétail et d'une quarantaine de porcs. Tout est ramené à Cho-Moi et réparti entre les habitants et la garnison.

Le cai-tong de la région, craignant les représailles du chef pirate parce qu'il ne lui avait pas signalé notre approche, se rallie à nous avec sa famille.

Le 9 mars, au petit jour, le village de Quang-Yên (5 kilomètres N.-O. de Kep) est attaqué par une bande de 60 à 80 Chinois qui réunissent à enlever une trentaine de femmes, 10 enfants et 18 buffles. Prévenu trop tard, le commandant du poste de Kep n'a pu agir efficacement, mais des renseignements postérieurs lui donnent la certitude de la complicité des habitants du village voisin du Cau-Dinh et de leur cai-tong. Grâce à une manœuvre adroite, celui-ci et 23 de ses administrés, dont la complicité a été établie, sont arrêtés et remis à l'autorité civile pour être jugés.

Le 14, le commandant du poste d'An-Chau, en prévision des opérations ultérieures qu'on pourrait entreprendre contre les bandes du Loch-Nam, reconnaît un de leurs principaux repaires à Lang-Trua, sur le Song Say. Pendant l'escarmouche, 6 femmes annamites sont délivrées.

Dans la nuit du 19 au 20 mars, un officier de la garnison de Phu-Lang-Thuong, envoyé en embuscade avec un détachement de 30 fusils, déloge les pirates de la pagode de Ha-Vi, à 2 kilomètres N.-N.-O. de cette place. Un d'eux est tué. La petite troupe s'installe à l'intérieur et pendant toute la nuit, doit repousser les attaques de la bande, troublée probablement par notre arrivée dans une opération de pillage. Au point du jour, les pirates se sont dispersés.

Le 26, le commandant du poste de Kep, ayant appris la présence d'un groupe chinois près de l'ancien camp de Luu-Ky, parvient à surprendre les pirates avec un détachement de 125 fusils; 35 femmes et 14 enfants sont délivrés.

*
* *

Colonne du Loch-Nam (Déo-Gia). — Les opérations dirigées par le commandant PRÉTET, commandant le cercle de Lam, commencent le 1ᵉʳ avril 1890. Trois colonnes comprenant environ 500 fusils et une pièce de canon abordent simultanément le massif de Nui-Da-Bo. Les deux premières, parties de Lam et de Biên-Dong, combinent leur mouvement pour attaquer le Déo-Gia qui est occupé le 3 avril, après une courte résistance. Le même jour, les hauteurs de Cong-Luoc sont enlevées. Les pirates se sont enfuis vers le sud. La troisième colonne, partie d'An-Chau et de Vi-Loai occupe Lang-Trua, tenant tous les débouchés dans la vallée du Song Say.

Les jours suivants sont employés à parcourir la région dans tous les sens. Un quatrième détachement, parti de Mai-Xu, concourt à ce mouvement. Les pirates, qui avaient essayé de se réfugier dans le Nui-Mit, ne tiennent nulle part et plusieurs groupes importants rentrent en Chine. Afin d'affirmer notre autorité dans cette contrée, trois postes provisoires sont établis à Tu-Trang, Déo-Gia et Lang-Trua.

Ces opérations, qui ont été menées avec un grand esprit de suite, ont de très bons résultats. Les Chinois du Loc-Nam sont, en effet, de simples entrepositoires. Ce sont en quelque sorte les commanditaires des bandes indigènes opérant sur la limite du delta et leurs fournisseurs d'armes, de munitions et d'opium. Les pirates annamites étant ainsi privés de leurs principaux débouchés, on constate un certain arrêt dans leurs déprédations principalement sur la partie sud du territoire de la 9ᵉ région. Les bandes n'ont toutefois pas encore désarmé et nous devons signaler plusieurs rencontres avec nos troupes. Tous les postes exécutent de nombreuses sorties pour concourir de leur côté aux opérations entreprises sur les bords du Loc-Nam.

Du 31 mars au 4 avril, la garnison de Dong-Triêu délivre, à Thanh-Mau, 4 femmes annamites prisonnières des habitants et destinées à être livrées aux Chinois. Le 1ᵉʳ avril, le commandement du poste de Da-Bac poursuit une bande qui venait d'attaquer le village de Lang-Quoué. Le 7, cet officier, en allant visiter avec une reconnaissance les villages de Thanh-Mai et de Lang-Chau bouscule un poste chinois d'une vingtaine d'hommes.

Le 3, le village de Man-Téou (6 kilomètres N.-E. de Phu-Lang-Thuong) est attaqué par une bande d'environ 50 hommes. Le Vau-Chim du village de Xuân-Mai accourt avec ses linhs au secours des habitants. Les pirates sont repoussés perdant plusieurs des leurs. Le 19, un détachement venant de Luc-Nam et ralliant Sept-Pagodes disperse une bande pirate près de Lang-Cao.

D'autre part, on constate la réoccupation complète du Yên-Thê par le DÉ-THAM et sa bande. Les Chinois qui en font partie servent principalement à escorter les convois de prises, qui sont dirigés vers le nord et la Chine. Tout le pays est mis en coupe réglée par ce chef; les habitants des villages répondent à ses réquisitions et lui paient l'impôt. Le 23 avril, on signale une rencontre sanglante entre une partie des partisans du DÉ THAM et la garde civile soutenue par les linhs du commandant de Dao-Quan.

Les négociations continuent entre LUONG-TAM-KY et l'autorité civile, à laquelle le commandant du cercle de Thai-Nguyên a adressé ce chef pirate lorsqu'il a fait ses premières offres de soumission. La région est relativement tranquille. Nous n'avons à signaler qu'une rencontre le 20 avril, entre une reconnaissance sortie du poste de Cho-Chu et une bande qui avait pillé le tram venant de Cho-Moi. Dans cette affaire, le capitaine GOULAS, qui commandait le détachement, a été seul blessé. LUONG-TAM-KY fait connaître que ce fait ne se reproduira plus et qu'il donne des ordres formels à ses subordonnés pour qu'aucune attaque n'ait lieu tant que les négociations seront en cours.

Le 10 mai, un parti de 100 pirates venant de Phu-Moc est entré par surprise dans le village de Son-Leu (8 kilomètres de Dap-Cau). Deux habitants sont tués, deux autres blessés, une vingtaine d'hommes, femmes et enfants sont emmenés ainsi que 60 buffles. Le 12, le village de Lang-Quan a été attaqué par une bande de pirates ; 9 bœufs, une femme et deux enfants ont été pris ; l'intervention du poste de Bo-Ha jette le désordre chez les assaillants qui s'enfuient en abandonnant une partie de leur butin.

Le 13 au soir, un groupe de 60 Chinois est entré par surprise dans le village de Thong-Thiên (rive droite du Song Cau) à l'est de Dap-Cau. 4 habitants sont tués, 40 hommes, femmes et enfants emmenés par les pirates, ainsi que tout le bétail.

Le piquet du poste de Dap-Cau, sorti aux premiers coups de feu, ne peut atteindre les pirates qui se dérobent à la faveur de l'obscurité. Le 20, une reconnaissance du poste de Mai-Xu atteint près du village de Vo-Tranh, un petit parti chinois qui venait de dévaliser des marchands se rendant à Mai-Xu. 2 Chinois sont tués.

⁂

Petites opérations. — Le 27 mars, le commandant du cercle des Sept-Pagodes, en reconnaissance avec un détachement de 110 fusils, au nord de ce poste, sur la rive droite du Song Thuong, entend des coups de fusil du côté de Lang-Vai. Il traverse aussitôt le fleuve et trouve un détachement de gardes civils, commandé par deux gardes principaux de Phu-Lang-Thuong, aux prises avec les pirates. Ces derniers, installés dans Lang-Vai, avaient fait subir des pertes sensibles aux gardes qui commençaient à manquer de munitions ; l'un des gardes principaux était blessé grièvement. L'ennemi, enfin chassé, laisse plus de 20 cadavres sur le terrain. De notre côté, nous avions éprouvé des pertes sensibles ; le lieutenant LAMAY était blessé assez grièvement.

Depuis quelque temps, plusieurs bandes étaient signalées dans le Yên-Thê. Le 25 mars, le commandant du poste de Bo-Ha, informé qu'un groupe de 40 pirates s'était installé sur la rive droite du Song Soi, réunit un détachement de 40 fusils, traverse le Song Soi et se dirige sur la route de Tin-Dao, jusqu'à hauteur du village de Luoc-Ha. Le chemin était intercepté, mais rien ne fut découvert. La reconnaissance se préparait à rentrer, lorsque tout à coup elle est assaillie de trois côtés à la fois par une bande de 300 pirates bien armés qui ouvrent le feu à courte portée. La situation était critique, mais grâce au sang-froid des officiers et des hommes, la petite troupe peut tenir l'ennemi à distance ; elle se retire lentement en lui infligeant de grosses pertes. Au moment de passer le Song Soi, une charge à la baïonnette dégage le terrain ; les pirates, repoussés, abandonnent la poursuite.

Le 16 avril, une reconnaissance du poste de Dong-Triêu déloge une bande pirate du village de Thin-Xa, près de Lack-Son. L'affaire a été très chaude ; nous avons eu 4 tirailleurs et un sergent européen tués. Le lieutenant GUAYS, un soldat européen et 3 tirailleurs sont blessés. Les pirates, appartenant à la bande annamite de THAN-THUAT, laissent de nombreux cadavres dans le village qui est incendié.

La bande du CAI-BIOU éprouve un échec sanglant à Lang-Phan, rive gauche du Song Thuong, à 5 kilomètres N.-O. de Kep, où elle est atteinte, le 6 juin, par une reconnaissance sortie du poste de Bo-Ha. Acculés à la rivière, les pirates sont obligés de la traverser à la nage sous un feu plongeant. Une trentaine d'entre eux sont tués, plusieurs autres blessés. Malheureusement, le lieutenant CAMILATOS, qui commandait le détachement, est tué, ainsi qu'un caporal indigène.

A la suite de ce combat, la bande du CAI-BIOU, désorganisée, s'est dispersée en petites groupes de 15 à 20 fusils. L'un de ceux-ci est atteint à Lê-Nuong, le 17, par une reconnaissance sortie du poste de Bo-Ha. Parmi les pirates faits prisonniers se trouve un des lieutenants du CAI-BIOU, le chef DÊ-HOAN. Celui-ci est exécuté quelques jours après, par ordre du vice-résident de Luc-Nam. Les gardes civils donnent également la chasse aux partisans du CAI-BIOU et les atteignent près de Lang-Kéo. Mais ceux-ci parviennent à s'échapper.

Cao-Bang.

Aux derniers jours de juillet 1889, la situation de la région est des plus alarmantes. Les bandes, bien armées, soutenues par les postes chinois qui leur donnent des hommes exercés et des munitions, renforcées par les évasions de chefs soumissionnaires et de leurs troupes, encouragées par TUYÊT qui essaye de soudoyer nos fonctionnaires indigènes, ont établi dans les Ba-Chau dont elles tiennent tous les défilés, de véritables forteresses et semblent vouloir procéder à une poussée générale.

Heureusement, les populations, armées par nos soins, marchent avec nous contre les pirates.

Pour parer à cette situation, des renforts sont envoyés au commandant de la région, malgré les conditions pénibles d'un déplacement de troupes en cette saison. L'arrivée de ces renforts permet au commandant OUDRI, commandant la région, d'opérer dans la région de Canh-Biên (août 1889). Ces opérations apportent une sérieuse amélioration à la situation.

Le 31 août 1889, le lieutenant-colonel SERVIÈRE prend le commandement de la région. En septembre-octobre, il entreprend une série d'opérations dans les Ba-Chau et le LUU-KHU, et nettoie ces régions des bandes qui s'y étaient installées. Celles-ci se réfugient entre Nguyên-Binh, Bao-Lac et Mo-Xat où elles ne sont pas poursuivies, faute de crédits.

Ces diverses opérations, le passage dans la région des détachements de relève et de renfort et le voyage du lieutenant-colonel SERVIÈRE à Long-Tchéou (24 novembre 1889), où il est allé rendre visite au Consul de France et à l'occasion duquel les autorités chinoises ont fait preuve de la plus grande courtoisie, le loyalisme et le courage des populations ont fini par ramener le calme dans la région.

*
* *

Opérations de Canh-Biên et An-Lai. — Les Chinois occupent toujours avec des forces très nombreuses, les rochers de Cao-Bang et de Canh-Biên ; une attaque directe de leurs positions eut été difficile et peut-être imprudente ; il valait mieux, s'il était possible, rejeter toutes les bandes dans ces rochers où les vivres et les munitions leur auraient vite fait défaut, et tâcher de les y cerner.

A cet effet, le commandant OUDRI, partant de Quang-Huyên avec 300 hommes et une pièce de 4 de montagne, devait marcher sur Nam-Lat par An-Lai et Ban-Luong, prenant les rochers à revers, tandis que le commandant ROBERT se dirigerait avec 160 hommes et une pièce de 80 de montagne sur An-lai, où les deux colonnes se donneraient la main, coupant ainsi aux pirates les chemins de Luck-ku.

Mais il faut attendre que la totalité des renforts soit arrivée à Cao-Bang et à Quang-Huyên ; les grandes pluies retardent nos mouvements et donnent ainsi aux pirates un instant de répit dont ils profitent pour descendre au nombre de 150 sur Phuc-Hoa, dans le but évident de couper la route aux convois destinés à la colonne qui opérait dans les Ba-Chau. 150 autres établis entre Dong-Ba et Binh-Lac, arrêtent de même les bateaux qui descendent de Cao-Bang sur Phuc-Hoa. En un mot, les troupes rassemblées à Quang-Huyên risquent d'avoir leurs communications coupées.

Dans l'ouest, une forte bande, comptant près de 400 Chinois, sous les ordres d'A-Coc-TUONG, et partie des environs de Cho-Ra, a dépassé Nguyên-Binh. Elle a installé des fortifications à la jonction des routes de Nguyên-Binh et de Ngan-Son, et s'apprête à franchir le Song Bang-Giang aux environs de Nhoc-Hai, pour donner la main aux 1.200 Chinois établis dans les rochers de Canh-Biên et de Nam-Lat.

La situation est tout à fait grave. Heureusement, les 300 pirates qui interceptaient la route de Quang-Huyên à Phuc-Hoa, n'osent pas rester plus longtemps aussi en l'air, à deux jours de marche du gros de leurs forces concentrées en face de Cao-Bang. Le 23 août, ils quittent leurs positions et remontent vers les rochers où s'étaient déjà retirés les défenseurs de Canh-Biên.

En même temps, la bande D'A-Coc-THUONG, arrêtée par la crue considérable du Song Bang-Giang et craignant de tenter le passage de cette rivière à proximité de la forte garnison qui occupait Cao-Bang, reste toujours immobile sur la rive droite à l'ouest de Nuoc-Hai.

Le commandant OUDRI, ayant reçu tous ses renforts, continue son mouvement de Quan-Huyên sur An-Lai ; le 22, il est à Lang-La, le 23 à Ban-Luong, le 24 à An-Lai. Le même jour, le commandant ROBERT quitte Cao-Bang ; il arrive le soir à Canh-Biên et, le 25 au matin, les deux colonnes opèrent leur jonction près de Canh-Biên et préparent l'attaque des rochers en canonnant les villages occupés par les pirates autour du poste optique.

Les Chinois se voyant cernés, commencent par se masser à Lung-Hoai pour résister à notre attaque. Puis, renonçant à se défendre dans leurs positions, ils profitent de la nuit du 27 au 28 pour descendre à Muong-Loi et filer dans la direction de Luu-Khu. Un brouillard intense empêche malheureusement le commandant ROBERT d'être prévenu à temps ; au matin, les pirates avaient évacué les rochers.

Le commandant ROBERT se lance immédiatement à leur poursuite et les atteint au moment où ils étaient fort occupés à traverser la rivière de Tra-Linh, considérablement grossie par les pluies. Les Chinois éprouvent des pertes considérables, mais la majeure partie d'entre eux réussit néanmoins à gagner le Luu-Khu.

Le 4 août, le fils du huyên de Quang-Huyên avec ses miliciens, surprend près d'An-Met, une bande de Chinois qui cherchait à se joindre aux envahisseurs des Ba-Chau ; il lui tue 5 hommes, lui enlève 3 fusils Muser, 12 buffles, délivre 3 femmes et la rejette hors des Ba-Chau.

**
*

Opérations dans les Ba-Chau et le Luu-Khu. — Lorsque le lieutenant-colonel SERVIÈRE prit à Cao-Bang le 31 août tous les pouvoirs civils et militaires, il restait encore à disperser les Chinois d'A-Coc-Thuong, installés sur les collines de la rive droite du Song Bang-Giang, en amont de Nuoc-Hai, et à chasser des Ba-Chau les derniers débris des bandes qui avaient voulu s'en rendre maîtresses. C'est cette double tâche que cet officier supérieur poursuivit pendant tout le cours des mois de septembre et d'octobre.

Le 4 septembre, après avoir laissé aux troupes quelques jours de repos indispensables, il entre en campagne contre A-Coc-Thuong. Celui-ci, depuis la retraite des bandes qui s'étaient emparées du poste optique des rochers, auprès de Cao-Bang, s'était déjà replié sur Nguyên-Binh ; à l'approche de nos troupes, sa bande achève de se disperser sans combat et se retire, soit vers Ngan-Son, soit vers Cho-Ra.

Il devenait inutile de se lancer à la poursuite d'une bande aussi émiettée en plusieurs fractions insaisissables. Le 10, les troupes rentrent à Cao-Bang. D'ailleurs, si rien ne bougeait du côté de Luu-Khu, on signalait en revanche vers Ha-Lang, un regain d'agitation qu'il y avait lieu de surveiller sans retard.

Il importait de détruire la bande du chef A-AKAM dans les Ba-Chau. Le lieutenant-colonel SERVIÈRE entreprend cette opération fin septembre. Le 2 octobre, après un engagement d'un quart d'heure, les troupes s'emparent du village de Ban-Dao où s'était retranchée une partie de la bande du Chinois A-AKAM, qui occupait le cirque de Long-Mo.

Le lendemain, le lieutenant-colonel SERVIÈRE attaque le cirque de Long-Mo. D'après les renseignements annamites, il n'existait aucun chemin en dehors de trois passes qui furent cernées. Après un engagement très vif, qui dura deux heures, la position est enlevée, malgré une vigoureuse résistance des pirates ; mais ceux-ci peuvent fuir en Chine, en se glissant entre les rochers qui entourent la position. Les travaux de fortification sont immédiatement rasés, et une grotte qui servait d'abri est incendiée et rendue inhabitable pour longtemps.

Le 9, les troupes rentrent à Cao-Bang après avoir détruit le village de Ban-Dai, dont les habitants, réfugiés en Chine, refusaient de reconnaître les autorités annamites.

Il restait au colonel SERVIÈRE, pour terminer sa tâche, à disperser les bandes pirates du Luu-Khu. Après avoir pris un repos de quelques jours à Cao-Bang, les troupes reprennent la campagne. Le 31, elles attaquent les massifs rocheux de Luu-Khu, repaire principal des pirates au nord du poste de Mo-Xat, et en expulsent les bandes chinoises qui s'enfuient par les rochers, après leur avoir opposé une très vive résistance. Cet engagement nous coûte un officier tué, le sous-lieutenant LANTA, du 2e bataillon d'Afrique, et 3 blessés, dont un officier, le commandant ROBERT, de ce même bataillon.

Affaire de Lung-Giao. — Le cirque de Lung-Giao, sur la route de Nguyên-Binh, étant tenu par des pirates, le lieutenant-colonel SERVIÈRE part dans cette direction le 30 décembre, avec 30 hommes du bataillon d'Afrique et une compagnie du 4ᵉ tonkinois, escortant un convoi de 400 coolies destinés à ravitailler Nguyen-Binh. Il rencontre à moitié chemin le lieutenant SAGOLS, commandant du poste, qui était venu au-devant de lui avec 40 hommes pour lui faciliter le passage du pont de Ta-Sa, rendu difficile par la présence des Chinois dans les environs.

Le 1ᵉʳ janvier, au retour, cet officier est assailli par des pirates embusqués dans des rochers à moins d'une heure du poste, et tué raide d'une balle au cœur. Les assaillants sont immédiatement délogés de leur position et mis en fuite.

Le 4 janvier, nos troupes attaquent les Chinois dans le cirque de Lung-Giao. Ceux-ci s'enfuient après une courte résistance, laissant 9 cadavres sur le terrain.

Le 15 janvier, le commandant du poste de Ngan-Son, parti à la tête de 22 fusils pour chercher des bœufs à Roun-Py (sud de Ngan-Son), est attaqué par une bande pirate d'une vingtaine d'hommes.

Le 20 février, le village de Na-Len. à 3 heures de Cao-Bang, est attaqué par une bande de 300 pirates venus de Nguyen-Binh. Cette attaque dure environ 3 heures ; les pirates sont repoussés par l'énergique résistance des habitants et laissent plusieurs morts sur le terrain.

Le 25 février, une escorte militaire revenant de Ngan-Son est attaquée vers 9 heures du soir au village de Ban-Khan (6 kilomètres N.-O. de Ngan-Son), où elle faisait étape. Les pirates sont rejetés. Dans la nuit, une nouvelle agression n'a pas plus de résultat que la première.

Le 28 mars, le commandant du poste de Tra-Linh, prévenu qu'une bande avait pillé les villages de Thanh-Biên et de Ong-Zoi, parcourt la route de Luu-Khu avec une reconnaissance. Cette opération donne lieu à un petit engagement avec un poste avancé de pirates qui est délogé sans pertes de notre côté.

Une reconnaissance sortie de Ha-Lang a, avec la bande de MA-COC-HEIM un engagement, le 28 avril. Dans ce combat, MA-COC-HEIM a un frère tué et un autre blessé.

Dans la nuit du 14 au 15 mai, une bande d'une vingtaine de pirates, favorisée par une nuit très noire, réussit à pénétrer dans un groupe de baraques situé à 100 pas du fortin de Soc-Giang et enlève 4 femmes de tirailleurs. L'alarme ayant été donnée, les pirates dirigent sur le poste un feu assez vif qui ne cesse qu'à l'arrivée du piquet. Ils s'enfuient aussitôt.

Le 6 juin, a lieu à Luong-An un combat entre les indigènes des environs de Tra-Linh et un parti de pirates venu de Luu-Khu. Plusieurs tués et blessés. Dans la nuit du 26 au 27 juin, le village de Luong-An, près de Tra-Linh, est pillé par une bande descendue de Luu-Khu. La garnison du poste prévenue n'a pu atteindre les pirates.

Le 5 juillet, attaque par une bande de Luu-Khu, du village de Pia-Kao (route de Mo-Xat à Nuoc-Hai). Les habitants résistent et tuent 5 pirates.

Le 12, le commandant du poste de Mo-Xat, prévenu qu'une bande d'une centaine de pirates se trouvait à Coc-Niou, réunit 18 fusils et une quinzaine de miliciens. Il réussit à prendre la bande et à la chasser, après un combat assez vif dans lequel les pirates perdent 7 tués et plusieurs blessés. Enfin, le 29 juillet, une reconnaissance sortie de Ha-Lang est attaquée près de Héo-Méo par une partie de la bande de MAC-COC-HEIM. L'affaire n'a pas de suites sérieuses.

12ᵉ RÉGION. — *Lang-Son.*

La région est calme par elle-même et ne subit guère que les exactions provenant de sa traversée par deux sortes de bandes qui n'y séjournent pas : 1° Les bandes chassées d'autres régions du Tonkin et qui se rendent en Chine ; 2° les déserteurs des armées chinoises qui rejoignent les bandes de Cho-Chu, Cho-Moi. C'est ainsi qu'en juin 1890, le nommé HOAN-TRAN-MY, sous-officier chinois, déserte avec armes et bagages, emmenant avec lui 40 soldats, et commet quelques exactions sur notre territoire.

Les mandarins chinois de la frontière sont corrects dans leurs relations avec nous et prennent des mesures pour enrayer la piraterie qui les menace également.

On signale pourtant une bande forte et bien armée qui stationne dans la région, où elle occupe toute la contrée à l'ouest de la ligne Pho-Binh-Gia-Cho-Chu. Son chef, LY-TAM, règne sur ce pays, nomme des fonctionnaires et se livre à la recherche de l'or.

Piraterie et petites opérations. — 200 réguliers chinois tout récemment licenciés, s'étaient jetés avec leurs armes sur notre territoire, dans le massif boisé des Mau-Son. Deux colonnes partent aussitôt de Lang-Son et de Dong-But pour couper la retraite de ces bandes et les disperser avant qu'elles aient pu semer le trouble dans le pays. Mais les Chinois, prévenus de nos mouvements, repassent immédiatement la frontière ; depuis, ils n'ont pas reparu.

Néanmoins, à la fin d'août, on remarque une grande activité dans les enrôlements faits par les chefs de bandes. Le 22, deux Chinois sont arrêtés et exécutés à Lang-Son, où ils étaient venus recruter des soldats jusque parmi les coolies de la ville.

Le poste muong de Koi-Bo (ouest de That-Khê) est assailli dans la nuit du 24 au 25 septembre par une centaine de rôdeurs chinois qui sont repoussés, laissant trois des leurs sur le terrain.

Le 9 novembre, le lieutenant BLONDLAT, officier de renseignements de la région, parti de Dong-But pour opérer une reconnaissance topographique, et se dirigeant sur Dinh-Lap par Ki-Ma, trouve sur sa route la piste suivie par les émissaires des bandes du Loch-Nam pour faire passer en Chine leur butin. Un de ces convois étant signalé, il lui tend une embuscade et délivre 23 femmes ou enfants, tuant 4 pirates sans éprouver aucune perte.

Le 11 décembre, on signale le pillage du village de Bo-To (canton de Mui-Lot, sud de Na-Lam). Vers le 20, une bande de 600 Chinois s'installe à Van-Vi, au sud de Pho-Vi. Les habitants de 4 villages environnants ne se voyant pas protégés, émigrent en masse.

Le 30 décembre, 30 pirates attaquent le village de Léo-Tan, près de Na-Cham. Les habitants ripostent avec énergie et prennent 4 pirates. Dans la nuit suivante, une attaque dirigée contre le poste lui-même, échoue. Le 6 janvier, le village de Hach-Trai, du cercle de That-Khê, est assailli par une centaine de pirates. Les habitants résistent énergiquement. Dix pirates sont tués et deux autres, pris les armes à la main, sont exécutés.

Affaires de Lang-Sao et de Ban-Kep — Depuis longtemps, les environs du poste de Pho-Binh-Gia étaient infestés par la présence de plusieurs bandes qui, installées dans les repaires de Ban-Kep et de Lang-Sao, mettaient le pays en coupe réglée. Sur les sollicitations unanimes des habitants qui ne pouvaient mettre leurs champs en culture, une expédition est organisée sous la direction du commandant de la 12ᵉ région.

Les forces mises en mouvement comprennent 136 fusils et une pièce de 80 de montagne. La colonne part le 9 mars de Pho-Binh-Gia. Le lendemain, Lang-Sao est enlevé sans pertes. La journée du 11 est employée à détruire les défenses de Lang-Sao et à donner du repos aux troupes. Le lendemain, la colonne se dirige sur Ban-Kep, situé à peu de distance du sentier qui relie Pho-Binh-Gia à Cho-Moi. Le 13, ce nouveau repaire est atteint. Quelques coups de canon mettent en fuite les rebelles qui laissent 3 cadavres sur le terrain. On ramasse encore des approvisionnements de riz considérables et une assez grande quantité de munitions.

Ces opérations, rapidement menées, ont un effet moral considérable. Les pirates ne croyaient pas que l'artillerie pût être transportée par les chemins difficiles qui conduisaient à leurs repaires, établis dans des positions très fortes et considérées par eux comme inexpugnables.

⁎⁎⁎

ANNAM

L'Annam est calme. Seul, un foyer de rébellion s'est formé dans la province de Thanh-Hoa et une série d'opérations doivent être entreprises dans cette région.

Des renseignements recueillis avec beaucoup de difficultés signalent qu'une bande était apparue tout à coup à Van-Dong (20 kilomètres N.-N.-O. du poste de Nong-Cong) et semblait vouloir s'y installer. Le sous-lieutenant MARFOND, commandant le poste de Nong-Cong, part le 8 octobre 1889 en reconnaissance avec 4 européens et 20 Chasseurs annamites. En approchant de Van-Dong, le détachement débouche dans une clairière fermée de tous côtés par des taillis impénétrables ; à quelque distance, un ouvrage de fortification barre la route du village. Les pirates, invisibles et embusqués dans les bois et derrière la barricade, laissent approcher la petite troupe jusqu'à 200 mètres puis l'accueillent par un feu des plus vifs pendant qu'elle se déploie.

En quelques instants, le sous-lieutenant MARFOND, ainsi que les 4 européens, tombent mortellement frappés. Les Chasseurs annamites, restés sans chef, se replient en désordre. 6 d'entre eux sont tués, les 14 autres rentrent à Nong-Cong.

Une colonne de 120 fusils part aussitôt de Thanh-Hoa et arrive le 11 octobre à Van-Dong. La position avait été renforcée par les pirates et, malgré une vive attaque qui nous coûte 12 blessés, dont un sous-officier européen et 2 indigènes disparus, elle ne put être enlevée.

Il était nécessaire d'agir rapidement afin de ne pas laisser la contrée sous l'impression de cette malheureuse affaire qui, aux yeux des habitants, pouvait prendre les proportions d'une grande victoire remportée par les pirates.

Un renfort ayant été envoyé à Thanh-Hoa, une colonne forte de 185 hommes, et commandée par le colonel BARBERET, commandant la région, quitte Thanh-Hoa le 22 octobre, se dirigeant sur Nong-Cong et Van-Dong. Les pirates, bien renseignés sur nos mouvements et peu soucieux d'accepter le combat, se retirent sur la rive gauche du Song Ma et s'établissent à Da-But, près Lang-Bao, dans une assez forte position, abordable d'un seul côté par une digue étroite. La colonne les y atteint le 2 novembre. Il était impossible de songer à enlever le village de vive force. L'artillerie le canonne pendant que l'infanterie le couvre de feux de salve.

Le 3, les pirates se replient dans la direction de Pho-Cut, vers le nord. Un des chefs principaux, le Tong-Ly NGUYEN-QUI-HIEM meurt des suites de ses blessures. Le 4 novembre, le colonel BARBERET reprend avec sa colonne la poursuite de la bande, mais celle-ci s'égrène de plus en plus et disparaît sans que l'on puisse retrouver ses traces. Le 9 novembre, la colonne rentre à Thanh-Hoa.

*
* *

Pendant la seconde quinzaine de novembre, les renseignements arrivant de diverses sources, annoncent que la bande dispersée par le colonel BARBERET s'est reformée dans le huyên de Yên-Binh, sous les ordres de DE-SAN, le principal lieutenant de TUYET, qui cherche à soulever le pays au nom de l'ex-régent.

Le Gouverneur général demande à l'autorité militaire d'agir vigoureusement pour étouffer dans son germe ce mouvement politique qui pourrait prendre une fâcheuse extension.

Le lieutenant-colonel LEFÈVRE qui a remplacé le colonel BARBERET au commandant de la 7ᵉ région, rassemble à Thanh-Hoa une colonne composée d'une compagnie d'infanterie de marine à l'effectif de 70 hommes, d'un peloton de tirailleurs, d'un peloton de chasseurs annamites, d'une pièce de 80 de montagne, et se dirige le 27 vers Van-Lai (30 kilomètres O. de Thanh-Hoa) où sont installés les rebelles.

Le 30 novembre, le lieutenant-colonel LEFÈVRE atteint Van-Lai, où il trouve l'ennemi en force et solidement retranché. Devant ce village difficile à enlever sans risquer de grandes pertes, il se contente de couvrir de feux la position, pendant qu'il la fait reconnaître sur toutes ses faces. Durant cette opération, le lieutenant-colonel LEFÈVRE est blessé. La colonne prend position à Yen-Luoc, au sud de Van-Lai et le colonel, obligé de se faire évacuer sur Thanh-Hoa, remet le commandement au capitaine COLETTA.

Dans la nuit du 1ᵉʳ au 2 décembre, les rebelles viennent attaquer Yen-Luoc et cherchent à l'incendier ; nos troupes ripostent vigoureusement et les mettent en fuite. Aucune perte de notre côté.

A la suite de ces événements, des renforts portent l'effectif de la colonne à 500 fusils et 2 pièces de canon. Le lieutenant-colonel JORNA DE LACALE est désigné pour prendre le commandement, en remplacement du lieutenant-colonel LEFÈVRE. Le 3, l'ennemi évacue Van-Lai ; nos troupes l'occupent et se mettent à sa recherche. Cette poursuite des plus pénibles à travers un pays difficile n'aboutit à aucun résultat, vu le manque complet de renseignements sérieux. Le 12, la colonne rentre à Yên-Luoc et Van-Lai, où elle s'établit et surveille les débouchés par où les rebelles pourraient descendre dans la plaine.

Le 20 décembre, quelques indices ayant été recueillis, le lieutenant-colonel JORNA DE LACALE forme 3 détachements de 150 hommes environ pour fouiller le pays; après 5 jours de marche sans avoir rencontré personne il rentre avec tout son monde à Yên-Luoc. Il en repart le 30, dans la direction de Lang-Sé, où la bande est signalée.

Le 1er janvier 1890, à 1 heure, un avant-poste ennemi est bousculé par notre avant-garde. Le gros se heurte à Lang-Kem, à 5 heures du soir, à un village fortement retranché. Après trois quarts d'heures de préparation, l'assaut est donné et la position enlevée. L'affaire a été assez chaude; les rebelles au nombre de 400 dont 140 armés de fusils à tir rapide, ont fait une énergique résistance. Nos pertes sont 2 tirailleurs indigènes tués, le capitaine CHRISTOPHE grièvement blessé, un sergent et un soldat européens blessés, 10 tirailleurs indigènes blessés.

La nuit ne permet pas de poursuivre l'ennemi dont les pertes n'ont pu être constatées et qui s'enfuit dans les bois à la faveur de l'obscurité. Les bagages du de-doc CAO-TIEN, des fusils à tir rapide, une grande quantité de munitions restent entre nos mains.

La colonne rentre le 18 janvier à Thanh-Hoa, où elle est disloquée, la bande pirate de Lang-Kem s'étant dispersée. Un poste provisoire est laissé à Yên-Luoc. Le 21, le lieutenant-colonel JORNA DE LACALE remet le commandement de la région au lieutenant-colonel LEFÈVRE et rentre à Hanoi.

⁎⁎

COCHINCHINE. — CAMBODGE

Un commencement de révolte éclate au bagne indigène de Poulo-Condore le 17 juin 1890. Près de 400 condamnés tonkinois se sont jetés sur leurs gardiens au moment de se rendre au travail et se sont dispersés dans l'île. Grâce aux mesures prises par le Directeur et le lieutenant-commandant le poste, cette révolte ne tarde pas à être réprimée. Il y a eu une dizaine de condamnés tués et autant de blessés.

POSTE DE NACHAM

(Cliché Aéronautique)

RÉGION DE NGUYEN-BINH

(Cliché du Gouvernement général)

(Cliché du Gouvernement général)

INCORPORATION DE GARDES INDIGÈNES

(Cliché du Gouvernement général)

LA GARDE INDIGÈNE

CAMPAGNE 1890-1891

Le 2° bataillon d'infanterie légère d'Afrique, les détachements du train des équipages et de spahis sont rapatriés en septembre 1890.

12 décembre. — Le général GODIN prend le commandement de l'Indochine, en remplacement du général BICHOT, rentrant en France.

Le colonel FREY prend le commandement de la 2° brigade.

17 janvier 1891. — Le général DUCHEMIN prend le commandement de la 2° brigade en remplacement du général GODIN, nommé commandant en chef.

26 février. — Le lieutenant-colonel DE TRENTINIAN prend le commandement de la 3° brigade, en remplacement du colonel DOMINÉ.

25 mars. — La 3° brigade à Hué est supprimée. Le lieutenant-colonel DE TRENTINIAN, commandant la 3° brigade supprimée, est nommé commandant des troupes de l'Annam.

11 avril. — Le Gouverneur général PIQUET rentrant en France, M. BIDEAU, inspecteur général des colonies, prend l'intérim à compter du 12 avril 1891.

21 avril. — Le général BOURGEY quitte le commandement de la 1ʳᵉ brigade, et le lieutenant-colonel DUMAS le remplace.

10 mai. — Le poste de Yên-Lang (Rivière Noire) est rétabli et rattaché à la 2° région (Hung-Hoa).

11 juin. — Le colonel BRACCINI prend le commandement de la brigade de Cochinchine.

1ᵉʳ juillet. — Le général GODIN quitte le commandement des troupes, le général RESTE étant nommé commandant en chef.

Le colonel DELAISSEY est nommé au commandement de l'artillerie en Indochine.

M. DE LANESSAN, nommé Gouverneur général de l'Indochine le 21 avril 1891, arrive à Saigon et prend ses fonctions le même jour.

⁎⁎

Le haut commandement est encore loin d'être complètement maître de la situation. La sécurité de la navigation sur le Feuve Rouge n'est pas encore réalisée. Des bandes fortement organisées, et toujours renforcées par des Chinois, continuent à tenir les massifs du Yên-Thé, du Bao-Day, du Dong-Trieu et de Quang-Yen.

Néanmoins, une éclaircie poind à l'horizon. Le chef puissant et obéi LUONG-TAM-KY a fait sa soumission. Ce fait prouve qu'il n'a plus confiance dans une issue favorable de la lutte. On peut espérer que son exemple sera suivi.

1ʳᵉ RÉGION. — *Yên-Bay.*

La région est relativement calme à part deux centres de piraterie :

1° La région de Luc-An-Chau où des bandes chinoises sont bien installées et mettent à prix les têtes des chefs indigènes dévoués à notre cause. Ces bandes ont quitté la vallée de la Rivière Claire qu'elles ont épuisée et où des mouvements de troupe vers Ha-Giang sont en train de s'exécuter ;

2° La région de Kê-Dinh, repaire des bandes qui compromettent à chaque instant la sécurité des convois de jonques de commerce sur le Fleuve Rouge.

Action des bandes et petites opérations. — Le commandant de la région fait exécuter du 26 au 30 août, deux reconnaissances sur Kê-Houm et Bao-Dap (au sud de Kê-Dinh, vallée du Ngoi-Hop, rive gauche du Fleuve Rouge). Tout le pays est fouillé et en particulier la vallée du Ngoi-Hop où la présence d'une bande avait été signalée. Les pirates se retirent dans le nord à notre approche.

Vers la fin du mois, les pirates de Pho-Noc (vallée du Sông Chay) surprennent le tri-chau de Luc-An en tournée avec 50 linhs. Ceux-ci abandonnent leur chef qui ne reparaît plus..

Le 10 octobre, un convoi de jonques est assailli à hauteur du Ngoi-Hop par une bande nombreuse. L'escorte composée de 11 tirailleurs peut heureusement protéger le convoi et repousser les pirates.

Le 17, dans la nuit, un convoi montant de 4 jonques de commerce accompagné d'une jonque de guerre, est attaqué à 16 kilomètres en aval de Bao-Ha. Le sergent qui commandait l'escorte fait rétrograder le convoi, après avoir eu un homme tué et deux blessés.

Dans la nuit du 21 au 22, quelques jonques sont attaquées à 6 kilomètres en amont de Trai-Hutt. Une reconnaissance, sortie aussitôt de ce poste, parvient à surprendre une trentaine de Chinois au point où l'agression s'était produite et leur met plusieurs hommes hors de combat.

Une reconnaissance s'empare, le 12 novembre, du repaire de Kê-Dinh qui était le centre de la grande piraterie de cette région. Cette opération ne nous coûte que deux légionnaires blessés. Des papiers recueillis à Kê-Dinh permettent de constater l'existence d'une véritable organisation ayant pour but l'exploitation méthodique du Fleuve Rouge par les bandes pirates.

La position de Kê-Dinh est à nouveau fortement occupée par la bande. Une reconnaissance du poste de Trai-Hutt arrivée le 11 décembre jusqu'aux abords de la position se retire après un combat assez vif qui a permis d'évaluer à 200 le nombre des défenseurs.

Le 18 décembre, le commandant du poste de Ngoc-Tié détruit un repaire de pirates chinois établi à Kê-Ha ; la bande complètement surprise prend la fuite sans combat.

⁎⁎

Reconnaissance de Khuong-Nho (lieutenant BULLEUX). — Le 14 janvier 1891, un détachement de 70 fusils, commandé par le lieutenant BULLEUX, parti de Yên-Bay pour reconnaître le village de Khuong-Nho, où une bande de 300 pirates venait de s'établir, rencontre l'ennemi en avant de ce point. Après avoir chassé quelques rassemblements chinois sans importance, la reconnaissance, qui s'était établie au repos, dans la position de halte gardée, est subitement assaillie de toutes parts par les contingents pirates qui la pressent vivement. Il faut un vigoureux retour offensif et toute l'énergie de la petite troupe pour qu'elle puisse se dégager.

⁎⁎

Colonne de Kê-Dinh (chef de bataillon de Beylié). — Il devenait nécessaire de refouler les bandes qui se montraient dans les environs de Yên-Bay. Le 18 janvier 1891, une petite colonne composée de 350 fusils avec un canon, part de ce point sous les ordres du commandant de la 1re région, pour agir contre le repaire de Ke-Dinh. Celui-ci est enlevé le 22, après une heure de combat à la suite duquel les pirates sont en complète déroute : 2 canons, plusieurs fusils, des papiers importants et un prisonnier restent entre nos mains. De notre côté, trois tirailleurs blessés assez grièvement.

⁎⁎

Colonne du Sông Chay. — Dans les derniers jours de mars 1891, les bandes de HOANG-THAN-LOI paraissent se concentrer au nord de Phu-Yên-Binh, d'où elles étendent leurs déprédations dans la vallée du Sông Chay et vers le Fleuve Rouge. Un rassemblement important est signalé sur le Ngoi-Huong entre Phu-Yên-Binh et Luc-An-Chau.

Le chef de bataillon DE BEYLIÉ, du 1ᵉʳ tonkinois, commandant la 1ʳᵉ région, organise une colonne de 300 fusils à laquelle se joignent les troupes du commandant FOUQUET, du 2ᵉ tonkinois, qui vient d'opérer sur la rive droite du Fleuve Rouge ; ces deux officiers supérieurs se portent séparément vers le Ngoi-Hung en combinant leurs mouvements de manière à attaquer en même temps la position ennemie.

Le 5 avril l'avant-garde de la colonne DE BEYLIÉ, engagée dans un étroit défilé, est assaillie tout à coup par une fusillade des plus vives qui lui met plusieurs hommes hors de combat ; un mouvement rétrograde se produit, mais il est bientôt arrêté par l'intervention rapide du gros de la colonne qui accourt sur le lieu du combat, en même temps que la colonne FOUQUET prenait l'ennemi à dos et l'obligeait à la retraite.

Pendant ce court engagement, la colonne DE BEYLIÉ a eu 5 tués dont 3 européens, et 16 blessés dont 8 européens, parmi lesquels le lieutenant HÉROLD, du 2ᵉ étranger.

Le même jour, nos troupes se portent contre la position principale des pirates installés à mi-côte de la montagne de Movio. Mené avec vigueur, le combat est de courte durée et l'ennemi ne tarde pas à retirer après nous avoir fait éprouver de nouvelles pertes qui s'élèvent à 8 blessés, dont 2 officiers (le commandant FOUQUET et le sous-lieutenant LARBONDE, du 1ᵉʳ tonkinois).

Le 8 avril, le lieutenant FAUCON, commandant le poste de Luc-An-Chau, atteint à Nam-Lai un parti de pirates qu'il met en complète déroute et auquel il enlève des armes et des munitions.

A la suite de ces opérations, les bandes chassées de leurs repaires se rassemblent aux environs de Luc-An-Chau et il devient nécessaire de renforcer ce petit poste pour lui permettre de les tenir en respect. Des papiers saisis à Nam-Lai ne laissent aucun doute sur les intentions de HOANG-THAN-LOI, qui prépare un projet d'attaque contre Luc-An-Chau, dont la garnison ne comprenait jusqu'ici qu'une section de Tonkinois.

Le 22 avril, un détachement se rendant de Trai-Hutt à Luc-An-Chau chasse successivement devant lui 4 groupes de pirates chinois établis à proximité de ce dernier poste et repousse le même jour une première tentative des Chinois contre le village de Luc-An-Chau.

Le sous-lieutenant SAGOLS, du 1ᵉʳ tonkinois, exécute du 18 avril au 6 mai, plusieurs reconnaissances entre le Fleuve Rouge et le Sông Chay. Dans la seule matinée du 22 avril, en se rendant de Trai-Hutt à Luc-An-Chau, il rencontre successivement et culbute 4 groupes de pirates chinois.

Le 2 juin, une bande de 300 Chinois est signalée au commandant du poste de Luc-An-Chau. Le 3 juin, à 7 heures du matin, le sous-lieutenant GIFFARD, du 1ᵉʳ tonkinois, part de ce poste avec un détachement de 70 tirailleurs et arrive à midi devant Lang-Chiang. Pendant que sa première ligne et sa fraction de gauche, sous les ordres du sergent MAUCOURT, du 1ᵉʳ tonkinois, ouvrent le feu sur le village, il est attaqué lui-même sur sa droite. Se rendent bientôt compte de la supériorité numérique de l'ennemi et de l'impossibilité de continuer la lutte avec avantage, cet officier fait charger à la baïonnette la première ligne chinoise qui est mise en déroute, et profitant aussitôt de ce mouvement de recul, il se retire par échelons en ramenant ses blessés.

⁎⁎

Poste de Bo-Ha. — Du 4 au 9 août 1891, le capitaine LASSALLE, du 1ᵉʳ tonkinois, commandant le poste de Bo-Ha, et le lieutenant MARTEL, du même régiment, commandant le poste de Tu-Lé, dirigent une opération combinée dans le Phong-Du contre les bandes de Giao-Sui.

Le 6 août, la colonne LASSALLE atteint le repaire de Giao-Siu à Kékai et prononce l'attaque vigoureusement. La colonne MARTEL la rejoint au milieu du combat et achève de mettre les pirates en fuite. La bande est dispersée, le repaire est incendié.

⁎⁎

Poste de Trai-Hutt. — Le 3 août, à minuit, le lieutenant CHAPUY, du 1ᵉʳ tonkinois, tombe inopinément avec 15 tirailleurs sur une bande pirate de plus de 40 hommes. Il fait aussitôt ouvrir le feu à bout portant, surprend par cette brusque attaque les pirates qui le croient en forces, et les met en fuite. Le lieutenant CHAPUY a été blessé dès le début de l'affaire.

Poste de Ngoi-Thié. — Le 11 août 1891, le lieutenant CADET, du 1er tonkinois, commandant le poste de Ngoi-Thié, quitte ce poste avec 76 tirailleurs de la 16e compagnie et 42 tirailleurs de la 3e compagnie du 1er tonkinois, pour aller attaquer le repaire de Lang-Yang, situé à un jour et demi de marche de Ngoi-Thié. Il arrive le lendemain devant ce point et y trouve une nombreuse bande chinoise en position retranchée, qui le reçoit par un feu nourri. Pendant qu'une fraction déployée répond de front à ce feu, le lieutenant CADET fait exécuter un mouvement tournant sur la droite de l'ennemi par le sergent HÉBERT DE LA VACQUERIE, de la 3e compagnie, et sur la gauche par le sergent indigène NGUYEN-VAN-SANG, de la 16e compagnie. Ces mouvements bien conçus et exécutés avec entrain déterminent la retraite des Chinois.

Le beau succès remporté dans ce combat montre que, en l'absence de tout renfort européen, les tirailleurs n'hésitent pas à attaquer les Chinois, même en position retranchée.

2e RÉGION. — Hung-Hoa.

En dehors des petites bandes de pirates qui exploitent plus ou moins le pays, la région donne asile à 2 bandes : celle du DÊ-KIÊU établie au sud de Cam-Khê, à Cac-Tru, qui est forte de 300 fusils à tir rapide, et celle du DOC-NGU, forte de 600 bons fusils, qui s'est retirée sur la rive gauche de la Rivière Noire, vers Yen-Lang et Xom-Gion, après avoir enlevé le poste de garde civile de Cho-Bo.

De cette situation découle la physionomie de la région pendant la période : d'une part, de la petite piraterie et de petites opérations, de l'autre, une série d'importances opérations contre les bandes du DOC-NGU et du DÊ-KIÊU.

Le 19 septembre, une reconnaissance, sortie du poste de Cam-Khê, atteint près de Son-Tinh, un groupe de pirates qui avaient pillé quelques jours auparavant les villages de Pho-Khê et de Dong-Viên. Ceux-ci s'enfuient, ayant plusieurs blessés et laissant un prisonnier entre les mains du détachement.

Le village de Yên-Luong est assailli dans la nuit du 20 octobre. L'attaque est repoussée grâce au concours de la garnison du poste. Le 24, le village de Ha-Tach, à 2 kilomètres de Ngoc-Tap, est attaqué par une bande. Une reconnaissance, sortie du poste, ne peut atteindre les pirates qui se dérobent à son approche. Dans la nuit du 24, une bande pille le village de Xom-Mé, commune de Tap-Luc, à 7 kilomètres E.-S.-E. de Ngoc-Tap. Une reconnaissance, sortie du poste, met les pirates en fuite.

Du 8 au 10 décembre, les garnisons de Hung-Hoa, Van-Ban et Cam-Khê opèrent contre les pirates de Yên-Luong, sans pouvoir les rencontrer.

Une forte bande chinoise ayant été signalée à Luong-Bang, sur la rive gauche du Fleuve Rouge, au sud de Yên-Luong, le capitaine BAUMANN, commandant ce poste, part le 9 décembre avec quelques renforts envoyés de Ngoi-Lao et de Yên-Bay pour reconnaître sa position. Le 10, à 3 heures de l'après-midi, cette reconnaissance est assaillie dans un défilé organisé défensivement par les pirates ; après un violent combat où nous avons 13 blessés, la position est enlevée.

Pendant le mois de janvier 1891, les troupes des 2e et 4e régions agissent, soit séparément, soit ensemble, contre les bandes de Luong-Bang et Son-Nhao, entre le Sông Chai et le Fleuve Rouge.

Une reconnaissance de 40 fusils envoyée de Phu-Doan le 1er janvier, dans la direction de Son-Nhao pour recueillir des renseignements sur les positions de l'ennemi, est attaquée vigoureusement près de Lang-Nac, par des groupes postés dans des tranchées-abris. Sans se laisser intimider par une fusillade des plus vives, nos soldats mettent l'ennemi en fuite après un engagement de courte durée, dans lequel nous avons un soldat tué et un officier (le lieutenant BRUN, du 9e de marine) et un homme blessés.

Une opération combinée des postes de Phu-Doan, de Yên-Bay et de Ngoi-Lao, dirigée par le commandant de la 2e région pour nettoyer le payer, est alors entreprise dans le huyên de Ha-Hoa. La forte position de Luong-Bang, à laquelle nos troupes s'étaient heurtées le mois précédent, est trouvée inoccupée, ainsi que celles de Kina et de Son-Nhao. Les pirates s'étaient retirés du côté de Kê-Dinh, où les troupes de la 1re région les ont trouvés et battus le 22 janvier.

Le sous-lieutenant MOTTE, commandant le poste de Thanh-Ba, est averti dans la journée du 18 février qu'un parti de Chinois se trouve au village de Dam-Tiam (12 kilomètres N.-O. de Thanh-Ba) ; il se met en marche le soir même avec 40 fusils, mais les pirates, prévenus à temps, s'enfuient à son approche. Le 19 au soir, quelques heures après sa rentrée au poste, le même officier apprend que la bande est revenue à Dam-Tiam ; il repart sur le champ en suivant un autre chemin que celui de la veille et, par une marche de nuit bien dissimulée, arrive à proximité du village. Les pirates accueillent d'abord la reconnaissance par une fusillade assez vive, puis se retirent en laissant entre nos mains 24 femmes ou enfants volés dans les environs.

Le 28 février, une reconnaissance de 41 fusils, sous les ordres du lieutenant SOLMON, commandant le poste, partie de Van-Ban, surprend, par une marche de nuit, habilement conduite, une bande pirate établie dans les environs de Quê-Son et en tue le chef.

*
* *

Opérations contre le DOC-NGU *et le* DÊ-KIÊU. — Ces opérations ont le caractère d'une battue générale ayant pour but d'isoler l'une de l'autre les bandes de ces deux chefs, de refouler les rassemblements dans les massifs montagneux, d'en détacher les Annamites du delta et de hâter par suite la dislocation des bandes. En octobre dernier, le commandant de la région de Son-Tay a déjà opéré contre la bande du DOC-NGU (voir 4° région).

Deux colonnes sont formées dès les premiers jours de mars 1891 à Son-Tay et à Hung-Hoa, pour opérer contre le DOC-NGU. La première, placée sous les ordres du commandant GEIL, du 11° régiment d'infanterie de marine, comprend 350 fusils et 2 pièces de canon. La deuxième, commandée par le chef de bataillon BERGOUNIOUX, du 2° étranger, est forte de 125 fusils. A défaut de tirailleurs tonkinois, 450 gardes civils ou miliciens du tong-doc sont adjoints à la colonne de Son-Tay, 150 gardes civils marchent avec la colonne d'Hung-Hoa.

Après avoir franchi la Rivière Noire à Tu-Vu, le 6 mars, le commandant GEIL se porte sur Yên-Lang et opère sa jonction le 10 au col de Kem-Hem avec le commandant BERGOUNIOUX, qui a quitté Hung-Hoa le 6. Tous les villages sont déserts ; les pirates, fuyant devant nos troupes, se sont retirés à Xom-Gion, leur principal repaire, que les colonnes atteignent le 13 mars.

Après un combat qui dure de midi à 4 heures du soir, l'ennemi est chassé de ses positions malgré une résistance énergique ; cette journée nous coûte 4 européens tués et 16 blessés, dont 6 indigènes.

Le lendemain 14, une des reconnaissances de la colonne GEIL, commandée par le sous-lieutenant BÉRARD, se heurte à un retranchement défendu par un groupe de rebelles, resté compact malgré le combat de la veille ; elle l'enlève, avec l'aide d'un détachement commandé par le lieutenant HIRTZMAN, sans éprouver aucune perte, et s'empare ensuite du cantonnement du DOC-NGU, qui renfermait des approvisionnements considérables et notamment 6.000 cartouches m^{le} 1874 provenant de Cho-Bo.

Dans la nuit du 20 au 21, une petite bande de muongs, détachée du DOC-NGU, après son échec de Xom-Gion, est surprise et détruite en partie à Cu-Thang, par le sous-lieutenant DEBAY.

Enfin, la colonne GEIL rentre le 24 à Son-Tay, après avoir fouillé méthodiquement le pays et laissé un détachement à Yên-Lang, qui va être occupé par un peloton du 2° étranger et un peloton de tirailleurs tonkinois. Le rétablissement de ce poste, supprimé en 1888, était nécessaire pour affirmer notre autorité sur les territoires soumis à l'influence du DOC-NGU, et surveiller de près les agissements de ce chef rebelle.

Pendant les opérations contre le DOC-NGU, le commandant FOUQUET, du 2° tonkinois, avec 300 fusils fournis par la 5° région, s'était établi le 11 mars à Tu-Hac sur le Sông Mua, de manière à s'opposer, le cas échéant, à la réunion des bandes du DÊ-KIÊU et du DOC-NGU, pendant la marche sur Xom-Gion. Cet officier supérieur se porte ensuite sur An-Xao et explore toute la région du Ngoi-Mé, tandis que le commandant BERGOUNIOUX bat la vallée du Ngoi-Co et se rabat sur Cam-Khé sans rencontrer aucune résistance. Le 30 mars, la colonne FOUQUET est à Dai-Lich, au sud de Yên-Bay.

Arrivé à Cam-Khê le 31 mars, le commandant BERGOUNIOUX continue sa marche sur la rive gauche du Fleuve Rouge pour fouiller le huyên de Ha-Hoa. Il rencontre l'ennemi le 27 à Dai-Pham où les pirates occupent une position retranchée qui est enlevée par nos troupes avec un entrain remarquable ; un seul homme est blessé pendant cette affaire. La colonne BERGOUNIOUX, qui a repris sa marche vers le nord, arrive le 31 mars à Yên-Bay.

Dans la nuit du 12 au 13 mars, le commandant du poste de Thanh-Ba surprend un parti de pirates, le disperse et lui tue 4 hommes, dont le doi KHOAT qui le commandait.

En avril, une jonque montée par deux télégraphistes de l'administration, escortée par un détachement de gardes civils, est attaquée entre Tu-Vu et Phuong-Lam ; un des télégraphistes européens est blessé ; l'escorte a 14 hommes hors de combat dont 5 tués.

Sur la rive gauche du Fleuve Rouge, le commandant du poste de Ngoc-Tap surprend le 27 avril une bande de pirates au village de Gia-Hao, en prend 8 et s'empare d'une certaine quantité d'armes et de munitions.

Les rassemblements pirates battus à Dai-Pham, le mois dernier, continuent à tenir le pays entre ce point et celui de Son-Nhao. Maintenus par les postes du Fleuve Rouge, ils exercent principalement leur action dans la vallée du Sông Chay qui est plus riche et dépourvue de garnison.

Le lieutenant LAHIRE, du 9° de marine, commandant le poste de Ngoc-Tap, averti dans la nuit du 16 au 17 juin, que les pirates pillaient un village sur l'autre rive du Fleuve Rouge, en face de son poste, passe le fleuve aussitôt et se lance à leur poursuite. Il les rejoint malgré la difficulté de cette marche en pleine nuit et les attaque sur le champ. Les pirates, surpris, s'enfuient et abandonnent tout leur butin.

Le 10 juin, à minuit, le capitaine PHILIPPE, commandant le poste de Ngoi-Lao, partait avec 50 fusils pour cerner le village de Lang-Son où il espérait prendre le chef pirate LANH-DANH. Il avait combiné cette opération avec le sous-lieutenant MOTTE, du poste de Thanh-Ba, qui devait prendre le même village du côté sud. Ces deux détachements entourent à la fois Lang-Son, mais les pirates s'enfuient. Toutefois, le caporal indigène VI, du 1er tonkinois, aidé d'un tirailleur, parvient à s'emparer de l'un des fuyards qui est reconnu pour le doi HIEU, chef très redouté.

⁎⁎

4° RÉGION. — Son-Tay.

Deux bandes principales opèrent dans la région de Son-Tay :

1° La bande du DOC-NGU, installée dans la région montagneuse du Rung-Day, au pied du Bavi ;

2° Une bande chinoise qui a établi son repaire dans le Cay-Vong (huyên de Lap-Tach), au pied du Tam-Dao.

Les actes de piraterie de ces deux bandes sont bien distincts, comme aussi les opérations entreprises contre elles. Il convient dès lors de suivre ces bandes pendant la période.

⁎⁎

Bande de DOC-NGU. — Cette bande étend son action depuis la rive droite de la Rivière Noire jusqu'aux environs de Son-Tay.

Le 7 octobre, la bande surprend, non loin de Cam-Dai, un détachement de gardes civils. L'inspecteur MOULIN est tué, un garde principal blessé et un certain nombre de gardes indigènes sont tués ou blessés. Le lendemain de cette malheureuse affaire, le général commandant la 1re brigade dirige une colonne avec de l'artillerie, près de Cam-Dai, vers Ban-Nghi, où l'ennemi occupait une forte position. Celle-ci est canonné le 10 et les pirates s'enfuient. Le 11, un nouveau repaire est reconnu, canonné et brûlé. Fidèles à leur tactique habituelle, les rebelles disparaissent, puis ils reviennent peu à peu dans la région qu'ils occupaient précédemment et, le 16, leur présence et celle de plusieurs de leurs chefs est signalée à Xom-Dong à 6 kilomètres au sud de Son-Tay.

Le 17 au soir, une colonne comprenant 80 hommes d'infanterie de marine, 70 tirailleurs et une pièce de 80 de montagne est dirigée sur ce point. Le 18 au petit jour, la position est reconnue et canonnée. Les pirates se dispersent dans toutes les directions, perdant quelques-uns des leurs tués ou blessés ; la colonne rentre le soir même à Son-Tay.

Le 20 octobre, les rebelles, atteints dans les journées du 14 et du 17, sont signalés de nouveau au nombre de 250 dans les mamelons situés entre Ban-Nghi et Yên-Tai. Ils parcourent toute la région du Bavi et la rive droite de la Rivière Noire. A la fin du mois, on signale l'apparition d'une bande armée de 200 fusils à tir rapide, à Thu-Phap et sur la concesison minière exploitée par MM. LEYRET et St.-AMAND. Quelques jours après, les bâtiments de la concession de M. BOURGOIN-MEIFFRE, situés non loin de là, sont pillés et incendiés.

La situation est assez troublée pendant les premiers jours du mois de novembre. Les bandes qui n'avaient pas quitté le Bavi et ses contreforts, ont rançonné les villages voisins. Un groupe de 200 pirates bien armés a fait son apparition à Thu-Phap et incendié les établissements de M. BOURGOIN-MEIFFRE le 3 novembre. Une forte reconnaissance est dirigée le 17 novembre dans le Rung-Dai, région montagneuse et boisée située au pied du Bavi. La forêt est traversée et fouillée en tous sens, malgré les défenses accessoires et les tranchées que le DOC-NGU y a accumulées. Les pirates ne tiennent nulle part et ils sauvent dans la direction du S.-E. vers My-Cuong. Leur repaire principal, situé au centre du Rung-Dai, est détruit.

Le 26 décembre, un détachement, commandé par le capitaine BERNARD, du 11ᵉ de marine, opérant dans les environs de Son-Tay, trouve le hameau de Tho-Lao occupé par une bande pirate, déjà aux prises avec les linh-lê du quan-bô de la province. En quelques instants, le village est enlevé par nos troupes.

*
* *

Enlèvement du poste de garde civile de Cho-Bo. — Dans la nuit du 29 au 30 janvier, le poste de garde civil de Cho-Bo, siège de la résidence de la province muong, est attaqué et complètement détruit par la bande du DOC-NGU, qui paraît avoir eu des intelligences dans la place. M. ROUGERY, chancelier de résidence, faisant fonctions de vice-résident, a été tué ; le détachement de garde civile a lâché pied dès le début de l'affaire, laissant 40.000 cartouches, 118 carabines modèle 1874 et 4 revolvers aux mains de l'ennemi. Un garde principal et un surveillant européen des Télégraphes rentrant à Cho-Bo le 1ᵉʳ février au soir avec 24 miliciens, sont massacrés par ces derniers qui disparaissent.

La bande de DOC-NGU, grossie d'un certain nombre de gens du pays, s'est retirée à Yên-Lang avec son butin (rive gauche de la Rivière Noire, à 10 kilomètres à l'ouest de Tu-Vu).

Sur la demande du résident de Son-Tay, une section d'infanterie de marine et une section de tirailleurs tonkinois, sont expédiées d'urgence de Viétri, le 1ᵉʳ février, pour réoccuper Cho-Bo. A la suite de cette malheureuse affaire, une importante colonne est organisée contre le DOC-NGU (voir 2ᵉ région).

*
* *

Bande de Cay-Vong. — Cette bande, presque exclusivement chinoise, étend son action jusqu'au Fleuve Rouge au sud, vers Viétri-Phu-Doan à l'ouest, et pousse des pointes vers le Sông Chay où elle donne la main aux bandes de Luc-An-Chau.

En novembre 1890, sur la demande de l'autorité civile, nos troupes ont réoccupé le poste de Liên-Son. Cette opération a été précédée d'une battue générale opérée par des détachements provenant des garnisons de Tuyên-Quang, Phu-Doan, Viétri et Son-Tay, sous les ordres du commandant GEIL.

La bande principale commandée par LY-CUNG s'est dispersée à l'approche de nos troupes ; les pirates se sont réfugiés par petits groupes dans le Tam-Dao. Une grande partie des villages situés au pied de ce massif avaient été abandonnés par leurs habitants. On a trouvé en les fouillant de grandes quantités de poudre et de douilles métalliques.

Après avoir parcouru en tous sens le huyên de Lap-Tach, entre la Rivière Claire et le Sông Day, les divers détachements sont rentrés dans leurs garnisons respectives.

Cette tournée générale a produit un excellent effet et rassuré les populations. Un autre résultat important a été atteint ; LUONG-TAM-KO, principal chef de la bande de Cay-Vong, a demandé à se soumettre.

Dans la nuit du 15 au 16 décembre, le capitaine DALLIER, commandant le poste de Lien-Son, réussit à surprendre une bande de 80 pirates bien armés à Cai-Bach (huyên de Lap-Tach). 6 Chinois sont tués pendant le combat ; des armes et des munitions sont restées entre nos mains sans que nous ayons à supporter aucune perte.

Du 15 au 23 janvier 1891, le lieutenant HIRTZMAN dirige avec succès dans les environs de Phu-Vinh-Thuong, une série de reconnaissance qui ont pour résultat la dispersion de plusieurs petites bandes.

Le 16 janvier, l'adjudant COUARD, du 9ᵉ de marine, avec un petit détachement de la garnison de Lien-Son, surprend un parti de pirates à Hong-Dai. Six pirates sont tués.

Les Chinois de Cay-Vong tendent de plus en plus à prêter leur concours aux bandes annamites de la basse Rivière Claire. Une bande de 200 Chinois, installée depuis les fêtes du Têt dans le huyên de Lap-Tach, continue ses déprédations aux environs de Yên-Dao. Une colonne est, en conséquence, dirigée dans le Lap-Tach pour la rejeter au nord de Cay-Vong et se porter ensuite sur Phu-Doan.

Cette colonne, sous les ordres du chef de bataillon BAUDART, du 2ᵉ étranger, se met en marche le 30 mars, fouille la rive gauche de la basse Rivière Claire, sans rencontrer aucune résistance, et arrive, le 25, à Phu-Doan, d'où elle se porte sur Phu-Yên-Binh en chassant devant elle les rebelles qui occupent la vallée du Sông Chai. Dans les premiers jours du mois d'avril, elle fouille avec soin le massif du Nui-Ma (rive gauche du Sông Chai) en combinant ses mouvements avec une reconnaissance venue de Tuyên-Quang ; mais les bandes se dérobent sans qu'il soit possible de les atteindre.

Le 25 avril, une reconnaissance du poste de Lien-Son surprend une bande au village de An-Lap, la met en fuite après lui avoir fait subir quelques pertes, et délivre deux fonctionnaires annamites dont les pirates s'étaient emparés, et qu'ils commençaient à martyriser pour leur extorquer une rançon.

Le 20 mai, le lieutenant BRUN, du 9ᵉ de marine, part à 11 heures du matin, du poste de Phu-Doan, avec 35 fusils, au secours d'un village des environs que pillaient les pirates. Il arrive trop tard pour sauver le village, mais, averti que la bande s'était arrêtée à 3 heures de marche plus loin, il repart aussitôt, malgré la forte chaleur et la rejoint en effet à 4 h. 30 du soir. A son approche, les pirates s'enfuient en abandonnant leur butin et une quarantaine de prisonniers.

Le 2 juin, le capitaine commandant le poste de Phu-Doan, prévenu que des pirates ont attaqué Thi-Dam, à 3 kilomètres de son poste, envoie le sous-lieutenant PELTIER avec 35 tirailleurs au secours de ce village. Cet officier, sur l'avis reçu en chemin que les pirates avaient déjà quitté Thi-Dam, change aussitôt de direction vers l'ouest pour leur couper la retraite. Il découvre en effet bientôt leurs traces, se jette à leur poursuite et il les atteint dans une clairière où, après un feu très vif, il les force à se disperser abandonnant 14 prisonniers.

Au cours d'une reconnaissance qui a duré du 13 au 15 juin, le capitaine GANEVAL, du 3ᵉ tonkinois, commandant le poste du Liên-Son, grâce à une marche de nuit extrêmement pénible, réussit à surprendre le DOC-GIANG. La demeure de ce chef, située au haut d'un mamelon, renfermait 30 à 40 pirates qui ouvrent aussitôt un feu nourri. Malgré ce feu, l'adjudant COUARD, entraînant sa troupe, baïonnette au canon, gravit le mamelon et pénètre dans le repaire où 2 pirates sont pris.

*
* *

3ᵉ RÉGION. — *Tuyên-Quang, Ha-Giang.*

De nombreuses bandes occupent toujours la 3ᵉ région. Entre Ha-Giang et Bao-Lac, les pirates sont les maîtres incontestés du pays. Ils tiennent également la vallée de la Rivière Claire, entre Ha-Giang et Vinh-Thuy.

Grâce aux escortes qui accompagnent les convois par eau, en même temps que des détachements les suivent par terre, les communications ont pu être maintenues sur la haute Rivière Claire ; mais les bandes occupent la vallée et s'y installent chaque jour davantage au milieu d'une population que nous sommes incapables de protéger et qui se détache de nous à peu près complètement. En raison du peu de sécurité qu'offre le pays, les convois de ravitaillement sont très sérieusement escortés.

En avril 1891, les environs de Bao-Lac paraissent plus calmes. Il faut attribuer ce résultat à la reprise des opérations dans la région de Cao-Bang où les progrès de la colonne TOURNIER ont rappelé la plus grande partie des bandes.

*
* *

Colonne de ravitaillement. — Le 22 août 1890, le détachement opérant sur la rive gauche de la Rivière Claire, enlève après une courte résistance la position retranchée de Lang-Chang, où une forte bande était installée. Grâce aux dispositions prises, nos troupes n'ont éprouvé aucune perte. Le 6 septembre, ce détachement rencontre une bande de 300 fucils fortement installée à Lang-Thuc. Grâce à la vigueur de notre attaque les Chinois sont rapidement bousculés et les bords de la Rivière Claire se trouvent dégagés. Un légionnaire a été seul grièvement atteint.

Un des derniers détachements qui faisait partie de la colonne est attaqué le 24 octobre par une forte bande. Grâce aux dispositions prises par l'officier qui commandait, les assaillants échouent dans leur entreprise ; mais cette agression démontre néanmoins que les bandes réoccupent en forces le pays qu'elles avaient dû abandonner.

Le 28 octobre, le poste de garde civile de Nhia-Quan était fort menacé par une bande de 400 Chinois. Sur la demande du résident de Tuyên-Quang, un détachement de 70 fusils part en toute hâte du poste de Phu-Doan pour porter secours à la garde civile, mais il ne trouve plus rien. Les pirates avaient disparu à son approche.

Les bandes chinoises devenant de plus en plus audacieuses aux environs d'Ha-Giang, le commandant de ce poste, sur la demande des autorités indigènes, dirige le 10 novembre sur Tong-Ba-Xa, une reconnaissance comprenant 13 légionnaires et 58 tirailleurs tonkinois, commandée par le lieutenant FOURNIER.

Le lendemain au petit jour, le détachement se porte sur un point occupé par les pirates, lorsque son avant-garde est tout à coup assaillie par une fusillade très nourrie. En même temps, l'ennemi fait rouler des quartiers de roches sur nos soldats qui se trouvaient engagés dans un étroit sentier à flanc de coteau.

La situation était critique, car la petite troupe, entourée de tous côtés, pouvait être anéantie ; elle parvint heureusement à se tirer de cette situation périlleuse, grâce au dévouement des officiers, des cadres européens et des légionnaires qui se portent sans hésiter sur le point dangereux. Ce vigoureux mouvement offensif permet au détachement de se dégager, après avoir éprouvé des pertes sensibles. Le lieutenant FOURNIER et le sous-lieutenant LAQUERBE, du 3ᵉ tonkinois, étaient blessés, un légionnaire et 11 tirailleurs avaient été tués, 3 légionnaires et 4 tirailleurs blessés.

A la suite de cette affaire, des renforts sont expédiés à Ha-Giang, mais les bandes se dérobent constamment devant nos troupes. De nouvelles attaques sont dirigées contre les convois de ravitaillement circulant sur la Rivière Claire. Le 6 décembre, un convoi allant à Vinh-Thuy est assailli près de Vi-Khê ; il peut passer grâce à la protection d'une forte escorte qui repousse les agresseurs. Un autre convoi descendant de Ha-Giang est attaqué au nord de Bac-Quang ; un pontonnier auxiliaire est tué. Les pirates avaient construit un barrage, mais les travaux n'étaient pas encore très avancés et les sampans purent passer.

Le commandant de la région doit suspendre les convois jusqu'au retour des troupes qui venaient d'opérer près de Ha-Giang et qui, en descendant, dégagent de nouveau les abords de la Rivière Claire.

Le 4 mars, un convoi fluvial commandé par le lieutenant SEURIN est attaqué sur la Rivière Claire, entre Bac-Qunag et Vinh-Thuy, au moment où il s'engage dans le rapide de Ba-Xao, par une centaine de pirates embusqués sur la rive gauche. Après un combat assez vif où nous avons un tué et cinq blessés, l'escorte parvient à sauver le convoi et à repousser les pirates.

Le commandant du poste de Bao-Lac ayant reçu avis, dans les premiers jours de mars, que des mouvements importants avaient lieu vers le S.-E., envoie une reconnaissance sur la route de Nguyên-Binh. Celle-ci rencontre au retour une bande de 200 à 300 pirates, près de Bang-Yên, à un jour de marche de Bao-Lac et la refoule sans éprouver aucune perte.

Le 22, le courrier de Tuyên-Quang à Vinh-Thuy est enlevé à Bac-Moc. Le 29 mars, un convoi de malades évacués d'Ha-Giang sur Vinh-Thuy est attaqué à 2 heures d'Ha-Giang ; 2 tirailleurs et 2 coolies sont blessés.

Le sous-lieutenant CHAUDOREILLE, du 2° étranger, part le 30 mars du poste de Vinh-Thuy, avec 36 fusils, pour chasser une bande de pirates qui s'est établie sur le Sông Cau. Après avoir marché pendant toute la journée du 30, il repart le lendemain 31 mars, à 1 heure du matin, et arrive à 7 heures devant la position ennemie. Il attaque aussitôt les pirates campés, partie sur la berge, partie sur le Sông Con même, et les chasse après un vif engagement.

*
* *

Poste d'Ha-Giang. — AFFAIRE DE LANG-CHIOUM. — Le 15 avril 1891, le capitaine WÉBER, du 3° tonkinois, commandant le poste d'Ha-Giang, est prévenu qu'une bande de 60 Chinois est venue dans la soirée occuper le village de Lang-Chioum pour y passer la nuit et rejoindre, le lendemain, 300 pirates qui attendaient le convoi montant de Tuyên-Quang.

Il forme aussitôt le projet de l'attaquer et part à 2 heures du matin avec le lieutenant NIGOTTE, du 2° étranger, et un détachement composé de 16 européens et 30 tirailleurs du 3° tonkinois. Arrivé devant Lang-Chioum, il se place lui-même en face du village avec une partie de la troupe et envoie le lieutenant NIGOTTE avec l'autre partie pour tourner par la gauche et prendre les pirates entre deux feux. Les Chinois, décontenancés, lâchent pied aussitôt laissant 5 tués sur le terrain.

AFFAIRE DE THAN-THUY. — Prévenu qu'une bande de pirates occupait la position de Than-Thuy, sur la Rivière Claire, le capitaine commandant le poste de Ha-Giang envoie le lieutenant ANSALDI, du 3° tonkinois, avec 70 fusils pour vérifier ce renseignement et aider les Mans du Cai-Thong de Phuong-Do à déloger les pirates. Le 8 mai, dans la matinée, ce détachement arrive en face du poste de Than-Thuy. L'avant-garde sous les ordres du sous-lieutenant CHAUDOREILLE, est accueillie par des feux convergents assez nourris et, dès les premiers coups de fusil, cet officier est tué à la tête de son détachement.

Malgré l'intensité du feu, le lieutenant ANSALDI se porte aussitôt en avant avec quelques hommes et ramène le corps de M. CHAUDOREILLE. Puis, sans progresser de front, il se contente d'entretenir le combat, attendant que le sergent GRIMALDI, du 3° tonkinois, qui devait gagner une position dominante, ait achevé son mouvement. Ce sous-officier arrive en effet sur le flanc droit de l'ennemi et dirige sur lui des feux plongeants qui le décident à la retraite.

AFFAIRE DE BAN-DUONG. — Le commandant du poste de Cho-Ra, averti qu'une bande de 180 à 200 Chinois occupait Ban-Duong, envoie, le 23 mai, le sous-lieutenant VÉRET, du 3° tonkinois, avec un détachement de 80 fusils, pour les déloger de ce village. Le sous-lieutenant VÉRET apprenant, en arrivant au point où il devait passer la nuit, que les pirates avaient déjà passé Ban-Duong et gagné Tan-Pei, repart à 3 heures du matin le 24 pour les surprendre au point du jour. Son avant-garde, conduite par le sergent BOIS, arrive en effet un peu après 5 heures du matin devant Tan-Pei, couvre de feux ce village et l'enlève. Les pirates se retirent alors sur une position dominante, qu'ils abandonnent ensuite.

Le capitaine MOREAU, du 3° tonkinois, commandant le poste de Cho-Ra, exécute du 3 au 8 août, avec 12 soldats du 2° étranger et 65 tirailleurs du 3° régiment, une reconnaissance dont le but était l'attaque du repaire du chef LO-SAT àCho-Len. Le 4, après avoir enlevé le poste avancé de ce chef, il arrive à 5 heures du soir devant le repaire principal. Il le fait attaquer aussitôt de front et tourner en même temps par une section. La position est enlevée à la baïonnette. 9 pirates morts restent sur le terrain, sans que de notre côté il y ait ni tué ni blessé.

*
* *

5° RÉGION. — *Son-La.*

Une reconnaissance, sous les ordres du lieutenant KLEIN, sortie de Dai-Lich, s'est emparée le 5 septembre, à Kê-Cam, du BANG-LIEM, un des principaux chefs de la bande de CA-VINH, et de 12 de ses partisans. La nuit suivante, la bande tout entière a essayé d'enlever le détachement, qui ne comptait que 20 tirailleurs.

La troupe du lieutenant KLEIN est cernée pendant 24 heures et subit 3 assauts. Le lieutenant PUYPEROUX, du poste de Yen-Luong, est envoyé pour la dégager. Les pirates se retirèrent après avoir essuyé des pertes sérieuses. De notre côté, un tirailleur a été tué.

Un détachement de 45 fusils, du poste de Ca-Vinh, est subitetement attaqué, le 24 janvier 1891, par un parti de Chinois occupant une très forte position. Dès les premiers coups de feu tirés à très courte distance, le lieutenant CRAMOUZAUD, du 2ᵉ tonkinois, commandant la reconnaissance, un sous-officier européen et 3 tirailleurs sont tués ; 6 hommes sont blessés presqu'en même temps, et les tirailleurs tonkinois sont obligés de rétrograder sous la conduite d'un sergent français qui parvient à dégager la petite troupe en emportant ses blessés. Le commandant du poste de Nghê-Lo se porte immédiatement sur le lieu de l'action avec 150 fusils, mais il trouve la position abandonnée par les pirates dont il est impossible de retrouver les traces.

Du 20 au 22 janvier, le lieutenant VERMEERSCH, du 1ᵉʳ tonkinois, commandant le poste de Xai-Luong, dirige une reconnaissance contre une bande établie près de Lang-Yang. Cet officier parvient à dissimuler sa marche et à surprendre les pirates auxquels il tue plusieurs hommes, dont un chef.

*
* *

6ᵉ RÉGION. — *Ninh-Binh.*

Le 1ᵉʳ août, le commandant du poste de Phu-Ly, averti qu'une bande venue des environs de Phu-Xuyên (rive droite du Fleuve Rouge) avait pillé le marché de Tin-Day, se met à sa recherche avec un détachement de 50 hommes. Mal renseigné sur le nombre et la position des pirates, cet officier les attaque le 2 à Phu-Son, mais il doit rompre le combat après un vif engagement au cours duquel le détachement perd un caporal tué, 3 européens et un tirailleur blessés. Des renseignements postérieurs font connaître que la bande aurait eu 12 tués et 15 blessés.

On signale de nombreux actes de piraterie dans la province de Ninh-Binh. Presque toutes les nuits, des incendies sont aperçus au nord de Phu-Ly. Le 15, le marché de Léon-Xa (7 kilomètres au nord de Phu-Ly) est pillé.

Le 17 septembre, une reconnaissance de 20 fusils sortie du poste de Phu-Ly, trouve près de Ma-Nao un détachement de garde civile aux prises avec des pirates abrités dans une grande pagode. Ceux-ci occupant une position très forte, le commandant du détachement fait demander des renforts et remet au lendemain l'attaque de la pagode ; mais les pirates se dérobent pendant la nuit.

AFFAIRE DE TUYET-SON. — Le 14 octobre, le vice-résident de My-Duc reconnaissait à la pagode de Tuyêt-Son l'installation d'un fort parti de rebelles et les attaquait avec un détachement de garde civile. Devant des forces supérieures et en présence d'une position parfaitement retranchée, il dut se retirer, ayant eu le garde principal LEMAIGRE mortellement frappé, et plusieurs gardes civils tués ou blessés.

A la suite de cette affaire, une colonne comprenant 45 hommes d'infanterie de marine et 100 tirailleurs partis de Ninh-Binh, exécute contre la position des rebelles, dans la journée du 25, une reconnaissance offensive, tandis que le vice-résident de My-Duc opérait avec 150 gardes civils sur le flanc de la position. On ne put réussir à déloger les rebelles qui abandonnèrent simplement quelques postes avancés. Les effectifs engagés étant insuffisants, on dut faire partir le 30 octobre d'Hanoi un premier renfort de 100 tirailleurs, qui fut suivi le lendemain d'un peloton d'infanterie de marine.

Pendant ce temps, les forces engagées continuaient à prendre pied et à gagner du terrain en avant. Dans la nuit du 28 au 29, un détachement parvient à s'établir sur une hauteur qui dominait le principal col donnant accès dans la position ennemie. Les rebelles font une défense acharnée et ne cèdent qu'au point du jour, laissant sur le terrain 17 cadavres, trois Winchester, un petit canon et diverses armes. De notre côté, un soldat d'infanterie de marine était grièvement blessé.

L'arrivée des renforts permet de donner une nouvelle impulsion à l'attaque et, le 1ᵉʳ novembre, Tuyêt-Son est enfin occupé après un nouveau combat, pendant lequel le capitaine GINESTE, du 10ᵉ d'infanterie de marine, est blessé légèrement. Malheureusement, les rebelles ont pu s'enfuir par des sentiers de montagne. Une partie d'entre eux s'est portée dans les villages de Phu-Lu et de Tuc-Mao, au N.-O. de Phu-Ly ; d'autres groupes ont pris la direction du Thanh-Hoa et du Bay-Say. Le 3 novembre, une reconnaissance atteint une de ces bandes vers Tin-Day.

*
* *

8ᵉ RÉGION. — *Haiphong, Moncay.*

En dehors des incursions de pirates chinois qui passent et repassent la frontière, on signale un foyer de piraterie dans la région montagneuse qui se trouve au nord de Quang-Yên.

*
* *

Commission d'abornement. — Les travaux de la commission d'abornement des frontières sino-annamites sont repris le 21 novembre 1890 à Moncay, sous la présidence de M. FRANDIN, 1ᵉʳ secrétaire d'ambassade, consul et commissaire de Gouvernement en Corée.

L'escorte est composée de 2 officiers et 100 hommes, du 2ᵉ étranger, et un peloton de 140 tirailleurs du 1ᵉʳ tonkinois avec 2 officiers.

Le capitaine d'artillerie de marine DIDELOT, désigné comme membre militaire de la commission d'abornement, exerce en même temps le commandement de l'escorte.

Les 4 officiers topographes dont les noms suivent sont mis à la disposition de M. FRANDIN :

MM. LAVENIR, lieutenant au régiment de tirailleurs annamites ; PUYPEROUX, lieutenant au 1ᵉʳ tonkinois ; BERDOULAT, lieutenant au 1ᵉʳ tonkinois ; SPICQ, sous-lieutenant au 1ᵉʳ tonkinois.

En outre, M. PETHELLAZ, médecin-major de 1ʳᵉ classe du service colonial, est attaché à la commission.

La commission quitte Moncay le 6 décembre 1890 avec la commission chinoise, pour arriver le jour même à Pack-Si. Une partie de l'escorte avait pris les devants pour préparer l'installation à Na-Lai, où tout le monde était réuni le 12 ; cinq jours plus tard, la commission et l'escorte étaient rendues à Hoan-Mo où les travaux commencent.

La commission s'établit à Lang-Son le 28 janvier 1891, près de la porte de Nam-Quan, avec une partie de l'escorte.

La 1ʳᵉ brigade topographique arrive à la fin du mois à Ban-Bang, sur le territoire chinois, un peu au nord de Chi-Ma-Hai, d'où l'autre portion de l'escorte assure son ravitaillement.

Une 2ᵉ brigade topographique est constituée sous la direction du capitaine BACHELIER, pour lever la frontière du Quang-Si, à partir de Nam-Quan, dans la direction nord. Les 4 officiers (capitaine BACHELIER, lieutenants BONNIN, PIGEON, de l'infanterie de marine, et VIAL, du 1ᵉʳ étranger) qui la composent, commencent leurs travaux vers le 15 février.

*
* *

Action des bandes et petites opérations. — Dans la nuit du 12 au 13 novembre, un coup de main hardi est tenté sur le village de Moncay même, par des pillards venus de Tong-Hing. Quelques-uns d'entre eux parviennent à s'emparer d'une femme et d'un enfant, tandis que leurs complices dirigent un feu assez vif sur le poste de miliciens situé non loin de là. Ceux-ci ripostent aussitôt, la garnison prend les armes et les maraudeurs s'enfuient avec leur butin. Le lendemain, sur les réclamations énergiques du vice-résident de Moncay, les prisonniers furent rendus et deux des ravisseurs exécutés à Tong-Hing.

Averti le 27 mars au matin que des pirates escortant un convoi avaient pillé un village des environs, le capitaine CASTANIER, du 10ᵉ de marine, commandant du poste de Dinh-Lap, part aussitôt à leur recherche avec 60 fusils. Après une marche des plus pénibles, il surprend ces pirates qui s'étaient arrêtés dans la gorge de Kai-Mouon, ouvre le feu sur eux à 50 mètres et les met en déroute complète. Huit des leurs restent sur le terrain et 65 femmes et enfants qu'ils emmenaient en Chine tombent entre nos mains.

9° ET 10° RÉGIONS. — *Phu-Lang-Thuong et Bac-Ninh.*

A la suite des importantes opérations de la période précédente, les bandes plus ou moins dispersées se sont regroupées de la façon suivante :

★★

Bandes du Yên-Thê. — Ces bandes, fortes de 400 fusils, occupent la région sous le commandement du DÉ-NAM. Sauf un noyau permanent d'environ 60 hommes, elles sont formées d'habitants du pays qui se réunissent au premier signal. Les villages de la lisière du delta leur payent un impôt pour ne pas être pillés. Le DÉ-NAM organise le Yên-Thê et y crée de véritables forteresses.

Deux séries d'opérations sont entreprises pendant la période contre ces bandes : Colonne GODIN (novembre 1890) ; Colonne WINCKEL-MAYER, FREY (décembre 1890-janvier 1891). Tout en obtenant des résultats tangibles, ces opérations n'ont pas résolu la question du Yên-Thê.

★★

Bandes du Nui-Yên-Tu. — Ce sont les bandes chassées successivement du Bao-Day et du Loch-Nam pendant la période précédente. Elles ont pour repaire le masif montagneux situé entre Vi-Loai, Mai-Xu, Dong-Triêu et Quang-Yên. Des opérations sont entreprises contre elles (colonne de Dong-Triêu, décembre 1890), et les chassent de leurs repaires ; elles se dirigent alors vers l'île des Deux Sôngs, à l'ouest de Quang-Yên.

★★

Bandes de Cho-Chu-Cho-Moi. — LUONG-TAM-KY a fait sa soumission. Un fief lui a été reconnu (Dinh-Hoa) ainsi qu'une allocation mensuelle. Des pourparlers sont engagés avec BA-KY en vue de sa soumission.

★★

Bandes secondaires. — Une série de petites bandes qui se forment et se dissocient tout à tour sévissent encore dans les 9° et 10° régions. La bande du CAI-BIEU s'est reformée dans le pays compris entre le Bao-Day et le Yên-Thê.
★★
En somme, les 9° et 10° régions continuent, pendant la période, à être troublées.

★★

Colonne GODIN au Yên-Thê. — Des opérations d'une certaine importance ont lieu dans le Yên-Thê du 4 au 21 novembre 1890, sous la direction du général GODIN, avec le concours des canonnières *Moulun* et *Jacquin*, de la station navale. Il était urgent de disperser les bandes pirates qui exploitaient cette région et qui venaient périodiquement, avec une audace inouïe, piller et rançonner les villages jusqu'à portée de fusil des places de Dap-Cau et de Phu-Lang-Thuong. De plus, en présence de la tentative de soulèvement général, il était nécessaire d'occuper cette riche contrée où les pirates trouvaient un refuge assuré, et qui servait de trait d'union entre les bandes de BA-KY et celles de Luc-Nam.

A cet effet, 3 colonnes sont organisées à Thai-Nguyen, à Bac-Ninh et à Bo-Ha ; elles comprennent ensemble 480 européens, 320 tirailleurs et 5 pièces de 80 de montagne. Les premiers efforts sont dirigés vers la position retranchée de Cao-Thuong, contre laquelle la garde civile a éprouvé un sanglant échec au mois d'avril dernier et où les pirates se considèrent comme invincible.

Le 6 novembre, les groupes de Thai-Nguyen et de Bac-Ninh réunis, attaquent ce repaire, qui tombe entre nos mains après une vive canonnade et un assaut où nous perdons 2 européens et un tirailleur tués, 7 européens et 5 tirailleurs blessés. De son côté l'ennemi a éprouvé des pertes sensibles qu'on peut évaluer à 50 tués ou blessés.

Pendant ce temps, le groupe parti de Bo-Ha avec mission d'opérer une diversion dans le nord et de couper la retraite des fuyards de Cao-Thuong, se dirigeait sur Luoc-Ha, où il devait prendre position. Il se heurte le 6 novembre à une grosse fraction des bandes du Yên-Thê. Mais, sans se laisser entamer par le nombre de ses adversaires, ce détachement, profitant du terrain, continue sa marche offensive, fait éprouver des pertes sensibles à l'ennemi et par un mouvement de flanc très bien exécuté, gagne un mamelon dominant le village de Luoc-Ha, son objectif. Ses pertes sont seulement de 1 européen et 3 tirailleurs blessés.

Le 10 novembre, la jonction s'opère à Luoc-Ha entre le détachement de Bo-Ha et les deux premiers groupes venus de Cao-Thuong ; les troupes prennent position le même jour à Nha-Nam (nom annamite de l'ancien poste militaire de Tin-Dao) d'où elles commencent à rayonner de manière à briser les dernières résistances. Dans les journées du 11 et 12, Dinh-Têp, Yên-Thê et Huu-Thuong sont visités et trouvés complètement évacués.

Le 13, un autre détachement se porte sur Lang-Sat, Ngoc-Xa, Yên-Lê et Duong-Lam. Au moment où les troupes, qui n'avaient éprouvé qu'une résistance insignifiante, pénétraient dans le fortin de Lang-Sat pour procéder à sa destruction, le lieutenant PIAT, officier d'ordonnance du général commandant la 2° brigade, est tué à bout portant d'un coup de feu. D'autres reconnaissances sont exécutées les jours suivants avec le concours de gardes civils tirés des postes de Ca-Son-Thuong, Ha-Chua et Duc-Tang ; nulle part on ne trouve trace des pirates.

A la suite de ces opérations, un groupe de pirates qui cherchait à se dérober vers le sud, est rencontré à Phu-Khê, sur les bords du Sông Thuong, par un détachement sorti de Phu-Lang-Thuong. Les pirates acculés au Sông Thuong sont fusillés à bout portant par les matelots du *Moulun* qui croise non loin de là. Ils perdent sept tués et abandonnent sur le terrain six fusils à tir rapide. Le même jour, un détachement qui rentrait à Dap-Cau, atteint, près de Lang-Dinh, un petit parti de pirates qui laisse entre nos mains 3 prisonniers.

En somme, les opérations exécutées dans le Yên-Thê, du 4 au 21 novembre, ont conduit au résultat suivant : dispersion des bandes, destruction de leurs repaires, création d'un poste militaire important à Nha-Ham.

*
* *

Colonne WINCKEL-MAYER *au Yên-Thê.* — A la suite des opérations que le général GODIN a dirigées dans le Yên-Thê, plusieurs colonnes ont continué à rayonner dans le pays, dans le but de disperser les derniers rassemblements pirates qui pouvaient encore s'y trouver.

Le 4 décembre, une reconnaissance sortie du poste de Nha-Ham chasse de Mona-Luong un fort groupe de pirates et s'empare de plusieurs chevaux et d'une assez grande quantité de munitions. Le 9, un de nos détachements, fort de 140 fusils, se heurte à la position de Huu-Thuê, au N.-O. de Huu-Thuong. De nombreuses défenses accessoires et un double mur d'enceinte arrêtent nos troupes qui ont un tué et 4 blessés. Le surlendemain, le commandant TANE, réunissant 250 fusils appuyés par une pièce de canon, dirige une nouvelle attaque contre la position pirate. Tous les postes avancés de l'ennemi sont successivement emportés, mais le réduit, complètement inaccessible, ne peut être enlevée. Cette deuxième affaire nous coûte 2 tués et 8 blessés.

Une colonne forte d'environ 600 hommes avec 4 pièces d'artillerie, commandée par le lieutenant-colonel WINCKEL-MAYER, est alors organisée et, après s'être concentrée à Nha-Nam, renouvelle le 22 décembre contre Huu-Thuê l'attaque qui n'avait pu réussir le 11. Pendant 3 heures, le combat se poursuit à travers une brousse épaisse et à peu près impraticable, les rebelles, ne se laissant intimider ni par les projectiles de l'artillerie, ni par les feux de salve de l'infanterie, défendent avec un acharnement inouï leurs positions admirablement fortifiées. A trois reprises successives, la colonne de gauche, dirigée par le commandant TANE, tente l'assaut de la redoute principale de Huu-Thuê, et trois fois elle échoue malgré l'intrépidité des officiers et de la troupe.

Devant cette résistance acharnée et les pertes sensibles qu'il avait déjà subies, le commandant de la colonne estime prudent de ne pas prolonger le combat et rétrograde sur Nha-Nam pour y attendre des renforts et

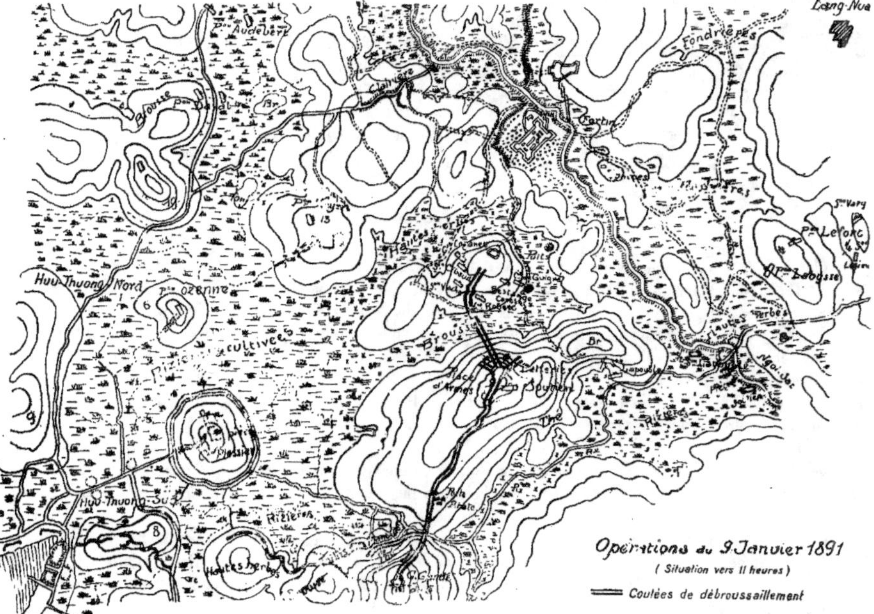

de nouvelles instructions. Les pertes de la journée ont été de 9 tués, dont un officier, le lieutenant BLAISE, du 3° tonkinois, et 25 blessés.

Des mesures sont prises immédiatement pour réparer cet échec : des renforts successifs portent la colonne à 1.300 hommes environ ; 2 mortiers, de la dynamite et des obus sont envoyés à Nha-Nam où le colonel FREY, commandant la 2° brigade, prend la direction des opérations. Dans l'impossibilité d'établir un blocus régulier et complet de la position, une attaque méthodique est dirigée contre elle.

Le 6 janvier, une reconnaissance enlève le fortin de Lông-Nhua, après un court engagement. Le 9, à la suite d'un bombardement de plusieurs heures, nos troupes se portent à l'attaque de la redoute située au sud du fort principal ; conduites par leurs officiers, elles abordent la position avec un élan superbe, mais la fusillade éclate subitement, et l'ennemi, tapi jusque-là dans un ouvrage au ras du sol, dirige sur les colonnes d'assaut un feu des plus vifs.

Nos soldats, qu'un inextricable réseau de lianes, de rotins et d'abatis empêche d'avancer et de se servir de leurs armes, ne peuvent tenir sous ce feu meurtrier et prononcent un mouvement rétrograde ; leurs pertes sont de 2 tués, dont le capitaine DE GUIGNÉ, de 3° tonkinois, et 7 blessés, parmi lesquels les lieutenants BRETAGNE, du 11° de marine, et BREZZI, du 9° de marine.

Enfin, le 11 janvier, dans la matinée, les ouvrages de Huu-Thuê sont occupés sans nouvel engagement ; incapables de tenir plus longtemps sous le feu de notre artillerie et craignant de se voir coupés de leur ligne de retraite, les rebelles s'étaient enfuis dans la nuit.

Pendant plus d'un mois, nos troupes sont restées en pleine forêt, exposées aux conséquences pernicieuses du séjour prolongé sous bois. Elles ont dû se frayer tous leurs passages et avancer pas à pas sur un terrain parfois vivement disputé et particulièrement favorable aux embuscades. Nos soldats ont été partout à la hauteur des circonstances par leur attitude au feu et leur esprit de discipline; tous ont rivalisé de zèle pendant ces pénibles opérations qui ont amené la chute des ouvrages du De-Nam.

Mais la retraite des bandes qui se sont installées plus au nord, ne résoud pas la question de la piraterie dans le haut Yên-Thê.

Croquis du fortin et de la demi-lune.

Colonne de Dong-Trieu (commandant RAFFENEL). Des renseignements envoyés par le résident de Luc-Nam et les autorités annamites locales ayant fait connaître que le repaire principal des bandes chinoises exploitant la contrée se trouvait à Ho-Tung, dans le massif du Nui-Yên-Tu, il fut décidé qu'une colonne partant de Dong-Triêu opèrerait dans le massif montagneux, tandis qu'une autre, formée à Lam, occuperait le territoire compris entre Vo-Trang, Quinh, Co-Manh, Da-Bac, Thanh-Moi, afin de couper la retraite aux pirates chinois du Nui-Yên-Tu.

La colonne de Dong-Trieu enlève, le 4 décembre 1890, la position de Ho-Tung, où se trouvaient les campements des trois principaux chefs : MAN-CAN, COC-TAI et QUAN-NAM; les pirates chassés des hauteurs de Bai-Bang s'enfuient vers Duong-Dê, sur la rive gauche du Sông Da-Bac. Le 7, nos troupes attaquent à Duong-Dê les Chinois fortement retranchés, qui opposent une vigoureuse résistance. Après un vif engagement au cours duquel nous avons deux tués, dont un officier (le lieutenant BARBAN, du 10ᵉ de marine) et 6 blessés, la nuit vient interrompre le mouvement offensif de la colonne.

Le 12, la colonne qui est rentrée à Dong-Trieu pour se réapprovisionner, reprend sa marche; elle enlève et brûle successivement les villages pirates de Thuong-Ha-Tong et de Yên-Duong, où elle rencontre une faible résistance, et traverse, le 14, la position de Duong-Dê qu'elle trouve cette fois inoccupée. Le 16, les pirates surpris dans leur campement près du ruisseau de Kchi-Khong, à 2 kilomètres au nord de Ninh-Trang, ont plusieurs blessés et laissent deux cadavres sur le terrain. Enfin, du 18 au 21, les villages de Bai-Dong, De Nuoc-Bac et le chemin de Ma-Chu à Dong-Trieu sont soigneusement fouillés.

Les opérations de la colonne de Lam n'ont présenté que peu d'intérêt au point de vue militaire; les bandes du Nui-Yên-Tu s'étant dirigées vers le S.-E. dans la direction de l'île des Deux Sôngs, après l'attaque de la colonne de Dong-Trieu.

Piraterie et petites opérations. — Pendant le mois d'août, la garnison du poste de Dông-Triêu a été tenue constamment en haleine par les attaques réitérées des pirates. Dans la nuit du 3 au 4 août, le village de Mi-Co, à 3 kilomètres du poste, attaqué par les Chinois, se défend vigoureusement; plusieurs agresseurs sont tués. Dans la nuit du 6 au 7, un petit engagement a lieu entre une forte patrouille sortie de Dông-Triêu et une bande pirate attaquant le village de Phuc-Cat (2 kilomètres et demi N.-E. du poste). Après quelques feux de salve, les pirates se sauvent.

Dans la nuit du 21 au 22, le gros village de Nhê-Hi (au S.-E. de Dông-Triêu) est attaqué par une forte bande. Une reconnaissance forte de 2 officiers, 22 européens et 33 tirailleurs, sort aussitôt. La bande était déjà en retraite; elle est pourtant rejointe au nord de Yên-Lang. Un Chinois est tué et 3 autres faits prisonniers; 75 habitants de Nhê-Hi, emmenés en captivité, peuvent s'échapper; tout le butin est repris.

D'autre part, le 23 août, une bande est signalée sur la rive gauche du Canal des Rapides. Une reconnais-sance dirigée des Sept-Pagodes à bord du *Bobillot* reconnaît les pirates au village de Lang-Boym-Cac (9 ki-lomètres ouest des Sept-Pagodes, rive gauche du Canal des Rapides). La bande était fortement retranchée ; après avoir tâté le terrain, le commandant du détachement renonce à enlever la position et rentre aux Sept-Pagodes, ayant eu un sergent européen, un sergent indigène et un tirailleur blessés. Le lendemain, une nouvelle reconnaissance composée de 3 sections d'infanterie de marine et de 3 sections de tirailleurs, trouve le village évacué. La bande était composée d'Annamites. C'était probablement un de ces groupes opérant sur la lisière du delta pour le compte des pirates du Yên-Thê.

Dans la nuit du 5 au 6 septembre, le village d'An-Chau est surpris par une bande de 25 pirates qui décapitent l'ex-quan-huyên, mutilent le quan-huyên actuel ainsi qu'une notable et prennent 15 fusils apparte-nant aux miliciens. Le piquet du poste militaire sort aussitôt, mais ne peut atteindre les assaillants qui se sont enfuis à son approche.

Les environs de Dông-Trieu continuent à être le théâtre de nombreux actes de piraterie et les riches vil-lages environnants sont une proie très convoitée des pillards chinois et annamites. Le 5 septembre, pillage par une bande de 40 fusils du village de Phuc-Tiên, près Da-Bac. Le 8, les escortes de Dông-Trieu et de Da-Bac trouvent le village de Chin-Gai occupé par une bande de 100 pirates bien retranchés. Un détachement de 30 fusils, sorti du poste de Dông-Trieu, réussit à dégager les escortes, mais ne peut enlever le village, mal-gré le concours des deux détachements de gardes civils. Le 11 septembre, dans la nuit, le blockhaus du Canal des Rapides est attaqué sans résultat par une bande d'environ 200 pirates.

Le 6 octobre, le village de Doi-Son, près de Mai-Xu, est assailli par une bande chinoise qui est établie dans le massif montagneux de Quinh. Le 9, c'est la résidence elle-même de Luc-Nam que les pirates atta-quent. Pendant qu'une fraction pille et incendie le village, l'autre essaye vainement d'enlever le bâtiment de la résidence. Le 13, le Bao-Day est occupé par une bande de 400 Chinois qui ont repris une partie des posi-tions dont nous avions eu tant de peine à les chasser l'année précédente.

Le 18, une reconnaissance sortie du poste de Biên-Dong, détruit au S.-E. de Kep-Ha, un campement pirate important. Le 29 octobre, une rencontre des plus sérieuses a lieu entre les pirates du Boi-Khê, auxquels s'étaient réunies d'autres bandes, et les gardes civils des postes de Luc-Dien, Canh-Lam, Ké-Sat et My-Ao, sur les frontières communes des provinces d'Hai-Duong et du Bai-Sai.

Les environs d'Hanoi sont pendant la dernière quinzaine le théâtre d'évènements graves. Le samedi 11 octobre, un incendie assez considérable éclate dans le quartier de la rue des Chanteuses. Le 12, on trouve dans diverses maisons des proclamations appelant les Annamites à la révolte et les engageant à égorger tous les Européens. Le 20 au soir, le village de Sai-Dong, sur la rive gauche du Fleuve Rouge, presqu'en face d'Hanoi, est pillé et incendié par une bande de pirates. Le 21, c'était le tour des villages de Na-Thon et de Tach-Kiêm. Le 22, nouvel incendie près du confluent du Canal des Rapides.

Le 26, le village d'Ain-Mo, sur la rive gauche du Fleuve, presqu'en face du Quartier Général, est atta-qué par une bande de 200 pirates ; un grand incendie se déclare aussitôt. Les miliciens du phu de Gia-Lâm, situé tout auprès, engagent la lutte avec les agresseurs. Bientôt un détachement de 20 pontonniers européens et 20 tirailleurs, sorti de la Concession, vient prendre part à la lutte. Les pirates sont repoussés, perdant 2 tués et 2 prisonniers. Le 28 au matin, le kinh-luoc, accompagné d'un détachement de gardes civils renforcés par un peloton d'infanterie de marine, opère dans les villages environnants une tournée de police qui amène quel-ques arrestations.

Dans la nuit du 10 au 11 octobre, le village de Dong-Bong, sur la rive gauche du Song Cau, en face du marché de Thai-Nguyên, est attaqué par une bande. Le piquet de la garnison sort aussitôt et re-pousse les assaillants. D'autres villages sont également l'objet de nombreuses agressions.

Dans la nuit du 5 au 6 janvier 1891, un groupe de pirates vient tirer des coups de fusil sur le village de An-Chau dont ils pillent quelques maisons. Dans la nuit du 24 au 25 janvier, 80 pirates environ attaquent le village de Dong-Trieu, mais l'intervention du poste suffit pour arrêter cette tentative qui montre jusqu'à quel point les bandes sont devenues audacieuses.

Le 31 janvier, une bande de 150 fusils a un engagement sérieux avec la garde civile à la limite des provinces de Bac-Ninh et d'Hai-Duong.

L'ancienne bande du DOI-VAN comprenant une centaine de fusils à tir rapide, solidement installée à Lang-Dat, à 4 kilomètres S.-O. de phu Thuân-Thanh, est attaquée le 26 février par 250 gardes civils. Cette attaque échoue. Une colonne de troupes expédiée de Bac-Ninh et de Dap-Cau, sur la demande du résident de Bac-Ninh, n'a pas le temps d'arriver sur le lieu de l'action, les pirates ayant quitté Lang-Dat. Le 24 février, le village de Nau-Dong est pillé; 60 habitants et 50 buffles sont emmenés par les agresseurs.

Le 9 avril, les bandes du Nui Yên-Tu attaquent à Ninh-Trang, avec plus de 400 fusils, un fort détachement qui venait d'explorer le haut Song Ky et les environs de Bên-Chau. Celui-ci, qui rentrait à Dong-Triêu après avoir accompli sa mission, se contente de maintenir les pirates à distance sans s'engager à fond. Le 15 avril, le commandant du poste de Mai-Xu surprend une petite bande installée à Tray-Com et délivre une vingtaine de femmes et d'enfants que les pirates devaient conduire en Chine.

Le 16 avril, quelques pirates embusqués aux villages de Lang-Sat tirent des coups de fusil contre le poste de Luoc-Ha. Cet incident sans importance cause la mort d'un de nos officiers, le capitaine GOULAS, du 3ᵉ tonkinois, commandant le poste, qui, étant monté sur le parapet pour reconnaître la direction d'où partait la fusillade, est blessé par une balle et expire dans la nuit du 17.

**

Poste de Lam. — Le capitaine SIMON, du 9ᵉ de marine, chargé d'enlever le repaire fortifié de That-Nam, avec 42 hommes du 9ᵉ de marine et 82 tirailleurs du 2ᵉ tonkinois, apprend que les pirates ont entassé de nombreuses défenses dans toute la longueur d'une étroite vallée qui mène à cette position. Jugeant alors qu'il éprouverait de grandes pertes en prenant cette voie et que peut-être même il n'arriverait pas à son but, il quitte la route directe, prend la crête qui domine la vallée et tourne toutes ces défenses. Il arrive ainsi le 8 août, à 10 heures du matin, sur un mamelon d'où on domine Thât-Nam. Ses feux plongeants accablent bientôt les défenseurs qui s'enfuient, et la colonne s'empare de la position. Elle la trouve fortifiée avec tant de solidité qu'il faut demander au poste de Lam un détachement spécial et des outils pour la raser.

11ᵉ RÉGION. — Cao-Bang.

Le calme dont avait joui la région à la suite des opérations de la période précédente, n'a été que passager. Les bandes, plus ou moins disloquées, se sont reformées. Celles du Luu-Khu et de Tap-Na se réunissent vers le 20 août avec les bandes de MAO-CUOC-HEIM et forment un total de 500 fusils. Fin novembre, ces bandes sont renforcées par 300 Chinois venus de La-Hoi, par la porte de Ban-Cra. Ces pirates se sont répandus dans les Ba-Chau et se sont joints surtout à la bande de MAO-CUOC-HEIM qui terrorise la région.

Deux opérations importantes sont entreprises pendant la période :

1° La colonne de Luong-Toum, en août 1890 contre les bandes de DANH-A-HOP et MA-CUOC-ANH;

2° La colonne PRÉTET-TOURNIER dans les Ba-Chau et de Luu-Khu (décembre 1890-avril 1891).

Ces opérations ont pour résultat de faire subir de sérieuses pertes aux pirates et de détruire de nombreux repaires.

**

Colonne de Luong-Toum. — Dans les journées du 22 et du 23 août 1890, les villages de Man-Dah, sur la route de Tong-Huê à Quang-Huyên, de Ma-Tio et de Na-Phéo, ont été complètement pillés. Le 24 août au soir, une bande de 400 pirates a tenté l'assaut du poste optique de Quang-Huyên; elle a dû battre en retraite devant la résistance énergique de la petite garnison et se retirer.

Il était à craindre que les bandes de Luu-Khu et de Tap-Na n'entrent à leur tour en action, ce qui aurait rendu la situation critique. En conséquence, le commandant de la 11ᵉ région dirige aussitôt sur Quang-Huyên des détachements tirés de Ha-Lang, de Trung-Khan-Phu et de Cao-Bang. Ceux-ci arrivent sans encombre, car, à la nouvelle de leur marche, les pirates s'étaient dispersés. Malheureusement, le commandant du poste de Phuc-Hoa, qui avait été informé par une voie indirecte de l'attaque de Quang-Huyên, croit devoir y envoyer de sa propre autorité un détachement de 30 fusils, sous le commandement du sous-lieutenant AUDU-BERT, du 2ᵉ bataillon d'Afrique.

Cet officier tombe au-delà de Pao-Na, en un point appelé Kê-Man, sur le gros des bandes établies dans un cirque rocheux, où les pirates l'entourent de tous côtés. Forcé de se retirer, il tombe bravement le dernier à l'arrière-garde en faisant le coup de feu pour protéger la retraite. Ce combat nous coûte en outre 4 euro-péens et 2 tirailleurs tués, un caporal et un soldat européens, ainsi que deux tirailleurs blessés.

Il était nécessaire d'agir vigoureusement pour éviter une concentration de toutes les bandes, qui nous au-rait causé les plus graves embarras. L'ordre est donné de maintenir à Cao-Bang 2 compagnies du 4ᵉ tonkinois, ainsi que les détachements du 2ᵉ bataillon d'Afrique, qui allaient redescendre sur le delta pour être licenciés ou rapatriés. Une colonne de 300 fusils peut être ainsi réunie et dirigée vers le repaire de Luong-Toum, où était signalé le gros des bandes.

Le 7 septembre la colonne partie d'Ha-Lang rencontre les pirates en position à Luong-Toum. Ceux-ci sont délogés après un combat de trois heures et se retirent perdant une trentaine d'hommes. Le 20, la colonne qui s'était ravitaillée, chasse les pirates du repaire de Ban-Tao, où se trouvaient des approvisionnements considé-rables qui tombent en notre pouvoir, puis elle se reporte sur les repaires de Lung-Toum, où les pirates s'étaient de nouveau réfugiés. Ceux-ci ne tiennent pas devant les effets de l'artillerie. Le 22, la colonne rentre à Ha-Lang où elle est disloquée.

⁎⁎

Colonne des Ba-Chau. — Le 20 décembre une colonne commandée par le commandant PRÉTET part de Cao-Bang pour opérer dans les Ba-Chau. Les positions pirates de Luong-Luong, Luong-Xé, Lung-Cuon, Lang-Meu, Lung-Khon et enfin Lung-Phai sont successivement enlevées. La bande de MAC-CUOC-HEIM n'est pas encore absolument détruite, mais elle se disperse par groupes embusqués dans les rochers contre lesquels nous continuons à agir.

Colonne du Luu-Khu. — La colonne du commandant PRÉTET, venant des Ba-Chau, arrive à Tra-Linh le 7 février 1891 et doit suspendre momentanément ses opérations à cause des fêtes du Têt, pendant les-quelles les coolies refusent absolument de marcher.

Le 12, elle reprend sa marche pour atteindre les bandes du Luu-Khu. La colonne marche vers Soc-Giang en suivant la frontière. A l'approche de la colonne, les pirates évacuent Lang-Nam et se portent vers Tap-Na, au nord de Nguyên-Binh, pour se réunir à ceux de MAC-BINH-GIANG, qui se trouve ainsi à la tête de près de 500 fusils. Un convoi de cartouches métalliques, à destination des pirates, est surpris et enlevé par nos troupes à 2 heures de la porte de Na-Lam.

De Mo-Xat, le commandant PRÉTET se porte vers Tap-Na avec toutes les forces dont il peut disposer ; il fait éprouver un échec aux bandes qui ont une trentaine de tués, sans toutefois les déloger complètement. Il rentre le 3 mars à Cao-Bang, où il doit remettre le commandement de la région au commandant TOURNIER, son successeur.

Profitant de l'absence des bandes dont le gros des forces faisait une pointe vers Bao-Lac, le comman-dant TOURNIER entre le 24 dans le cirque de Gia-Héo, repaire de MAC-BINH-GIANG, où il détruit la résidence de ce chef rebelle et de nombreux campements pirates. La position de Tap-Na tombe entre nos mains le 25 ; la colonne rentre le 26 à Nguyên-Binh et le lendemain 27, elle enlève par surprise le cirque de Lung-Giao où elle détruit plusieurs repaires. De Ngan-Son où elle était arrivée le 31 mars, la colonne se dirige contre Lung-Kett qui est enlevé le 3 avril après une lutte assez vive. Nos pertes sont : un officier blessé (lieutenant BETSELÈRE, du 3ᵉ tonkinois), un européen tué, 3 européens et un tirailleur blessés. La colonne rentre le 9 à Cao-Bang.

Le 14 avril, un détachement du poste de Ngan-Son a une rencontre heureuse avec une partie des bandes de Lung-Kett à laquelle il fait éprouver des pertes sensibles. CHUNG-QUI-HOA est tué dans cette affaire. Lung-Kett avait été attaqué le 24 novembre 1890 par la colonne RAMADIÉ (voir 12° région).

⁎

Piraterie et petites opérations. — Le 29 août 1890, le village de Pac-Mau, à 1.200 mètres du poste de Nguyên-Binh, est attaqué par une bande de pillards qui sont dispersés par quelques feux de salve de la garnison. Le 15 septembre, un détachement sorti de Trung-Khan-Phu, se heurte à Lang-Gia à une bande de pirates qui venaient de piller ce village et la met en fuite. Tout le butin est retrouvé et rendu aux habitants.

Le 21 septembre, une reconnaissance sortie du poste de Ha-Lang met en fuite une bande de 100 pirates, qui avaient pillé le village de Long-Dang et les force à abandonner une partie de leur butin. Le 30 septembre, pillage de plusieurs villages dans le phu de Trung-Khan. Le 2 octobre, le canton de Lang-Yên était menacé par une bande de 300 pirates. Grâce aux dispositions prises par les commandants des postes de Trung-Khan-Phu et de Tra-Linh, les habitants ont pu être protégés. Le 17, un détachement sorti du poste de Ha-Lang a un engagement près du pont d'An-Mit avec un fort groupe de pirates et les disperse. A la même époque, la route entre Nguyên-Binh et Cao-Bang est interceptée.

AFFAIRE DE THAC-BINH. — Le 28 octobre, une reconnaissance sortie du poste de Tra-Linh surprend un fort parti de pirates à Cuong, à 3 kilomètres au N.-O. de Quang-Huyên. Ceux-ci perdent une trentaine de tués restés sur le terrain et laissent entre nos mains 40 buffles et tous leurs approvisionnements ; mais au retour, la petite troupe est attaquée par toutes les bandes du Luu-Khu réunies ; elle doit se réfugier dans la grotte de Thac-Binh, après avoir eu un caporal de la Légion et un tirailleur tués et 6 blessés.

Dès que cette nouvelle parvient à Cao-Bang, le commandant de la 11° région dirige sur Thac-Binh 90 fusils tirés de la garnison de Cao-Bang et 50 fusils tirés de celle de Phuc-Hoa. Devant ces forces, les pirates battent en retraite et le détachement de Tra-Linh rejoint sa garnison sans incident.

Le 2 décembre le caporal télégraphiste SERON, descendant du poste optique de Ha-Lang avec une escorte, tombe dans un guet-apens tendu par une quarantaine de pirates embusqués près de Long-Don. Le caporal et un tirailleur sont tués, un autre tirailleur blessé ; le poste sort immédiatement et met les pirates en fuite leur tuant 3 hommes.

AFFAIRE DU CIRQUE DE LUNG-CHU. — Après le passage de la colonne opérant dans les Ba-Chau, une reconnaissance de 60 fusils du poste de Ha-Lang, commandée par le lieutenant FRANCO, tente de s'emparer le 4 février 1891 du repaire de MAC-CUOC-HEIM, situé dans le cirque de Lung-Chu. Malgré les difficultés de l'escalade, le détachement n'hésite pas à se porter contre la grotte où le chef rebelle s'était réfugié, mais au moment où nos soldats arrivent au pied de la palissade, ils sont accueillis par une fusillade des plus vives qui les oblige à se retirer.

Les pirates enhardis ne tardent pas à couronner les crêtes du cirque de Lung-Chu, cherchant à couper le détachement du chemin de Ha-Lang ; mais, sans se laisser intimider par cette manœuvre, l'officier commandant répond vigoureusement aux feux de l'ennemi et, grâce à sa connaissance du pays, il parvient à gagner les crêtes et à sortir du cirque où il était engagé.

(Cliché du Gouvernement général)

RÉGION DE CAO-BANG — CHUTES DE BAN-GIOC

(Cliché du Gouvernement général)

RÉGION DE NGUYEN-BINH — INDIGÈNES MANS ET THOS

(Cliché du Gouvernement général)

ROUTE DE NGUYEN-BINH A TINH-TUC

(Cliché du Gouvernement général.

EN COLONNE — PASSAGE D'UNE RIVIÈRE

AFFAIRE DE NHA-DEIN. — Le lieutenant CHENARD, commandant le poste de Ngan-Son, part le 24 avril 1891, avec 24 fusils, à la rencontre d'une bande signalée aux environs de Na-Dein. Après avoir fouillé le village, la petite colonne se heurte à une position dominante occupée par les pirates. Après un mouvement tournant exécuté par un sergent indigène et 3 tirailleurs, pendant que le détachement exécute un tir sur l'ennemi, les pirates s'enfuient en emportant plusieurs tués ou blessés, dont leur chef, CHUNG-QUI-HOA

*
* *

Le 20 mai 1891, le capitaine LAMEY, du 3ᵉ tonkinois, commandant le poste d'Ha-Lang, en poursuivant avec 40 fusils des pirates qui avaient attaqué un village aux environs de son poste, arrive jusque dans une gorge escarpée au fond de laquelle se trouvait leur repaire, à Kéo-Méo. Il parvient à mettre le feu au repaire sans éprouver aucune perte.

*
* *

Poste de Nguyên-Binh. — 1° AFFAIRE DE LUNG-GIAO. — Le lieutenant SZARVAS, du 1ᵉʳ étranger, commandant le poste de Nguyên-Binh, apprenant que les pirates de Lung-Giao ont envoyé des renforts à ceux de Déo-Kett et jugeant par suite que le premier de ces repaires doit être dégarni, saisit aussitôt cette occasion. Le 17 juin 1891, à 9 heures du soir, il se dirige vers ce point avec 45 fusils. Malgré une nuit très noire et une pluie violente, il marche jusqu'à 5 heures du matin et débouche au jour sur le repaire. Les Chinois, avertis par leurs sentinelles, avaient gravi les rochers environnants ; mais, malgré leur fusillade, 10 hommes désignés mettent le feu au repaire composé d'une quinzaine d'habitations. Les pirates ont 3 tués et plusieurs blessés, parmi lesquels leur chef PHU-NHI.

2° AFFAIRE DE GAP-GO. — Le même officier, dans une autre sortie, exécutée le 18 juillet, surprend par une marche de nuit le cirque de Cap-Go où s'était installée une bande commandée par le chef LY-TAM. Assaillis au point du jour par l'avant-garde qui a pénétré bravement au milieu du repaire, les pirates s'enfuient laissant entre nos mains un important butin.

*
* *

Poste de Ha-Lang. — Le 4 juin 1891, au point du jour, le capitaine LAMEY, du 3ᵉ tonkinois, commandant le poste d'Ha-Lang, se porte avec 10 européens et 20 tirailleurs dans la direction du village de Bo-Mu, où l'on entend des coups de fusil. Un moment auparavant, une corvée de 12 hommes en armes était partie du poste sous les ordres du sergent CHAUVELOT, du 3ᵉ tonkinois, pour construire un petit poste de surveillance sur la crête qui domine Ban-Ngoi. Ce sergent arrive sur la crête au moment où les mêmes pirates, qui avaient fait une diversion sur Bo-Mu, attaquaient Ban-Ngoi. Il fait immédiatement ouvrir le feu sur eux, 3 hommes tombent et les autres s'enfuient poursuivis par le capitaine revenu de Bo-Mu, et par les habitants.

Le chef de bataillon TOURNIER, commandant la 11ᵉ région, averti que le repaire de Lung-Sung était momentanément dégarni, saisit aussitôt l'occasion pour y diriger deux reconnaissances des postes de Soc-Giang et de Mo-Xat. L'une de ces reconnaissances, forte de 26 légionnaires et 36 tirailleurs, commandée par le capitaine BARTHEUL, devait partir de Soc-Giang et arriver sur le cirque par le nord. L'autre, forte de 30 légionnaires et 60 tirailleurs et commandée par le lieutenant PATIN devait partir de Mo-Xat et arriver par le sud.

Toutes deux arrivent en effet à l'heure convenue, le 9 août 1891, après avoir fait la veille une marche rendue très pénible par une ascension continuelle de plus de 800 mètres et en outre, pour ce qui regarde le détachement de Mo-Xat, par le manque d'eau, dont Européens et tirailleurs restèrent privés pendant près de 24 heures sans qu'aucun ait fait entendre le moindre murmure.

Le cirque renfermait plusieurs groupes de cases fort bien construites et un réduit palissadé, résidence du chef THI-TIÊN-DUC. Pendant que le lieutenant PATIN prend position sur l'extrémité sud, le capitaine BAR-

THEUL pénètre vivement par le nord. Les pirates complètement surpris, quoique au nombre de plus d'une centaine, s'enfuient de tous les côtés, poursuivis par les feux de salve. Le repaire enlevé est détruit avec tout ce qu'il contenait.

La réussite de cette entreprise, qui a abouti à la destruction d'un repaire considéré jusqu'ici comme inabordable, est due aux précautions prises pour entourer du secret le plus absolu la préparation de l'opération.

*
* *

Poste de Ngan-Son. — Le lieutenant CHENARD, du 3° tonkinois, commandant le poste de Ngan-Son, forme le projet de surprendre le repaire de Lan-Kiett où était signalée la présence des chefs A-COC-THUONG et LY-TAM. Profitant des renseignements recueillis depuis le commencement du mois, il cherche à attaquer ce poste à l'improviste par le seul côté non défendu. Il divise à cet effet sa troupe, forte de 93 hommes, en deux fractions dont l'une, avec le sous-lieutenant COVILLE, du 1er étranger, est envoyée sur la ligne de retraite pour arrêter les fuyards qui échapperont à l'autre. Celle-ci arrive à 5 heures du matin, le 25 mai 1891, devant le village plongé dans un profond silence.

Deux détachements doivent y entrer à la baïonnette et sans tirer. Mais ils sont retardés par la difficulté du débouché, pendant quelques instants qui suffisent au gros de la bande pour s'enfuir. Cependant 7 pirates sont tués sur place et le village est incendié.

*
* *

12° RÉGION. — *Lang-Son.*

La région de Pho-Binh-Gia est toujours occupée par des bandes pirates. Les chefs de ces bandes ont des repaires fortifiés établis sur leur ligne de ravitaillement pour protéger leur double opération : transporter en Chine les femmes, les enfants et le bétail volés au Tonkin ; ramener de Chine des armes, des munitions, de l'opium.

Une reconnaissance est faite en novembre 1890 contre les bandes des chefs LY-TAM et TUNG-KY-HOA. A part ces bandes, qui d'ailleurs exercent leur industrie en dehors de la contrée, la 12° région est relativement calme pendant la période 1890-1891.

*
* *

a Commission d'abornement effectue ses travaux sans incident.

*
* *

 et *opérations.* — Le village de Ban-Tuck, sur la route de Na-Lung, à 7 heures de marche du le 27 septembre 1890 par une bande de 400 fusils. Le 28 septembre, un autre groupe pirate reux, attaque et pille le village de Phung-Lung, du canton de Cam-Thuy, à une journée de Binh-Gia. La garnison de ce poste est augmentée d'une section de tirailleurs, ce qui lui per- r plus efficacement les villages environnants.

 ent de la garnison de Pho-Binh-Gia permet de pousser des reconnaissances vers l'ouest. Le nne partie de ce point, atteint Tam-Tri, sur la route de Cho-Moi. La bande du Chinois tenants de BA-KY, s'est dérobée vers le sud.

Reconnaissance de Lung-Kett (novembre 1890). — Les garnisons des postes de Pho-Binh-Gia et de That-Khê exécutent fin novembre 1890 une reconnaissance sur Lung-Kett, principal repaire des chefs chinois TUNG-KY-HOA et LY-TAM. Il était absolument nécessaire d'agir contre des bandes qui tendaient de plus en plus à porter leurs ravages vers la route de Lang-Son et il fallait empêcher les pirates chassés du Yên-Thê de venir se joindre à elles.

Le 21, deux détachements partis de Pho-Bing-Gia et de That-Khê font leur jonction à Chu-Bo et se portent ensemble sur Mo-Xat, sous le commandement du capitaine RAMADIÉ. Le 24, ils abordent le village pirate de Dong-Kett, repaire de LY-TAM. Les pirates embusqués dans les rochers environnants accueillent nos troupes par une vive fusillade, mais ils sont délogés rapidement. Dong-Kett pris, la reconnaissance se porte sur Lung-Kett, repaire du chef TUNG-KY-HOA. Trois barricades sont successivement enlevées après un combat très violent, au cours duquel le capitaine RAMADIÉ, du 2° tonkinois, est mortellement blessé. Enfin, le village de Lung-Kett lui-même, situé au fond d'un cirque rocheux, est abordé et pris, malgré la résistance de 3 à 400 pirates qui s'y défendent avec acharnement.

Les Chinois se réfugient alors dans un fortin situé sur un sommet rocheux inaccessible. Le commandant de la colonne, après avoir couché en face de la position, part le lendemain pour Ngan-Son, d'où les troupes regagnent leurs cantonnements respectifs. Les pertes de cette colonne ont été de 4 tirailleurs tués, 3 légionnaires et 3 tirailleurs blessés.

TABLE DES MATIÈRES
DU TOME I

PREMIÈRE PARTIE. — *Du début au traité de Tien-Tsin (juin 1885).*

DEUXIÈME PARTIE. — *Du traité de paix à la création des Territoires militaires (1891).*

ERRATA

PAGE 18, ligne 36. — Au lieu de : voir, lire : avoir.

PAGE 24, ligne 12. — Au lieu de : Héroine, lire : Héroïne.

PAGE 36, ligne 35. — Au lieu de : BONNARD, lire : BONARD.

PAGE 40, ligne 22. — Au lieu de : fut envoyé ANG-DUONG, lire : fut envoyé à ANG-DUONG.

PAGE 57, ligne 20. — Au lieu de : détachés, lire : détachées.

PAGE 65, 1ᵉʳ croquis. — Au lieu de : Echelle du $\dfrac{1}{25.000}$, lire : Echelle du $\dfrac{1}{50.000}$

PAGE 69, ligne 22. — Au lieu de : BERTEAUX-LEVILAIN, lire : BERTEAUX-LEVILLAIN.

PAGE 69, croquis. — Au lieu de : Ech. app. $\dfrac{1}{20.000}$, lire : Ech. app. $\dfrac{1}{50.000}$

PAGE 69. 2 dernières lignes. — Rétablir ces lignes comme suit : sans grandes difficultés les villages de Linh-Chieu et de Thanh-Chieu — Une de ses compagnies (compagnie Bauche) se lance vers 11 h. 30 prématurément à l'assaut du village de Phu-Xa ; une décharge meurtrière.....

PAGE 70, croquis. — (Au-dessous de : Coupe suivant AB), au lieu de : ($\dfrac{1}{400}$) lire : ($\dfrac{1}{1.000}$)

PAGE 71, croquis. — Au lieu de : ($\dfrac{1}{400}$) lire : ($\dfrac{1}{1.000}$)

PAGE 76, ligne 13. — Au lieu de : comandé, lire : commandé.

PAGE 80, ligne 32. — Au lieu de : débandale, lire : débandade.

PAGE 85, ligne 5. — Au lieu de : Song Ga-Lo, lire : Song Ca-Lo.

PAGE 93, ligne 22. — Au lieu de : pertes, lire : portes.

PAGE 105, ligne 8. — Au lieu de : SHŒFFER, lire : SCHŒFFER.

PAGE 124, ligne 21. — Au lieu de : BOILÉVE, lire : BOILÈVE.

PAGE 125, ligne 28. — Au lieu de : relachées, lire : relâchées.

PAGE 135, croquis. — Au lieu de : Laykay, lire : Laokay.

PAGE 141, ligne 8. — Au lieu de : dissimulent, lire : dissimulant.

PAGE 168 ligne 16. — Au lieu de : ésidence, lire : résidence.

PAGE 170, avant dernière ligne. — Au lieu de : intterné, lire : interné.

PAGE 171, dernière ligne. — Au lieu de : touts, lire : toute.

PAGE 174 ligne 18. — Au lieu de : chef de pirate, lire : chef pirate.

PAGE 176, ligne 5. — Supprimer la ligne 5.

PAGE 177, dernière ligne. — Reconstituer cette ligne comme suit : de avait passé le fleuve entre Lam (Trai-Hutt) et Bao-Ha, et s'était mise à réquisitionner au nom de l'ex-roi.

PAGE 179, ligne 11. — Au lieu de : Lu-An-Chau, lire : Luc-An-Chau.

PAGE 183, ligne 38. — Au lieu de : se font refugiés, lire : se sont réfugiés.

PAGE 199, ligne 24. — Au lieu de : entrepositoires, lire : entrepositaires.

PAGE 215, ligne 39. — Au lieu de : Bac-Qunag, lire : Bac-Quang.

PAGE 220, ligne 42. — Au lieu de : enlevée, lire : enlevé.

PAGE 221, pagination. — Au lieu de : 22, lire : 221.

PAGE 226, avant dernière ligne. — Au lieu de : grrâce, lire : grâce.

PAGE 229, ligne 6. — Au lieu de : Pho-Bing-Gia, lire : Pho-Binh-Gia.